17세기 한문소설집『화몽집』교주

최웅권 1952년 11월 26일 중국 길림성 용정시 출생. 1982년 연변대학교 중문학과 졸업, 동 대학교 석·박사학위 취득. 1994~1995년 한국 한양대학교 객원교수. 1998~1999년 한국 명지대학교 교환교수. 1999년 8월~2006년 3월 연변대학교 대학원 원장. 2001년 6월~2001년 12월 일본 히도쯔바시대학교 객원연구원. 현재 연변대학교 한어문화학원 학장. 저서로 『조선 중기 산수전원문학 연구』, 『한국소설 명작 감상』, 『조선문학의 발전과 중국문학』, 『조선·한국 당대문학사』, 『북한의 고전소설 연구』, 『간명 한국 백과전서』(인물 부분), 『북한의 고전한시 연구』, 『동방문학대사전』(한국문학 부분) 외 논문 다수가 있다.

마금과 1965년 6월 14일 중국 길림성 도남시 출생. 1986년 연변대학교 중문학과 졸업, 동 대학교 석·박사학위 취득. 현재 연변대학교 한어문화학원 교수. 저서로 『조선 고전시화 연구』(공저), 『조선시학의 중국 강서시파의 수용』 외 논문 다수가 있다.

손덕표 1964년 1월 13일 중국 길림성 농안현 출생. 1986년 연변대학교 중문학과 졸업, 동 대학교 석·박사학위 취득. 현재 연변대학교 인문학원 중문학과 부교수, 연변대학교 동방시화연구소 소장. 저서로 『조선 고전시화 연구』(공저), 『조선시인들의 당나라 시 논하기』 외 논문 다수가 있다.

17세기 한문소설집 『화몽집』 교주 校注

초판인쇄 2009년 10월 1일 **초판발행** 2009년 10월 10일
옮긴이 최웅권 · 마금과 · 손덕표 **펴낸이** 박성모 **펴낸곳** 소명출판 **출판등록** 제13-522호
주소 서울시 서초구 서초동 1621-18 란빌딩 1층
전화 02-585-7840 **팩스** 02-585-7848 **전자우편** somyong@korea.com

값 31,000원

ISBN 978-89-5626-416-5 93810

17세기 한문소설집 『화몽집』 교주

최웅권 · 마금과 · 손덕표 교주

소명출판

일러두기

1. 이 책의 텍스트는 북한 김일성종합대학교 과학도서관에 소장되어 있는 『화몽집』(소장번호 12718)이다. 『화몽집』 첫 표지에 '희귀 2080'이라는 도장이 찍혀 있다.
2. 이 책의 서문과 논문 그리고 감수는 총책임을 맡은 최웅권 교수가 맡았다. 마금과 교수는 「몽유달천록」, 「원생몽유록」, 「금화령회」, 「강로전」의 주석을, 손덕표 교수는 「주생전」, 「운영전」, 「영영전」, 「동선전」의 주석을 달았다.
3. 표기상 잘못된 곳은 다른 이본과의 비교와 고대한문표기법에 의하여 약간의 수정을 거쳤으며, 유실되어 명확하지 않은 부분은 역사자료의 고증을 거쳐 확정하였다.
4. 본문 중의 □ 표시는 판독이 불가능한 글자이며, [ ] 표시는 판독이 어려우나 주석자가 글자를 복원한 것이다. 비어있는 공간은 ⬚로 표시하였다.

서문

『화몽집(花夢集)』은 북한의 김일성대학교 도서관에 소장되어 있는 우리나라의 한문소설책이다. 이 책에는 총 아홉 편의 한문소설이 수록되어 있는데, 그 실린 순서대로 열거하면 다음과 같다. 「주생전」, 「운영전」, 「영영전」, 「동선전」, 「몽유달천록」, 「원생몽유록」, 「피생명몽록」, 「금화영회」, 「강로전」. 이 중 '동선전'은 「동선기」를, '몽유달천록'은 「달천몽유록」을, '금화영회'는 「금산사몽유록」을 가리킨다. '금산사몽유록'은 '금화영회록' '금화사경회록' '금화사몽유록' '금산사몽류록' 등으로도 불리는데, 일반적으로 「금산사몽류록」으로 호칭되고 있다.

그런데 『화몽집』에 실린 이 아홉 편 가운데 「피생명몽록」은 그 도입부만 필사되어 있다. 그러므로 작품 전체가 수록된 것은 여덟 편이라고 해야 할 것이다.

『화몽집』은 대략 17세기 전반기에 엮어진 한문소설책으로 추정된다. 이 시기는 한국 고전소설사에서 대단히 중요한 시기다. 소설사의 지평이 확대되면서 새로운 시도와 창작방법, 새로운 제재와 주제를 담은 소설들이 바로 이 시기에 출현함으로써다. 『화몽집』에 실린 작품들 모두가 다 이 시기에 창작된 소설은 아니나, 16세기 중엽 임제에 의해 창작된 「원생몽유록」을 제외한 나머지 작품들은 모두 이 시기에 창작된 소설들이다. 이처럼 이 소설책은 17세기 전반기에 한국소설사에 등장한 중요한 작품들을 엮어 놓은 것이라는 점에 큰 의의가 있다. 『화몽집』의 편찬자가 누군지는 알 수 없다. 하지만 그 수록 작품들로 미루어 판단컨대 그 편찬자는 나름대로 상당한 문제의식을 갖고서 전후(戰後)의 조선 현실을 주시하고 있던 인물이 아닌가 생각된다. 왜냐하면 『화몽집』에 수록된 대다수 작품들이 임진왜란과 병자호란이라는 두 전쟁으로 인한 조선인의 상흔을 다루고 있거나, 꼭 그렇지는 않더라도 전쟁과 관련한 인간의 운명을 탐구하거나, 전쟁과 관련해 인간이 갖게 되는 특이한 정서적 상태를 그 기저에 깔고 있기 때문이다. 이 점에서 『화몽집』은 다분히 전후소설(戰後小說) 작품선 비슷한 면모를 갖는다. 『화몽집』이라는 소설책의 문학사적 의의는 바로 여기에 있지 않을까.

내가 『화몽집』이라는 책의 이름을 접한 지는 십수 년 전이니, 김일성대학의 김춘택 교수가 저술한 『우리나라 고전소설사』(김일성종합대학출판사, 1986; 한길사, 1993)를 읽고서였다. 당시 나는 이 소설책에 큰 관심이 갔지만 달리 구해 볼 방도가 없었다.

그러다가 몇 년 전 나를 방문한 연변대학의 최웅권 선생을 뵈었을 때 선생께서 『화몽집』의 교감·주석 작업을 진행하고 계시다는 말씀을 듣게 되었다. 선생은 가능하면 이 자료를 중국이 아닌 한국에서 출간하기를 희망한다고 말씀하셨다. 그래서 나는 선생의 부탁에 따라 이 책의 출판을 주선하는 일을 맡았다. 그런데 선생은 내처 서문까지 좀 써달라고 강청하시지 않는가. 나는 여태껏 남의 책에 서문을 써본 적도 없고, 또 앞으로도 그럴 일은 없을 테지만, 최웅권 선생의 이 부탁만큼은 딱히 거절하기가 어려웠다. 그래서 색책(塞責)을 위해 여기에 몇 자 적어 서문을 대신한다.

아무쪼록, 여러 해 각고(刻苦)의 노력을 기울인 이 책의 출판을 계기로 이 방면의 연구가 더욱 활발해지기를 기대한다.

2009년 8월 1일

박희병

차례

서문 | 박희병 / 3

周生傳 7

雲英傳 19

英英傳 42

洞仙傳 55

夢遊達川錄 87

元生夢遊錄 107

皮生冥梦錄 111

金華灵會 112

姜虜傳 135

발문 | 최웅권 / 153

고전 한문소설 「姜虜傳」 이본 연구 | 최웅권 / 159
『花夢集』을 중심으로

중세소설작품집 『화몽집』에 대하여 | 김춘택 / 196

영인 『화몽집』 / 206

略擧其槩是天啓元[1)]

周生傳

生, 名檜, 字直卿, 號梅川, 世居錢塘, 父[為]蜀州[2)]別駕[3)], [及]家于蜀. 生少時聰銳能詩, 年十八入太學,[4)] 為儕輩所推仰. 生亦自負不淺. 在太學數歲, 連擧不第, 乃喟然嘆曰 : "人生在世間如微塵栖弱草耳. 胡乃為名韁所繫, 汨汨塵土中以終吾生乎." 自是遂絕意科擧之業, 倒篋中有錢百千, 以其半買舟往來江湖間, 以其半市雜貨, 時取贏以自給, 朝吳暮楚,[5)] 唯意所适. 一日, 繫舟岳陽樓[6)]外, [步入]城中, 訪所善羅生, [亦俊逸之]士也. 見生甚喜, 置酒[相迎]. [生

1) 아래에 파손된 부분이 있다.

2) 촉주(蜀州) : 지금의 사천성(四川省)을 일컫는다.

3) 별가(別駕) : 관명(官名). 한나라 제도[漢制]에서는 주자사(州刺史)의 보좌관[佐吏]이었고 송나라 제도[宋制]에서는 통판(通判)을 別駕라고 함, 여기서는 송나라 제도를 일컫는다.

4) 太學 : 고대 학교 이름, 즉 국학(國學)을 일컫는다.

5) 朝吳暮楚 : 송나라 때의 晁补之의 「鸡肋集 · 北渚亭赋」에서 쓰였다. 뜻은 때로는 진나라, 때로는 초나라와 결연한다는 뜻으로서 반복무상한 뜻을 가리킨다. 오나라(吳) · 초(楚)나라의 고대 지명임. 지금의 강소(江蘇)성 남부, 절강(浙江)성 북부, 호북(湖北)성, 호남(湖南)성을 일컫는다.

6) 岳陽樓 : 호남(湖南)성 악양현(岳陽縣) 성서문(城西門)에 있는 당(唐)나라 때에 건축된 삼층건물로 동정호(洞庭湖)를 바라볼 수 있는 유명한 명승지. 당나라 때부터 많은 문인(文人)들이 시를 남긴다.

不]覺沉醉, 比及還舟, 則[日已昏黑]. [俄而]月上, 生放舟中□, □□□□□□□□, 舟自為风力□□□□□□□. 及覺則鐘鳴烟寺, 月在西矣. 但见两岸碧樹璁瓏, □□蒼茫. 樹蔭中時有紗籠銀燭隱暎於朱欄翠箔之間. 問之, 乃錢塘[7]也. 口占一絕曰 : "岳陽樓外倚蘭槳, 半夜風吹入醉鄉. 杜宇數聲春月曉, 忽驚身已在錢塘." 及朝, 登岸訪舊里親坆, 半已凋零, 生吟嘯徘徊不忍去也. 有妓徘桃者, 生少時所與同戲者也. 以才色獨步于錢塘, 人呼之為徘娘. 引生歸其家, 相對甚歡. 生贈詩曰 : "天涯芳草幾沾衣, 萬里歸來事事非, 依舊杜秋聲價在, 小樓珠箔捲斜暉." 徘娘大驚曰 : "郎君有才如此, 非久屈於人者, 一何泛梗飄蓬若此哉." 因問娶未, 曰未也. 桃笑曰 : "願郎君不必還舟, 可寓在妾家, 妾當為君求得一佳耦[8]也." 蓋[9]桃意屬生矣. 生亦見桃姿妍態艷心中甚醉, 笑而謝曰,[10] 不敢望也. 團欒之中, 日已晚矣. 桃令少乂[11]鬟[12]引生就別室, 生见壁间有绝句一首, 詞意甚新. 問於乂鬟, 乂鬟答曰主娘所作也. 詩曰 : "琵琶莫奏相思曲, 曲到高時更斷魂. 花影滿簾人寂寂, 春來鎖却幾黃昏." 生既悅其色又见其诗, 情迷意惑, 萬念俱灰, 心欲次韻以試桃意, 而凝思苦吟, 竟莫能成, 而夜已深矣. 月色滿地, 花影扶踈, 徘徊間, 忽聞門外人語馬嘶之聲, 良久乃止, 生心頗疑之, 未覺其由, 見桃所在室不甚遠, 紗窓影裡紅燭熒煌. 生潛往窺, 見桃獨坐, 舒綵雲牋, 草蝶戀花詞, 只就前帖未就後帖, 生忽啓窓曰 : "主人之詞, 客可足乎 ?"桃佯怒曰 : "狂客, 胡乃至此 !"生曰 : "客本非狂耳, 主人使客狂耳." 桃方微笑令生足成其[13]詞, 曰 : "小院沉沉春意鬧, 月在花枝, 宝[14]鴨香烟

---

7) 錢塘 : 여기서는 강의 이름. 절강(浙江)의 하류를 전당강(錢塘江)이라고 한다.
8) 耦 : '우(偶)'자로 바꿔야 한다.
9) 蓋 : 파손되어서 분명하지 않다.
10) '왈(曰)'자가 분명하지 않다.
11) 乂 : 원문에서 약자로 쓰였다. '아(丫)'자로 바꿔야 한다. 아래도 같다.
12) 鬟 : 원문에서 약자로 쓰였다.

裊，窓裡玉人愁欲老，搖搖斷夢迷芳草，誤入蓬瀛[15]十二島，誰識樊川,[16] 却得尋芳早，睡起忽闻枝上鸟，翠簾無影朱欄曉.” 詞罷，桃自起以藥玉舡酌瑞霞酒勸生．生意不在酒，固辭不飮．桃知生意，乃悽然自敘曰 : “妾之先世乃豪族也．祖某提舉泉州市舶司,[17] 因有罪免爲庶人，自此子孫貧困不能振起，妾早失父母，見养[18]於人，以至于今雖欲守靜自潔，名已在於妓籍，不得已強與人爲宴樂．每居閑処獨未嘗不看花掩泣，對月銷魂．今見郎君風儀秀朗，才思俊逸，妾雖陋質，願薦枕席，永奉巾櫛，望郎君他日立身，早登要路，拔妾於妓籍之中，使不忝先人之名，則賤妾之願畢矣．后雖棄妾，終身不見，感恩不暇，其敢怨乎？”言訖，淚下如雨．生大憾[19]其言，就抱其腰，引其袖，拭其淚，曰 : “此男兒分内事也，汝雖不言，我豈無情者哉？”桃收淚改容曰 : “詩[20]不云乎 : ‘女也不爽，士貳其行.’ 郎君不見李益郭小玉之事乎？[21]郎君若不我遐棄，願立盟辞.”[22] 仍出鲁缟[23]一尺授生．生即揮筆書之曰 : “青山不老，綠水長存，子不我信，明月在天.” 書畢，桃深心封血緘，藏之裙帶中．是夜，賦高唐，二人相得之好．雖金生之於翠翠，魏郎之於娉娉[24]未足愈也．明日，生方詰夜來人語馬嘶之故，桃云 : “此去里許，有朱門面水家，乃故承[25]

13) 시(詩)자가 빠졌다.
14) 宝 : 원문에서 약자로 쓰였다.
15) 蓬瀛 : 산동(山東)성의 봉래(蓬萊)를 일컫는다.
16) 樊川 : 당나라 말기[晩唐] 시인(詩人) 두목(杜牧, 803~852). 자는 목지(牧之)이고 호는 번천(樊川).
17) 泉州市舶司 : 지금의 복건성(福建省) 복주시(福州市). 배의 업무를 관장하는 관원을 일컫는다.
18) 养 : 원문에서 약자로 쓰였다.
19) 憾 : 感자로 추측된다.
20) 詩 : 『시경(詩經)』을 일컫는다.
21) 李益, 郭小玉 : 당나라[唐朝]의 재자가인(才子佳人). 이익(李益)은 시인(748~827).
22) 辞 : 원문에서 약자로 쓰였다.
23) 鲁缟 : 산동(山东)성의 흰 명주[白绢]로서 재질이 가볍고 얇다.
24) 金生之於翠翠、魏郎之於娉娉 : 전기(傳奇) 중의 재자가인(才子佳人)을 일컫는다.
25) 承 : 필사착오라고 추측된다. 丞相으로 표기되어야 한다.

盧某宅也. 承相已沒, 夫人獨居, 只有一男一女, 皆未婚嫁, 日以歌舞爲事. 昨夜遣騎邀妾, 妾以郎君之故辞以疾也.” 自此, 生為桃所惑, 謝絕人事, 日與桃調琴瀝酒, 相與戱謔而已. 一日近午, 忽聞有人叩門, 云 : “绯娘在否 ?”桃令兒出應, 乃承相家蒼頭[26]也, 致夫人之辭曰 : “老婦今欲設小酌, 非娘莫可與娛, 故敢送鞍馬, 勿以爲勞也.” 桃顧謂生曰 : “再辱貴人之命, 其敢不承.” 即粧梳改服而出. 生付囑曰 : “幸莫経夜.” 送之出門, 言勿経夜者三四. 桃上馬而去, 人輕如鸎, 馬飛如龍, 迷花暎柳, 冉冉而去. 生不能定情, 隨後趕去, 出湧金门, 左轉而至垂虹橋, 果見甲第連雲, 真所謂面水朱門也. 雕欄曲檻半隱於綠楊紅杏之間, 鳳笙龍管之聲縹緲, 犹如在半空, 時時乐[27]止則笑語琅然出諸外, 生彷徨橋上, 乃作古風一篇題于柱, 曰 : “柳外平湖湖上樓, 翠甍碧瓦照青春. 香風吹送笑語聲, 喬花不見樓中人. 却羨花間雙鸎子, 任情飛入珠簾裡. 徘徊不忍踏歸路, 落照纖波添客愁.” 彷徨間, 漸見夕陽斂紅, 暝靄凝碧, 俄有女郎數隊自朱門騎馬而出, 金鞍玉勒, 光彩照人. 生以爲桃也, 即投身于路傍空店中窺之, 閱盡數十輩而桃不出. 生心中大疑, 還至橋頭, 則已不辨牛馬矣. 乃直入朱門, 了不見一人. 又至樓下, 亦不見一人. 徘徊間月色微明, 見樓北亦有蓮池, 池上雜花蔥蘢, 花間細路屈曲. 生緣路潛行, 花盡處有堂. 由階而西折數十步, 遙見葡萄架下有屋, 小而極麗, 紗窓半啓, 美燭高燒, 燭影下紅裙翠衫, 隱隱然往來如在畫啚中, 生匿身而往, 屏息而窺, 金屏彩褥奪人眼睛. 夫人衣紫羅衫, 斜倚白玉案而坐, 年近五十, 而從容顧眄之際, 綽有餘妍. 有少女年可十四五, 坐于夫人之側, 雲鬢綠鬟, 醉臉微紅, 明眸斜眄, 若流波之暎秋月; 巧笑生渦, 若春花之含曉露. 桃坐于其間, 不啻若鴟梟[28]之於鳳

26) 蒼頭 : 가복[家丁]을 일컫는다.

27) 乐 : 원문에서 약자로 쓰였다.

28) 鴟梟 : 매(鷹)류의 새를 일컫는다.

凰,[29] 沙礫之於珠璣也. 生魂飛云外, 心在半空, 幾欲狂叫突入者數次. 酒一行, 桃欲辭皈, 夫人挽留甚固, 而桃請益肯. 夫人曰: "娘子平日不曾如此, 何遽邁邁若是, 豈有情人之約乎?" 桃斂衽避席而對曰: "夫人下問, 妾敢不以實對?" 遂將與生結緣事細說一遍. 夫人未及一言, 小女微笑流目視桃曰: "何不早說, 幾誤了一霄佳會也." 夫人亦笑而許皈. 生趨出, 先至桃家, 擁衾佯睡, 鼻息如雷. 桃追至, 見生臥睡, 以手扶起, 曰: "郎君方做何夢耶?" 生應口朗吟曰: "夢入瑤臺彩雲裡, 九華帳裏見仚娥." 桃不悅詰之曰: "所謂仚娥者是何人也?" 生無言可答, 即繼吟曰: "覺來却喜仚娥在,□奈此滿堂花月何?" 仍撫桃背曰: "爾非我仚娥乎?" 桃笑曰: "然則郎君豈非妾仚郎乎?" 自此, 相以仚郎仚娥呼之. 生問其晚來之故, 桃曰: "宴罷後, 夫人令他妓皆皈, 獨留妾於其少女仚花之室, 更設小酌, 以此差迟耳." 生細細仍問, 則曰: "仚花, 字芳卿, 年才三五, 姿皃雅麗, 殆非塵世間人, 又工詞曲, 巧於刺繡, 非賤妾所敢望也. 昨日新製風入松詞, 欲被管絃, 以妾知音律, 故留與度曲耳." 生曰: "其詞可得聞乎?" 桃朗吟一篇, 曰: "玉窓花爛, 暖日遲遲, 院靜簾垂. 沙頭彩鴨倚斜照, 羨一雙對浴春池, 柳外輕煙漠漠, 煙中細柳絲絲. 又, 美人睡起倚欄時, 翠臉愁眉, 鶯雛細語鶯聲老, 恨韶華夢裡都衰, 卻把瑤琴輕弄, 曲中幽怨誰知." 每誦了一句, 生暗暗稱奇, 乃紿桃曰: "此詞曲盡閨裏春懷, 非蘇若蘭織錦手未易到也.[30] 雖然未及吾仚娥雕花刻玉之才也." 生自見仚花之後, 向桃之情淺薄, 雖應酬之際勉為笑歡, 一心則為仚花是念. 一日夫人呼少子國英命之曰: "汝年十二尚未就學, 他日成人何以自立? 聞緋桃夫婿周生乃能文之士也, 汝往請學可乎?" 夫人家法甚嚴, 國英不敢違命, 即日挾冊就生, 生心

29) 鳳凰 : 봉황새를 일컫는다.

30) 蘇若蘭 : 이름은 소혜(蘇蕙), 자는 약난(若蘭)으로 동진(東晉) 사람. 오색비단 위에 회문(迴文)과 선기도시(璇璣圖詩) 팔백여 편을 수놓아 남편 두도(竇滔)에게 바친다.

中暗喜 : "吾事偕矣." 再三謙讓而後教之. 一日, 俟桃不在家, 縱容謂國英曰 : "爾往來受業甚是苦勞, 爾家若有別舍, 吾移寓于爾家, 則爾無往來之勞, 吾之教專矣." 國英拜謝曰 : "不敢請, 固所願也." 歸白于夫人, 即日延生. 桃自外歸, 大驚曰 : "仙郎殆有私乎, 奈何棄妾而適他." 生曰 : "聞丞相家藏書三万軸, 而夫人不欲以先公舊物枉自出入, 吾欲往讀人間所未見書耳." 桃曰"郎君之勤業, 妾之福也." 生移寓于丞相家, 晝則與國英同住, 夜則門闥甚嚴, 無計可施, 輾轉浹旬, 忽自念曰 : "始吾來此, 本图仚花, 今芳春已老, 奇遇未成, 俟河之清, 人壽幾何. 不如昏夜唐突, 事成則為慶, 不成則見烹可也." 是夜無月, 生踰墻數重方至仙花之室, 回廊曲檻, 簾幕重重. 良久諦聽, 並無人跡, 但見仙花明燭理曲. 生伏于楹間聽其所為. 仙花理曲, 細吟蘇惹[31]蘭賀新娘[32]詞曰 : "簾外誰來堆繡戶, 枉教人斷夢瑤臺, 又却是風敲竹." 生即於簾下微吟曰 : "莫言風敲竹, 真箇玉人來." 仙花佯若不聞, 滅燭就寢. 生入與同枕. 仙花稚年弱質, 未堪情事, 微雲濕雨, 柳態花嬌, 芳啼軟语,[33] 淺笑輕嚬; 生蜂貪蝶恋[34], 意迷情融, 不覺近曉. 忽聞流鶯晛睆, 啼在楹外花梢, 生驚起出戶, 則池館悄然, 曙氣朦朧矣. 仙花送生出门[35], 却闭[36]而入曰 : "此後勿得再来, 機事一泄, 死生可念." 生壅塞胸中, 哽咽趨進而答曰 : "才成好事, 一何相待之薄耶 ? "仙花笑曰 : "前言戲之耳. '將子無怒, 昏以爲期'."[37] 生諾諾連聲而去. 仚花還室作《早夏聞曉鶯》詞一絕, 題於窓上. 曰 : "漠漠輕煙雨後天, 綠楊如畫草如筵. 春愁不共春歸

31) 惹 : 위의 '약(若)'자와 다르다.
32) 娘 : 글자를 잘못 쓴 걸로 추측되며 '낭(郎)'자로 바꿔야 정확하다.
33) 语 : 원문에서 약자로 쓰였다.
34) 恋 : 원문에서 약자로 쓰였다.
35) 门 : 원문에서 약자로 쓰였다.
36) 闭 : 원문에서 약자로 쓰였다.
37) '將子無怒, 昏以爲期' : 『시경(詩經)』「맹(氓)」 중의 시구. '당신은 절대로 성내지 말고 가을을 우리들의 결혼 날짜로 잡자'는 뜻.

去, 又逐曉鶯來枕邊.” 後夜, 生又至. 忽聞墻底樹陰中嘎[38]然有曳履聲, 恐爲人所覺, 便欲返走. 曳履者却以青梅子擲之, 正中生背. 生狼狈无所逃避, 投伏丛篁之中. 曳履者低声语曰 : “张郎无恐, 莺莺在此.” 生方知仙花所误, 乃起抱腰曰 : “一何欺人若是 ?”仙花笑曰 : “岂敢欺郎, 郎自怯[39]耳.” 生曰 : “偷香盜玉, 烏得不怯.” 便攜手入室, 見窓上絕句, 指其尾曰 : “佳人有甚愁, 而出言若是耶.” 仙花悄然曰 : “女子一身與愁俱生, 未相見, 願相見, 既相見, 恐相離. 女子之身安往無愁哉 ? 況郎君犯折檀之譏, 妾受行露之辱,[40] 一朝不幸, 情跡敗露, 則不容於親戚, 見賤於鄕黨. 雖欲與郎君執手偕老, 那可得乎 ? 今日之事, 比如雲間月, 葉中花, 縱得一時之好, 其奈未久何 ?”言訖淚下, 珠恨玉怨, 殆不自堪. 生收淚慰之曰 : “丈夫豈不能娶一女子乎 ? 我當終修媒約[41]之信, 以礼[42]迎子, 子休煩惱.”[43] 仙花收淚謝曰 : “必如郎言, 桃夭灼灼, 縱乏宜家之德, 采蘋祈祈, 庶殫奉祭之誠.” 自出香奩中小粧鏡, 分爲二端, 一以自藏, 一以授生, 曰 : “留待洞房花燭之夜, 再合可也.” 又以紈扇贈生曰 : “二物雖微, 足表心曲. 幸念乘鸞之女, 莫貽秋風之怨. 縱失姮娥之影, 須憐明月之暉.” 自此, 昏聚曉散, 無夕不會. 一日, 生自念不見桃,[44] 恐桃见怪, 乃往桃家不歸. 仙花夜至生館, 潛發生箋[45]囊, 得桃寄生詩數幅, 不勝恚妬, 取案上筆墨, 塗抹如鴉, 自製《恨兒唱》一闋, 書于翠綃, 投之囊中而去, 詞曰 : “窓外疎影滅復流, 斜月在高樓, 一偕竹韻, 滿簾梧影, 夜靜人愁. 此時蕩子無消息, 何處得閑遊 ? 也

38) 嘎 : 원문에는 口자가 없는 戛자로 표기되었다.
39) 怯 : 원문에는 佉자로 표기되었다.
40) 行露之辱 : 남녀가 사통하는 것을 일컫는다.
41) 約 : '작(妁)자'로 바뀌야 정확하다.
42) 礼 : 원문에서 약자로 쓰였다.
43) 惱 : 원문에서 '㛋'자의 이체자(異體字)로 우측은 '유(留)'자이다.
44) 桃 : 앞부분의 '도(桃)'자에 동그라미가 그려져 있다.
45) '전(箋)'자에 의문이 있다.

應不戀, 離情脉脉, 坐数更筹." 明日生還, 仙花了無妬恨之色, 又不言發囊中之事, 盖欲令生自愧, 而生曠然無他念. 一日, 夫人設宴召見桃桃, 稱周郎之學行, 且謝教子之勤, 令桃傳致意於生. 生是夜為盃勺所困, 朦不省事. 桃獨坐無寐, 偶發箋囊, 見其詞為墨汁所昏, 心頗疑之. 又得《恨兒唱》詞, 知仙花所爲, 乃大怒, 取其詞納諸袖中, 又封其囊口如舊, 坐而待朝. 生酒醒, 桃徐問曰 : "郎君久於此而不歸, 何也?"曰 : "國英時未卒業故也." 桃曰 : "教妾之弟, 不用不盡力也." 生赧赧然回頸發赤曰 : "是何言歟?"桃良久不言, 生惶惶失措, 以面掩地. 桃乃出其詞, 投之生前曰 : "踰墻相縱, 鑽穴相窺, 豈君子所可為哉? 我將白于夫人." 便引身起, 生悦惘抱腰, 以宗告之, 且叩頭哀乞曰 : "仙娥与[46]我永結芳盟,[47] 何忍置人於死地." 桃意方回, 曰 : "郎君便可与[48]妾同歸, 不然, 則郎既背約, 妾豈守盟?"生不得已, 托以他故, 復歸桃家. 自覺仙花之事, 不復稱生為仙郎者, 盖心不平也. 生篤念仙花, 日漸憔悴, 托病不起者再旬. 俄而, 國英病死, 生具祭物往奠于柩前. 仙花亦因生致病, 起居須人, 忽聞生至, 力疾強起, 淡妝素眼獨立於簾內. 生奠罷, 遙見仙花流目送情而出, 低回顧眄之間, 已杳然無所覩矣. 後數月, 桃得疾不起, 將死, 枕生膝含淚而言曰 : "妾以葑非[49]下体[50]依松柏之餘陰, 豈料芳盟未歇, 題鳺[51]先鳴, 今與郎君永訣矣. 羅綺管弦從此畢矣. 昔之宿緣已缺然矣. 但願妾死之後, 郎君娶仙花為配, 埋我於郎君往來之路側, 則雖死之日, 猶生之年也." 言訖, 氣塞良久, 復甦開眼視生

46) 与 : 원문에서 약자로 쓰였다.

47) 芳盟 : 방맹(芳盟)은 혼약(婚約)을 일컬으며 평생을 서로 지키겠다는 약속을 하는 것을 가리킨다.

48) 与 : 원문에서 약자로 쓰였다.

49) 葑非 : 봉(葑)은 무청(蕪菁)과 초본식물(草本植物), 비(非)는 고대 서적에서 무[羅卜]류의 야채를 가리킨다.

50) 体 : 원문에서 약자로 쓰였다.

51) 鳺 : 글자를 잘못 쓴 걸로 추측되며 '협(夾)'자 옆에 '조(鳥)'자라야 한다.

曰："周郎々,52) 珍重々！"53) 連聲數次而逝. 生大慟, 乃葬于湖上大路傍, 從其所願, 祭之以文曰："維年月日, 梅川居士54)以蕉黃荔丹之奠, 祭于桃娘之灵.55) 嗚呼, 惟灵花精艷麗, 月態輕盈. 舞學章臺之柳,56) 風簸綠錦. 色奪幽谷之蘭, 露濕紅英. 回57)文則蘇惹蘭詎能獨步.58) 艳色則賈雲華難可爭名. 名雖編於樂籍, 志則存於幽貞. 某也, 蕩情風中之絮, 孤蹤水上之萍. 言采沫鄉之唐, 贈之以相好, 不負東門之柳, 副之以不忘. 月出皎兮, 雲窓夜靜. 結芳盟兮, 花院春晴. 一椀瓊漿, 幾曲鸞笙. 豈意時移事往, 樂極哀生. 翡翠之衾未暖, 鴛鴦之夢先驚. 雲消歡意, 雨散恩情. 矚目而羅裙變色, 接耳而玉佩無聲. 一尺魯縞, 尚有餘香. 朱絃綠綺, 虛在銀床. 藍橋舊宅, 付之紅娘. 嗚呼, 佳人難得, 德言不忘, 花貌玉容, 宛在目傍. 天長地久, 此恨茫茫. 他鄉失侶, 誰賴誰憑. 復理舊楫, 再就來程. 湖海濶遠, 乾坤崢嶸, 孤帆萬里, 去去何依. 他年一見, 浩蕩難期. 山有歸雲, 江有回潮, 娘之去矣, 一何寂寥. 致祭者酒, 陳情者文, 臨風一祭, 庶格芳魂, 尚饗." 祭罷, 與义59)鬟別曰："汝等好守家舍, 我他日得志必來收汝." 义鬟泣曰："兒輩仰主娘如母, 主娘視兒輩如女. 兒輩命薄, 主娘早沒. 所恃以慰此心者, 惟有郎君. 今郎君又去, 兒輩何依？" 呼哭不已. 生再三慰撫, 揮淚登舟, 不忍發棹. 夕是宿于垂虹橋, 望見仙花之院銀燈絳燭明滅村裡. 生念佳期已邁,60) 嗟後會之無緣,

52) 々 표기는 중복을 표시하는 것으로 추측된다.
53) 々 표기는 중복을 표시하는 것으로 추측된다.
54) 梅川居士 : 주생의 호.
55) 灵 : 원문에서 약자로 쓰였다.
56) 章臺之柳 : 장대(章台)는 전국 시대에 진이 세운 궁전이름. 유(柳)는 버드나무라는 뜻. 장대유(章台柳)는 당나라[唐代] 안사의 난[安史之亂] 때 한굉(韓翃)의 첩(姬) 유씨(柳氏)에게 쓴 시 「장대유(章台柳)」를 일컫는다. 후에는 사조(詞調)의 이름으로 되었다.
57) 回 : '회(迴)'자로 바뀌야 정확하다.
58) 惹蘭 : '약난(若蘭)'으로 바뀌야 정확하다.
59) 义 : 원문에서 약자로 쓰였다.
60) 邁 : 글자를 잘못 쓴 것으로 추측되며 '과(過)'자로 바뀌야 정확하다.

口占長相思一闋曰 : "花滿煙, 柳滿煙, 暗信初憑春色傳, 綠窓深處眠. 好因緣, 是惡因緣, 曉院銀釭已惘然, 歸帆雲樹邊." 生達曉沉吟, 欲去, 則與仙花永隔; 欲留, 則徘桃國英已死. 無所聊賴, 百爾所思, 未得其一. 平明, 不得已開舡進棹. 仙花之院, 徘桃之塚, 看看漸遠, 山回江轉, 忽已曆[61]矣. 生之母族張老者, 湖州巨富也, 素以睦族稱. 生試往依焉, 張老待之甚厚. 生身雖安逸, 念仙花之情, 久爾彌篤. 轉展之間, 已及春月, 宗萬曆二十年壬辰也. 張老見生容皃憔悴, 怪而問之, 生不敢隱讳,[62] 告之以宗. 张老曰 : "汝有心思, 何不早言, 老妻与[63]盧丞相累世通家, 老當為汝圖之, 明日, 張老令妻修書, 送蒼頭專往錢塘,[64] 議王謝之親."[65] 仙花自別生後, 支離在床, 綠憔紅悴. 夫人亦知為周郎所祟, 欲成其志, 生已去矣, 無可奈何. 忽得盧氏書, 閤家驚喜, 仙花亦強起梳洗, 有若平昔. 乃以是年九月牢定結褵之期. 生日往浦口, 悵望蒼頭之還. 未及一旬, 蒼頭已還, 傳其定婚之意, 又以仙花私書授生. 生發書視之, 粉香淚痕, 哀怨可想. 其書曰 : "薄命妾仙花, 沐髮清齋上書于周郎足下. 妾本弱質, 養在深閨, 每念韶華之易邁, 掩鏡自惜, 縱懷行雲之芳心, 對人生羞. 見陌頭之楊, 則春情駘蕩, 聞枝上之鶯, 則曉思朦朧. 一朝彩蝶傳情, 仙禽引路, 東方之月娘子在闥. 子既踰垣, 我敢愛檀. 玄霜擣盡, 不上崎嶇之玉京; 明月中分, 共成契濶之深盟. 那圖好事難常, 佳期易阻, 心乎愛矣, 躬自悼矣. 人去春來, 魚沉瘦影, 雨打梨花, 門掩黃昏, 千回萬轉, 憔悴因郎. 錦帳空兮, 晝寂寂, 銀缸滅兮, 夜沉沉. 一自誤身, 百年含情, 殘花打腮, 片目凝眸. 三魂已散, 八翼莫飛, 早知如此, 不如無生. 今則月老有信, 星期可待, 而單居悄悄, 疾病沉綿,

61) '역(曆)'자에 의문이 있다.
62) 讳 : 원문에서 약자로 쓰였다.
63) 与 : 원문에서 약자로 쓰였다.
64) 錢塘 : 지금의 절강성을 일컫는다.
65) 王謝之親 : 호족[豪門貴族]을 일컫는다.

花顔減彩, 雲鬢無光. 郎雖見之, 不復前日之恩情矣. 但所恐者, 微情未吐, 溘先朝露, 九重泉路, 私恨無窮. 朝見郎君, 一訴衷情, 則夕閉幽房, 無所怨矣. 雲山千里, 信既難憑, 引領[66]遙望, 骨折魂消. 湖州地偏, 瘴氣侵入, 努力自愛, 千萬珍重. 千萬情緖, 不敢言盡, 分付歸鴻帶將飛去. 月日仙花白.” 生讀罷, 如夢初回, 似醉方醒, 且悲且喜. 而屈指九月猶以爲遠, 欲改定其期, 乃請於張老, 再遣蒼頭. 而又以私答仙花之書曰 : “芳卿足下, 三生緣重, 千里書來, 感物懷人, 能不依依. 昔者, 投身玉院, 托跡瓊林, 春心一發, 雨意難禁, 花間結約, 月下成緣, 猥蒙顧念, 信誓琅琅. 自念此身難報深恩. 人間有事, 造物多猜, 那知一夜之別, 竟作經年之悲. 相拒夐絕, 山川脩阻, 匹馬天涯, 幾番惆悵. 雁叫吳雲, 猿啼楚岫, 旅館獨眠, 孤燈悄悄. 人非木石, 能不悲哉? 嗟乎, 芳卿, 別離傷懷, 子所知也. 古人云 : ‘一日不見, 如三秋兮’ 以此推之, 則一月便是九十年矣. 若待高秋以定佳期兮, 求我于荒山衰草之間. 情不可極, 言不可盡, 臨楮嗚咽, 知復何言?”書既俱, 未傳. 會朝鮮為倭賊所迫, 請兵于天朝甚急. 帝以朝鮮以至誠事大, 不可不救. 且朝鮮破, 則鴨江[67]以西必不得安枕而臥矣. 況存亡繼絕王者之事也. 特命提督李如松帥師討賊. 而行人司行人薛藩回自朝鮮, 奏曰 : “北方之人善禦虜,[68] 南方之人善禦倭.[69] 今日之役, 非南兵則不可.” 于是, 浙湖諸郡, 發兵甚急. 遊擊將軍姓某, 素知生名, 引以爲書記之任, 生辭不獲. 已至朝鮮, 登安州百祥樓作七言古風, 失其全篇, 惟記結尾四句詩曰 : “愁來獨登江上樓, 樓外青山多幾許. 也能遮我望鄉眼, 不肯曆彩愁來路.” 明年, 癸巳春, 天兵大破倭賊, 追至慶尚道, 生因念仙花, 遂成沉痼, 不能

66) 領 : 글자를 잘못 쓴 걸로 추측되며 ‘경(頸)’자로 바뀌야 정확하다.
67) 鴨江 : 압록강(鴨綠江).
68) 虜 : 옛날 북방지역 사람들에 대한 멸칭(蔑稱). 여기서는 북방의 소수민족을 일컫는다.
69) 倭 : 옛날 일본사람을 멸시하여 지칭한 말이다.

從軍南下，留在松都．余適以事往，遇生於館驛之中．而語言不同，以書通情．生以余解文詩之頗厚，余詢其致病之由，愀然不答．是日，為雨所拘，因与生張燈夜話．生作《踏沙行》一闕示余．其曰："隻影無憑，離懷誰吐，歸魂暗暗連江樹，旅窓殘燈正鳶，心可堪，更聽黃昏雨，閬苑雲溆，瀛海州阻，玉楼珠箔今何许？孤蹤願作水上萍，一夜流向吳江去．" 余異其詞意，悬[70]問不已．生乃敘首尾如此，又自囊中出示一卷，卷名曰：《花間集》．生与仙花，緋桃唱和诗百餘首，儕輩詠其詞者又十餘篇，生為余墮淚，求余詩甚切，余效元稹[71]真率詩三十律韻，題其卷端以贈之．又縱而慰之曰："丈夫所憂者，功名未就耳．天下豈無美婦人乎？況今三韓已定，六師將還，東風正與周郎便[72]矣．莫慮喬氏之鎖於他人之院也．"[73] 明早泣別，生再三稱問曰："可笑之事不必傳之也．" 時生年二十七，眉宇泂然，望之如畫．癸巳仲夏，無言子權汝章記．

70) 悬 : 원문에서 약자로 쓰였다.

71) 元稹 : 779~831. 당(唐)나라 시인(詩人). 자(字)는 미지(微之).

72) 東風正與周郎便 : 고시 "동풍불여주낭변(東風不與周郎便), 동작춘심쇄이교(銅雀春深鎖二喬)"를 인용함. 주낭(周郎)은 삼국(三國)시대 오나라(吳) 장군인 주유(周瑜)를 일컫는다. 본문에서는 사람의 생각대로 되지 않았다는 뜻이다.

73) 喬氏 : 삼국(三國)시대 동오(東吳)의 자매미인인 대교(大喬)와 소교(小喬)를 일컫는다.

雲英傳

壽聖宮, 安平大君舊宅也, 在長安城西仁王山之下. 山川秀麗, 龍虎盤踞. 社稷在其南, 慶福在其東. 仁王一脈逶迤而下, 臨宮陡[1]起, 雖不高峻, 而登臨俯覽, 則通衢市廛, 滿城第宅, 碁布星羅, 歷歷可指, 宛若列絲分. 東望則宮闕縹緲, 複道橫空. 雲煙積翠, 朝暮獻態, 真所謂絶勝之地也. 一時酒徒射伴, 歌兒遂童, 騷人墨客, 三春花柳之時, 九秋楓菊之節, 則無日不遊於其上. 吟風詠月, 嘯玩忘歸. 青坡士人柳泳, 飽聞此園之勝概, 思一遊焉. 而衣裳襤褸, 容皃[2]埋沒, 自知遊人之取笑, 足將進而趑趄者久矣. 萬曆[3]辛丑春三月既望, 沽得濁醪一壺, 而既乏僮仆, 又無朋知, 躬自佩壺, 獨入宮門, 則觀者相顧, 莫不指笑, 生慚而無聊, 仍入後園, 登高四望, 則新經兵火之余, 長安宮闕, 滿城華屋, 蕩然無遺, 壞垣破瓦, 廢井頹砌, 草樹茂密, 惟東廊數間巋然獨存. 生步入西園, 泉石迷邃處, 則百卉叢芊, 影落澄潭, 滿地落花, 人迹不到, 微風一起, 香氣馥鬱. 生獨坐岩上, 仍詠東坡[4]"我上朝元春半老, 滿地落花無人掃"之句. 輒解所佩酒

1) 陡 : 원문에서 이 글자는 좌측은 '山'자로 우측은 '斗'자로 쓰였다.
2) 皃 : 貌자로 추측된다.
3) 萬曆 : 중국 명(明)나라 신종(神宗)의 연호(年號). 기원 1573~1620.

盡飮, 醉臥岩邊, 以石支頭. 俄而酒醒, 擡眼視之, 則遊人盡散, 山月已吐, 煙籠柳眉, 風動花腮. 一條軟語, 隨風而至. 生異之, 起而視之, 則有一少年與絕色青娥班荊而對坐. 見生至, 欣然起拜, 生與之揖, 仍問曰 : "秀才何許人? 未卜其晝, 只卜其夜." 少年微哂曰 : "古人雲 : '傾盖若旧[5]' 正謂此也. 相與鼎足而坐. 女低聲呼兒, 則有二乂[6]鬟自林中出來. 女謂其兒曰 : "今夕邂逅故人之處, 又逢不期之佳賓, 今日之夜, 不可寂寞而度, 汝可備酒饌以來." 二丫鬟承命而往, 少選而返, 飄然若飛鳥之往來. 琉璃樽盛紫霞酒, 珍果綺饌, 列於銀盤. 以白玉盞酌而飮之. 酒味肴饌, 皆非人間所有. 行酒三杯, 女口號新詞, 曰 : "重重深處別故人, 天緣未絕見無因. 爲雲爲雨夢非真, 幾番傷春繁華. 消盡往事成尘,[7] 空使今人淚滿巾." 歌竟, 欷歔飮泣, 珠淚滿面. 生異之, 起而拜曰 : "仆雖非[錦繡之][8]腸, 早事儒業, 稍知文墨[之事. 今][9]聞此詞, 格調[淸越, 而][10]思悲涼, 甚可恠也. 今夜之[會, 月色如晝, 淸風徐來, 有][11]足可賞, 而相對悲泣, 何哉? 一杯相屬, 情義已孚. 而姓名不言, 懷抱未展, 亦可疑也." 生先言己名而強之. 少年歎息而答曰 : "不言姓名, 其意有在. 君欲強知, 則告之何難, 而所可道也, 言之長也." 愀然不樂久之, 乃曰 : "仆姓金, 年十歲, 能詩文, 有名學堂. 而十四歲登進士第二科, 一時皆以金進士稱之. 仆以年少俠氣, 志慮浩蕩, 不能自抑. 又以此女之故, 將父母之遺体,[12] 竟作不孝之子. 天地間一大罪人也. 罪人之名, 何

4) 東坡 : 소식(蘇軾). 송나라[宋代]의 유명한 시인.
5) 旧 : 원문에서 약자로 쓰였다.
6) 乂 : 글자를 잘못 쓴 걸로 추측되며 '아(丫)'자로 바꿔야 정확하다.
7) 尘 : 원문에서 약자로 쓰였다.
8) 원문에 세 글자가 파손되었다.
9) 원문에 세 글자가 파손되었다.
10) 원문에 세 글자가 파손되었다.
11) 다른 이본과의 비교를 거쳐 생략되었던 부분을 첨가하여 넣었다.
12) 体 : 원문에서 약자로 쓰였다.

用強知乎？此女之名，雲英．彼兩兒，一則綠珠，一則宋玉，皆故安平大君宮人也．" 生曰："言出而不尽,[13] 則初不如不言之爲愈也．安平盛時之事，進士傷懷之由，可得聞其詳歟？" 進士顧雲英曰："星霜屢易，日月已久，其時之事，汝能記憶否？" 雲英答曰："中心蓄怨，何日忘之？妾試言之，郎君在傍，補其闕漏而把筆以記之．" 又命丫鬟曰："汝爲奉硯可乎？" 乃言曰："莊憲大王八大君中，安平最爲英睿．上甚愛之，賞賜無數．故田民財貨，獨步諸宮．年十三，出居私宮，私宮，即壽聖也．大君以儒業自任，夜則讀書，晝則或賦詩或書隸，未嘗一刻放過．一時文人才士，咸聚其門，較其長短．或至?□□，參橫講論不怠，而大君又工于書法，鳴于一國．文廟在邸時，每與集賢殿諸學士論安平書法曰：'吾弟若生於中國，雖不及于王逸少，豈後於趙松雪乎！'[14] 稱賞不已．一日，大君語宮人曰：'天下百家之才，必就安靜處，做功而後可成．北城門外，山川寂寥，閭落稍遠，於此做業，必得專精．即構精舍數十間於其上，扁其堂曰'匪懈'．又築一壇於其側，名曰'盟詩'，皆顧名思義之意也．一時文章巨筆咸萃其壇，文章則成三問爲首，筆法則崔興孝爲首，而皆不及於大君之才也．一日，大君乘醉，呼諸侍女曰：'天之降才，豈獨豐於男而吝於女乎？今世文章自許者，不爲不多，而皆莫能相，尚無出類拔萃者，汝等亦勉之哉．' 於是，宮女中擇其美姿容年少者十人教之．先授諺解小學,[15] 讀誦而後，庸學論孟詩傳通宋,[16] 尽[17]教之．又抄李杜

---

13) 尽 : 원문에서 약자로 쓰였다.

14) 王逸少, 趙松雪 : 王逸少는 동진(東晉)의 서예가(書法家) 왕희지(王羲之). 자는 일소(逸少). 趙松雪은 남송(南宋)과 원대(元代)의 서예가(書法家) 조맹부(趙孟頫, 1254~1322). 자는 자앙(子昂)이고 호(號)는 송설도인(松雪道人).

15) 諺解小學 : 한글[韓文]로 한자(漢字)의 문자(文字), 훈고(訓詁), 음운(音韻)을 해석하는 것을 일컫는다.

16) 중용(中庸) · 대학(大學) · 논어(論語) · 맹자(孟子) · 시경(詩經) · 좌전(左傳) · 자치통감(資治通鑒) · 송서(宋書).

17) 尽 : 원문에서 약자로 쓰였다.

唐音[18]數百首教之, 五年之內, 果皆成才. 大君入則使妾等, 不離眼前, 作詩斥正, 第其高下, 用賞罰以爲勸奬之地, 其卓犖之氣象, 縱未及於大君, 而音律之淸雅, 句法之婉熟, 亦可窺盛唐詩人之藩籬也. 十人之名, 則小玉, 芙蓉, 飛瓊, 翡翠, 玉女, 金蓮, 銀蟾, 紫鸞, 寶蓮, 雲英, 雲英卽妾也. 大君皆撫恤, 常鎖畜宮中, 使不得與人對語. 而日與文士杯酒戰藝, 而未嘗以妾等一番相近者, 蓋慮外人之或知也. 常下令曰'侍女一出宮門, 則罪當死; 外人知宮人之名, 則其罪亦死.' 一日, 大君自外而入, 呼妾等謂曰 : '今日與文士某某飮酒, 有一抹靑煙, 起自宮樹, 或籠城堞, 或飛山麓. 我先占五言絶句一首, 使座客次之, 皆不稱意, 汝等以年次, 各製以進.' 小玉先呈曰 : '綠煙細如織, 隨風伴入門. 依微深複淺, 不覺近黃昏.' 九人相繼製進. '飛空逢帶雨, 落地複爲雲. 近夕山光暗, 幽思向楚君.' 此芙蓉詩也. '小杏難成眠, 孤篁獨保靑. 輕陰暫見重, 日暮又昏冥.' 此飛瓊詩也. '覆花蜂失勢, 籠竹鳥迷巢. 黃昏成小雨, 窗外聽蕭蕭.' 此翡翠詩也. '蔽日輕紈細, 橫山翠帶長. 微風吹漸散, 猶濕小池塘.' 此玉女詩也. '山下寒煙積, 橫飛宮樹邊. 風吹自不定, 斜日滿蒼天.' 此金蓮詩也. '山谷繁陰起, 池台綠影流. 飛歸無處覓, 荷葉露珠留.' 此銀蟾詩也. '早向洞门暗, 橫連高樹低. 須臾忽飛去, 西嶽與前溪.' 此紫鸞詩也. '短壑春陰裡, 長安水氣中. 能令人世上, 忽作翠珠宮.' 此寶蓮詩也. '望遠靑煙細, 佳人罷織紈. 臨風獨惆悵, 飛去落巫山.'[19] 此妾詩也. 大君驚曰 : '汝等晩學詩, 亦可伯仲于晩唐. 而謹甫以下, 不可執鞭.' 再三吟詠, 莫知其高下, 良久曰 : '芙蓉詩, 思戀楚君,[20] 余甚嘉之. 翡翠詩, 比前騷雅. 小玉詩意思飄逸, 末句有隱隱然餘意, 此兩詩當爲居魁.' 又曰 : '我初見詩, 優劣莫辨, 更爲玩繹, 則紫鸞之詩意思

18) 李杜唐音 : 이백(李白)과 두보(杜甫) 등의 당시(唐詩)를 일컫는다.
19) 巫山 : 지금의 사천성(四川省).
20) 楚君 : 초나라[楚國]의 국왕임, 여기서는 애국(愛國)의 뜻.

深遠, 令人不覺嗟歎而蹈舞也. 餘詩亦皆清好, 而獨雲英之詩, 顯有惆悵思人之意, 未知所思者何人, 似當問訊, 而其才可惜, 故姑置之.' 妾即下庭伏泣而對曰 : '遣辭之際, 偶然而發, 豈有他意乎 ? 今見疑於主君, 妾萬死無惜.' 大君命之坐曰 : '詩出於性情, 不可掩匿, 汝勿復言.' 即出綵帛十端, 分賜十人. 大君未嘗有私意於妾, 而宮中之人, 皆知大君之意, 在於妾也. 十人皆退在洞房, 晝燭高燒, 七寶書案, 置唐律一卷, 論古人宮怨詩高下. 妾獨倚屛風, 悄然不語, 如泥塑人. 小玉顧見曰 : '日間賦烟之詩, 見疑於主君, 以此隱憂而不語乎 ? 抑主君向意, 當有錦衾當夕之歡故, 暗喜而不語乎 ? 中心所懷, 盖未可知也.' 妾斂袵而答曰 : '汝非我, 安知我之心哉. 我方賦一詩, 搜奇未得故, 苦思不語耳.' 銀蟾曰 : '意之所向, 心不在焉. 故傍人之言, 如風過耳. 汝之不語, 不難知也, 我將試之.' 以窗外葡萄爲題, 使作七言四韻促之. 妾即吟, 曰 : '蜿蜒藤草似龍行, 翠葉成陰揔有情. 暑日炎威能徹照, 晴天寒影反虛明. 抽絲攀檻如留意, 結果垂珠欲效誠. 苦待他時應變化, 會乘雲雨上三清.' 小玉朗吟久之, 起而拜曰 : '真天下奇才也. 風格之高, 雖似舊調, 而倉卒製作如此, 此詩人之所難處也. 我之心悅誠服如七十子之服孔子也.' 紫鸞曰 : '言不可不慎, 何其許与之太過耶 ? 但文字婉曲, 且有飛騰之態可有之矣.' 一坐皆曰 : '確論.' 妾雖以此詩解之, 而群疑猶未盡釋. 翌日, 門外有車馬騈闐之聲. 閽者奔入而告曰 : '衆賓至矣.' 大君归東閣延入, 皆一時文人才士也. 坐定, 大君以妾等所製賦煙詩示之. 滿坐大驚曰 : '不意今日, 複見盛唐音調, 非我等所可比肩也. 如此至宝,[21] 進賜從何得之 ?' 大君微笑曰 : '何爲其然也, 童僕偶得于街上而來. 未知何人所作, 而想必出於閭巷才子之手也.' 群疑未定, 俄而成三問至曰 : '才不借於異代, 自前朝迄於今六百餘年之間, 以詩鳴於中

21) 宝 : 원문에서 약자로 쓰였다.

國者，不知其幾人．而或沈濁而不雅；或輕清而浮藻；皆不合音律，失其性情．吾不欲觀諸．此詩風格清真，意思超越，小無塵世之態．此必深宮之人，不與俗客相接，只讀古人詩而晝夜吟誦自得於心者也．詳味其意，其曰臨風獨惆悵者，有思人之意．孤篁獨保青者，有守貞節之意．風吹自不定者，有難保節之態．幽思向楚君者，有向君之誠．荷葉露珠留，西嶽與前溪者，非天上神仙，則不得如此形容．格調雖有高下，而熏陶氣象則大約皆同．進賜宮中，必儲養十仙人，願毋隱一見．' 大君內自心服，而外不頷可曰：'孰謂謹甫有詩鑑乎，我宮中豈有此等人哉，可謂惑之甚矣．' 于時，十人從窗隙暗聞，莫不歎服．是夜，紫鸞以至誠問於妾曰：'女子生而願爲之有嫁，父母之心，人皆有之．汝之所思，未知何許情人．悶汝之形容，日漸減旧，[22] 以情悃問之，幸須毋隱．' 妾起而謝曰："宮人甚多，恐有屬垣，不敢開口，今曰悃愊，何敢隱乎．上年秋，黃菊初開，紅葉新凋之時，大君獨坐書堂，使侍女等磨墨張廣縑，寫四韻十首．小童自外進曰：'有年少書生自稱金進士請見之．' 大君喜曰：'進士來矣．' 使之迎入，則布衣革帶．趨進上階，如鳥舒翼．當席拜坐，容儀若神仙中人．大君一見傾心，即移席對坐．進士避席而拜謝曰：'猥蒙盛眷，屢屈辱命，今承謦咳，無任竦仄．' 大君慰之曰：'久仰華聲，坐屋冠蓋，光動一室，賜我百朋．' 進士初入之時，已與侍女相面．而大君以進士年少儒生，中心易之，不令妾等避之．大君謂進士曰：'秋景甚好，願賜一詩，使此堂生彩如何？' 進士避席而辭曰：'虛名蔑實，詩之格律，小子何敢知之．' 大君以金蓮唱歌，芙蓉彈琴，寶蓮吹簫，飛瓊行杯，使妾奉硯．其時，妾以年少女子，一見郎君，魂迷意闌．郎君亦顧妾而含笑，頻頻送目．大君謂進士曰：'我之待君，誠欵至矣，至於君何吝一吐瓊琚，使此堂無顏色乎．' 進士即握管，書五言四韻一首曰："旅

22) 旧：원문에서 약자로 쓰였다.

雁向南飛, 宮中秋色深. 水寒荷圻[23]玉, 霜重菊垂金. 綺席紅顔女, 瑤絃白雪音. 流霞一斗酒, 先醉意難禁." 大君吟詠再三而驚曰 : '眞可謂天下奇才也. 何相見之晩耶.' 侍女十人, 一時回顧, 莫不動容色, 曰 : '此必王子晉,[24] 駕鶴而來於塵寰, 世豈有如此人哉.' 大君把杯而問之曰 : '古之詩人, 孰爲宗匠?' 進士曰 : '以小子所見言, 則李白,[25] 天上神仙, 長侍玉皇香案前, 而來遊玄圃, 餐盡玉液, 不勝醉興, 折得萬樹琪花, 隨風雨散落人間之氣象也. 至於盧王,[26] 海上仙人, 日月出沒, 雲華變化, 滄波動搖, 鯨魚噴薄, 島嶼蒼茫, 草樹回鬱, 浪花菱葉, 水鳥之歌, 蛟龍之淚, 悉藏於胸襟雲夢之中, 此詩中造化. 孟浩然,[27] 音響最高, 此學師廣, 習音律之人也. 李義山,[28] 學得仙術, 早役詩魔, 一生篇什, 無非鬼語也, 自余紛紛, 何足盡陳.' 大君曰 : '日與文士論詩, 以草堂[29]爲首者多矣, 此言何也?' 進士曰 : '然. 以俗儒所尙言之, 猶膾炙之悅人口, 子美[30]之詩, 眞膾與炙也.' 大君曰 : '百體具備, 比興極精, 豈以草堂爲輕哉?' 進士謝曰 : '小子何敢輕之. 論其長處, 則如漢武帝,[31] 禦未央, 憤四夷之猾夏, 命將蕩伐百萬羆熊之師, 連亙數千里. 言其大處, 則如使相如[32]賦長楊, 馬遷[33]草封禪. 求神仙, 則如使東方朔[34]侍左右, 西王母[35]獻

---

23) 圻 : 원문에서 이 글자는 좌측은 '山'자로 우측은 '斥'자로 쓰였다.
24) 王子晉 : 주(周)나라 영왕태자(靈王太子). 도를 닦아 신의 경지에 도달했다고 함. 왕자교(王子喬)라고도 한다.
25) 李白 : 701~625. 당나라[唐朝]의 유명한 시인. 자는 태백(太白), 호는 청연거사(靑蓮居士).
26) 盧王 : 의문이 있다.
27) 孟浩然 : 689~740, 혹은 691~740. 당나라[唐朝] 시인(詩人)이다.
28) 李義山 : 당나라 시인. 이름은 이상은(李商隱, 813~858), 자는 의산(義山).
29) 草堂 : 당나라 시인 두보(杜甫, 712~759)를 일컫는다.
30) 子美 : 당나라 대시인(大詩人) 두보(杜甫)의 자.
31) 漢武帝 : 유철(劉徹, 기원전 156~87). 한(漢)나라 경제(景帝)의 아들.
32) 相如 : 사마상여(司馬相如, 기원전 179~118). 자는 장경(長卿). 한부(漢賦)의 대표작가.
33) 馬遷 : 사마천(司馬遷, 기원전 145~86). 자는 자장(子長), 사기(『史記』)의 저자.
34) 東方朔 : 기원전 154~93. 한무제(漢武帝)의 농신(弄臣). 자는 만천(曼倩). 이문(異聞)

金桃. 是以杜甫之文章, 可謂百體之備矣. 而至此於李白, 則不啻天壤之不侔, 江海之不同也. 至此于王孟,[36] 則子美驅車先適, 而王孟執鞭爭道矣.' 大君曰 : '聞君之語, 腦中敞豁, 怳若禦長風上太清. 第杜詩天下之高, 文雖不足於樂府,[37] 豈與王孟爭道哉? 雖然, 姑舍是而願君又費一吟, 使此堂增倍一般光彩.' 進士即賦七言四韻書桃花紙以呈, 曰 : "煙散金塘露氣涼, 碧天如水夜何長. 微風有意吹垂箔, 白月多情入小堂. 庭畔隱開松反影, 杯中波起菊留香. 阮公雖少頗能飲, 莫怪瓮間醉後狂." 大君益奇之, 前席摻手曰 : '進士非今世之才, 非余之所得以論高下. 且非徒能文, 筆畫又極神妙, 天生君於東方, 必非偶然也.' 又使草聖揮筆之際,墨點誤落於妾之指, 如蠅翼焉, 妾以此爲榮, 不爲拭除, 左右宮人, 咸顧微笑, 比之登龍門. 時夜將半, 更漏相催. 大君欠伸思睡曰 : '我醉矣, 君亦退休, 勿忘明朝有意抱琴來之句.' 翌日, 大君再吟其兩詩而歎曰 : '當與謹甫爭雄, 而其清雅之態則過之矣.' 妾自是寢不能寐, 食減心煩, 不覺衣帶之緩, 汝未能識之乎? 紫鸞曰 : "我忘之矣, 及聞汝言, 怳若酒醒." 其後, 大君頻接進士, 而未嘗以妾等相近. 故妾每從門隙而窺之. 一日, 以薛陶[38][39]牋書一律曰 : "布衣革帶士, 玉貌如神仙. 每向簾間望, 何無月下緣? 洗顏淚作水, 彈琴恨鳴弦. 無限胸中怨, 擡頭獨訴天." 以詩及金鈿一隻, 同裹重封十襲, 欲寄進士而無便. 其夜月夕, 大君開酒, 大會賓客. 盛稱進士之才, 以二詩出示之, 俱各傳觀, 稱讚不已, 皆願一見. 大君即送人馬請之. 進士至而就坐. 形容癯瘦, 風概

이 많았으며 신선(神仙)으로 전해진다.

35) 西王母 : 신화(神話) 속의 여신(女神)을 일컫는다. 미모가 출중했다고 전해진다.

36) 王孟 : 왕유(王維, 701~761, 혹은 698~759). 자는 마힐(摩詰). 당나라 시인(詩人). 맹호연(孟浩然)과 더불어 이름을 날렸으므로 왕(王)·맹(孟)이라 병칭된다.

37) 樂府 : 음악을 주관(主管)하는 관서(官署). 여기서는 시체(詩體) 이름을 일컫는다.

38) 陶 : 濤자로 추측된다.

39) 薛濤 : 기원 614~?. 당나라 기생. 자는 홍도(洪度). 시를 잘 지었고 당시 시인(詩人) 명사(名士)들과 많은 교제를 했다.

消沮，殊非昔日之氣象也．大君慰之曰：‘進士未憂楚[40]之心，而先有澤畔之憔悴乎？’滿坐大笑．進士起而謝曰：‘仆以寒賤儒生，猥蒙進賜之寵眷，福過災生，疾病纏身，食飮專廢，起居須人，今承辱招，扶曳來謁矣．’坐客皆斂膝而致敬．進士以年少书生，坐于末席，與內外只隔一壁．夜已將闌，衆賓大醉．妾穴壁作孔而窺之，進士亦知其意，向隅而坐，妾以封書，從穴投之．進士拾得歸家，拆而視之，悲不自勝，不忍釋手，思念之情，倍于曩時，如不能自存．欲答書以寄，而青鳥無憑，獨自愁歎而已．聞有一巫女，居在東門外，以灵[41]異得名，出入其宮中，甚見寵信．進士訪至其家，則其巫年未三旬，姿色殊美，早寡，以淫女自處．見生至，盛備酒饌而待之．進士把杯不飮曰：‘今日有忙迫之事，明日再來矣．’翌日又往，則亦如之，進士不敢，告曰：‘明日又來矣．’巫見進士之容貌脫俗，中心悅之．而連日往來，一不出言，意謂年少之人，必以羞恥不言，我先以意挑之，挽留繼夜，欲以同枕．明日，沐浴梳洗，盡態凝妝，多般盛飾，鋪萬花毯瓊瑤席，使小婢，坐門外候之．進士又至，見其容飾之華，鋪陳之美，中心怪之．巫曰：‘今夕何夕，見此玉人．’進士意不在焉，不答其語，愀然不樂，巫曰：‘寡女之家，年少之人，何往來之不憚煩？’進士曰：‘巫若神灵，則豈不知我來之意乎？’巫女即就灵，座拜於神，搖鈴拊膝，遍身寒戰，頃之，動身而言曰：‘郎君誠可憐也．以齟齬之策，欲遂難成之計，非但其意不成，未及三年，其爲泉下人哉．’進士泣而謝曰：‘巫雖不解言，我亦知之．然中心怨結，百藥無效．若因神巫，幸傳尺素，則死亦榮矣．’巫曰：‘卑賤巫女，雖因神祀，時或出入，而非有招命，則不敢入．然爲郎君，試一往焉．’進士自懷中出一封書以贈曰：‘慎毋枉傳，以作禍機．’巫持入宮門，則宮中之人，皆怪其來，巫權辭以對，仍得間目，引妾于後庭無人處，以封書授之．妾還

40) 憂楚 : 애국의 뜻.
41) 灵 : 원문에서 약자로 쓰였다.

房, 拆而視之, 其書雲 : "一自目成之後, 心飛魂越, 不能定情, 每向城西, 幾斷寸腸. 曾因壁間之書傳, 敬承不忘之玉音. 開未盡而煙塞脳中, 讀未半而涙滴湿字. 寢不能寐, 食不下咽, 病入膏肓, 百藥無效, 九原可見, 惟願溘然而從. 蒼天俯怜, 神鬼默佑, 倘使生前, 一泄此恨, 則當粉骨磨身, 以祭於天地百神之灵矣. 臨楮哽咽, 夫複何言." 複有一詩雲 : "樓閣重重掩夕霏, 樹陰雲影揔依微. 落花流水隨溝出, 乳燕含泥趁檻歸. 欹枕未成蝴蝶夢, 眼穿遥望雁魚稀. 玉皃在眼何言語, 草綠鶯啼涙濕衣." 妾覽罷, 聲斷氣塞, 口不能言, 涙盡繼血. 隱身于屏後, 惟畏人知. 自是以後, 頃刻不能忘, 如癡如狂, 見於辭色, 主君之疑, 詞客之言, 信不虛矣. 紫鸞亦怨女, 及聞此言, 含涙而言曰 : '詩出於性情, 不可欺也.' 一日, 大君呼紫鸞曰 : '汝等十人, 同在一室, 業不專一. 當分五人, 置之西宮.' 妾與紫鸞, 銀蟾, 玉女, 翡翠, 即日移焉. 玉女曰 : '幽花細草, 流水芳林, 正似山家野莊, 真所謂讀書堂也.' 妾答曰 : '既非舍人, 又非僧尼, 而鎖此深宮, 真所謂長信宮[42]也.' 左右莫不嗟惋. 其後妾欲作一書, 以致意于進士, 懇請于其巫而使之傳致, 則其巫終不肯來. 蓋不無挾憾于進士之無意于渠也. 一夕, 紫鸞密語於妾曰 : '宮中之人, 每歲仲秋, 浣紗於蕩春台下之水, 仍設杯酌而罷. 今年則移設於昭格署洞, 而往來尋見其巫, 則第一良策.' 妾然之, 苦待仲秋. 度一日, 如三秋. 翡翠微聞其言, 佯若不知, 而語妾曰 : '汝初來時, 顏色如梨花, 不施鉛粉, 而有天然綽約之態. 故宮中诸人, 以虢國夫人[43]稱之, 比來, 容色減舊, 漸不如初, 是何故也 ?' 妾答曰 : '禀質虛弱, 每當炎節, 則例有暑渴之病. 梧桐葉落, 蕭暮涼生, 則自至稍蘇矣.' 翡翠賦一詩戲贈. 無非玩弄之態, 而思意絕妙, 妾奇其才而羞其弄. 荏苒數月, 節屆清秋.

42) 長信宮 : 총애(寵愛)를 잃은 왕비(嬪妃)의 궁전(宮殿)으로 추측된다.

43) 虢國夫人 : 당(唐)나라 양귀비(楊貴妃)의 언니. 미모가 출중하여 화장을 전혀 안했다고 한다.

涼風夕起, 細菊吐黃. 草蟲吟暮, 皓月流光. 妾中心自喜而不形於言語之間. 銀蟾曰 : '尺書佳期, 近在今夕, 人間之樂, 豈異於天上乎!' 妾知西宮之人已不可隱, 以實告之曰 : '願勿使南宮之人知之.' 于時, 旅雁南飛, 玉露成團. 淸溪浣濯, 正當其時. 欲與諸女牢約日期而論議甲乙, 未定其所. 南宮人曰 : '淸溪白石, 無踰於蕩春台下.' 西宮人曰 : '昭格署洞泉石, 不下於門外, 何必舍邇, 而求諸遠乎?' 南宮人固執不許, 未決而罷. 其夜, 紫鸞曰 : '南宮五人中, 小玉主論, 我以計, 可回其意.' 以玉燈先導, 至南宮, 金蓮喜迎曰 : '一分西南, 如隔秦楚,[44] 今夕, 玉舃左臨, 深謝厚意.' 小玉曰 : '何謝之有, 此乃說客也.' 紫鸞斂袵正色而言曰 : '他人有心, 予忖度之, 其子之謂歟?' 小玉曰 : '西宮之人, 欲往昭格署洞, 而我獨堅執. 故汝中夜來訪, 其謂說客, 不亦宜乎?' 紫鸞曰 : '西宮五人中, 我獨欲往城內也.' 小玉曰 : '獨思城內, 其意何在?' 紫鸞曰 : '吾聞昭格署洞, 乃祭天星之處, 而洞名三淸雲. 吾儕必是三淸仙女, 誤讀黃庭,[45] 謫下人間. 旣在塵寰, 則山家野村農墅漁店, 何處不可, 而牢鎖深宮, 有若籠中之鳥. 聞黃鸝而歎息, 見綠楊而歔欷. 至於乳燕雙飛, 棲鳥兩眠, 草有合歡, 木有連理, 至微禽兽, 無知草木, 亦稟陰陽, 莫不交歡. 吾等十人, 獨有何罪, 而寂寞深宮, 長鎖一身, 春花秋月, 伴燈銷魂, 虛抛靑春之華, 空遺黃壞之恨, 賦命之薄, 何其至此之甚耶! 人生一老, 不可複少, 子更思之, 寧不悲哉. 今可沐浴於淸川, 以潔其身, 入太乙祠, 叩頭百拜, 合手祈祝, 冀資冥佑, 欲免來世之如此苦也, 豈有他意哉! 凡我一宮之人, 情若同氣, 而因此一事, 疑人於不當疑之地, 緣我無狀言, 不見信之致也.' 小玉起而謝曰 : '我燭理未

44) 秦楚 : 선진(先秦) 때의 두 나라.

45) 黃庭 : 황정경(黃庭經)의 약칭[簡稱]. 도가들이 양생(養生)과 수련의 원리를 가르치고 기술하는 데 사용했던 도교 관계 서적. 비장(脾臟)을 중앙황정(中央黃庭)이라고 하고 오장(五藏)의 특종비토(特種脾土)이기에 황정경(黃庭經)이라고 한다.

瑩, 不及於君遠矣. 初不許城內之往者, 城中素多無賴俠客之徒, 慮有強暴意外之辱, 故疑之. 今汝能使余迷不遠而返, 繼自今以來, 雖白日升天而吾可從, 雖憑河入海而吾亦從之, 所謂因人成事, 而及其成功則一者也.' 芙蓉曰 : '凡事必定, 上言定未, 兩人爭之, 終日不決, 事不順矣. 一家之事, 主君不知, 而仆妾密議, 心不忠矣. 日間所爭之事, 宵未半而屈之人, 不信矣. 且清秋, 玉川無處無之, 而必往城祠, 似不宜矣. 匪懈堂前, 水清石白, 每歲浣紗於此而今欲改轍, 亦不宜矣. 一擧而有此五失, 妾不敢從命.' 寶蓮曰 : '言者, 文身之具, 謹與不謹, 慶殃隨至. 是故, 君子愼之, 守口如瓶. 漢時, 丙吉張相如,[46] 終日不語, 而事無不成. 嗇夫,[47] 喋喋利口, 而張釋之[48]奏詆之. 以妾觀之, 紫鸞之言, 隱而不發, 小玉之言, 強而勉從, 芙蓉之言, 務在文飾, 皆不合吾意. 今此之行, 妾不與焉.' 金蓮曰 : '今夜之論, 終未歸一, 我且穆卜.' 即展義經[49]而占之, 曰 : '明日雲英必遇丈夫矣. 雲英容貌擧止似非人世間者也. 主君傾心已久, 而雲英以死拒之, 無他, 不忍負夫人之恩也. 主君之威令雖嚴而恐傷雲英之身, 不敢近之. 今舍此寂寞之處, 而欲往彼繁華之地. 遊俠少年, 見其色則必有喪魂欲狂者, 雖不能相近, 而指點送目, 斯亦辱矣. 前日, 主君下令曰 : 宮女出門, 外人知名, 其罪皆死. 今此之行, 妾不與焉.' 紫鸞知事不濟, 愀然不樂, 方欲辭去, 飛瓊泣而搽羅帶, 強留之. 以鸚鵡杯, 酌雲乳酒勸之, 左右皆飮, 金蓮曰 : '今夕之會, 務在從容, 而獨飛瓊之泣, 何哉?' 飛瓊答曰 : '初, 在南宮時, 與雲娘交道甚密, 死生榮辱, 約與同之. 今雖異居, 寧忍忘之? 前日, 主君前問安時,

46) 丙吉張相如 : 기원전 ? ~55. 자는 소경(少卿). 한(漢)의 노나라[魯國] 승상(丞相). 사리에 밝고 현명함으로 유명. 장상여(張相如)는 미상(未詳).

47) 嗇夫 : 고대 관직 이름.

48) 張釋之 : 한경제(漢景帝)시대 대신(大臣). 태자때의 경제(景帝)를 탄핵(彈劾)한 적이 있다.

49) 義經 : 미상(未詳).

見雲英於堂前, 纖腰瘦盡, 容色憔悴, 聲音細縷, 若不出口. 起拜之際, 無力仆地, 妾扶而起之, 以善言慰之, 雲娘答曰 : 不幸有疾, 朝夕將死. 妾之微命, 死無足惜. 而九人之文章才華, 日就月將, 他日, 佳篇麗什, 聳動一世, 而妾必未及見矣. 是以, 悲不能禁. 其言, 頗極淒切. 妾爲之下淚. 到今思之, 其疾崇在於所思也, 嗟乎. 紫鸞, 雲娘之友也, 欲以垂死之人置之於天壇之上. 今日之計, 若不得成, 則泉壤之下, 死不瞑目矣, 怨歸南宮, 其能免乎 ? 書[50]曰 : '作善降之百祥, 不善降之百殃. 今此之論, 善乎, 不善乎 ?' 小娘旣許, 三人之志順矣, 豈可半途而廢乎? 設或事泄, 雲英獨被其罪, 他人何與焉哉. 小玉曰 : '妾不爲再言, 當爲雲娘死之.' 紫鸞曰 : '從之者半, 不從者半, 事不諧矣.' 欲起去而還坐, 更探其意, 或欲從之, 而以所言爲恥. 紫鸞曰 : '天下之事, 有正有權, 權而得中, 是亦正矣. 豈無變通之權, 而膠守前言乎 ?' 左右一時從之, 紫鸞曰 : '余非好辯, 爲人謀忠, 不得不已.' 飛瓊曰 : '古者蘇秦使六國合縱, 今紫鸞能使五人承順, 可謂辯士.' 紫鸞曰 : '蘇秦[51]能佩六國[52]相印, 今五人以何物贈之乎 ?' 金蓮曰 : '合縱六國之利也. 今夜承順, 有何所利於五人乎 ?' 相對大笑, 紫鸞曰 : '南宮之人, 皆作善, 而能使雲英複續垂死之命, 豈不拜謝 ?' 仍起而再拜, 小玉亦起而拜. 紫鸞于是欲堅五人之志, 乃作而言曰 : '今夜之事, 五人從之. 上有天, 下有地. 燈燭照之, 鬼神驅之. 明日豈有他意 ?' 仍起拜而出. 五人拜送於宮門之外. 紫鸞歸語妾, 妾扶壁而起, 再拜而謝曰 : '生我者, 父母; 活我者, 娘子也. 入地之前, 誓報此恩.' 坐以待朝, 入而問安於主君後, 退會中堂. 小玉曰 : '天朗水冷, 正當浣紗之時, 今日設帳於昭格署洞, 可也 ?' 八

50) 書 : 『상서(尚书)』의 약칭(简称).

51) 蘇秦 : 기원전 ? ~317. 전국(戰國)시대 동주(東周) 낙양(洛陽) 사람.

52) 六國 : 연(燕) · 조(趙) · 한(韓) · 위(魏) · 제(齊) · 초(楚) 육국(六國)을 연합하여 진나라(秦國)에 저항한다.

人皆無異辭. 妾退西宮, 以白羅衫, 書滿腔哀怨而懷之, 與紫鸞故為落後, 謂執鞭童僕曰 : '東門外巫女, 最爲灵驗云, 我將往其家, 問病而行.' 童僕如其言, 至其家, 善辭哀乞曰 : '今日之來, 本欲爲一見金進士耳. 可急走伻通之, 則終身報恩.' 巫女如其言送人, 則進士顚倒而至矣. 兩人相見, 不得出一言, 相視成泣而已. 妾以封書授之曰 : '乘夕當還, 郎君可於此留待.' 即上馬而去. 進士拆封視之, 書曰 : "曩者, 巫山仙女, 傳致一札, 琅琅玉音, 滿紙丁寧. 敬奉三複, 悲歡交極, 意不自定. 即欲答書, 而既無信便, 且恐事泄. 引領遙望, 欲飛無翼. 斷腸消魂, 只待死日. 而未死之前, 憑此尺書吐盡平生之懷. 伏願郎君留神焉. 妾以南方人. 父母愛妾, 偏于諸子中. 出遊嬉戲, 任其所欲. 園林溪水之涯, 梅竹橘柚之陰, 日以遊玩爲事. 苔磯釣魚之徒, 樵牧弄笛之兒, 朝暮入眼. 其它, 山野之態, 田家之興, 難以毛舉. 父母初教以三綱[53]行實, 七言唐音.[54] 年十三, 主君招之故, 別父母, 遠兄弟, 來入宮中. 不禁思歸之情, 蓬頭垢面, 襤縷衣裳, 欲爲觀者之陋. 而夫人猶加恩愛. 主君亦不以尋常侍兒待之. 宮中之人, 莫不親愛如骨肉. 一自從事學文之後, 頗知義理, 能審音律. 故年長宮人莫不敬服. 及徙西宮之後, 琴書專一, 所造益深. 凡賓客所制之詩, 無一挂眼. 才難不其然乎. 不得爲男子之身, 揚名於當世, 而空爲紅顔薄命之軀, 虛送深宮日月而已. 是以恨結心曲, 怨填腦海, 停刺繡而付之燈火, 罷織錦而投杼下機. 裂破羅帷, 折棄玉簪. 暫得醉興, 則脫舄散步, 剝落階花, 手折庭草, 如癡如狂, 情不自抑. 上年秋月之夜, 一見君子之容儀, 意謂天上仙人, 謫下人間. 妾之容色, 最出於九人之下, 而有何宿世之緣. 那知筆下之一點, 竟作胸中怨結之祟. 以簾間之望, 擬作奉箒之緣, 以夢中之見, 將續不忘之恩. 雖

53) 三綱 : 군신(君臣) 부자(父子) 부부(夫婦)관계에서 지켜야 할 도덕규범을 일컫는다.
54) 七言唐音 : 칠언(七言) 당시(唐詩). 칠언절구(七言絶句) 또는 칠언율시(七言律诗)를 일컫는다.

無一番衾裏之歡, 玉貌豐容, 恍在眼中. 梨花杜鵑之啼, 梧桐夜雨之聲, 慘不忍聞. 紗窗熒光之流, 孤燈伴形之影, 慘不忍見. 或倚屛而坐, 或憑欄而立, 搥胸頓足, 獨訴蒼天. 不識郎君, 亦念妾否. 只恨此身, 未見君子之前, 先自溘然. 則地老天荒, 此情不泯. 今日浣紗之行, 兩宮侍女, 相隨畢集. 故不得久留於此. 淚和墨汁, 魂結羅緯. 伏願郎君, 俯賜一覽. 又以拙句, 謹答前惠. 非此爲美, 以寓永好之意." 其文一則傷秋之賦, 一則相思之詩也. 是夕未時, 紫鸞與妾先出而向東. 則小玉微笑詩一絕以贈, 無非譏妾之意也. 妾中心羞赧, 含忍受之. 其詩曰 : 太乙祠[55]前一水回, 天壇[56]雲盡九門開. 細腰不勝狂風急, 暫避林中日暮來. 飛瓊即和其韻, 金蓮, 寶蓮相繼次之, 亦皆譏妾之意也. 妾騎馬而先來, 至巫家, 則巫顯有含慍之色, 向壁而坐, 不借顏色. 進士以羅衫覆面, 終日飮泣, 喪魂失性, 尙不知妾之來. 妾乃解左手所著雲藍玉色金環, 納於懷中曰 : '郎君不以妾爲菲薄, 屈千金之軀, 來待陋舍, 妾雖不敏, 亦非木石, 敢不以死許之, 妾若食言, 有此金環.' 行色匆遽, 起而將別, 涕零如雨. 與進士附耳, 語曰 : '妾在西宮, 郎君乘昏夜, 由西垣而入, 則三生未盡之緣, 庶可續此之成矣.' 言訖, 拂衣而去, 先入宮門, 則八人繼至. 夜已二更矣, 小玉與飛瓊明燭前導, 而來西宮曰 : '日者之詩, 出於無情, 而語涉戲玩, 是以不避夜深, 負荊來謝耳.' 紫鸞曰 : '五人之詩, 皆出于南宮, 一自分宮之後, 頗有形迹, 有似唐時牛李之党, 何爲其然也. 雖然,女子之情則一也, 久閉深宮, 長吊只影, 所對者, 燈燭; 所爲者, 弦歌而已. 百花含葩而笑, 雙燕交翼而戲, 薄命妾等, 同鎖深宮, 覽物懷春, 情事如何. 朝雲岱神, 頻入楚王之夢; 王母仙女, 幾參瑤池[57]之宴. 女子之心, 宜無矣?同. 而南宮之人, 何獨與姮娥[58]苦守

55) 太乙祠 : 태일("太一")과 같음. 여기서는 종남산(終南山) 이름으로 추측된다.
56) 天壇 : 천제의 궁전[天庭]을 일컫는다.
57) 瑤池 : 고대 신화(神話)에서 신선(神仙)들이 사는 곳.

貞烈, 不悔靈藥之偷乎.' 飛瓊與小玉皆不禁淚曰 : '一人之心, 即千萬人之心也. 今承盛教, 悲戚之懷, 油然而出矣.' 起拜而去, 妾謂紫鸞曰 : '今夕, 妾與進士, 有金石之約. 今若不來, 明日必踰牆而來矣. 來則何以待之?' 紫鸞曰 : '繡幕重重, 綺席燦爛, 有酒如河, 有肉如坡, 有不來則已, 來則待之何難?' 其夜, 果不來. 進士密窺其處, 則牆垣高峻, 自非身具羽翼, 莫能踰矣. 還家, 脈脈不語, 憂形於色. 進士之奴, 名特也, 素稱能而多術. 見生顔色, 進而跪曰 : '進士主, 必不久於世矣.' 伏庭而泣. 進士悉陳其情. 特曰 : '何不早言, 吾當圖之.' 即造梯橋, 甚爲輕捷, 能卷舒. 卷之則如貼屏風, 舒之則五六丈而可運於掌上也. 特教曰 : '持此橋, 上宮牆而還卷, 舒於內, 而下之來時, 亦如之.' 進士使特奴試於庭, 果如其言. 進士甚喜之. 乘夕將往, 特又自懷中出給毛狗皮襪曰 : '非此難往.' 進士著而身之輕如飛鳥, 地上無足聲. 進士用其計, 踰內外牆, 伏于竹林. 其夜, 月色如晝, 宮中寂寥. 少焉, 有人自內而出, 散步微吟. 進士披竹出頭曰 : '有人來此矣. 其人笑而答 : '郎出, 郎出.' 進士趨而揖曰 : '年少之人, 不勝風流之興. 冒犯萬死, 敢至於此, 伏願娘子憐我, 憫我, 哀我, 恤我.' 紫鸞曰 : '苦待進士之來, 若大旱之望雲霓也. 今幸得見, 妾等其蘇矣. 郎君勿疑焉.' 即引而入, 進士由層階, 循曲欄, 竦肩而入. 妾開紗窗, 明玉燈而坐. 以獸形金爐, 燒鬱金香, 琉璃書案, 展《太平廣記》[59]一卷. 見生至, 起拜迎入, 郎亦答拜. 以賓主之禮, 分東西而坐. 使紫鸞設珍羞綺饌, 而酌紫霞酒飲之. 酒三行, 進士佯醉曰 : '夜如何其?' 紫鸞會其意, 即垂帳閉戶而出. 妾滅燈同枕, 喜可知矣. 夜既向晨, 群雞報曉, 進士起而出. 自是以後, 昏入曉出, 無夕不然. 情深意密, 自不知止. 牆內雪上, 頗有蹬痕. 宮人皆知其出入,

58) 姮娥 : 상아(嫦娥). 신화에서 인간 세상으로부터 달나라로 날아간 선녀를 가리킨다.
59) 『太平廣記』 : 송리방(宋李昉) 등이 편집(編輯). 전권에 야사(野史) 전기소설(傳奇小說) 등을 수집(收集)한 것. 한(漢)에서부터 송(宋) 초기까지 모두 500여 편.

莫不危之. 一日, 進士忽慮好事終成禍機, 中心大惧, 終日不乐.[60] 特奴自外而進曰 : '吾功甚大, 迄不論賞, 何也 ?' 進士曰 : '銘懷不忘, 早晩當重賞之.' 特曰 : '今見顔色, 亦似有憂, 未知何故耶 ?' 進士曰 : '未見則病在心骨, 既見則罪在不測, 何無所憂?' 特曰 : '然則何不竊負而逃 ?' 進士然之. 是夜, 以特之言謂妾曰 : '特奴素多智謀, 以此指揮, 其意如何 ?' 妾曰 : '妾之父母, 家財最饒. 衣服寶貨, 多載而來. 且主君之所賜甚多, 此物不可棄置而去. 今欲運之, 則雖十四馬, 不能盡輸矣.' 進士復語, 特之大喜曰 : '吾友有力士數十人, 日以強劫爲事, 國人莫敢當. 而與我深結, 惟命是從, 使此輩運之, 則一夜之內, 泰山亦可移也.' 進士入語妾, 然之, 收拾寶貨, 一日之內, 盡輸於外. 特曰 : '如此重寶, 置於本宅, 則大上典必疑之, 置於奴家, 則人必疑之. 無已則掘坑於山中, 深瘞於地下堅守可矣.' 進士曰 : '若或見失, 則吾與汝, 難免盜賊之名矣, 汝可慎守.' 特曰 : '吾計如此之深, 吾友如此之多, 天下無難事. 況特持長劍, 晝夜不離, 則吾目可決, 此寶不可奪. 吾足可刖, 此寶不可取. 願勿疑慮.' 蓋特意得此重寶之後, 妾與進士引入山谷, 屠滅進士, 而妾與財寶自占之計也. 而進士以迂儒不知也. 於時, 大君以前構匪懈堂, 欲得佳製懸板. 而諸客之詩, 皆不滿意. 強邀進士, 設宴懇之. 進士一揮而就, 文不加點. 而山水之景色, 堂構之形容, 無不盡焉. 可以驚風雨泣鬼神. 大君句句稱賞曰 : '不意今日, 複見王子安.'[61] 吟詠不已, 但一句, 有'隨牆暗竊風流曲' 之語, 停口疑之. 進士起而拜曰 : '醉不省人事, 願爲辭退.' 大君命童僕扶而送之. 翌日之夜, 進士入語妾曰 : '可以去矣, 昨日之詩, 見疑於大君, 今夜不去, 恐有禍機.' 妾對曰 : '昨日, 夢見一人. 狀貌獰惡, 自稱冒頓單于, 既有宿約故, 久待長城

60) 乐 : 원문에서 약자로 쓰였다.
61) 王子安 : 당(唐)나라 시인 왕발(王勃, 648~675). 자는 자안(子安). 초당사걸(初唐四傑) 중의 한 사람.

之下. 覺而驚起, 甚怪夢兆之不祥. 郎君其亦思之.' 進士曰 : '夢裏虛誕之事, 何可信也.' 妾曰 : '其曰長城者, 疑是宮牆也. 冒頓者, 疑是特也. 郎君熟知此奴之心乎?' 進士曰 : 此奴素甚頑凶. 然前日盡忠於我. 與娘子成此好緣, 皆此奴之計也. 豈獻忠於始而爲惡於終乎?' 妾曰 : '郎君之言, 如是懇眷. 妾何敢辭乎. 但紫鸞情若兄弟, 不可不告.' 即呼紫鸞, 三人鼎足而坐. 妾以進士之計言之. 紫鸞大驚, 拍手罵之曰 : '交歡日久, 無乃自速禍敗耶? 兩月相交, 亦可足矣. 踰牆逃走, 豈人之所忍爲也. 主君之傾心已久, 其不可去一也; 夫人之慈恤甚至, 其不可去二也; 禍及兩親, 其不可去三也; 罪貽西宮無辜之人, 其不可去四也. 且天地, 一網罟, 非升天入地, 則逃之焉往. 倘或被捉, 則其禍豈止於娘子之身乎? 夢兆之不好, 不須言之, 而若或吉祥, 則汝豈往之乎? 莫如屈心抑志, 守貞安靜, 以聽於天耳. 娘子若年貌衰謝, 則主君恩眷漸馳矣, 觀其事勢, 稱病久臥, 則必許還鄕矣. 當此之時, 與郎君攜手同歸, 與之諧老, 乐[62]莫大焉. 不思是而敢生悖理之計, 汝敢欺之天乎?' 進士知事不成, 嗟歎含淚而出. 一日, 大君坐西宮繡軒. 倭躑蠋盛開. 命侍女各賦五言絕句以進. 大君大加稱賞曰 : '汝等之文, 日漸增長, 餘甚嘉之. 而獨雲英之詩, 顯有思人之意. 前者, 賦煙之詩, 微見其意. 今又如此, 汝之所欲從者, 何人歟? 且金生[63]之上樑文,[64] 語涉疑異, 汝無乃與金生有私乎?' 妾即下庭叩頭而泣曰 : '前日賦煙詩見疑之際, 即欲自盡. 而年未二旬, 且以更不見父母而死, 泉下甚覺痛, 偷生苟活忍而就此. 今又見疑, 一死何惜. 天地鬼神, 昭布森列, 侍女五人, 頃刻不離, 淫穢之名, 獨歸於妾. 妾今得死所矣.' 即以羅巾自縊於欄幹. 紫鸞曰 : '主君如是英睿, 而使無罪之侍女自就死地. 自此以後, 妾等

62) 乐 : 원문에서 약자로 쓰였다.
63) 金生 : 전설에서의 재자(才子)를 일컫는다. 미상(未詳).
64) 上梁文 : 문체(文體)의 이름. 집을 지을 때 송축(頌祝)하는 변체문[騈文]을 일컫는다.

誓不把筆作句矣!' 大君雖盛怒, 而中心則實不欲其死, 故使紫鸞救之而終不死. 大君出素縑五端, 分賜五人曰:'製作最佳, 是以賞之.' 自此之後, 進士不復出入, 杜門病臥, 淚濺衾枕, 命如一縷!特奴來見曰:'大丈夫死則死矣, 何忍相思怨結, 屑屑如兒女之傷懷, 自擲千金之軀乎. 今當以計, 取之不難也. 半夜入寂之時, 踰牆而入, 以綿塞其口, 負而超出, 則孰敢追之.' 晉士曰:'其計亦危矣, 不如以誠叩之.' 其夜入來, 妾病不能起, 使紫鸞迎入. 酒三行, 妾以封書, 寄之曰:'自此以後, 不得更見, 三生之緣, 百年之約, 今夕盡矣. 如或天緣未絕, 則當可相尋於九泉之下矣.' 晉士抱書佇立, 脈脈相看, 叩腦流涕而出. 紫鸞慘不忍見, 倚柱隱身, 揮淚而立. 晉士還家, 拆封視之, 其書雲:'薄命妾雲英, 再拜白金郎足下:妾以非薄之資, 不幸以爲郎君之留意, 相思幾日, 相望幾時, 幸成一夜之交歡, 未盡如海之深情. 人間好事, 造物多猜, 宮人知之, 主君疑之, 禍迫朝夕, 有死而已矣. 伏願郎君, 此別之後, 毋以賤妾置於懷抱間, 以傷思慮. 勉加學業, 擢高第, 登雲路, 揚名後世, 以顯父母, 而妾之衣服寶貨, 盡賣供佛, 百般祈祝, 至誠發願, 使三生未盡之緣分, 更續於後生可矣.' 晉士不能盡看, 氣塞仆地, 家人急救乃蘇. 特自外入曰:'宮中答書何語, 而晉士主如是欲死乎.' 晉士無它語, 只曰:'其財寶汝慎守, 我將盡賣, 薦誠於佛, 以踐宿約.' 特還家, 自思曰:'宮人不出來, 其財寶天與我矣.' 向壁竊笑, 而人莫知也. 一日, 特自裂其衣, 自打其鼻, 以血遍身模糊, 披發跣足奔入, 伏庭泣曰:'吾爲強賊所擊.' 仍不復言, 若氣絕者然. 晉士慮特死, 則終不知埋寶之處. 親灌藥物, 多般救活. 供饌酒肉十餘日乃起, 曰:'孤單一身, 獨守山中, 衆賊突入, 勢將剝殺, 舍寶而走, 僅保縷命. 若非此貨, 我安有如是之厄爾. 性命之險如此, 何不速死.' 即以足頓地, 以手扣腦而哭. 晉士懼其父母之知, 以溫言慰解而送之. 久之, 晉士知特之所爲, 與所敢者數人, 率人十餘名圍其家. 只得金釧一隻, 寶鏡一面, 以此爲脏欲呈官推得, 而恐事泄不爲. 而若失此財則無以供佛. 而欲殺特, 力不能制, 黽默不語. 特自知其罪, 問于宮牆外盲人曰 : '我向者晨過此宮牆之外, 有人自宮中踰西垣而出, 我知其爲賊, 高聲追逐, 其人棄所持物而走. 我持歸藏之, 以待本主之來推. 吾主素乏廣懷. 聞吾得物, 躬來索出. 吾答無他貨, 只得釵鏡二物雲. 則主躬入搜之, 果得二物. 其欲無厭, 方欲殺之, 故吾欲逃走, 走之吉乎?' 盲曰 : '吉矣.' 鄰人在旁者, 多聞其語, 謂特曰 : '汝主何許人, 虐奴如是耶?' 特曰 : '吾主年少能文, 早晩應爲及第者, 而貪婪如此, 他日主朝, 用心可知.' 此言傳播于宮中, 宮人告於大君. 大君大怒, 使南宮人搜西宮. 則妾之衣服寶貨, 盡無所矣. 大君招致西宮侍女五人于庭中, 嚴具刑杖列於眼前, 下令曰 : '殺此五人, 以戒他人.' 又教執杖者曰 : '勿計杖數, 以死爲限.' 五人曰 : '願得一言而死.' 大君曰 : '何言?' 銀蟾招曰 : '男女情欲, 稟於陰陽, 無類貴賤, 人皆有之. 一閉深宮, 影單形只. 看花掩淚, 對月消魂. 梅子擲鶯, 使不得雙飛; 柳簾幛燕, 使不得兩巢屋樑. 此無它, 自不勝健羨之意, 妬忌之情耳. 一踰宮牆, 則可知人間之乐, 而所不爲之者, 豈其力不能, 而心不忍哉. 惟畏主君之威令, 固守此心, 以爲枯死而已. 今無所犯之罪, 而置之於死地, 妾等黃泉[65]之下, 死不瞑目矣.' 翡翠招曰 : '主君撫恤之恩, 山不高, 海不深. 妾等惟事文墨, 弦歌而已. 今不洗之惡名, 偏及於西宮, 生不如死, 惟願速死.' 玉女招曰 : '西宮之榮, 妾既與焉; 西宮之厄, 妾獨免哉. 火炎崑崗, 玉石俱焚. 今日之死, 死得其所矣.' 紫鸞招曰 : '今日之事, 罪在不測, 中心所懷, 何忍諱之. 妾等皆閭巷賤女, 父非大舜,[66] 母非二妃,[67] 則男女情欲, 何獨無乎! 穆王天子[68]而每思瑤

65) 黃泉 : 지하(地下) 깊은 곳, 또는 죽은 사람을 묻는 곳을 일컫는다.

66) 大舜 : 상고(上古) 때 임금(帝)의 이름. 현군(賢君)이다.

67) 二妃 : 여자의 이름 또는 여자의 양쪽으로 땋아올린 머리를 가리킨다. 여기서는 선녀의 이름으로 추측된다.

68) 穆王天子 : 주목왕(周穆王) 주왕(周王). 여기서는 제왕(帝王)을 일컫는다.

池之樂, 項羽[69]英雄而不禁帳中之淚, 主君何使雲英獨無雲雨之情乎? 金生人中之豪, 引入內堂, 主君之事也, 命雲英奉硯, 主君之令也. 雲英以深宮怨女, 一見美男, 喪心失性, 病入骨髓, 雖長生之藥, 越人[70]之手, 難以見效. 一夕如朝露之溘然, 則主君雖有惻隱之心, 顧何益哉. 妾之愚計, 一使雲英得見金生, 以解兩人之怨結, 則主君之積善莫大乎. 此前日雲英之毁節, 罪在妾身, 不在雲英. 雲英無罪. 妾之一言, 上不欺主君, 下不負同儕, 今日之死, 死亦榮矣. 雲英無罪, 如可贖云, 人百其身, 伏願主君, 以妾之身, 贖雲英之命矣.' 妾之招曰: '主君之恩, 如山如海, 而不能固守貞節, 其罪一也. 前日所製之詩, 見疑於主君, 而終不直告, 其罪二也. 西宮無罪之人, 以妾之故, 同被其罪, 其罪三也. 負此三大罪, 生亦何顔, 若或緩死, 妾當自决.'[71] 大君覽畢, 以紫鸞之招, 更展留眼, 怒色稍霽. 小玉跪而泣曰: '前日浣紗之行, 勿爲於城內者, 妾之議也. 紫鸞夜至南宮, 請之甚懇, 妾憐其意, 排群議從之. 雲英之毁節, 罪在妾身, 不在雲英. 伏願主君, 以妾之身, 贖雲英之命.' 大君之怒稍解, 囚妾於別堂, 其餘皆放之. 是夜, 妾以羅巾自縊而死." 進士把筆而記, 雲英引古而敍, 甚詳悉. 兩人相對, 悲不自抑. 雲英謂進士曰: "此以下, 郎君言之." 進士曰: "雲英自决之日, 一宮之人, 莫不號慟, 如喪同氣. 哭聲出於宮門之外, 我亦聞之, 氣絕久矣. 家人招魂發喪, 一邊救活, 日暮時乃蘇. 方定精神, 自念事已决矣. 無負供佛之約, 庶慰九泉之魂, 金釧寶鏡及文房諸具, 盡賣之, 得米四十石, 欲上淸寧寺設佛事, 而無可信使喚者, 呼特而言曰: '我盡宥汝前日之罪, 汝今爲我盡忠乎?' 特伏泣而對曰: '奴雖冥頑, 亦非木石, 一身所負之罪, 擢發難數, 今而宥除, 是枯木生榮, 白骨生肉, 敢不爲進士致死乎?' 進士曰: '我

69) 項羽 : 기원전 232~202. 진(秦) 멸망 후 왕으로 자칭했고 유방(劉邦)에게 멸망된다.
70) 越人 : 강소성[江] · 절강성[浙] · 복건성[閩] · 광동성[粵] 일대의 사람을 가리킨다.
71) 决 : 원문에서 약자로 쓰였다.

爲雲英, 設醮供佛, 以冀發願, 而無信任之人, 汝未可往乎?' 特曰: '謹受教矣.' 即上寺, 三日叩臀而臥, 招僧謂之曰: '四十石之米, 何用盡入於供佛乎. 今可多備酒食, 廣招俗客而饋之, 宜矣.' 有一村女過之, 特强劫, 留宿於僧堂. 已過十數日, 無意設齋. 寺僧憤之, 及其建醮之日, 諸僧曰: '供佛之事, 施主爲重, 而施主不潔如此, 事極未安, 可澡浴於清川, 潔身而行禮, 可乎?' 特不得已出, 暫以水沃濯, 跪於佛前, 祝曰: '進士今之速死, 雲英明日複生, 爲特之配.' 三晝夜, 發願之說, 唯此而已. 特歸語進士曰: '雲英閣氏, 必得生道矣. 設齋之夜, 現於奴夢曰: 至誠供佛, 不勝感激. 拜且泣, 寺僧之夢亦皆然矣.' 進士信之, 失聲慟哭. 其時, 適當槐黃之節, 進士無赴擧之意, 托以做工, 上清寧寺, 留數日, 細聞特之事, 不勝其憤, 而無如之何. 沐浴潔身, 而就佛前再拜, 三叩頭薦香, 合掌而祝曰: '雲英死時之言, 慘不忍負, 使奴特虔誠設齋, 冀資冥佑, 今聞所祝之言, 極其悖惡. 雲英之遺願, 盡歸虛地. 故小子敢複祝願矣. 伏望世尊, 使雲英得以還生, 使金生得以作配, 至於後生免此深痛, 殺特奴, 著鐵枷, 囚於地獄. 世尊苟如此發願, 則雲英爲尼, 燒十指, 作十二層金塔, 小子爲僧, 舍五戒,[72] 創三巨刹, 以報其恩.' 祝迄, 起而百拜, 叩頭而出後七日, 特墜于陷井而死. 自是, 進士無意世事, 沐浴潔身, 着新衣, 臥於安靜之處, 不食数日, 長吁一聲, 因遂不起." 寫畢擲筆, 兩人相對悲泣, 不能自止抑. 柳泳慰之曰: "兩人重逢, 志願畢矣. 讐奴已除, 憤惋泄矣. 何其悲痛之不止耶, 以不得再出人間为恨乎?" 金生收淚而謝曰: "吾兩人, 皆含怨而死, 冥司[73]憐其無罪, 欲使再生人間, 而地下之乐, 不減于人間, 況天上之乐乎! 是以不願出世

72) 五戒 : 불교(佛教)의 다섯가지 계율(戒律). 살생하지 말 것[不殺生], 거짓말하지 말 것[不妄語], 남의 것을 탐하지 말 것[不偷盜], 성적 쾌락을 추구하지 말 것[不邪淫], 술을 마시지 않고 고기를 먹지 말 것[不飮酒食肉].

73) 冥司 : 미신(迷信)에서 저승의 주사자(主事者)를 일컫는다.

矣. 但今夕之悲傷, 大君一敗, 故宮無主, 鳥雀哀鳴, 人跡不到, 已極悲矣. 況新經兵火之後, 華屋成灰, 粉牆堆毁. 而唯有階花芬芳, 庭草 敷榮, 春光不改昔時之景, 而人事之變易如此, 重來憶舊, 寧不悲哉!" 柳泳曰 : "然則子皆爲天上之人乎?" 金生曰 : "吾兩人, 素是天上仙人, 長侍玉皇[74]香案前. 一日, 上帝御[75]太清宮, 命我摘玉園之果, 我多取蟠桃[76]瓊實金蓮子私與雲英而見覺, 謫下塵寰, 使之備經人間之苦. 今則玉皇已宥前愆, 俾陞三清, 更侍香案前而時乘飇輪, 複尋塵世之舊遊処耳." 仍揮淚而執柳泳手曰 : "海枯石爛, 此情不泯; 地老天荒, 此恨難消. 今夕與子相遇, 攄此悃愊, 非有宿世之緣, 何可得乎! 伏願尊君, 俯拾此稿, 傳之不朽, 而幸勿浪傳于浮薄之口, 以爲戱玩之資." 進士醉倚雲英之身, 吟一絕曰 : "花落宮中燕雀飛, 春光依舊主人非. 中宵月色涼如許, 細霧輕沾翠羽衣." 雲英繼吟曰 : "故宮花柳帶新春, 千載豪華入夢頻. 今夕來遊尋舊迹, 不禁珠淚自沾巾." 柳泳亦乘醉暫睡少焉, 山鳥一聲, 覺而視之, 雲煙滿地, 曙色蒼茫. 四顧無人, 只有金生所記冊子而已. 泳悵然無聊, 袖冊而歸. 藏之篋笥, 時或開覽, 茫然自失, 寢食俱廢. 後遍遊名山, 不知所終.

74) 玉皇 : 도가(道家)에서 천제(天帝)를 옥황상제(玉皇大帝)라고 함. 옥황(玉皇) 옥제(玉帝)라고도 약칭한다.

75) 御 : 원문에서 약자로 쓰였다.

76) 蟠桃 : 전설에서 신선의 복숭아[仙桃]를 일컫는다.

英英傳

弘治[1]中, 有成均[2]進士金姓者, 忘其名. 容貌粹美, 風度絕倫. 善屬文,[3] 能笑語, 真世間奇男子也. 鄉里以風流郎稱之. 年甫弱冠,[4] 登進士科,[5] 名動京華.[6] 公卿大家願嫁愛女, 而不論財貨[7]也.

一日, 自泮宮[8]還其第, 馬上遙見青簾陰暎於綠楊紅杏之間, 生不勝春情之惱, 思欲一醉. 遂典白紵單衫, 沽得真珠紅酒, 酌以花磁盞而飲之, 醉臥酒壚之側, 花香襲衣, 竹露洒面. 俄而, 夕陽橫嶺, 僕夫促歸. 生起而上馬, 揮鞭登道. 則白沙平鋪乎遠近, 細柳垂裊乎川原. 遊人盡散, 行路漸稀, 生感興微吟曰 : "東陌看花柳, 紫騮驕不行. 何處玉人在 ? 桃夭無限情."

吟竟, 半擡醉眼, 則一美人, 年纔二八, 蓮步輕移, 陌塵不起, 腰肢

---

1) 弘治 : 명 효종(孝宗, 1488~1505)의 연호.
2) 成均 : 원래는 서주의 대학을 말하는데 후에 사람들은 국자감을 성균이라 했다.
3) 屬文 : 글을 쓰다.
4) 甫 : 방금. 弱冠은 19살.
5) 進士科 : 수나라 이후의 봉건 왕조에서 관리를 선발하는 과목 중의 하나. 송나라 이후부터는 과거제도의 유일한 과목으로 되었다.
6) 京華 : 경성.
7) 財貨 : 돈과 재물을 이르는 말.
8) 泮宮 : 반궁, 즉 학궁. 옛날 학교를 이르는 말.

嫋嫋, 態度婷婷. 或行或止; 或東或西; 或拾瓦礫打起鶯兒, 或攀柳條, 佇立斜陽; 或抽玉簪輕搔雲鬢. 翠袖飄拂乎春風, 紅裳照耀乎淸川. 生望之, 神魂飄蕩, 不能自抑. 促鞭弛詣, 睨[9]而視之, 雅齒韶顔, 眞國色[10]也. 生盤馬踟躇, 或先或後, 留神注目, 終莫能捨去. 女知生有意, 含羞低眉, 不敢仰視. 女行漸遠, 生亦隨之, 趍其終到則相思洞, 路旁蝸室[11]數間, 乃其所止也.

生盤桓佇立, 不堪惆悵, 然日已夕矣, 知其不可久留, 怏怏然歸, 茫茫然自失, 如醉如癡. 中夜撫枕, 寢不安席, 临飱忘飯, 食不下咽. 形容之憔悴似枯木, 顔色之慘惔如死灰. 黯黯懷憂, 默默不語. 雖家人父母, 莫曉其所以然也.

纔過十餘日, 有蒼頭[12]名莫同者乘間進謁, 垂涕而問曰 : "郎君平日言笑豪縱, 卓犖不羈; 今乃戚戚然如有隱憂, 無乃有所思乎 ?" 生悽然感悟, 乃以實對. 莫同深思良久曰 : "僕為郎君請獻摩勒[13]之計, 郎君無用自煎." 生曰 : "然則奈何 ?" 莫同曰 : "郎君急辦嘉肴美酒, 須使極侈, 直至美人所止家, 若將餞客之為也. 借一間設筵, 呼奴請客, 奴承命而往. 食頃而返曰 : '客且至矣.' 郎君又命再請之, 奴亦承命而往, 日暮而返曰 : '今日則餞者衆故, 醉甚不得來, 明日定行云尔.' 郎君於是呼主人出, 命之坐, 以其酒肴飮之, 不見氣色而退. 明日亦如之, 又明日亦如之. 則一則懷惠, 再則感恩, 三則必疑; 懷惠則思報, 感恩則思死, 疑則必請其所欲. 於是開襟吐疑, 則庶可圖矣." 生深然[14]之, 欣然笑曰 : "吾事偕矣." 從其計, 即具酒肴, 直詣其家, 將餞設筵. 送奴邀客, 一如莫同之言. 奴亦返, 命再皆如所約.

9) 睨 : 곁눈으로 보다.
10) 國色 : 여자의 용모가 아름답다는 것을 이르는 말.
11) 蝸室 : 좁고 작은 주택.
12) 蒼頭 : 고대 개인에게 속하는 노예. 후에는 노복을 통틀어 말한다.
13) 摩勒 : 원래는 불교의 용어. '摩勒之計'는 일시적인 대책을 말한다.
14) 然 : 의동용법. 맞다고 여기다.

生佯罵曰 : “咄咄其人, 誤佳期如是乎！然携來春釀, 不可虛還, 于此為主人一籌, 亦非惡事也.” 仍呼主人出, 則七十老媪來現矣. 生慰之曰 : “媪且安坐. 適以餞客, 來舍於此, 而媪善迎納, 多謝厚誼.” 即呼莫同, 命進酒肴, 與媪酬酢, 歡如平生之旧, 不出一言而退.

駐馬江頭, 自料前所見少娥, 不知實是媪家之女否. 悒悒懷悶, 如不能自存. 冀其深感媪而待其自疑, 然後發吾私. 明日再往不懈, 如是者三. 媪果自疑, 斂袵避席曰 : “老身窃有所請, 路旁人家戢戢,[15] 如魚鱗櫛比, 開樽送客何處不可？獨尋區區之陋舍如是乎？且郎君京華巨族, 士林宗匠; 老身窮閣[16]嫠婦,[17] 草屋微生. 前有貴賤之殊, 後無平生之旧. 而隈蒙厚意, 以至此極. 老身何以得此, 實不識其然也.”

生笑曰 : “吾因餞客, 别無他意. 不與媪戞然者, 以賓主之礼當然也.” 酒闌, 生輒解紫緋合歡單衫, 投之媪而與之曰 : “每煩媪家, 無以為報, 以此為信, 以備他日不忘之資, 幸媪勿却.” 媪感之深, 疑之甚, 起而再拜曰 : “郎君之賜至此, 老身之感滋甚. 意者, 或有所以然而然耶？伶仃一身, 寡居多年, 凡在鄰里, 人無顧藉, 況於郎君乎？就令郎君有所須於老身, 雖死不辭也.” 生笑而不答, 媪強請. 然後生莞尔而笑曰 : “此洞名云何？” 曰 : “相思洞也.” 曰 : “為洞名之所惱耳.” 媪微哂曰 : “郎君無乃以辯口之任望於老身乎？但此洞無雲華之窈窕, 其于魏郎[18]之風流何？” 生知其所思嬋妍[19]必不在此, 愀然[20]失色曰 : “僕既為媪所厚, 安得不以實告, 果於某月某日從某處來, 路上適見少娘子, 年甫十五六, 衣翠羅衫紅綺裳, 着白綾襪紫

15) 戢戢 : 매우 많은 모양.
16) 閣 : 閭자로 추측된다.
17) 窮閭 : 빈궁한 집. 閭은 골목의 문, 嫠婦은 과부를 말한다.
18) 雲華, 魏郎 : 가운화와 위붕. 두 사람은 한 쌍의 연인. 『西湖二集』「灑雪堂巧結良緣」 참조
19) 嬋妍 : 용모가 아름다운 여자를 가리킨다.
20) 愀然 : 얼굴색이 변하다.

的鞋. 以真珠鈿盤索頭, 雪色瑤環約指, 由弘化門[21]前路逶迤而去. 僕以年少俠氣, 志慮駘蕩, 不勝春情之所惱, 尾而隨之, 趂[22]其終到, 則嫗家是也. 自此以後, 心醉如泥, 萬事茫然, 惟少娘子是念也. 明眸皓齒, 寤寐不忘. 傷心斷腸, 非一朝一夕. 嫗見我顏色枯槁, 為如何哉？是以煩嫗家餞客, 不得不亡也."

嫗聞之, 深憐其意, 然不知生之所念為何人也. 深思半餉, 釋然頓悟曰："果有之, 此亡兄之小女, 名英英, 字蘭香也. 若然, 則誠難矣！誠難矣！" 生曰："何也？" 曰："是乃檜山君宅侍婢也. 生於宮中, 長於宮中, 不踏門前之路久矣. 姿色之美, 既為郎君所覩, 不必強為郎君道. 雅心柔態, 無異於士族家處女, 加之以審音律[23]而能解文,[24] 故進賜憐之, 將欲綠衣,[25] 而夫人不能免妬忌之俗, 甚於河東之吼,[26] 是以不果耳. 曩者之來此不憚者, 以其時當寒食[27]之節, 祀其亡母之灵於此, 故請暇于夫人前而來耳. 然適值進賜之出遊, 故以致其行. 不然, 則郎君何由得接面目乎？噫, 為郎君更圖一會, 誠難矣！誠難矣！"

生仰天太息曰："吁嗟亡矣, 吾必死矣." 嫗深悯之, 憮然為間曰："無亡則有一焉. 端午只隔一月, 其時老身當為亡兄復設一奠, 以此告于夫人前, 請阿英半日之暇, 則尚可庶幾於萬一也. 郎君且歸, 待期來會." 生喜曰："果如嫗言, 人間五月五日, 乃天上七月七日也." 生與嫗各道萬福而退.

---

21) 弘化門 : 경창궁의 정문.

22) 趂 : '趁'의 이체자.

23) 音律 : 음악을 가리킨다.

24) 解文 : 문장을 알아볼 수 있다는 것을 말한다.

25) 綠衣 : 소첩.

26) 河東之吼 : 부인이 질투하는 것이 버릇이 되어 지나치게 위풍을 부리는 것을 비유하여 이르는 말. 이 전고는 송홍매의 『용재삼필(容齋三筆)』에 나온다.

27) 寒食 : 절기의 이름. 청명의 전날을 말한다. 옛날 사람들은 이날부터 사흘 동안 불도 피우지 않고 밥도 하지 않는다고 한다.

喁喁然視日之斜, 汲汲然望夜之至. 度一日如三秋, 待佳期如不及. 憑藉翰墨以宣其鬱鬱, 乃作《憶秦娥》[28]一闋, 其詞曰 :

春寂寂,

一庭梨花, 風雨夕.

相思不相見,

音耗兩隔,

却悔當時遇傾國.

我心安得頑如石?

空相憶.

對花斷腸,

临風淚滴.

及期而往, 則媪出而迎之. 生問無恙外, 不暇出一言, 只曰 : "事勢若何?" 媪曰 : "昨日為郎君進夫人前, 請之甚悬, 夫人謂曰 : '進賜平日禁英兒出入甚嚴, 我不敢從汝所願. 若明日為公卿所邀, 出而作令節會, 則吾何惜英兒暫時之閑也?' 夫人之諾則丁寧矣, 但不知進賜之出遊否也."

生將信將疑, 且喜且憂, 心莫能定, 而悄然凭几, 開戶待之. 日已欹午, 了無形影, 胸煩腸熱, 凝望成痴, 正若霜後蠅也. 翻然起立, 揮扇擊[29]柱, 呼媪而告之曰 : "愁腸已斷, 望眼將枯. 多少行人近而却, 非吾望絕矣?" 媪慰之曰 : "至誠感天, 郎且少安."

有頃, 窓外有曳履聲自遠而近. 驚起視之, 乃英少娘也. 生拍手笑曰 : "豈非天也?" 媪亦喜之如赤子之見慈母也. 英見門前綠柳, 紫[騮長嘶]; 庭畔青陰, 僕從羅列. 怍而踟躇, 不敢猝入. 媪詭阿英曰 : "汝其速入無疑, 汝不識此郎君乎? 此乃吾亡夫之親族也, 適來陋舍, 將欲餞客耳. 且汝來何暮耶? 恐汝終不來, 故已祭汝母矣. 汝入於

28) 『憶秦娥』: 사패명(词牌名).

29) 擊 : 击자로 추측된다.

內, 急排盃盤而來, 將以奉郎君一酌." 英如其言, 奉盤而至, 嫗與生擧酒相屬. 酒半酣, 生謂英曰 : "娘亦就坐, 吾巡及矣." 英羞愧不敢當. 嫗曰 : "汝生長深宮, 不識世情之乃尔. 汝能識字, 不知酬酢之有礼乎 ?" 英乃受之, 而猶不能快然也. 蹔把香巵乍接丹唇而已. 少焉, 嫗佯醉倦坐, 欠伸[30]思睡, 顧謂英曰 : "吾為酒力所困, 氣甚不穩, 且欲小安, 汝暫侍郎君." 即起, 入內, 倒榻就睡, 鼻息如雷.

於是生謂英曰 : "傾者, 自夫子庙[31]來, 相見於弘化門前路, 三月初吉, 實維其時, 汝能記得否耶 ?" 英曰 : "記馬不記人也." 曰 : "人不如馬乎 ?" 曰 : "見馬不見人也." 曰 : "汝豈徒記馬乎哉 ? 顏色[32]之憔悴, 形容之枯槁, 不如曩時相似者, 豈無所以然而然耶 ? 汝非我, 安知我之心乎 ?" 英答曰 : "子非妾, 安知妾之不知子之心乎 ?"

生即移席狎坐, 以實告之曰 : "咨而蘭香, 汝豈無情人哉 ? 自從相逢不相話以來, 相思不相見, 今幾日月 ? 咨爾蘭香, 汝能不悲乎哉 ? 徯我娘, 娘來其蘇矣." 英微哂不答. 生欲留英於此, 因以繼夜, 要以同枕. 英不可, 曰 : "吾進賜朝而出遊, 暮而當還, 故妾身得來於此耳. 還則必呼妾解衣, 不可以婉婉弱質, 陷之於萬死之地. 是以只卜其晝, 未卜其夜."

生知其不可久留, 仍以微意挑之曰 : "苟如此言, 當奈此心何 ? 日既云暮, 分手之期已迫, 後会不易, 良晤難再, 尔其憐之, 毋吝半餉之歡." 遂欲狎之. 英斂袵[33]正色曰 : "余豈木石人哉, 不識郎君之心內事乎 ? 但進賜不以妾菲薄, 不可使離於前. 信而任之, 使不出中門之外. 今之來此, 已犯嚴令, 若又燕行不法, 醜聲彰聞, 死有餘罪. 雖欲從命, 其可得乎 ?" 生拊臂而歎曰 : "余豈生乎 ? 其為泉下人哉 !" 遂

30) 欠申 : 하품을 하다.
31) 夫子廟 : 공자를 기념하는 묘를 말한다.
32) 顏色 : 안색 · 얼굴색.
33) 斂袵 : 옛날 부녀가 예를 행하는것을 이르는 말.

執玉手, 捫素乳, 接玉腳, 唯心所欲, 無所不至, 至於媾歡, 則曰 : "不可也." 生鼓情竭誠, 百端誘之曰 : "鳥飛急, 兎走疾, 歲月如流; 紅已歇, 芳易衰, 蝴蝶莫憐. 其在人也, 何以異乎 ? 顔凋朱於轉頭, 髪生白於彈指. 朝雲暮雨, 陽臺神女, 本無定情;[34] 碧海長天, 月中姮娥, 應悔偷藥.[35] 鳥性微而比翼, 木性頑而連理. 矧[36]情欲之所鍾, 豈人物之異致 ? 春風蝴蝶之夢, 極惱空房; 夜月杜宇之啼,[37] 偏驚孤枕. 豈可使杜牧[38]之尋春芳晩, 魏寓言見姮娥遲. 虛負青春之年, 空遺黃壤之恨乎 ? 每恨西陵綠樹, 寂寞千載之荒丘; 長信門[39]鎖, 蕭條幾夜之秋雨. 嗟吾生之可惜, 恨娘子之無情. 生而何俟, 死而已矣 !"

英終不肯隨, 曰 : "郎君固是有意於賤妾, 可於他日相尋矣." 生不可, 曰 : "一別音丰容, 宮門幾重, 欲致音信, 無由可達, 更望喜眼之雙青乎 ?" 英曰 : "郎之此言, 豈知我者哉 ? 是月十五之夜, 進賜與王子諸君約為玩月之會, 是必入夜而返, 而宮之牆垣適為風雨所壞, 而進賜緩於營家, 故時未理之. 郎君若於此日乘昏來到, 縱壞墻深入, 則中有短墻之門, 妾當啟而待之. 由門而入, 循階而下, 則東階十步許, 有別寢房數間, 郎君潛身於此, 以待英出, 則何難乎佳期哉 ?" 生頗然之, 牢定約東[40], 分袂而歸. 一時登途, 漸成南北, 立馬回首, 黯然消魂而已. 自此戀思尤深, 乃作四韻一首以自悼 :

宮門深處鎖嬋妍, 一別音容兩杳然.
此夕難忘情態度, 前生應結好因緣.

---

34) 초나라왕이 꿈에 여신과 밀회하였음을 이르는 말. 옛날에 남녀의 합방을 '雲雨'라 한다.

35) 姮娥 : 상아. 후예의 아내. 후예가 서왕모에게서 장생불사하는 약을 얻었는데 상아가 훔쳐 먹고 신선이 되어 달에 올라갔다.

36) 矧 : 하물며.

37) 杜宇之啼 : 杜宇는 전설 중의 고대 촉나라 국왕을 말하는데, 죽은 후 두견새로 변하였다고 한다. '杜宇之啼'는 두견새의 울음소리를 가리킨다.

38) 杜牧 : 중국 만당시기 유명한 시인.

39) 長信門 : 자녕문의 정남쪽에 있으며 자녕궁 화원으로 들어가는 입구.

40) 東 : 束자로 추측된다.

心身惡抱愁如雨, 辛苦佳期日似年.
正欲尋芳三五夜, 登樓看月幾時圓.

及期而往, 則果有壞牆, 呀缺成門. 由之以入, 度密穿深, 乃得小墻門, 推而試之, 果不鎖也. 入而東下, 果得別寢房, 心自私賀曰: "蘭香不欺我矣." 因投身其中, 以待英出. 于時白月初高, 淒風乍起, 階上群芳, 暗香浮動, 庭前綠竹, 踈韻蕭蕭. 忽聞開戶聲自內而出, 生將信將疑, 屏息潛聽, 跫音[41]漸近, 衣香先襲, 開眼視之, 乃英英也. 生出而撫背曰: "情人金某已在斯矣." 英曰: "郎君大是信士." 携手狎坐, 問生安否. 生答曰: "忍得萬死, 僅保殘喘." 英曰: "何故其然也?" 曰: "地迩人遐之故也." 相與打話, 不覺夜深.

生仰見明月而驚曰: "我初來時, 此月在東, 今已中天, 夜將過半, 不以此時同寢, 將何俟焉?" 即把英英衣襟而解之, 英止之曰: "郎君待妾身如桑中游女[42]乎? 妾有別寢一所, 可於其中穩度良宵." 生掉頭而謝曰: "我既冒法昧死, 崎嶇到此, 一之甚矣, 其可再乎? 凡為處事, 貴得萬全, 若又唐突, 第[43]恐事洩." 英曰: "事是泄不泄, 為我在, 郎君毋用慮為."

乃携生擁入, 生不得以隨之, 跼蹐惶惧, 入門如临深淵, 踏地如履薄冰. 每移一步, 動輒九躡, 汗出至踵, 猶不能自覺也. 繞曲砌, 循回廊, 入門者再三, 然後達於內. 宮人睡熟, 庭戶寂然, 惟見紗窓清灯明滅, 可知其夫人寢所也. 英引生納之一房, 曰: "郎且小安." 即入於內, 久而不出. 生不任無聊, 或坐或臥, 私恠[44]殊甚.

有人走入中門而報曰: "進賜且入矣." 滿庭炬烛照耀輝煌, 侍妾奔走左右, 擁衛扶起; 進賜尚未覺悟, 鼾[45]睡漸熟. 英承夫人之命, 彬

41) 跫音 : 발걸음 소리.
42) 桑中游女 : 경망스러운 여자를 가리킨다. '상간복상(桑间濮上)'에서 볼 수 있다.
43) 第 : 다만, 오직.
44) 恠 : '怪'의 이체자.
45) 鼾 : 鼾자로 추측된다.

彬來報曰:"久臥冷地, 恐為風所傷." 王子起而扶入, 人聲漸息, 火光亦滅. 英左手持玉灯, 右手携銀瓶, 出而開戶; 則生塗壁裹足而立, 自以為將死而已. 英笑謂生曰:"郎君無乃有驚懼之心乎? 妾欲慰之, 溫酒而來耳." 遂以金荷葉杯酌以勸生, 生飲之, 又勸一酌, 生辭曰:"在情, 不在酒." 仍命掇去.

生見房中無他物, 只有朱紅案上置《杜草堂詩》[46]一卷, 以白玉书瑱鎮之, 琅玕桌上, 橫一短琴, 生即口呼先唱曰:

"琴書瀟灑淨無塵, 正稱房中玉一人."

英繼吟曰:

"今夕不知何夕也, 錦衾瑤席對佳賓."

又各占一句唱和曰:

"寶瑟慵彈靜, 梅窗桂影合.

今宵生死語, 只許鬼神聞."

既已, 相携昵寢, 纔盡繾綣[47]之情. 夜已將闌, 群雞喔喔然促曉, 遠鍾隆隆乎罷漏. 生起而攝衣, 唏噓数聲曰:"良宵苦短, 兩情無窮, 其如倏別何? 一出宮門, 後會難期, 其如此心何?" 英聞之, 吞聲飲泣, 玉手彈淚, 曰:"紅顏薄命, 古來皆然, 非獨如今賤妾. 生如此而別, 死如此而怨. 其生其死, 如花殘葉落, 將不待歲月之寒矣. 郎君以男兒鐵石之心, 何可屑屑然為兒女之念, 以傷性情乎? 伏願郎君此別之後, 無置妾面目於懷抱間以生思慮. 善保千金之軀, 勉不廢學, 擢高第,[48] 登雲路, 以盡平生之所願, 幸甚幸甚." 仍抽兎毫管, 開龍尾硯, 展雙鸞鳳牋, 手寫七言律詩, 以付生為贐, 曰:

幾日相思此日逢, 綺窗羅幕接豐容.

灯前未盡論心事, 枕上先驚動曉鍾.

---

46) 『杜草堂詩』: 두보의 시집을 가리킨다.

47) 繾綣: 애정에 잠기다. 정이 깊어서 떨어질 수 없다.

48) 擢高第: 벼슬이 높아짐을 가리킨다.

天漢[49]不禁烏鵲散, 巫山[50]那覆雲雨濃.

遙知別後無消息, 回首宮門锁幾重.

生覽之, 悲不自勝, 不覺淚下, 遂濡筆[51]即和曰 :

灯盡紗窓落月斜, 將看牛女隔天河.[52]

良宵一刻千金直, 別淚雙行萬恨和.

自是佳期容易阻, 由來好事許多魔.[53]

他年縱使重相見, 無限情懷奈老何 ?

英展而欲覽, 淚滴濕字, 不能盡看, 收而藏之懷中, 脉脉無語, 握手相見而已. 於時曉灯掩翳, 東窓欲明, 英乃携生出, 送於宮墻之外. 兩人相與嗚咽, 不能成泣, 慘於死別也.

生既還家, 喪神失心, 視不見物, 聽不聞聲, 筌蹄[54]世故, 無一事掛念. 欲為一書以致悬悬之意, 而會相思洞老媪既已捐世, 無使寄書, 徒費悵惘, 虛惱夢想而已.

歲月荏苒,[55] 光陰倏忽, 百憂叢裡, 三春已過. 情隨事變, 念懷稍弛. 復事旧業, 沉潛于經史,[56] 發憤于文章, 以待槐黃之節,[57] 與國士鬪蕌试場. 再進再捷, 擢為狀元,[58] 光輝一時, 人莫能肩. 三日遊街, 頭戴桂花,[59] 手執牙笏,[60] 前導雙盖,[61] 後擁天童,[62] 衣錦倡夫,

英英傳

49) 天漢 : 은하를 가리키는 옛말.

50) 巫山 : '巫山雲雨'에서 나온 말인데, 옛날 고대신화 전설에서 선녀가 구름과 합쳐 비를 내리게 한 것을 말한다. 후에 남녀의 합방을 가리킨다.

51) 濡筆 : 붓을 적심.

52) 牛女隔天河 : 견우와 직녀는 신화 속의 인물이다. 직녀는 상제의 손녀로서 후에 견우와 결혼하였으나 상제가 헤어지라고 명령하여 매년 칠석에 한 번씩 만난다.

53) 魔 : 磨자로 추측된다.

54) 筌蹄 : '筌'은 고기잡이 도구로서 대나무로 만든 그릇, '蹄'는 토끼 잡는 도구를 말한다. '筌蹄'는 모든 사물을 일컫는 말.

55) 荏苒 : 시간이 저도 모르게 흘러갔다.

56) 經史 : 경사자집(經史子集)의 약칭. 중국 고대 전적을 일컫는 말.

57) 槐黃之節 : 가을을 말한다.

58) 狀元 : 옛날, 과거의 최고 시험인 '殿试'에서 제1위로 합격한 사람을 가리킨다.

59) 桂花 : 옛날 과거시험에 합격한 것을 두고 계화꽃을 꺾는다고 하였다. 과거에 급제한

左右呈技, 執樂工人, 衆樂並奏, 觀光滿街, 望若天上郎也.

生半醉半醒, 意氣浩蕩, 着鞭跨馬, 一日千家. 忽見路傍, 高墉繞墻, 逶迤乎百步, 碧瓦朱欄, 照耀乎四面; 千花百卉, 芬芳乎階庭; 戲蝶遊蜂, 喧咽乎園林, 是乃檜山君宅也. 生忽念旧事, 心中私喜, 佯醉墮馬, 臥而不起. 宮人出門, 聚觀者如市. 時檜山君捐館, 已闋三朞, 夫人素服初闋, 索莫單居, 無以為懷, 欲觀俳優[63]侏儒[64]之戲, 命侍婢扶生入西軒, 臥以錦文席, 枕以竹夫人.[65] 生昏昏瞑目, 若不能自覺也. 於是倡夫工入羅列中庭, 中樂齊作, 百戲俱張. 宮中侍女, 紅粧粉面, 綠鬢雲鬟, 捲簾而視之者, 可數十許人, 所謂英英者, 獨不得見. 私自恠之, 莫知其死生. 低眼視之, 則有一小娘出而望生, 入而試淚, 乍出乍入,[66] 不能自止. 蓋英英不忍見生, 不禁流涕, 畏為人所覺也.

生望之, 心悃惻, 然日將夕矣, 知其不可久留於此, 欠伸而起, 顧而驚之曰 : "此何所也 ?" 宮中老莊獲[67]趨而進曰 : "是乃檜山君宅也." 生益驚曰 : "我何故來此耶 ?" 莊獲乃以實對, 生即起欲出. 夫人念生醉渴, 命英英奉茶而進, 兩人相見, 不得出一言, 徒為目成而已.

生飮茶既竟, 英將入內, 華牋[68]一封落自懷中, 生蒼黃收拾, 納諸

사람은 머리에 계화꽃을 달고 거리로 다니며 축하를 받는다.

60) 牙笏 : 고대 군신들이 조정에서 만날 때 손에 들었던, 상아로 만든 긴 판자를 말하는데, 그 위에 사건들을 기록할 수 있다.

61) 蓋 : 차의 덮개.

62) 天童 : 영준한 소년.

63) 俳優 : 옛날 골계극(滑稽劇)을 연출하는 연예인을 말한다.

64) 侏儒 : 키가 작은 사람.

65) 竹夫人 : 대나무로 엮은 베개.

66) 乍出乍入 : 나오자 들어가고, 들어갔다 또 나온다는 것으로, 안절부절 못하는 것을 비유한다. 乍은 '방금'.

67) 莊獲 : 고대 노비에 사용한 비천한 호칭.

68) 華牋 : 아름다운 종이. 여기서는 편지를 가리킨다.

袖裡而出, 上馬還家, 拆而視之, 其書云 : "薄命妾英英謹再拜白金郎足下, 妾生不相縱, 又不能死, 殘骸餘喘, 至今尚存, 豈妾微誠, 念君不至？天何茫茫！地何漠漠！桃李春風, 閉妾深院, 梧桐夜雨, 鎖妾空閨. 久廢絲桐, 蛛網生匣; 空藏寶鏡, 塵土滿奩. 斜陽暮天, 能添妾恨; 曉星殘月, 不知妾心. 登樓望遠, 雲蔽妾眼; 倚枕思睡, 愁斷妾魂. 吁嗟郎君, 妾寧不悲！妾又不幸, 老嫗捐家, 故已寄音信, 無由可達, 徒想面目, 每斷心腸. 假令此身, 更獲相接, 芳容已改, 難為君媚. 不識郎君, 亦念妾否？天荒地老, 妾恨無窮. 嗟哉奈何, 死而已矣. 临緘悽然, 不知所云." 書下復有七言絕五首 :

其一曰 :

好因緣是惡因緣, 不怨郎君只怨天.
若使舊情猶未斷, 他年尋我向黃泉.[69)]

二曰 :

一日平分十二時, 無時無日不相思.
相思何日期相見, 深恨人間有別離.

三曰 :

柳憔花悴若為情, 鏡裡猶憐白髮生.
自是佳人無喜事, 墻頭晨鵲為誰鳴.

四曰 :

別來忍掃席間塵, 愛有郎君坐臥痕.
寂寞深宮消息斷, 落花春雨掩重門.

五曰 :

欲寄幽懷替我顏, 幾回呵筆綠窓間.
空將別後相思淚, 滴在華牋一半斑.

生覽之, 沉吟愛玩, 不忍釋手, 置念英兒, 倍於曩時.[70)] 然青鳥[71)]

69) 黃泉 : 지하의 샘물. 사람이 죽은 후 매장하는 곳. 저승을 가리킨다.
70) 曩时 : 종전, 예전.

不來, 消息難傳; 白雁久斷, 音書莫寄. 斷弦不可復續, 破鏡難得重圓. 心中悄悄, 輾轉何益? 形枯體鑠, 臥而成疾.

幾過數月矣, 適有同年李正字者來問生疾, 生携手陳情, 告其疾祟. 正字曰: "君疾愈矣." 夫檜山君夫人於我為姑, 意切情親, 可易達所欲言, 且夫人自失所天以來, 信幽明報応[72]之說, 不愛家產珍寶, 好為捨施, 可以圖之矣." 生喜曰: "不意今日復見灵山道士."[73] 乃申申然牢定約束, 再拜而送之.

正字即日往于夫人前, 而告之曰: "某月某日, 及第狀元[74]者醉過門外, 墮馬不省, 姑氏命扶入西軒, 有諸?" 曰: "有之." 曰: "命英奉茶慰渴, 有諸?" 曰: "有之." 是乃姪之狀元金某者也. 才器過人, 調度脫俗, 將大有為之人也. 不幸有疾, 閉門而臥. 姪朝往夕返而問之, 則肌膚憔悴, 氣息奄奄, 命在朝夕. 姪甚悲之, 問疾所由, 則英為所祟也, 不識可以活諸?" 夫人感激曰: "吾何惜一英兒, 使汝伴人冤結, 以至於死亡耶?" 即命英歸[75]生第. 二人相見, 其喜可掬. 懣氣頓蘇, 即日乃起. 自此永絕功名, 竟不娶妻, 與英同始終焉.

平生與英唱和詩文甚多, 積成卷軸, 而生無子孫, 不傳於世. 吁, 可惜哉!

---

71) 靑鸟: 신화 속의 새, 서왕모의 사절. 옛날 소식을 전하는 사람을 가리킨다.

72) 幽明報應: '幽明'은 저승과 현세를 가리키며, '報應'은 선행에 따라 좋은 결과가 있고 악행에 따라 나쁜 결과가 있다는 말.

73) 靈山道士: 득도한 사람을 가리킨다.

74) 及第狀元: 장원에 급제함을 이르는 말.

75) 归: 출가하다.

洞仙傳

(洞仙之遺響, 古也. 皇唐之際,[1] 徐杭[2]人長於詞, 後來傳得而未極其趣. 杭[3]有一妓, 能以理會, 得之悉鮮星河月帳之真響. 後數十年, 捲入桃竹山,[4] 山在海南,[5] 累千里, 莫知其所終.)

靖康[6]中有西門生者, 名勣, 故杭州刺史[7]西門闞之後也. 幼被慈母之教, 夙[8]負名譽, 倜儻不拘, 世居汴京[9]之萬歲山下, 嘗娶山東劉氏, 亦簪纓族,[10] 既有室家, 不事契活, 酷好吹簻,[11] 飄然有遠去遺世之意, 母崔夫人憂之曰 : "大丈夫之降生也, 上焉怙恃, 下而妻妾,

1) 皇唐之際 : 대당(大唐)시기, 즉 성당(盛唐)시기를 가리킨다. '皇'은 '크다'는 뜻.
2) 徐杭 : 중국 강소(江蘇)와 절강(浙江) 일대.
3) 杭 : 중국 항주(杭州).
4) 桃竹山 : 오늘의 광서(廣西)성 양삭시(陽朔).
5) 海南 : 바다의 남쪽으로서 멀고 먼 곳을 가리킨다.
6) 靖康 : 송흠종(宋欽宗)(1126~1127)의 연호.
7) 刺史 : 관명으로써 서한 한무제(漢武帝) 때 설치되었고 송나라 때에는 공직으로 있었다.
8) 夙 : 일찍.
9) 汴京 : 현재 중국 하남(河南) 개봉(開封)의 옛 이름. 북송의 서울로서 '변량(汴凉)', '동경(東京)'이라고도 했다.
10) 簪纓族 : 벼슬살이하는 가족.
11) 簻 : 옛날 죽관으로 만든 악기.

立揚以顯之, 鞠育以安之. 取高第, 行邵德, 孝於父, 忠於君, 即其職分也. 今汝放廣是任, 落落自如, 將欲何為哉? 龍伯高之□厚, 人所難忽. 杜季良[12]之豪俠, 吾甚不願, 屠龍椎虎,[13] 應有其時, 玉堂金馬, 當在人焉. 廣陵[14]看花之福, 非是盡天之才. 魏家種槐之業, 實有垂昆之望. 汝曾不若, 蔑[15]乃家風. 高閭大門, 將不得容勝, 郭山市莊,[16] 將不得置錐, 其可不深思, 竟將安之." 生自度雖未能副教, 然且以承順為意, 事文墨十餘載, 連擧不第. 乃慨然切歎曰 : "富貴功名, 來不來中, 鬢欲着矣. 吾將何執, 以稽中分年乎."

劉氏亦端好人也, 尋常勤勉, 期揭異號. 生一向意趣, 終莫能展. 同志有張萬夫, 崔湌者, 相許極深. 生一日置酒邀之, 酒三行, 生乃言曰 : "男兒命世, 竟何執而威名乎? 請君其各自言無隱." 張遽[17]曰 : "立德立言, 莫如立名, 立名又莫如逢時. 吐氣方今, 北馬南牧, 秦唱未已, 野狐昇榻, 漢頌不絕,[18] 大丈夫得志之秋也. 正欲腰青萍,[19] 手白羽,[20] 駕八飛,[21] 披六塵.[22] 鳴玉帳之雄風, 掃金門之腥穢. 身

12) 杜季良 : 두계량. 서한 사람으로서 위인이 호협하고 의리가 있었다.
13) 屠龍椎虎 : 도룡추호. 추는 망치로서 치는 도구이다. 도룡타호, 실용가치가 없는 기예를 가리킨다.
14) 廣陵 : 오늘의 양주(揚州) 일대.
15) 蔑 : 무, 없다.
16) 郭山市莊 : 도시와 읍의 시골을 일컫는다. '郭'은 외성을 가리킨다.
17) 遽 : 즉시, 당장.
18) 吐氣方今, 北馬南牧, 秦唱未已, 野狐昇榻, 漢頌不絕: 이 몇마디 말은 국가가 위기에 빠졌을 때 유지인사들이 나라를 위해 걱정한다는 것을 형용한 말이다. '北馬南牧'에서 북방의 말을 남방에 와 방목한다는 것은 남방이 북방에 의해 점령당했다는 것을 말한다. 그러나 '秦唱未已'는 진나라의 백성들은 여전히 진나라 때의 노래를 부른다는 것이다. '野狐昇榻, 汉颂不绝'는 한나라 때 나라가 침략자에 의해 점령당했을 때 백성들은 여전히 한나라의 부를 즐겨 읊었다는 것이다.
19) 青萍 : 고대 보검의 명칭.
20) 白羽 : 백우로 만든 화살.
21) 駕八飛 : 여덟 마리의 말이 이끄는 수레.
22) 六塵 : 불교 중의 색(色) · 성(聲) · 향(香) · 미(味) · 촉(觸) · 법(法)을 육진이라 한다. 육진을 쓰고 있다는 것은 모든 세속적인 잡념을 버린다는 것을 말한다.

居頗牧[23]之右，功出晟瑊之首．一則祖先之荣，二則子孫之福也.”崔乃尾之曰：“名聲盖世，功施照後，人各有心，亦不可必，何況立名而毁謗起焉，功成而誅戮隨之，祇為後來拍掌之資而已．夫何益乎？若夫鄒魯[24]傳授之統，濂洛[25]興起之文，蘊三代詩書之教，噓萬古道德之波．優優大哉，不可幾也．至於江上一絲之風，克扶九冉之重．窗外一張之琴，能發六經[26]之趣．跡浑漁樵，契合飛走，得江山之有助，風月為資，瞻□之入舍，詩酒為年，殊不知興亡盛衰之漸，又安知老之將至乎．古人所以退隱無累，一於斯得，吾欲與子終焉.”

生聞而太息，不復出一言．張崔曰：“願聞主人之言.” 生曰：“殊異乎众撻，如何猝[断].” 遂引滿而飲，彈冠而道之曰：“大丈夫言志，豈可無先聲而引之乎？” 乃弄玉笛而朗吟曰：“萬歲山高幾千丈，孕出男兒壯氣魄．不計身後名，適取眼前樂．却傍金台，聞絕箒，提抱美人共笑語．曲終携手去，人間竟何許.” 遂曰：“兩君之志，要在身後之名耳．如吾不佞，須取眼前乐．何者兩儀肇，判人在其間．五福[27]分畴，寿居其先：上寿百歲，中寿七十歲，下寿不過四十．得其下者，頗有之，故中寿不可期，況其最上者乎？信所謂‘旬月之間，开口而笑者不過四五日’，諸君手中之盞,誠在於手中者,適以有今日， 今日以後，無復一月，則竟是誰家之日月也．释南陽之耒耜,[28] 連赤壁之舸艦,[29] 筹畫驚人，功利盖世者，固一世之雄也．然而惠陵[30]之松楸

23) 頗牧 : 염파(廉頗) · 이목(李牧)을 가리킨다. 모두 전국시대의 장령으로서 많은 전공을 세웠다.

24) 鄒魯 : 산동성 남부의 서쪽지역을 지칭한다. 공자는 추지역에서 탄생했고 노나라에 거주했다. 추로는 문명이 창성한 곳을 지칭한다.

25) 濂洛 : 송나라 때 이학의 네 개 유파 중의 두 개 파를 가리킨다. 주돈이는 호를 염계 선생이라고 하기에 후세 사람들은 그의 학설을 염학이라고 했다. 정이 · 정호는 낙양에 거주하고 있었기에 후세 사람들은 그의 학설을 낙학이라고 했다. 염낙은 넓은 의미에서의 이학을 가리킨다.

26) 六經 : 시 · 서 · 예 · 악 · 역 · 춘추를 가리킨다.

27) 五福 : 장수 · 부귀 · 강녕 · 덕성 · 선종을 가리킨다.

28) 释南陽之耒耜 : 제갈량이 산에서 나와 공훈을 세우고 업적을 쌓는 것을 따라 배운다는 말.

蕭瑟，蜀山之風雨晦冥，恨結妖星，淚濕冬青.[31] 辞釣臺而投竿,[32] 登將壇而秉鉞，擁百萬之众，創四百之基者，豈非真男子耶？猶且萬人之敵，屈於雲夢之遊，千金之質，委諸兒女之手. 大有功矣！甚無名矣！燕頷萬里之侯,[33] 冠玉六出[34]之才，旺相於乾木之前，而囚滯於蹇兌[35]之後. 賈傅[36]一歲之迁，董生[37]三年之孶，章疏而已，竹帛而已. 兩漢[38]人才於斯為盛，三國[39]豪傑比此为多. 智謀技藝，則人所罕及；功施德望，則民不見稱. 間有辟穀而遠引[40]者，攀赤松而容與，翼儲皇[41]而辞歸者，歌紫芝而長往. 雖可謂庸鐵，是亦徒然耳. 唐之房杜姚宋,[42] 宋之趙魏韓富，鳴於天下者不一而足，卒同歸於破碎，而止其亦扁鵲[43]自病者歟？非今日樽前所可道也. 於乎世無

29) 連赤壁之舸艦 : 여기에서는 적벽의 싸움에서 계책에 빠져 전선들을 쇠사슬로 묶어 놓은 것을 가리킨다.

30) 惠陵 : 유비(劉備)의 묘지를 가리킨다. 무후사의 서쪽에 있다. 서기 233년 4월, 유비가 세상을 뜨자 제갈량(諸葛亮)이 손수 묘지를 선택하여 유비를 이곳에 안장했다.

31) 冬青 : 나무의 일종으로서 가지와 잎이 매우 무성하며 나무가 아주 정연하게 자란다. 역래로 정원과 묘지에 많이 심는다.

32) 辞釣臺而投竿 : 강태공(姜太公)이 문왕(文王)을 위해 공을 세우고 업적을 쌓은 것을 따라 배운다는 말.

33) 燕頷萬里之侯 : 燕頷은 아랫턱이 경사지게 자라고 포만하게 일어난 것을 가리킨다. 옛날 사람들은 이런 턱을 가진 사람은 부유하지 않으면 귀해질 명이라고 생각한다. 연함 있는 사람이 제후로 봉해진다는 말도 있다.

34) 六出 : 눈송이. 손이 희다는 것을 형용한 말.

35) 蹇兌 : 입을 다물고 있다. 『도덕경(道德經)』에서 나온 말이다.

36) 賈傅 : 서한의 정론가・문학가 가의(賈誼)를 가리킨다.

37) 董生 : 서한의 저명한 경학대사인 동중서(董仲舒)를 가리킨다. 학문에 심취되어 삼년 동안 화원에 가 놀지 않았다고 한다.

38) 兩漢 : 동한(東漢)과 서한(西漢)을 가리킨다.

39) 三國 : 위(魏)・촉(蜀)・오(吳)를 가리킨다.

40) 辟穀而遠引 : 장량(張良)이 공을 이루고 은퇴하는 것을 말하는데, 도가의 세상을 피하고 은거하는 것을 가리킨다. '辟穀'은 오곡을 먹지 않는 도가의 수련하는 일종의 방법을 가리킨다.

41) 儲皇 : 태자.

42) 房杜姚宋 : 당태종(唐太宗) 때의 방현령(房玄齡), 두여회(杜如晦)와 현종(玄宗) 때의 송경(宋景), 요숭(姚崇)은 군주의 깊은 총애와 신임을 받아 군신일덕이라 불렸다.

43) 扁鵲 : 전국시대의 의학가. 성은 진(秦)이고 이름은 월인(越人)으로서 중국 전통의학

萬年天子, 官有五日京兆.[44] 取適眼前樂, 存其固有者. 概乎未聞, 窃為古人惜之. 矧[45]今鐵騎嘶秋, 刀斗驚夜落地. 人生將為虫鶴, 不如適意遨遊, 自任天放, 隨其所欲, 以寘心地. 言之及此, 意以豁矣. 寓形宇內, 不覺天地之大, 遊神物表, 不覺山川之廣. 方寸之間, 磊轟之志, 駕言而瀉之, 可乎？窃聞城頭極浦, 西達於揚子江,[46] 轉出三百餘里, 自揚[47]至徐,[48] 一潮交滙, 乃抵徐杭等州. 則耳可飽所未聞之聲, 目可賞所未見之色. 諸君泛且未乎？"

張崔聞之, 心已動矣, 遂有其约, 生以故致辭夫人, 請暇数朔, 三人各佩輕宝, 具須樂, 待轂朝發, 解拂自汴化至揚. 舡上管弦, 渾動天機. 譚者[49]指謂水中仙. 進揚子江頭, 着纜於柳根, 顧謂張崔曰 : "此地當有揚子書堂, 未知的[50]在." 乃詢于土姓, 皆莫之識也. 即見白旗青帘, 隱見於江樓水榭之間. 女隊數十輩, 無期而至. 吳綾蜀具,[51] 相襲有章. 於是引之開宴, 團栾[52]竟夕.

翌朝,[53] 一美娥來問曰 : "諸君子是汴人云, 此去㚇[54]邊, 猶以揚子書堂為第一說, 堂之在未, 何以知之？" 生曰 : "詩不云乎, 揚子談經處, 淮王載酒來. 此是揚子江, 則當有是堂矣." 娥曰 : "果有之, 此去水上一里许有壁也. 今去揚子, 累千餘載, 堂獨巋然, 只為遊客之所, 人不知其揚子堂也. 諸君子既擊時事, 又探古迹, 自非博道, 未

의 시조.

44) 京兆 : 경조윤(京兆尹)의 약칭. 관직.
45) 矧 : 또한.
46) 揚子江 : 중국의 강소성 양주 아래에서부터 바다까지 흘러들어가는 장강 하류 구간의 옛 이름.
47) 揚 : 양주.
48) 徐 : 서주.
49) 譚者 : 연설을 잘하는 사람.
50) 的 : 구경, 도대체.
51) 吳綾蜀具 : 오나라에서 생산한 비단과 촉나라에서 생산한 기구를 가리킨다.
52) 團圞 : 원래의 뜻은 한 자리에 모인다는 말. 여기서는 즐겁게 모인다는 말임.
53) 翌朝 : 이튿날 아침.
54) 㚇 : 畓자로 추측된다.

易到也.” 生服其解事, 又悅其色. 置酒一酌而留之曰 : “生居幾甲,[55] 字是為誰 ?” 對曰 : “年纔十八, 名則雪英. 雖無知識, 每因樂府[56]古章, 糟粕前事而已.” 至夕, 生知其意存, 令無释去. 春夢既酣, 曉鶯催聲. 轉欸[57]之間, 日已高矣. 生乃引英及張崔經度揚子書堂, 別開一宴. 堂在懸崖百丈之上, 俯聽囬波擊折, 常作碎玉聲. 仰見喬松老柏, 互襯盘龙形真, 是鍊光磨景處也. 英抱琴憑軒, 影在水面, 響徹雲空. 生長嘯吹笛, 夜以継日, 已經旬餘.

一日, 生謂張崔曰 : “向者之舉, 本為遍遊名山勝地.” 自此又作, 以償夙願. 乃谓雪英曰 : “娘其好頓, 今適徐杭, 歷观而還, 當與偕老矣.” 英含泪而謝曰 : “一顧旋棄, 所不敢怨. 加以重尋之意, 贈以偕老之言, 不勝銘感, 當守孤灯.” 三人遂下江發棹, 諸妓致餞, 遍滿洲渚, 皆曰“無久稽,[58] 早歸來.”

舟過海岱,[59] 轉入淮[60]中, 乃徐[61]境也. 直抵城市, 池臺樓閣, 極其華敞. 翠衿丹裳, 交相隱暎. 絲管歌舞, 隨處可观, 生與其二子到則宣言曰 : “汴城豪士, 遊戲至此, 倘許初筵之末, 當執奠斝[62]之礼.” 众皆喜迎, 安之左右, 三行粉面, 一時囬看, 酒行樂作, 興已酣矣. 生遊目諸班, 遍覓其字, 中有瑤瑤者嬌艷出群, 音律絕侍, 作止形影, 無非可爱. 乃沉思注意, 終莫能捨. 俄已, 領首者離席而言曰 : “此有古風, 言之未妥, 奈何 ?” 生曰 : “賓主一筵, 酒以合欢, 何未妥之有,

55) 生居幾甲 : 당신의 춘추는 금년에 얼마이십니까?
56) 樂府 : 관가에서 민간의 가요를 채집해서 만든 시가.
57) 欸 : 의성의태어. 노를 젓는 소리. 여기서는 배를 대신하여 이르는 말.
58) 無久稽 : 오랫동안 멈추지 말 것. 稽은 멈추다, 지체하다.
59) 海岱 : 지금의 중국 산동 발해부터 태산 사이의 지대를 이르는 말.
60) 淮 : 회하(淮河)를 가리킨다. 중국 하남에서 흘러나와 안휘(安徽) · 강소(江蘇)로 흘러가는 강.
61) 徐 : 서주(徐州)를 가리킨다. 중국 고대 구주 중의 하나. 지금의 산동성 동남부와 강소성의 북부를 가리킨다.
62) 奠斝 : 술을 드리다. 『禮記』「玉藻」, “唯世婦命於典繭”.

第言之.” 領首曰 : “賓即初筵, 當自別設, 則隨其目寓, 便令薦枕. 生曰 : “諾.” 於是三人合具, 移設至領首之第, 竟夕窮歡. 生曰 : “夜欲兮, 睡將集. 所謂古風, 其意安在 ?” 領首惧然曰 : “醉不省幹, 妾之失也. 第請諸君子看取稠中.”

生遽指瑤瑤曰 : “靡瑤娘無以度良宵.” 瑤起謝曰 : “妾之無狀, 猥蒙至言, 誠不敢當, 請辞.” 遂引身而出. 領首曰 : “一徐之風, 由汝興替, 汝何操率, 竟慳片時乎 ?” 左右交舌強勸, 瑤不得去. 不移時, 張崔各携伴歸寢, 領首継往. 生乃縱容語瑤曰 : “美秀豪華, 吾得其末, 嬌姸艷彩, 娘得其全. 今之做會, 天與其便, 何可固守, 虛遣良辰 ?” 瑤曰 : “豪士佳賓, 如君者罕矣. 其在賤妾, 豈無趣向 ? 窃想尊君, 意豁心悠, 兼之美風希韵, 所經便是羅帏錦席, 所見無非粉黛紅顏. 昨者之欢尚不能保今宵, 今宵之欢又安能保明日乎 ? 今此之行, 當過揚州,[63] 揚有雪英獨步一時, 雖言, 無私得乎. 妾雖不得郎君, 誓不作雪英也.” 問諸左右曰 : “諸君子將適杭云, 杭之物色, 雖無絕艷. 隨處移情, 固其例也. 計必欲杭則不敢從命.” 生曰 : “之杭者只為歷观, 非有他志, 曾不欲久於彼也.” 瑤曰 : “久不久间, 其計必杭, 則意可知也. 到揚之日, 無使來徐, 則雪英為是我. 今徐而又杭, 則是我為雪英也. 雖有猥示, 致無聽宵.” 生以為杭未必賢於徐. 則捨此適彼, 恐見齊楚[64]之得失也.” 遂断牢說, 以示無意於彼. 瑤謝之, 姑踐雲雨之期. 日復日, 已忘歸矣.

一夕, 張崔會飲, 相謂曰 : “賞心樂事, 同知所極, 其奈思親恋卿何. 屈指而計, 月三圓矣. 囊一罄矣. 今可回棹, 若有餘意, 異時再論, 如何 ?” 生悽然感悟, 遂定歸計. 瑤備餞具泣, 且送之曰 : “再枉當在何時, 萬萬珎適, 好好旋歸, 毋令團扇竟貼, 杜風云怨.” 生揮袂

63) 揚州 : 양주. 중국 고대 구주 중의 하나. 지금의 강소성과 안휘성의 회수 남쪽인데 절강성과 강서성의 토지도 포괄한다.

64) 齊楚 : 전국시기 제나라와 초나라를 가리킨다. 여기서는 서로의 가까운 사이를 나타낸다.

而別, 既出淮泗,65) 則水道有三分處, 問諸漁人, 漁人答曰 : “發源指揚, 以東則荊,66) 以南則杭.” 生忽記瑤瑤之言, 谓其必不欲之杭者, 得無意耶. 豈非有勝己者歟? 乃謂張崔曰 : “此行備為四境, 即此而還, 殊失夙計. 丈夫章程, 固不可半中也. 今取南路, 往復於一旬, 如何?” 二人不可, 生強起之, 遂与入杭. 則城郭周遍, 江淮如帶, 棟宇連結, 閭閻如櫛. 彩纜錦帆, 飄拂於洲渚, 玉蹄金軸, 絡绎於橋上. 荷花十里, 断续採蓮之曲, 芳草四面, 鋪成樽酒之場. 紅粉成行, 乱街巷之花叢; 絲管畢張, 瀉石磵之泉聲. 于時纖雲四起, 殘月欲低.

乃投断橋傍一店, 呼張崔語曰 : “今來物色, 比所經相萬也. 顧瞧行李, 所餘無幾. 得此佳物, 何以為樂.” 呼主人, 傾橐67)授之, 曰 : “吾以探勝逡巡到此, 時日流邁, 錢資已遺. 冀蒙主人之恩, 聊此徘徊.” 主人曰 : “今見諸君不是尋常客, 何患無資. 凡此撲地者, 萬餘戶矣. 自吾為始, 每日遆68)寓, 則可遣半百年, 杭之風如此矣.” 生聞而幸之, 依此遆舍, 急於一周, 常兼数家, 旬餘屢千戶矣. 嬌姿懦態, 隨處益艷,非曩時69)所睹之比也. 心融意感, 罔知所適. 朝東暮西, 未有遍看. 如蜂蝶之探香, 似鳥雀之择巣.

畢至一處, 叢竹成林, 芙蓉滿塘. 塘隅有一小阁, 以翠簾籠之. 簾內有理曲聲, 琅琅然聞于外, 其音瀏亮, 其詞婉好. 乃側耳恬靜以聞, 則如縱竹裏出, 就竹侯, 宛出荷葉間. 又縱而回聽, 則餘韵裊裊, 渾在半空雲烟之中矣. 生抽袖中玉笛以和之, 請于主母曰 : “僕雖無海觀, 亦非井見. 今聞此曲, 非世所有, 願得一見阿娘, 清心洗耳.” 母曰 : “吾女不喜接賓, 請無煩断.” 仍至小阁, 論以客意. 女曰 : “男女

65) 泗 : 사수. 중국 산동성 사원에서 발원하는 회하의 지류.
66) 荊 : 형주(荊州)를 가리킨다. 중국 고대 구주 중의 하나. 지금 호남과 호북, 광동과 광서부분 및 하남과 귀주 일대에 있다.
67) 橐 : 자루의 일종.
68) 遆 : 순번대로 하다.
69) 曩時 : 종전.

有分，自非有素，不能相對.” 母出布之. 生直到簾外，怡聲曰 : “四海[70]兄弟一家，胡越[71]豈盡須旧素之儀乎？適以音律絕異，不勝服歆，[72] 欲接儀形. 既發幃後之歌，則何惜鏡中之影乎？” 女在戶內應之曰 : “妾是娼類，君為貴族，尊卑定位，內外有別，不惟不敢見，在礼不當. 請無枉焉.” 生聞其語，音清和婉轉. 海棠花下，如聽流鶯，王謝[73]堂前，如對語鷰，心馳氣逸，將欲驟入，而旋恐見忤.[74] 乃言曰 : “蘇學士[75]王真丞，豈不學接恭之礼. 琴操春夢，豈不知恬靜之態. 雖然一筵相拜，便作情好. 杜蘭之於張碩，文君之於馬卿，[76] 則始有欣慰之辭，終無忌却之言. 今聞娘言，截然無媒凜乎難犯，將令遠客抱怨虛归，其於古人寘惠和柔之德遠矣.” 女聞而不言，有頃問之曰 : “君亦善吹笛，其欲見妾，非有他意，以其為聲韻也. 則凡所謂音律，其能餘之乎？”生答曰 : “事之餘者耳.” 女曰 : “日者理曲，得聞其音耶？”曰 : “聞之矣.” 女曰 : “然則能識其曲名詞意未？” 生於曲名雖不能詳，猶嫌無辭試以臆意，答之曰 : “始聞其聲，琅然在中，俄若縱八方來集，終則上戛日雲，餘韻咳咳，縱空断续，唱如呼仙之響，和若送賓之詞. 苟非水仙來舞，洞賓[77]遊歌，則未必如是. 其意雖不可詳，其名則當是洞仙詞也.” 女忽開戶迎之，起拜曰 : “高明所思，人所莫逮.[78] 嗚呼，詞曲之廢久矣. 洞仙一詞又非世慣耳. 妾自八歲得隷於樂章，尋绎其志，既通其妙，仍释厥名，樂之無以加者也.

70) 四海 : 전국 각지, 혹은 천하를 가리킨다.
71) 胡越 : 여러 소수민족들을 두루 가리킨다.
72) 服歆 : 탄복하다. 歆은 즐거워하다.
73) 王謝 : 진나라 시기의 두 명문 대가족을 가리킨다. 류우석의 “舊時王謝堂前燕，飛入尋常百姓家”라는 시구가 있다.
74) 忤 : 위반하다, 저촉되다.
75) 蘇學士 : 소식을 가리킨다.
76) 文君之于馬卿 : 탁문군(卓文君)이 밤중에 사마상여(司馬相如)한테 달려가는 이야기를 말한다.
77) 洞賓 : 여덟 신선 중의 하나인 여동빈(呂洞賓)을 가리킨다.
78) 莫逮 : 비교할 수 없다.

世無師曠,79) 孰能識之乎？” 今遇知音, 白雪陽春,80) 縱可和矣. 尊君當明聽之哉. 吾且為之援琴而鼓之.” 生聞之, 其音尤絕, 真所謂仙[乐]也. 生既見其色, 意不在聲, 一向流目, 詳其態度, 則碧月初生, 纖雲無跡, 紅芍初開, 瑞霞方濃, 遠岫青烟葱蘢乎. 垂鬢之際, 銀河秋波, 瀅澈於眉宇之間. 風和日暖, 柳嫩梅嬌, 百媚婷婷, 千態嬋嬋, 真所謂國色天香也. 生意謂大丈夫不得此, 不如無生. 乃問曰 : “既得一面, 尚昧名甲, 可乎？” 女鏗尔舍瑟而對曰 : “二十春風, 楚臺81)其名, 以妾長於洞仙詞, 人字之謂洞仙雲.”

至夕, 令生就舍, 生逡巡82)不去. 洞仙曰 : “妾之接客, 礼莫戀矣. 須慎厥身, 毋自取羞.” 生不得已出, 謂其母曰 : “不得洞仙, 當為此家之鬼. 窃願善為我辞焉？” 母夜至女所, 語之曰 : “汝自十五歲与人為歡, 未嘗孤眠, 比[年]以來, 天不命偶, 浪遣青陽, 余切悲之.今彼郎君, 風裁高秀, 才思遠邁. 所謂男子中真男子, 汝則美人中真美人, 惟恨相見之晩. 天風吹帆, 河泊回棹, 人力不致, 汝其思之.” 洞仙曰 : “嗚呼！一箇情事, 人各有之. 吾豈木石然哉？窃嘗思之. 向者所經, 已数人矣. 天不与便, 事亦多魔,83) 隨會隨分, 不得偕老. 既有許身之愚, 終致噬臍之悔.84) 已往之咎, 今以為恨. 恨之不足, 继以悲歎, 何可終迷, 不復再蹈前轍乎. 身為賤俘, 命亦贱薄, 尚不悔悟, 更與人歡, 則既賤之身, 由是益賤, 既卑之節, 由是益卑矣. 噫, 長信宮85)中春草, 空碧燕子, 樓頭曉月, 虛照紅顏薄命, 自古有之, 寒枕孤眠, 非獨我矣. 窓梅吐紅, 占是為春, 階縈飛丹, 覺其為狀, 虛

---

79) 師曠 : 춘추시대 진나라 악사. 자는 자야(子野). 장님임. 음을 잘 분별함.
80) 陽春白雪 : 전국시대 초나라의 음악. 후에 우아한 음악을 통틀어 이르는 말.
81) 楚臺 : 진관초대(秦觀楚臺)라는 옛말이 있다. 가무 등을 하는 오락장소를 가리킨다.
82) 逡巡 : 염려가 되어 망설이거나 물러나다.
83) 魔 : 磨자로 추측된다.
84) 噬臍之悔 : '噬臍莫及'라고도 한다. 몹시 후회함을 비유해서 이르는 말.
85) 長信宮 : 한무제(漢武帝)의 모친 도태후(竇太后)가 거처하던 곳을 가리킨다. 후에는 일반적으로 궁녀들의 적막하고 고통스러운 생활을 가리킨다.

堂閉関, 黯黯生愁. 則滕上綠桐, 任遣遺趣, 孤灯乃滅, 悄悄無寐. 則案上詩声, 摠堪吟詠, 聲忘世情, 永謝人事, 靜裊風流, 亦一乐也. 天只不諒, 縱有斯言, 愚蒙所量, 不過如是." 言訖, 乃擁衾而臥.

生暗投窓櫳下, 已悉其語. 既出, 無以為懷. 至夜將半, 曲肱之頃, 忽有黃帽青衣者呼生而言曰 : "洞賓洞賓, 汝逢洞仙, 可謂三生好緣." 既覺, 心異之,[86] 坐而待朝, 直抵洞仙, 曰 : "有夢如此, 三生好緣. 雖云然矣, 呼我謂洞賓, 其旨未可詳也, 娘亦释之." 洞仙聞即歎曰 : "吾亦有是夢, 果有黃帽青衣者謂妾曰 : '不識西丞氏乎 ? 玉洞呂仙之灵, 移托於萬歲山, 孕出西門勣, 是乃洞賓也. 汝則本以桓公[87]之女, 玉洞之仙, 據床吹笛, 誤了別曲, 謫來海中, 今数百紀於弦, 但降生于妓籍者, 特令告之, 以贖前愆,[88] 尔後十餘年, 當入福地, 其勿舍西門氏云.' 誠若此言, 豈非好缘耶. 以今思之人, 所以字[89]我者, 殆天授也." 生聞之, 異其萬歲山孕出之說, 急搜行李小箱, 得前所賦之詩, 以示之, 洞仙益奇曰 : "'自萬歲山, 高幾千丈', 至'提抱美人共笑語', 甚協時事, 落句云'曲終携手去, 人間竟何許', 此亦所謂當入福地之占也. 但'降生妓籍, 酸苦十年' 云, 其間當有慙難分散之槃矣. 雖然神祇默佑, 休祥[90]既襲, 自今以後, 与子為一. 無我醜兮, 論難移日, 不覺欣慰, 及宵同枕, 其喜可掬. 天明開桃李之晨妝, 整芙蓉之曉眼, 啟香奩而表的, 依皿屏而端拱, 有鏡面澄波, 花影纖纖, 瑤空彩雲, 月色團團. 芳姿增艷, 嫩態添新, 和鸞一曲, 落梅懷春. 會真三章, 彩鵲來翔."

生如醉如癡, 任心自適, 戲之曰 : "非洞賓安得洞仙乎 ?" 對曰 :

---

86) 異之 : 이 일이 이상하다고 여기는 말. 의동용법.

87) 桓公 : 춘추시기의 5대 패권자를 가리킨다. 이 구절은 진목공(秦穆公)의 딸이 퉁소를 불어 봉황새를 끌어온다는 말에서 나온 전고다.

88) 前愆 : 예전에 범한 착오.

89) 字 : 여자의 출가를 허락하다.

90) 休祥 : 좋은 징조.

"非洞仙安得洞賓乎？" 命婢小賢者供具, 即見荷葉盤, 金橘玉笱, 桂花樽, 瓊液香醪, 與俱盡其娛樂. 生倚醉甚歡, 以玉笛鼓琴弦而謂之曰 : "雲雨高唐之會,[91] 我得而當之; 歌姚玉簫之緣, 娘得而续之. 尋月老之芳盟, 踐瀟湘之宿約, 娘不如我矣; 感六夢之休徵止, 許三生之好會, 我不如娘矣." 兩人交感一□已合百, 歲中間, 雖欲相離, 不可得也. 洞仙曰 : "敬承君子之言, 只增妾人之懷. 一宵魂夢, 再世因緣, 誠極佳矣. 三日人心, 千里消息, 亦可慮矣." 生曰 : "纔度風流, 便兼遐想, 興何忽其歸盡, 悲何忽其來結." 仙斂衽[92]改容曰 : "手携佳人, 耳得稀聲, 窮心所樂, 隨遇而安, 男子之分事也. 身有所許, 意有所屬, 戀戀馳思, 搖搖起懷, 女子之常情也. 憶在年前, 獨守寒櫳,[93] 心事不歧, 情性混然. 市捡斜日, 既無逢迎之喜, 江城微雨, 寧有別離之愁. 不意今者卓琴傳意, 莊蝶成媒. 田蓬島[94]之佳期, 踐渭塘[95]之奇遇. 致令方寸之內, 百慮交攻, 儿席之下, 千愁並伏. 哀乐本無常, 聚散當有時. [黃]鯉無情, 断腸東流之水; 青鳥[96]失信, 傷心北去之雲. 誰知行樂之境, 反成夢断之域. 靜言思之, 喜忽生悲." 生為之動容曰 : "大丈夫豈可使一紅顏生百憂哉！" 由是沉湎, 了忘歸意.

荏苒之間, 歲月[更迭], 張崔知生不能去, 先告歸. 生曰 : "諸兄好歸, 春風之客亦在遲早之間." 二人既歸, 仙謂生曰 : "聞大夫人在高堂, 小君[97]守孤灯. 今君子遠遊, 問聞遙絕. 上貽倚閭之愁, 下有引瓶之怨. 為人之子, 定省之礼, 寧忍久廢; 作人之夫, 糟糠之義, 何可

91) 雲雨高堂之會 : 남녀가 운우지정을 나누는 것을 가리킨다.
92) 斂衽 : 옛날 부녀가 예를 행하는 것을 이르는 말.
93) 櫳 : 창문.
94) 蓬島 : 중국 전설에서 바다의 가운데 있는 신선이 산다는 산의 이름. 불로초와 불사약이 있다고 한다.
95) 渭塘 : 위당. 지금의 중국 강소성에 있다.
96) 青鳥 : 전설 속의 서왕모(西王母)의 사절. 후에 소식을 전하는 사절을 이르는 말.
97) 小君 : 옛날 제후(諸侯)의 아내. 후에 아내를 통틀어 말한다.

永阻. 倚棹天風, 急送歸飄. 奉萬里之晨昏, 看一簾之花月, 妾當守孤, 以俟[98]它日矣. 但願佳期無使遠矣." 生躕躇未果, 又經一旬, 仙更加格言, 使之歸寧.

生既到其家, 渾舍驚喜. 居月餘, 乃以心事悉陳于夫人及小君, 期以再訪. 遽見張萬夫自宣德門出曰 : "女真[99]使載皮箱到闕下, 啟視之, 乃遼人[100]之首也. 其機不可知, 但都下洶洶, 皆將四走云." 生欲行, 還停, 疑訝数日, 忽有帶甲数千, 夜衝闕門, 聲如迅雷. 急起觀之, 乘轡逸出, 疾向西湖,[101] 既明, 千兵萬馬, 踐踏長安,[102] 聲振天地, 烟焰四塞, 都民顛仆而死者萬計. 生挈家奔竄, 轉入東溟[103]之島. 賊既據汴京, 天子南巡, 自行中所, 發重書曰 : "徐杭等州, 國之大鎮, 不可失也. 別置宣撫,[104] 使管攝人物, 使不得奔竄." 於是, 宣撫駐扎于杭州, 時女真以天子遠遊不可追, 乃詐欲修和. 朝廷遂以幣帛, 辭命等事, 一托宣撫, 使為之. 宣撫乃欲得文武, 辯給備具者, 興急急如渴.

洞仙時在本府, 篤守初心, 不意遭乱, 道路未通, 彼此存亡, 兩不相知, 悲切號泣, 慘慘度日. 意謂郎君, 自是汴人, 汴京人死亡無幾, 安知其獨全耶 ? 或存或亡, 卒不可詳. 銘念之際, 得聞宣撫求人之急, 乃變眼如童子样, 進扣轅門曰 : "欲見將軍獻一策." 閽人[105]入告, 宣撫使之召入. 洞仙揖於堂下曰 : "將軍計得辭命之人與俱於女真今既得之乎 ?" 曰 : "未也." 仙曰 : "僕之在汴也, 所知西門勣, 故

98) 俟 : 기다리다.
99) 女真 : 중국고대의 소수민족. 만족(滿族)의 선조.
100) 遼 : 고대 중국 북부에 있는 국가. 처음에는 거란, 후에는 요라고 불렸다.
101) 西湖 : 지금의 중국 절강(浙江)성 항주(杭州)에 있다.
102) 長安 : 지금의 중국 섬서(陝西)성 서안(西安).
103) 東溟 : 동해.
104) 宣撫 : 중국 고대 변강에 설치한 통치기구. 선위사(宣慰使) · 선무사(宣撫使) · 안무사(按撫使) 세 등급으로 나뉨.
105) 閽人 : 문을 지키는 사람.

杭州刺使闞之後也, 本以將種, 久處囊中, 今則想必竄於北岳,[106] 非北岳則東溟,[107] 願物色求之.” 宣撫悅之, 急發间使百餘人, 求得於東溟, 仍問曰 : “汝是何許人 ? 能觧事機乎 ?” 對曰 : “明於薦人, 暗於自知.” 幕下有部將安琦者, 熟視之曰 : “見汝辞態擧止, 得非女人乎 ? 不宜入軍門.” 對曰“古之良將, 編以妻妾; 古之賢妃, 奏以格言. 今僕雖無行伍之勇, 尚有籌畫之舌矣.” 乃出, 安琦知其可愛, 流目注情.

西門生丧乱以來, 伏居東溟, 空懷古情, 継以流涕. 常陟[108]高崗, 遠送望眼, 則塵埃頫洞, 山海茫茫. 欲為書辭以詳存沒, 則賊勢恣行, 道里隔絕, 徒費驚鴻之夢, 謾洒聞猿之淚. 鬱抑填胸, 久廢眠食. 時有间使至门探之, 授以東牒, 急令赴杭. 生本欲趨彼, 特緣亂離中, 行李無力. 承此宣撫之命, 乘飛龍之馬, 擁猛虎之卒, 踰絕險, 馳長道, 意氣咆哮, 雖遇賊人, 不為所害.

得至杭府, 將軍與語, 大悅曰 : “真有乃家之風也, 期以明日適彼.” 生心謂己 : “與將軍素無相識, 發牒[109]求訪, 實可恠也.” 及就別館, 安琦為伴, 琦告以童子薦名之由. 生聞之, 知為洞仙, 既喜其生, 又感其意, 乃語心曰 : “萬里相滯, 生死莫知者, 已及三年矣. 其為此計, 將以審存, 已冀一見, 其情可知, 其志可哀. 雖然幕府令嚴, 不得相干, 其於此情將奈何.”

琦素有知識,[110] 想人心志, 頗以疑之. 夜半, 府中盡睡, 生不勝所思, 計欲潛行. 起而視之, 內外衛卒, 作陣假寐. 锦幕重重, 石牆崢嶸. 乃取旌竿数枚, 從幕後出, 則又有圍帳几十餘匝, 其端皆懸大鈴, 觸手成聲, 又以大劔長槍, 縱横角立, 隨犯見害, 遂拔衣锦, 每填鈴

106) 北嶽 : 항산(恒山).
107) 東溟 : 동해(東海).
108) 陟 : 오르다.
109) 牒 : 문서, 증명서.
110) 知識 : 식견.

口，又擁皮衾，以備鋒觸．得至牆底，以竿橫立緣之上，越則其外又有巡軍周匝相過．乃伺隙而行，又未詳街巷，直抵南大门，從的而囬，始至洞仙家．

則烛影暎簾徘徊，乃成扣門聲，聲未竟，自內急出迎之，乃洞仙也．引之入室，聚首相對，但有流涕如雨，哽氣如潮，不得助一辞．頃之，仙囑生曰："急囬去，似聞軍法，夜出入者輒斬之．急囬去，既知其存，又見其面，萬死無惜．" 即取案上酒，侑[111]以大锺曰："急囬去．" 生無言，未能，欲去，未果．仙強起之，推出門外．還入寢所，則席上如有坐痕，戶外似聽履聲，悵缺之懷，不可噤得．乃成一書，持以待朝．

生至府中，安琦獨已罷睡，問曰："何故？" 對曰："遺矢[112]矣．" 琦心知之，暗生猜疑．明日宣撫啟行，諸客從之，生亦在最後．路左有童子請曰："有父家在青城，喪亂以來，好否茫然，欲寄音信，恨無其便，窃相公華使，當到其境，倘傳一札，俾[113]審[114]存沒，則生當殞首，死當結草．"[115] 乃進封書，生袖之．夕抵郵亭，[116] 以燭照其書，書曰："薄命妾楚臺敬告西門使君：昔在昇平，天與其便，春風繡幕，夢酣蝴蝶，暮雨芳池，浴并鴛鴦，奈何遠客，不能無首丘[117]之私情，不能勝純孝之公義．一掛淮泗之帆，兩阻參商之影，篤念再逢之期，

111) 侑 : 연회석 옆에서 흥을 돋우면서 술을 권하다.

112) 遺矢 : 변소에 가다.

113) 俾 : 가령, 만약.

114) 審 : 명확하다, 명료하다.

115) 結草 : 진나라 대부 위과(魏顆)는 부친이 죽자 부친의 첩을 순장하지 않고 개가시켰다. 그후 위과와 진나라 두회(杜回)가 싸울 때 한 노인이 결초로 두회를 넘어뜨려 두회가 붙잡혔다. 저녁에 이 노인이 그의 꿈에 나타나 자기가 부친 첩의 부친이라고 하면서 이것은 자기의 딸을 죽이지 않은 보답이라고 하였다. 후에 '결초'로 죽은 뒤에라도 은혜를 잊지 않고 갚음을 비유한다.

116) 郵亭 : 역참(驛站). 문서를 나를 때 이를 위해 봉사하는 장소.

117) 首丘 : 여우가 죽을 때 머리가 자기의 굴로 향한다고 한다. 후에 고향이 그립다는 것을 이 말로 비유한다.

欲償孤眠之怨. 神不助順, 世値交乱. 海水三千, 起鯨鯢之波浪, 長安百萬, 晦兵馬之風塵. 一點蜀山之青, 六龍播越; 千里関河之險, 萬姓奔遑. 辞三州之父子, 分一家之妻妾. 西聞巫峡[118]之猿, 啼復啼涙; 南見衡陽[119]之雁, 歸復歸來. 閔莫知其存沒, 痛無緣乎物色. 趨龍府而薦名, 假虎威而連臂. 既見君子, 何奈怱忙. 恐蹈危機, 乍逢還別. 片時相對之頃, 喜忽生悲; 經年阻積之懷, 抱負能展. 雷逢電掣, 不如無見. 雨散雲飛, 杳然無跡. 抱嶧陽之奮桐, 哀哀別鶴之音; 披蜀錦之遺衫, 斑斑洒涙之痕. 何流水之既東, 又浮云之將北. 天限青城[120]之域, 道阻且躋; 地近黄龍之府,[121] 俗尚可疑. 風塵三尺, 不可輕犯楚鋒,[122] 珎重千金, 俚願生入玉関.[123] 恨不得与子同行, 悲來乎, 谁與共? 倚畫屏而徘徊, 疑有憑肩之影; 臨玉鏡而怊悵, 如見對面之形. 驚一夜梅花之發, 歎三春楊柳之色. 中心既箴, 何日能忘. 只能還旆之早, 毋為滯淫之人. 然而兵家事急, 幕府令嚴, 前先可戒, 後會何期. 皇穹庶幾陰騭, 異時可以乘便, 無用煩勞, 萬分珎衛. 部將安琦, 性有貪淫, 想必謀人, 更加周慎. 語多荒失, 紛若風缕, 心有填塞, 結如洞雲, 滿腔悲懷, 千不宣一."

生讀且流涕, 紙濕殆破. 至青城, 見道君皇帝,[124] 青衣行綎, 南人痛惜至於憤恨者, 多有之. 生一聽宣撫, 致幣傳命, 悉舉義理, 曲盡無先.

既還, 宣撫以生為上客, 置安琦右. 由是琦甚不相能,[125] 各處別

118) 巫峽 : 중국 사천 무산현 동쪽에 있다.
119) 衡陽 : 중국 호남성 남부의 한 도시.
120) 青城 : 중국 사천성에 있다.
121) 黃龍府 : 지금의 길림성 농안현을 가리킨다. 한때 요나라의 정치 · 문화 중심지였다.
122) 楚鋒 : 고대 초나라 지역에서는 보검이 많이 났는데 룡천 · 간장 · 막야 등이 있다. 하여 초봉(楚鋒)이라는 말로 병기를 가리킨다.
123) 玉関 : 옥문관(玉門関)의 약칭. 옛터는 지금의 감숙 돈황(甘肅敦煌) 서북쪽에 있다.
124) 道君皇帝 : 송휘종(宋徽宗) 조길(趙傑)을 가리킨다.
125) 不相能 : 마음이 맞지 않다.

館. 生命召發行, 時童子還其書, 曰 : "汝父家屬, 遭乱無去處, 書空來矣." 童子受而還其室, 乃披[126]之, 書曰 :

"三生縁結, 百年盟成. 巫山[127]好事, 洞庭[128]佳期. 永擬團圓, 不計浮沉. 天何不吊, 遭世罔極. 華表摧風, 夢驚巢鵲; 城門失火, 殃及池魚. 燕天夜月, 誰悲斷腸之人; 楚岫秋霜, 尽是沾衣之客. 望日下之長安, 烟火四極; 指嶺外之歸路, 山海千里. 幸承府使之逢迎, 竟出讐人之思慮. 稱市橋之童子, 計非偶然; 托青城之爺孃, 情有可矣. 驛亭聞晨鵲, 驚喜一封之書; 樊籠鎖白鷳, 漫洒千行之淚. 向者欲做黄昏之約, 勿恤暮夜之體. 寻叢篁之古道, 入芙蓉之舊帳. 花顔不改, 玉貌猶前. 續玄都之劉郎,[129] 桃有千林; 踵西山之蘇子, 梅壓一枝. 何迎送之太忽, 若風雨之奔忙. 悲傷不遑, 言笑何暇. 食[哺]未吐,[130] 飲恨虛歸. 思遇會之欲再, 奈艱險之非一. 不但律令縱上, 又有豺狼在道中. 若蹈危機, 噬臍莫及; 當待宴安, 沒齒無冤. 日月有明, 必照覆盆; 鬼神尚吉, 將合破鏡. 心焦無渴, 火燃腔子, 痛深哀極, 血滿雙瞳. 紙色悽涼, 書成草創. 有口無舌, 不知所云." 洞仙每閱一行, 輒加嗚咽. 傷痛之情, 倍切於前.

不多時, 女真使來到, 安琦乃詐為斥和謀敵之書, 使若出於西門之手, 以與彼使, 潛持歸報, 女真大怒, 急令縛送西門上客及上將宣撫. 催促之令, 疾如雷電. 上客欲逃無暇, 蒼黃顛倒之際, 忽有甲兵四圍, 驅逐而去. 既至, 極稱冤枉, 猶未信之. 同時帶去數百, 并前所虜三千餘人, 皆詣燕京[131]滯獄.

126) 披 : 열람하다.
127) 巫山 : 중국 중경의 동쪽에 위치해 있다.
128) 洞庭 : 중국 호남성 동북쪽에 있는 호수.
129) 당나라 시인 류우석(劉禹錫)의 『再游玄都觀』에 '種桃道士歸何處, 前度劉郎今又來'라는 구절이 있다. 다시 만남을 뜻한다.
130) 食(哺)未吐 : 『韓詩外傳』에 주공의 '一飯三吐哺, 猶恐失天下之士'라는 말이 있다. 입안에서 씹는 음식.
131) 燕京 : 중국 북경의 옛이름.

仙聞之, 失聲曰 : "蒼天蒼天, 寧有是理哉 ? 薄命餘生, 復何望乎 ? 天地茫茫, 且安歸哉." 遂絕食, 幾至莫救. 既又自解曰 : "十餘年後, 當入福地云云之意, 尚可記也. 今忽即決, 更無萬一, 吾何不自重耶."

時安琦獨留守城, 僕從號令, 一出於其手. 乃搜城中, 得洞仙, 使監供意, 仍通本意. 仙切不应許, 琦不勝其情, 期於必得, 為書說之曰 : "身為府妓, 命懸於公, 礼在從人, 節移于時. 今若從我, 則深宮廣廈之是安, 紈綺膏粱之是奉. 名何累於妓籍, 役何煩於鄙事. 榮莫大焉, 樂莫加焉. 如不順之, 則昏朝任事之可苦, 杖撻死傷之可慮. 梁柱之信,132) 世以為笑; 溝瀆之諒, 人莫知之, 甚無名也. 况彼西門, 更可無期. 燕天萬里, 去去無涯. 圄篱困苦之中, 愁歎爭攻; 瘴霧蠻烟之間, 疾疫易乘. 安知幾至於溘然133)耶. 夫以有限之生, 謾守無益之盟, 畢竟有知, 雖悔曷追. 青春荏苒, 白日斯須. 水無西歸之漸, 花無十日之紅. 繁華何處, 行樂誰邊. 獨留青塚, 空歸月夜之魂, 不共楚王, 只添看花之淚. 苦節不可貞矣, 小諒不可行矣. 其幸思思復思, 毋自埋沒."

洞仙為答書, 以陳其情曰 : "鷰必雙飛, 鵲不孤棲. 物亦有耦, 人亦有情. 今承垂教, 敢不從命. 窃有寸丹, 聊以暴白.134) 妾在青春, 身事娛樂, 門前舊客, 枕上新人, 一番迎送, 幾度悲歡. 頃緣上客, 自汴而至, 不棄憔悴, 特許心情. 有偕生偕死之盟, 無莫往莫來之歎. 妾於是去其舊染之溷濁, 革其前習之紛紜. 周德流行, 雖愧漢廣之遊女; 衛俗淫亂, 願絕宋唐之餘風. 樂只君子, 實維我儀. 如此良人所仰望者, 嗟昊天之不吊, 痛時事之多艱. 值一生之崎運, 悶萬里之離

132) 樑柱之信 : 『莊子』에 '尾生(인명)與女子期於梁下, 女子不來, 水至不去, 抱樑柱而死'라는 구절이 있다. 죽을 때까지 약속을 지킨다는 말.

133) 溘然 : 세상을 뜨다. 溘는 '갑자기'.

134) 暴白 : 토로하다, 표명하다.

別. 怨不在於天人, 歎常切於干戈. 蘊此心衷, 唯是篤念.[135] 懷人不見, 俾我可忘. 今將軍胡不諒于人, 自取無良之溢. 嚴部伍, 整干戈, 務急當日踰垣牆諭臣妾戒在遺書, 夫以灵奕尊貴之盛, 近此染惡鄙賤之甚. 于理不合, 於事不當. 何可自貶盛溢, 坐失瞻望乎? 何況烈女忠臣, 異名同道, 今將軍乃宋朝忠臣, 妾乃西門烈女也. 將軍食宋之食, 衣宋之衣, 受宋之爵. 宋之于將軍也, 固已厚矣. 將軍之于宋也, 安得不一心而終始乎? 固不可宴安而向之, 危亡而背之. 寧忍暗付于北朝彊盛之勢, 偷生於犬羊之天乎? 寧能忍歧初心, 曾不思許身之義乎? 非德心不忍, 義不可之甚也. 若夫兒女瑣屑之辭, 卑薄之節, 須不可因日而語云. 然有是四端男女一也, 身體發膚則受于父母, 性情元氣則稟於天地. 既有知覺之良, 獨無羞惡之心乎? 既聞綱常之典, 獨暗夫婦之義乎? 君子之道, 选端于此, 夫婦之貞, 利見於斯矣. 夫以是故, 猿愁嶺南, 褒蜀割耳, 非思李□武乎? 蛇變尊中, 盧亦去目, 不為房玄齡[136]乎? 出刀断髮, 虛啟侍郎[137]之表, 拔劍割鼻, 不從貴人之求. 立節太高, 持身極佳. 日斜桑林, 有金來傳, 可笑秋胡子, 水漲漸臺, 無符可信, 哀哉.[138] 楚夫人三才, 分位室家之道. 先修二□交歡貞烈之風, 斯著振高情而獨秀魯丹, 於是飛花挺峻節而孤飄. 周郎[139]於焉, 騰茂適以純縶而已, 安用污辱為哉? 今妾天資朴愚, 不師今而學古, 素性偏嗇, 不貪新而求舊. 隔所天於杳茫之際, 寄朝露於風□之間. 悲思憂嘆交攻於內, 邪說暴行又侵其外. 一縷殘喘非断, 則夕恨不得, 隨鴻逐鵠裂霧穿雲碧海長天去去無邊.

135) 篤念 : 매우 그립다.

136) 房玄齡 : 당나라 초기의 유명한 재상.

137) 侍郎 : 원래는 한대 낭관의 일종. 즉 궁전의 호위. 당 이후부터는 중서·문하 두 성과 상서성에 속하는 각 부에서는 모두 시랑을 장관의 부직으로 했다.

138) 日斜 …… 哀哉 : 이 구절에는 두 개의 전고가 있다. 하나는 『열녀전(烈女傳)』 중의 추호가 아내를 희롱하는 것이고, 또 하나는 『장자(莊子)』 중의 미생이 나무 밑에서 여자를 기다리는 이야기이다.

139) 周郎 : 삼국 시기 오나라의 도독(都督) 주유(周瑜)를 가리킨다.

重逢舊面, 再敘前事, 一見可絕, 萬死何惜. 初心炯如日月, 宿約[140] 牢如金石. 炯不可玷, 牢莫能破. 假令甘言悅耳, 華利誘目, 尚不可轉; 而移之白刃當前, 雷電之上, 終不可搖. 而奪之忠臣之義于恒於斯, 盡失烈女之節于恒于斯, 畢矣. 夫以將軍之忠, 其設身殉旺之誠, 可以通金石, 蹈水火, 無所往而非大義也. 奈何一見兒女, 暗起私情, 棄循公[141]之初心, 捐服人之壯節耶. 其思慮也譎,[142] 其謀計也詐. 向者宣撫之見敗, 上客之遭禍, 果不出於將軍之手乎? 迎敵人之暴怒, 誤國家之大事. 驅幕賓於雁塞, 棄衛卒於□門. 孤人之子孫, 寡人之妻妾, 窃為將軍所取也. 將数騎而拔之, 慙召氏; 解拴桔而代之, 悲媛妾. 是則妾之第一愆也. 妾既不能冒險乘危, 以脫虎口之餘肉, 又不能除兇討奸, 以復所天之深讐. 一鄉慨歎之不可, 哀悼之不足. 乃敢污人成歡, 引物牽意, 有若為人臣而懷二心者也. 臣子而不忠, 婢妾而無貞, 罪不容於天地, 殃莫大於鬼神. 雖無生得乎? 餘所否者, 殆將死矣, 此外無他, 願將軍卒恕之哉."

安琦知其不可搖, 纏鬱之情, 慙憤之意, 交戰于中, 寧断杖捨而違格未果.

崔夫人與劉氏在東溟, 自生赴召遊宦, 日望其歸來, 荏苒[143]數歲, 竟無音信. 乃令家童經往杭州, 訪洞仙詢聞之, 始知其滯于燕獄. 一舍驚號, 痛哭度日. 自是杭與東溟, 兩地一書, 互相往事, 以通悲慘之情.

上客自滯燕獄, 心事落寞, 已分必死, 痛擗[144]摧裂之余, 常與同色切歎曰: "高堂鶴發, 春秋已晚, 溫淸甘旨, 既無可言, 未知其不至, 奄忽[145]耶, 襄事之厚薄, 祭具之精麤. 孰能盡其例乎? 小君當

140) 宿約 : 예전의 약속.
141) 循公 : 순공.
142) 譎 : 속이다, 수단을 부리다.
143) 荏苒 : 세월이 저도 모르게 흘러가다.
144) 擗 : 분열시키다, 원 물체에서 분리되다.

室, 有子一介, 結縭[146]三載, 與我成別. 想其哀傷怨慕之深, 得無疾病死亡之慘歟？琴臺一別, 亦云遠矣. 柳怨花容能一樣歟？梧桐夜雨之思, 桃李春風之恨, 靡日靡夜, 何可比為. 屏間真態, 目可得而再睹滕上絲桐, 耳可得而再聞歟？世變風移, 不見鵲巢之鳩. 人亡事去, 得免奚網之鴻. 定續葛生之詩, 當戒行露之辱. 看花傷眼之淚, 掛鏡半影之愁, 歲月積久, 人生幾何, 哀哉！一身微假三尺, 宜岸宜獄, 且死且生. 望山頭于庭闈, 関路萬里, 断天涯之鱗鴻,[147] 塞雲千里. 深恨當時, 構禍有本, 彼蒼者天, 此何人哉？銘骨難忘, 死且不瞑.” 每擧一□, 哽噎不助, 聞者為之流涕.

安琦尚無释於洞仙, 乃設心曰 : “所以不听者, 徒以西門尚在於彼. 故假令聞其既死, 無復有望, 則庶或變其志也.” 遂發一郵卒賂誘之, 仍作南人同滯燕京者之書曰 : “杭府上客西門勣為憂憤所祟, 成疾致死, 於某月某日云.” 令其持去, 使若関外行子回, 傳指東溟.

時久失汴城矣. 中原父老日望官軍, 相謂曰 : “道君皇帝已崩於五國城, 今天子又溺於西湖,[148] 耽其德勝, 但事宴樂. 宗社之耻, 不思所以雪, 先帝之讐, 不思所以報. 中海[149]文物, 將為胡羯腥膻; 百萬蒼生, 將為披髮左袵[150]矣.” 相與痛哭之聲, 不絕于道路. 朝廷雖知之, 安於姑息, 不肯發兵. 岳武穆[151]奮臂請綏, 乃與五百騎. 武穆將率鍛錬以待, 時刘氏一家以燕京事晝夜悲痛, 希望好音. 忽有行子到門曰 : “自燕京來, 路尚過此, 仍致一書, 書曰云云.” 乃知其死, 呼天痛哭, 慘不忍聞. 崔夫人以刘氏秘不發喪故, 不能詳知, 数月乃覺,

145) 奄忽 : 갑자기.
146) 結縭 : 출가하다. 縭는 옛날 부녀들이 쓰는 패건.
147) 鱗鴻 : 편지.
148) 西湖 : 절강성 항주에 있으며 풍경이 매우 아름답다.
149) 中海 : 사해 즉 동해 · 서해 · 남해 · 북해의 중간. 중원지대를 가리킨다.
150) 左袵 : 袵는 ‘옷섶’. 고대 소수민족이 입는 복장. 앞섶을 왼쪽으로 껴서 중원 지대의 우임과 다르다. 그래서 당시 중원지대의 사람은 좌임을 외족한테 통치되었음을 비유한다.
151) 岳武穆 : 악비. 남송의 저명한 민족영웅으로서 죽은 후 무목(武穆)으로 봉되었다.

廢食沉痼.[152] 刘氏盡誠救之, 竟不起, 乃修書致之洞仙. 洞仙披其書, 書曰 :

"尚亦聞知乎 ? 有此昊天罔極之音, 遙想一体之情, 分送痛哭之淚. 我從夫子, 三歲食貧,[153] 一自成別, 十年於玆. 篤念遠遊之子, 久積空閨之思. 王孫結恨, 年年草碧之時; 帝子含悲, 處處花紅之節. 香愁動于落梅之曲, 別怨長於楊柳之詞. 天降喪乱, 悼顚沛之人生; 地隔荊蠻, 嗟杳茫之消忽. 瞻日月之悠悠, 可以歸止; 駕四駱而駸駸,[154] 庶幾來諗. 我之懷矣, 予日望之, 何圖塞馬未還, 鵜鴂先鳴. 樹忽摧於驚風, 露已晞[155]於待日. 慘龍沙之骸骨, 痛蠻荊之魂魄. 不能求于原隰, 但相泣於中庭. 何況禍不單行, 災忽並至. 予君既亡, 先妣继殞. 盖哭子哀痛之深, 乃委命沉痛之坟. 攀號擗踴, 撫遺席而畴依; 扣地叫天, 奉血扇而奠遂. 口接杯圈, 若存餘澤; 手持刀尺, 將向誰前. 朝失楚雲之尘, 暮啼燕天之月. 烏鳶萃于関塞, 想啄屍之無餘; 風雨晦於海山, 欲招魂兮何許. 將負骨而歸瘞, 計與子而同行. 家設几筵, 祉無宗主. 况有豺狼遍塞, 道路一向延停. 五內分崩, 欲絕未即. 偷生苟延, 適以義同. 玆用訃聞, 更和言哉, 慟失而已."

仙覽且聲諤, 不覺失聲, 仆地轉錯, 若無措擧. 其母痛甚呼之, 十分扶護. 俄而聲息, 執其母之手曰 : "吾何以得生乎 ? 生不得相從, 死可得從, 今當共游於地下矣." 始作哭聲, 既又解之曰 : "向者黃帽[156]之言, 當有其終. 況彼燕京訃音, 未易到也. 此無乃或出於中人之計耶 ? 然未可詳也. 顧有劉氏, 與我義同, 不可不往見, 加以夫人之喪, 固當赴哭矣." 乃請暇于安琦, 安琦有意者, 特許之, 資以車馬. 洞仙謝之曰 : "終天痛哭, 奔遑趨哭之不暇, 寧能俟駕而行乎 ?"

---

152) 沉痼 : 오래되어 치료하기 어려운 병.
153) 食貧 : 곤궁한 생활을 하다.
154) 駸駸 : 말이 빨리 달리는 모습.
155) 晞 : 말리다.
156) 黃帽 : 노란 관모를 쓴 사람.

乃謝而徒步.

及至劉家, 徑哭於柩前, 而四拜致辞曰 : "杭之卑妾, 楚臺[157]曾有恩義者, 敢此來哭, 窃唯燕京一書, 當出於自地. 適以慈闈思慮之深, 未無輕信之失, 致令子孫, 罹[158]此終天之痛, 嗟何及矣. 伏願尊灵禫, 然平安無, 復隱痛於冥冥之中." 劉氏在傍哭, 仍發私怨, 將及燕京[159]之事. 洞仙曰 : "當此几筵立前, 不可以私怨感我先灵." 劉氏曰 : "然此有別堂, 即為夫子所設虛位處也." 引之偕適, 相扶哭擗.

刘氏乃先敍曰 : "如許心腸, 前書略陳之. 今幸相逢, 悲係增新. 嗟我洞仙, 夫子所愛, 曾不識面, 已各知心. 彼此应喜, 與我一般. 茫茫宇內, 幾箇男女, 唯我二人, 逢此百兇. 言之何盡, 聽之何堪. 顧唯方寸之中, 積已久矣; 不言之間, 腸已腐矣. 徒抱其哀, 孰從而問之. 欲道其詳, 孰從而聽之. 今見娘子, 如得燕天萬里之面, 嶺外相思之怨, 天涯永訣之情. 思而復思, 說之復說, 只增悲慘, 無以為懷也. 即唯阿娘, 遐感所天之恩, 遠崇堂室之義, 承訃奔哭, 備經險阻, 千里跋涉, 以到於此. 豈非敦素之義, 純綱之節, 有以鑠金石, 蹈水火哉? 可與共赴沙場, 好收骸骨, 當得□事之, 既邊卒寡之消息耳."

仙聞而痛之曰 : "妾之罪多矣. 言極惶悚, 竊以肺肝之填結, 欲陳之久矣. 本以小人之質, 引結君子之恩, 令其继日沉湎踰月, 一可咎也. 及遭乱離, 恨其分散, 欲詳存沒, 連臂致召, 使闕趨庭[160]之礼, 兼廢在禦之琴, 馳冒矢石, 出沒烟塵, 二當誚也. 節未勤於利貞, 身莫瘦於有目, 強暴自此謀之, 偽變於斯作矣. 金人讓國, 鐵索飛來, 玉節辭壇, 佩劍哀鳴, 作豺狼之弱肉, 羈絕城之遊魂. 一去莫返, 伊誰之故, 盖思禍亂之根, 因何敢怨尤於天人? 是則三足絞也. 負此三

157) 楚台 : 진관초대의 약칭. 가무 등을 하는 오락장소.
158) 罹 : 당하다.
159) 燕京 : 북경.
160) 趨庭 : 『論語』에 '鯉趨而過庭'라는 구절이 있다. 부친의 훈계를 받음, 또는 부친의 훈계를 대신하여 이르는 말.

愆, 敢來一拜. 雖有心悃,[161] 寧無顏厚乎? 而今以後, 所可盡心而致力者, 不過收骸于白草之間, 成壠于青松之下, 哭以盡其哀, 祭以竭其誠, 使九泉不瞑之魂得以翺翔於萬歲山杭州之城. 然後下縱於黃壤之間, 以償其怨, 足矣. 然秦兵尚強, 楚氛猶惡, 有計無所施, 有怨不能泄. 天何不吊, 地何無言." 遂拊膺長慟, 哭聲甚悲. 四鄰來观, 有似殘花帶雨之落葉啼風, 人莫不為之流涕.

時葬夫人有日矣. 仙佐室斷之, 比至[162]卒事, 極其誠敬. 左右觀者皆謂之知. 未幾, 自杭州發文, 促其還, 仙既歸矣. 安琦乃厚遺其母, 使之切勸. 母曰: "知女莫如母, 吾女心曲, 吾已知之. 龍丞之石,[163] 可使轉也, 玉井之水,[164] 可使污也, 至於吾女之心, 不可乱也. 雖有荊揚之金, 吳蜀之帛,[165] 積如丘山, 不敢受也."

刘氏之本宅有継母在堂, 継母之本族有鰥夫,[166] 求劉氏甚悬, 乃邀刘來, 欲奪其志. 刘氏所操如玉, 托以服夫未闋, 其意雖寢, 尚有轉環之說, 其執不已. 欲還西門, 則誘之以好言, 牢不許還. 刘心謂: "不祥在迩, 事出難免, 則從有死而已, 死亦不祥. 將欲潛歸, 西門則必有搜還僇辱之弊. 寧適杭, 一与洞仙同死生可也." 然未詳洞仙尚不改初心與否, 乃書挠之曰: "吾父母憐我肯歸, 將命再適, 事在不免, 將於某日適於某人, 未知阿娘獨何為也?" 仙未信之, 猶且答之曰: "書有云云 …… 事極可賀. 妾亦自歸來之後, 非不欲終守初心, 唯以卑贱之故, 為人所奪, 今已許矣, 府中安將軍是也." 書回, 刘氏

161) 悃: 성실하다.

162) 比至: …… 에 이르러.

163) 龍丞之石: '龍丞'은 지명으로 지금의 강소성 상숙지역에 있다. 여기서는 동선의 의지가 굳고 동요하지 않음을 가리킨다.

164) 玉井之水: 물이 매우 깨끗하여 더럽히지 못한다는 것. 여기서는 동선의 품행이 고결하여 더럽히지 못한다는 말.

165) 雖有荊揚之金, 吳蜀之帛: 형지와 양주에서 나는 보물과 오지와 촉지에서 생산하는 비단.

166) 鰥夫: 늙어서 아내가 없는 사람을 이르는 말.

释然曰 : “既試其意, 彼亦安心, 释我愧耳. 否則豈所謂洞仙乎 ? 觀於此書, 益知其可愛者也.” 遂與幸婢秋銀潛脫作行.

安琦每招洞仙轉環益急, 仙不堪其苦, 謂其母曰 : “吾得死所矣. 今加此弊, 不可獲專, 吾即決矣, 母其千歲. 乃作一書, 書用生綃, 實于粉□, □於牆底, 祝曰 : “生亦無為, 死亦吞聲. 皇天有知, 鬼神默祐. 其令君子, 倘得生還, 指發此書, 備知情悃.” 遂改粧盛服, 臥而不動. 母慟甚, 百分勉以糊物, 一切不应. 第七日朝視之, 死矣. 母哭曰 : “人為之耶 ! 從天召之耶 ! 從地納之耶 ! 可爱吾女, 何所適歸.” 安琦聞而哀之, 乃大治喪具以與之. 第四日襲入棺. 是日, 架上所彈琴自鳴成曲, 和氣發越, 象咸異之.

翌日晡時,[167] 有二女到門, 乃刘氏及秋銀也. 聞仙既死, 徑入拊棺長慟曰 : “吾以不便於家, 將欲急報於此. 露宿風餐, 艱關覓至, 專恃娘子, 義同一家. 前後酸寒之味, 庶可共吐; 早晚原濕之求, 曾有其約. 豈意今日, 已化異物卻令千里孤蹤, 抱恨而來. 長慟虛歸, 歸亦何依, 其死而已.” 乃以手撞棺哭之. 至夜, 兩掌盡破, 淚下如雨. 淚与掌血, 混洒成流.

是夜幾分, 棺忽自開, 珮玉鏘然. 驚顧視之, 則所襲之貝皆盡無有, 即見□顏鮮明, 綵服輝煌, 急拜于刘氏前曰 : “非不知小君夫人行當到於此, 適以路遠之故, 不能径還, 致令傒之幸勿見失.” 刘氏及其母驚怪問之, 乃曰 : “昔聞夫子之訃, 思欲縱相於泉下, 先至九天,[168] 繼入十地,[169] 無處不探, 訖無所見. 乃謁[170]萬歲山下神, 神曰‘吾乃

167) 晡時 : 옛날 신시를 이르는 말. 즉 오후 3시부터 5시까지.

168) 九天 : 하늘의 중앙과 팔방을 가리킨다. 도교의 구천은 우주의 순서를 구분하는 것으로서 각기 욱단무량천, 상상선선무량수천, 범감수연천, 적연두술천, 파라니밀불교락천, 동원화응성천, 령화범보천, 고허청명천, 무상무결무애천을 가리킨다.

169) 十地 : 도교의 구천은 우주의 순서를 구분하는 것을 가리키지만 십지는 대부분 민간전설과 종교경전의 큰 성과를 결합하여 악한 자는 영원히 몰락한다는 지하 구유를 가리킨다. 이것은 지하계의 보충이며 샤머니즘에서 말하는 제일 하층의 어두컴컴한 세계를 가리킨다.

170) 謁 : 알현하다, 만나뵙다.

杭府上客西門勣之祖也，豈不知所在也，洞仙誤入矣．上客方在燕獄，曾不死矣．' 於是回至燕京，得見上客，神凝愁色，顏滿枯華．見妾甚喜，先覓舊韵，妾乃援琴而鼓，衎衎而樂．夫子謂之曰：'皈之，皈之，小君當到爾家．' 乃辭而還，道路逶迤，[171] 致令小君到則聞慘過加哀傷，妾之失也．仍命撤筵，別供饌味．遇刘氏甚厚，由是得知上客之生存，悲歡交極．

上客在燕京十餘年，了不得南音，為愁所惱，日至蕭索．一夕忽逢洞仙，且悲且喜，乃命彈琴行酒．仙鼓琴絃而且曰："我初自兜率天，[172] 次第而還，遍遊十地．上見白玉樓臺[173]十二，中有黃金佛界[174]三千；下見青烟人世[175]八萬矣．仍抵萬歲山詢問上客至此，云云．" 上客曰："今之邂逅，[176] 出於意外，誠極佳矣．但小君方適杭州，若不速還，則必將缺望，其可歸哉．" 仙乃投一書而去，上客為答書以贈之．依希相別之间，忽然覺悟，乃一夢也．

見席上有一封書，書用生綃，急取披之，書曰："萬死餘生，一別十年．長天漠漠，莫恵我思，天地茫茫，不駿其德．生我不長，遭世罔極．奔三千之珠履，冒百二[177]之天險．嗟我懷人，陟彼阻矣．願言思子，何日忘之．想殊方之曠俗，悶征夫之狐疑．慘惔九死之餘魂，淒涼萬里之行色．雖在縲絏，[178] 非其罪也．久襲瘴癘之氣，固無恙乎？生與死兮莫知，泣且言兮奚極．月白燕天，倘有相思之夢；雲迷極浦，定結悵望之懷．在彼當如是，在此當若何？行露濕衣戎，雖切

171) 逶迤 : 길이 구불구불하고 길다.
172) 兜率天 : 욕망세계의 여섯날 중의 네번째 날을 가리킨다.
173) 白玉樓臺 : 백옥으로 건설된 누대를 가리킨다.
174) 黃金佛界 : 황금으로 깔려진 불교계를 가리킨다.
175) 青煙人世 : 인간세상을 가리킨다.
176) 邂逅 : 우연히 만나다.
177) 百二 : 이만 명이 백만 명을 맞대다. 원래는 진룡의 지세가 험악해서 이만 명이 제후 백만 명에 해당하다고 하였다. 후에 지세가 험악하다는 뜻으로 쓰는 말.
178) 縲絏 : 범인을 묶는 밧줄. 여기서는 감옥에 갇힘을 뜻한다.

於夙夜; 漢水清珮辞, 有托於橘柚. 宮中桐葉, 不宜題詩, 河上栢林, 永失靡慝.[179]

庭鵲有聲, 庶得歸來之日. 塞鴻傳信, 驚見訃告之書. 淚和瀚海之波, 哭断燕天之月. 蝴蝶驚萬里之魂, 夢杜鵑訴三更之哀怨. 斜風細雨, 咽山陽之蘧篪[180]聲. 落日寒雲, 鎖蒼梧之秋色. 十年異室, 怨入三生. 百歲同歸, 計定一死. 況今石李龍之兵甲未鮮, 唐宋王之貪瀆無窮, 難乎免於濁世, 卷而懷之黃泉. 青陵臺[181]上烏鵲紛飛, 綠珠樓邊花葉紛飄. 閉粧奩塵土之鏡, 晦琴臺日暮之雲. 生亦無為, 死亦呑聲. 皇天有知, 鬼神默佑, 其令君子倘得生還, 指發此書, 備知情悃." 上客泣而覽之, 始知洞仙臨决[182]時所為書. 乃設書之來此, 以其彰明之質, 較著之灵, 有以謀之者. 然有夢如是, 其生其死, 實所難測, 心神戰惑, 感愴倍切.

洞仙與刘氏同處, 每常自抑, 勉加食飲, 為刘氏也. 偶發牆底所埋, 實非本草, 其書曰: "一別千里, 落落無期. 十生九死, 轉月經年. 太息流涕痛哭, 兼以時事之多艱, 憂愁鬱悒慨歎, 專為我懷之貽阻. 蠻烟襲骨, 疾病乘時, 瘴霧凝膚, 死亡無日. 悼浮生之□□, 歎夙緣之虛投. 豈無娘子, 尚抱餘情. 重尋舊約, 經越海山, 備嘗艱險, 賁然來斯. 亦既勞止. 黃沙磧裡, 囬紫陽之春光; 青海[183]城頭, 暎朱欄之花影. 收秦聲於隴枝, 萬恨俱灰. 撤楚吟於巴陵,[184] 兩情何似. 持酒罷, 無聊一笑

179) 慝 : 간사하다.

180) 篪 : 옛날 대나무로 만든 악기의 일종.

181) 青陵台 : 옛 도시 상구의 서남쪽에 있다. 원래는 송나라의 강왕 언이 건설했는데 누대우에 이궁이 있다. 강왕은 폭군으로서 대부 한빙의 아내 하씨를 궁중으로 빼앗아왔다. 강왕은 자신에게 원한을 품은 한빙을 감옥에 넣었는데, 후에 한빙은 자살하였다. 하씨는 그 소식을 듣고 너무도 슬픈 나머지 죽고 싶은 생각뿐이었는데, 어느날 강왕과 함께 청릉대를 거닐 때 누대에서 뛰어내려 자살했다.

182) 决 : 결별하다.

183) 青海 : 중국의 성 중 하나.

184) 巴陵 : 지금의 중국 호남성 악양을 말한다.

双璧; 抱琴來, 有意再歌千金. 既合半鏡, 如錫百朋. 雖死之日, 乃生之年也. 俄然一去, 會當再逢." 詳其手跡詞意, 乃上客書也. 仙覽之, 琴酒書札等事, 怳如前所見得, 非兩處魂夢之所交感耶? 輒加悲傷.

時金國[185]聞岳武穆鍊習之機, 大怒. 先檄杭, 致其師. 安琦被縲而往, 營一空矣. 仙乃與小君謀曰: "目今时事, 有如秦棋, 方來禍福, 未可占也. 既知夫子尚存於彼, 可以超即躡尋, 萬一接見顏色, 平生之幸也. 不然异日所希望者, 沙场白骨而已. 今當冒險乘危, 天地默佑, 則得遂本意; 如其不幸, 定為虎穴之肉矣. 夫以有限之生, 長存別離之中, 歲月幾何, 無如寧死於道路乎. 何可待時延佇, 坐致後悔乎?" 小君徐然之, 遂与資輕宝, 諏日作行. 秋銀小真皆從. 洞仙與其母訣別曰: "此行與豺狼作伴, 與冥府為鬨,[186] 無望生還. 毋用自煎, 壽如南山, 千載千載." 其母方舉別杯, 噎不能飮. 時餞客滿堂, 酒乐畢張, 悲歌一聲, 玉淚交下. 出門三顧, 四鄰痛哭. 乃取間路[187]而行.

第十四日至一處, 忽逢張萬夫, 喜甚, 告以情事. 張曰: "吾亦被虜, 善承被意, 乃說之授之以一官, 留守是境, 則西河[188]之館也. 今見小君夫人及娘子, 出於慮, 未度處, 不覺驚喜, 若接吾尊兄矣. 然萬里長程想已勞矣, 不可調攝数日耶?" 乃與歸其館, 別定一室, 使之安歇, 極其供具. 仙等以為幸矣.

張之同僚有胡孫撻喜者, 乃人傑也. 張自亂後, 相結為契, 相与語, 極道洞仙. 撻喜聞之曰: "願接天下所未見之色也." 張曰: "有何難哉?" 至夕, 遣人於洞仙曰: "適有薄具, 欲與慰沃, 其肯來否?" 仙感而即到. 俄聞閽者趨進曰: "胡孫使君仕門." 張謂仙曰: "彼與我契

185) 金國 : 서기 1115~1234. 여진족 완안아골타가 건립한 것인데 중국의 동북에 있다.
186) 鬨 : 골목문.
187) 間路 : 작은 길.
188) 西河 : 지금의 중국 산동성 승주시 부창현.

厚,[189] 何嫌之有？" 遂令許入. 凡進, 張自擧盃以侑, 仙之拜受之酌, 大不能卒飮, 退与小真, 次及撻喜. 撻喜飮且揖曰 : "小娘子遠勞, 特酬之." 仙拜而不受曰 : "適以張使君委召, 故惶感而来, 本非為飮." 乃出. 撻喜囑張挽留. 張曰 : "未可也. 坚如金石, 皎如霜雪, 未可與相續, 但見面足矣." 喜悲之曰 : "大丈夫不得此, 天下之棄物也."

翌朝, 仙請行. 張曰 : "前日所經, 適有間道, 故得無所據. 自此以北, 非驿路[190]不得到燕, 非鐵騎[191]不得過驿. 吾當出騎以送之, 待之如何？" 洞仙一行, 相与慰喜曰 : "此行若不張使君, 當奈何？" 是夕, 一行穩頓牢睡, 忽聞馳突聲甚急, 火光如晝. 众驚覺, 見一武夫驟入, 拿洞仙之手, 星火曳出. 仙隨手而出, 乃撻喜也.

到其館, 見弓劍戈斧之屬交置左右. 仙急引斧斫其手掌, 以擲撻喜之額上曰 : "是汝手中物也, 吾將安用哉？" 乃出, 無敢挽[192]者. 其掌着額深入, 欲去不得, 疾痛甚劇. 急訪知者問之, 有一卒曰 : "此冤魔所結, 未易治之, 必於長流川水沒入其面, 多不過百日可去." 撻喜不得以從之, 以愈. 仙亦以割處痛甚, 自分必死. 小真, 秋銀直抵張使君曰 : "吾家娘子一向所天, 誠悃傷極. 不有一縷之命, 遂作萬里之行. 日出則隱伏於山谷, 昏夜則經步于屈曲. 褒斜之間, 輾轉至此, 亦既勞矣. 天涯絕域, 孑無故知; 嶺外他鄉, 靡所依賴. 何幸中道奄見令公, 曾無惻怛之心, 反有隱陷之計. 置一盃之酒, 引強暴之客, 使之目成, 許其計詐. 非但辱近於身, 又有痛緣於手, 奄奄殘喘, 殆莫能救脫. 其不幸, 則婢等先食令公之肉, 然後服主娘之喪." 乃大呼痛哭. 小君尤不勝痛, 切讓[193]使君. 使君雖非自己所預, 無任慚愧. 急進于夫人前, 極稱謝罪. 乃求藥治之, 或指一卒, 即治撻喜

189) 契厚 : 우정이 깊다.
190) 驛路 : 연로에 역참이 설치된 도로.
191) 鐵騎 : 정예한 기병.
192) 挽 : 당기다.
193) 讓 : 책망하다.

者也. 卒曰:“治之不難, 乃燒斧煮水, 和以鱉莧丹塗之.” 翌日, 乃瘳. 遂籍張使君所資, 得達於燕.

其俗罰士卒一墮馬者, 使令本家饋獄, 一人五日矣. 時南人被縲者前後相繼, 已至五千餘人, 饋者雖多, 未及其數. 常兼數人, 其苦頗甚. 洞仙一行經投川西[194]之館, 自稱乞人,[195] 將欲傭饋. 仍問于諸饋者, 得杭府上客所當人, 請代之, 其人甚喜.

上客在燕年久, 南音漠然, 悲慘之情久而愈切. 一朝見所饋之飯異於他日, 心頗疑之. 其夕又如此, [明日亦如此. 乃不食泣下, 同縲問曰:“何也?” 上客哽噎不言. 問之不已, 乃曰:“吾家妻妾相與來此, 獄律如許, 不得相見, 是以悲之.” 又問:“何以知其的[196]來耶?” 曰:“吾小眞人則溫潤栗然, 良玉之質. 小娘子則細蜜燦然, 貝錦之文也. 以能敦五常[197]以通五行,[198] 通五行以和五音,[199] 和五音以齊五味.[200] 炊飯必有五音之味, 割肉則必以方正, 斷菜必用寸分, 以向來所對, 一依此样自非其手不可到也.” 且言且泣, 人不忍見.

仙謂小君曰:“吾等來此之意, 夫子想已知之矣.” 小君曰:“吾亦意其然也.” 小真等曰:“敢問何故也?” 仙曰:“無他, 始饋之飯, 無退味, 是口有本性也. 再饋之飯, 食不及半, 是心之動也. 至於三, 則開味而已. 斯豈非覺悟悲感而然耶?” 遂相與掩泣嗚咽. 然恐其見疑,[201] 常自抑矣.

一夕, 相告曰:“所以來此, 冀得一面, 律令如是, 有計無所施, 奈

194) 川西 : 지금의 중국의 사천성에 있다.
195) 乞人 : 거지, 밥을 빌어먹는 사람.
196) 的 : 확실히, 정말로.
197) 五常 : 인(仁)·의(義)·예(禮)·지(智)·신(信)을 말한다. 또 오전이라는 말도 있다. 즉 부의(父義)·모자(母慈)·형우(兄友)·제공(弟恭)·자효(子孝).
198) 五行 : 금·목·수·화·토
199) 五音 : 다섯 가지 악기의 소리. 궁(宮)·상(商)·각(角)·치(徵)·우(羽).
200) 五味 : 산(酸)·첨(甜)·고(苦)·랄(辣)·함(鹹).
201) 見疑 : 의심되다.

何？” 秋銀曰：“猶勝於萬里之外，毋用煩惱，當有□終.” 小真曰：“昔聞岳武穆將兵入汴云. 金人果敗，則是我之福也.” 互相酬答，亹亹[202]不已. 將及半夜，遽有傳導之聲，自遠而近，人馬喧騰，炬火滿城. 驚起視之，已有甲兵，縱獄四面圍之数匝，又於獄門外盛設高坐，威儀甚嚴. 人莫解其由. 仙起，囑主人翁，使之往得其詳. 翁至坐侯之昧□，有奉節者先來何問，答曰：“軍在所，符書來到，待天明將有事矣.” 翁曰：“第言之，吾亦老於兵事，非泄言.” 乃附耳曰：“岳武穆將兵五百，入汴大戰，無不一當百，北軍大敗，將復之戰，故急招本鎮將卒，以益兵勢. 旋恐本鎮][203]一空，則南人繫獄者必叛，故從速斬云.”

翁以通於仙，仙等大驚失措，言不能出，哭不能聲. 落莫蒼黃之際，東方已明矣. 已有大將在座，命從獄而隨出隨斬之而已. 南人覺其不免，乃位輩推出，連續首尾，門機盡頽，垣牆皆破. 持劍行討者與圍兵合擊乱斬，須臾盡之. 尸積川中，水尽赤矣. 部陣尽捲而南城一空矣. 仙等始出观之，所見酷矣. 临川退坐，但有長吁一聲，若無思慮之人，有頃，投入水中，水無太深處，小真等力救之，令不得死矣.

小君令二婢尋尸伏處，乃携仙入浦曰：“愁日盡之，樂日方來. 吾与若乘夜入水，以從夫子，亦云可樂.” 仙曰：“曾吾計也.” 言未已，二婢在門，既曉其機，頃刻不離. 計無所施，乃乞於二婢曰：“意已定矣. 汝無惜哉. 如是然後，安於是心. 汝等好好歸去，善養生我者，以畢天年，亦所以厚我也.” 小真曰：“昔者所計，不過收骸. 今乃如此，是兩棄之也.” 小君曰：“爾言雖似，但此治喪，既無其具. 況天實為之，寧與夫子同葬於魚腹中便也.” 秋銀曰：“此地當有富人，賣此二婢則可得喪具，此外無計，願從二婢言.” 論议未定，相持而出.

沒川上下，始做哭聲，水亦哀鳴. 忽見手掌從水上浮下，便至積屍

202) 亹亹 : 부지런하다, 힘든 줄 모르다.

203) [ ] 안의 내용은 영인본 156면의 끝부분과 157면의 시작부분 사이에 누락된 것이다.

旁. 穿入其中, 着執尸手, 一如生人矣. 仙趨而观之, 有春金指環一隻, 尚着其無名指. 仙大異之, 試以所断臂, 頭垂而向之, 則其掌與之自合, 宛如舊矣. 不释尸手, 相持不能, 引出小君與二婢, 同力並其尸, 擁出, 乃上客也. 手始相解, 以水洗面, 別無傷害處. 盖當乱擊之時, 從風委靡而然也. 乃安機械, 百方治之. 半日許, 吐水而甦. 其間艱楚之狀, 陈訴之辞, 萬萬千千, 不可悉記.

仙曰 : "此是危急存亡之時, 不可久稽[204]於此, 願急治[205]行李." 上客曰 : "諾." 乃集行乞者數百餘人誘曰 : "汝等亦將為踐蹈之塵, 若急其生, 須听吾指命." 曰 : "諾." 然後領入府中, 刼其守吏, 尽发其□. 乃得數十騎及弓劒旗鼓布帛之屬, 製胡服而衣之, 設行伍而率之以啟行, 有似守城副將聞急赴敵者矣. 道路生風, 行人辟易. 不數旬, 至徐州, 乃脫異仪.

夜至杭城, 主母驚喜轉仆, 計其日, 與仙等初散至於今, 十有一月, 自上客入燕獄之時, 則已十三年矣. 洞仙曰 : "所率騎足不可失也. 請傾家產, 益治行資, 至大夫人廟, 以祭行禮, 轉入深□可也. 吾聞桃竹山漠在溟海[206]中, 豈非可□處耶 ?" 上客悉做其言, 捲一家即發. 隣人願從者百餘人. 至溟海頭, 則杳瀾無際, 水天一色, 望見翠嵐搖曳, 高入雲間而已. 俄有小舡[207]千餘艘, □流而下. 其舟甚窄容, 可乘一人. 洞仙領一行各乘一舡, 其餘從者着足旋沒, 不可济矣, 其舟自行, 不日既濟, 則乃是竹葉也. 舍之, 陸行, 始入其山. 山高插天, 其圍萬里, 上有千歲桃紅實推積, 餐之有餘; 下有翠雲竹績密成屋, 居之極嘉. 海涯居民, 每當雨霽風和之日, 雲纖月白之夜, 遙聞琴韵清亮, 笛聲飄颻, 似聞在海山微茫之中, 至今不絕, 云 : 豈非洞仙之詞歟 ?

204) 稽 : 멈추다, 지체하다.
205) 治 : 치우다.
206) 溟海 : 바다.
207) 舡 : 배.

夢遊達川錄

萬歷[1]庚子[2]之春，坡潭子鎖直西清，[3] 殆有日矣．平明，銀臺[4]承命，召侍從臣五人，授封書暗行諸道，坡潭子亦忝其中，聚宿漢濱，拆書視之，所授道乃湖西[5]也．

歷行列邑，引達於忠州，[6] 客裡光陰，忽漫三月，東風吹暖，達[7]水清陽，叢骨齊白，芳草又青．九載之間，戰場已古，野鼠山狸，見日而潛伏；飢鳥嚇鳶，向人而叫噪．羸驂[8]倦鞭，默想當時，良家之選，大閱之兵，或引金華[9]之自遷，或被石壕之催點，腰引負羽，袵革揔金，藏利器而不戰，憤主將之無策．束手而迎敵，延頸而受刃．奮志飲恨，浪死之魂，為沙虫，為猿鶴者，不知其幾千萬人．憤氣上結，陣雲昏

1) 萬曆 : 명 신종(1573~1620)의 연호.
2) 庚子 : 명 신종 1600을 가리킨다.
3) 西清 : 서청. 궁중의 조용하고 깨끗한 서쪽의 곁방을 이르던 말.
4) 銀台 : 관서의 이름. 송나라 때 은대사가 있는데 천하의 주장과 공문서를 관할하는 곳을 말한다. 명청시대 통정사와 은대사가 비슷하여 통정사를 은대라고도 한다.
5) 湖西 : 한국 충청남도와 충청북도 지역을 일컫는 말.
6) 忠州 : 충주. 한국 충청북도 북부에 있는 시.
7) 達 : 달천. 한국 충청북도 보은군 속리면에서 시작하여 남한강으로 흘러들어 가는 강.
8) 羸馬 : 여윈 말.
9) 金華 : 부명. 지금의 절강 금화, 란계, 동양, 의오 등 지역과 대등하다.

黑, 冤聲下遡, 大川嗚咽, 傷心慘目, 有如是夫, 因悲吟慷慨作諸體詩三篇.

其絕曰 :

古場芳草幾回新, 無限香閨[10]夢裡人.

風雨過來寒食節,[11] 髑髏苔碧又殘春.

其律曰 :

烏鳶飛盡渚禽棲, 落日沙場路欲迷.

憶得當時空脈脈, 忍看芳草又萋萋.

鐵衣塡水琴灘咽, 朽骨撐郊月嶽低.

誰使將軍名氣早, 悔教車馬浪征西.[12]

其詩曰 :

東竹嶺[13]南鳥山嶺,[14] 中原獨據靑丘[15]勝.

誰教雲鳥陣平郊, 聞道將軍夜有令.

背水無功束萬手, 淮陰[16]誤人千載後.

不知鑾輿[17]幸巴蜀,[18] 無語溪邊骨已朽.

骨已朽朽不足惜, 最恨吾君費衣食.

憑河未售匹夫勇, 堪笑人稱萬人敵.

---

10) 香閨 : 여자가 거처하는 방에 대한 미칭.

11) 寒食節 : 청명절의 전날. 옛날 사람들은 이날부터 사흘 동안 불도 피우지 않고 밥도 하지 않는다.

12) 征西 : 서쪽을 토벌하다.

13) 竹嶺 : 한국 영주시 풍기읍 대강면에 있는 높이 689미터의 고개.

14) 鳥嶺 : 새재. 한국 경상북도 문경시와 충청북도 괴산군 사이에 있는 고개. 높이는 1017미터.

15) 靑丘 : 전설 속의 신선이 거주하는 곳.

16) 淮陰 : 현의 이름. 강소성 북부에 있다. 이 구절에서는 회음후 한신의 배수진을 치고 싸우는 것을 말한다.

17) 鑾輿 : 고대 황제 거마의 별칭.

18) 巴蜀 : 지금의 사천 일대. 이 구절은 안사의 난 때 당현종이 사천으로 도망쳐 간 것을 가리킨다.

復命未幾, 出宰花山. 官閑牒疏, 披覽遺稿, 邊城月出, 畫閣鈴噤. 淸夜未央, 倚枕思睡. 恍惚之間, 有一大蝴蝶栩栩然, 導引而前去, 越驀山川, 奄抵一處, 雲煙帶愴, 石溪瀉怨, 飛走定棲, □目無人, 彷徨獨步, 倚樹沉吟. 俄而疾風呼怒, 殺氣漫野, 乾坤如漆, 咫尺不辨, 唯見一隊燈炬自遠而至, 萬夫喧譁, 漸邇而聞.

坡潭子凝精佇立, 毛髮盡束, 隱避林藪之中. 覘[19]其所為, 追逐叫呼; 菫辨其形, 或無頭者, 或斷右臂左臂者, 或刖左足右足者, 或腰存而無脚者, 或脚存而無腰者, 或漲腹而蹣跚者, 蓋溺水死者也. 被髮滿面, 腥血相射, 四支殘酷, 慘不忍見. 叫天一聲, 擗踴痛哭, 山嶽動搖, 流水亦駐. 既而雲散月高, 萬籟寂然, 白露為霜, 蒹葭蒼蒼, 寒更寥闃,[20] 廣野如練. 諸鬼試淚而言曰 : "天崩地拆, 此怨無已, 月白風淸, 如此良夜何?" 可做一場話, 以永今夕." 諸鬼齊聲歌曰 :

生既不用, 死且何為?

生我者父母, 死我者誰?

休養恩深, 公家事急.

丈夫有一死, 固不足惜.

歎將軍之易言兮, 胡為此極.

歌竟, 諸鬼接肘而坐, 相與語曰 : "高堂白髮, 甘旨誰供? 小閨紅顏, 怨淚空多. 將信將疑, 既見鞍馬之還, 靡家靡室, 亦煩紙錢之招. 言念及此, 能不鬱悒!"中有一鬼微哂[21]曰 : "何用屑屑也, 此間無乃有世客竊聽者歟?"

坡潭子料其知, 趨謁翼如, 諸鬼起而長揖曰 : "子豈非伊昔過此者耶? 有詩留贈, 吾輩謹領之. 其詩與律深得諷刺, 而絶句悽切, 使人不能自讀, 眞所謂泣鬼神者也. 今夕何夕, 幸見君子, 往事如雲, 陳

19) 覘 : 보다, 엿보다.

20) 廖闃 : 조용함을 비유하는 것.

21) 微哂 : 미소.

不可悉. 其中有一二可言者, 寄與吾子, 以傳世上, 不勝幸甚!" 乃自敍曰:"將者, 三軍之司命, 兵者, 一人之制用, 苟非賢者, 必也□事. 中原形勝, 實為南絕, 草帖乃天設稱雄. 竹嶺是地理之足恃, 一夫當關, 萬夫莫開; 難於蜀道,[22] 百人守險, 千人不過. 危若井陘,[23] 刊木作寨, 列石爲車, 則北軍焉得飛渡. 以逸待勞, 將士高枕, 為主制賓, 勝敗如局. 惜乎! 申公計不出此, 挾其嚴威, 愎於自用, 金從事[24]之請, 豈無據乎? 李巡邊之言, 良有理也. 不入耳目, 敢決於臆. 蓋其言曰:'離船之賊難步如鵝鴨, 倍道之敵, 無策若犬豕. 平郊大野, 可以膊滅於一麾; 高山峻嶺, 焉用把截于二路?' 遂退陣於彈琴臺[25]上, 遣哨探于龍湫水上. 三令擊鼓, 五衙含枚, 無故驚軍者斬, 孫子[26]之兵制. 置之亡地而後生, 韓信[27]之出奇計. 膠柱鼓瑟, 守株窺兎, 孝元之誅, 安敏之吻, 實為此矣. 健兒為血, 壯士為魚, 又何懨哉? 尤可笑者, 凝霜大劒, 耀日長鎗, 指揮閃爍, 踴躍而叫怒, 乃敢臨戰易陣, 鳴鼓偃旗. 堂堂井井之形, 雲擾鳥散, 赳赳洸洸[28]之士, 狼顧鼠拱. 遂使超関挾輈之勇, 蹶張授角之力, 空把慷慨, 竟致腥膻. 當時之事, 尚忍言哉? 有善戰之將, 無善戰之卒, 奚但我屬可斬. 以不世之才, 建不世之功, 吾于此人何誅?"言未訖, 愀然涕淚如雨.

既而, 累累[29]然一丈夫, 羞色遍野, 俛首徘徊, 趑趄其足, 囁嚅其口, 作揖而告曰:"孤人之子, 寡人之妻, 怨叢于身. 余雖有罪, 今日

22) 蜀道 : 중국 사천성으로 통하는 극히 험준한 길.
23) 井陘 : 중국 하북성 정형산에 있는 요새를 말한다.
24) 金從事 : 관직명임.
25) 彈琴臺 : 한국 충주시 북서부 대문산 곳. 신라 진흥왕 때 악성 우륵이 가야금을 타던 곳이라 전한다.
26) 孫子 : 손자병법을 가리킨다.
27) 韓信 : 한신. 한나라 초기의 제후왕으로서 회음 사람. 처음에는 항우한테 있다가 후에 유방한테로 갔는데 초나라와 한나라 전쟁 때 유방이 여러 차례 그의 계책을 써서 승리하였다.
28) 洸洸 : 위풍당당한 모습.
29) 累累 : 여위고 허약하고 피로한 모습.

之言, 烏可不辨. 僕本將種, 係出侯門, 氣纔食牛, 性好馳馬. 昧三歲之戒, 學萬人之敵, 一枝攀桂, 恨負虎榜之魁,[30] 百步穿楊, 實學猿臂之□. 謬見知於明主, 濫蒙恩於邊帥. 當北胡[31]蠢茲之時, 作西塞屹然之城, 電揮一劒, 血盡肝腦, 雷動三軍, 鼓振巢穴. 江東慴張遼[32]之威, 兒不能啼; 塞北服李牧[33]之名, 馬不敢前. 功微報重, 位高志滿. 騁乎淄澠[34]之間, 金帶在腰; 出入承明之處, 玉音嘉汝. 邊塵一起, 烽火三月, 及承推轂之命, 即決裹革之志, 榻前之懇懇, 感動天聽; 閫外之將將, 悉在余躬. 虜在目中, 兵運掌上, 初期袒臂而撻甲, 不悟開門而引賊. 自用則小, 忘古人之訓; 易言必敗, 同馬服之子. 豈人謀之不臧,[35] 抑天意之莫祐. 魚麗未編, 蠆毒先吹. 勢既據北山[36]者勝, 地形雖便; 人競蹈東海而死, 大事已去. 嗚呼曷及, 余獨何歸? 遂將七尺之身, 忍投萬丈之流. 驚濤駭浪, 洶湧澎湃, 而難洗此羞; 清灘急湍, 悲咽怨呼, 而爭訴余懷. 時或雲沉溪口, 月印潭心, 魂踽踽[37]而靡託, 影庚庚而獨吊. 光陰倏忽, 鬱抑未開, 邂逅吾君, 得敷心腹. 噫! 項羽[38]以拔山之力, 蓋世之才, 百戰百勝, 而竟敗於東城. 諸葛[39]抱臥龍之才, 兼人之勇, 五出五還, 無敵於祈□. 天實

---

30) 三魁 : 삼원이라고도 한다. 옛날 연속 향시 · 회시 · 전시에서 일등을 하는 것을 가리킨다. 또 연속 세 차례 일등하는 일을 가리키기도 한다.

31) 北胡 : 북방의 소수민족을 가리킨다.

32) 張遼 : 삼국시기의 사람. 처음에는 여포 밑에 있다가 후에 조조한테 귀속된다. 용감하고 싸움을 잘하며 많은 전공을 세웠다. 한 번은 결사대 팔백여 명을 거느리고 손권의 군대를 대파하였다.

33) 李牧 : 전국 말기 조나라의 장령으로서 장기적으로 조나라의 북방 변경을 방위하여 군심을 많이 얻었고 여러 차례 전공을 세웠다.

34) 淄澠 : 중국 산동성 내의 두 강을 가리킨다. 즉 치하와 승수.

35) 臧 : 좋다.

36) 北山 : 중국 하남성 낙양현 북쪽에 있다.

37) 踽踽 : 혼자 길을 걷는 고독한 모습.

38) 項羽 : 진조 말기 농민봉기군의 영수. 진조가 멸망한 후 스스로 서초패왕이라 일컬었는데 후에 유방에게 패하여 자살했다.

39) 諸葛 : 제갈량. 삼국 시기 촉한의 정치가 · 군사가.

為之, 人曷故爾. 誰怨谁尤, 彼蒼悠悠. 悲歌涙涕, 不能自抑.

旁有其頎一人, 揚眉睜目, 顧謂申公曰 : "甑[40]已破矣, 事既往矣！成敗有數, 是非已定, 更何足縷縷. 今夜有約, 諸君且至. 適值方外客,[41] 來在這裡, 延之上座, 請觀吾輩之樂, 可乎？" 坐未既, 車馬駢闐[42]之聲, 四面雲集, 或張旗擁旌, 劍戟森森, 或佩符垂印, 衣冠楚楚, 呵前導後, 掩抵臺上, 白面書生, 紅顔武夫, 逡巡揖讓, 升降坐席. 忽焉檣櫓蔟蓁, 伊軋川洛,[43] 雲帆抱風, 舳艫千里, 遂繫纜於蘆州.

有大將軍, 擁黃帕而下, 衆賓齊聲起延, 將軍乃先據第一座, 則右也. 左座之首, 高僉知也, 次李兵使也, 次金原州也, 次任南原也, 次宋東萊也, 次金從事也, 次金倡義也, 次趙提督也, 次金淮陽也; 右座之第二黃兵使也, 次崔兵使也, 次金晉州也, 次劉水使也, 次申尹判也, 次李水使也, 次李僉使也, 次鄭萬戶也; 南行之座, 沈監司也, 次鄭同知也, 次申兵使也, 次尹判事也, 次朴校理也, 次李佐郞也, 次高臨坡也, 次高正字也, 下座僧將也. 金從事告諸座上曰 : "有俗客在此, 可邀而致之." 僉曰 : "諾." 然後坡潭子亦占末席.

座既定, 金盤綺饌, 羅列左右, 哀絲豪竹, 雜踏上下. 樂未央, 將軍呼鄭萬戶者曰 : "爾椎牛殺馬, 投醪飮河, 與衆同樂, 可乎？" 乃援桴鼓[44]之, 聲動天地. 諸鬼趨蹌踴躍, 咆哮使氣. 左座第一首高僉知進曰 : "今者樂則樂矣, 嘉賓在座, 盛會難再, 盍退諸卒, 各言其志."

將軍即命抬錚[45]而揮之麾下, 三星未傾, 玉兎[46]當空, 群動收聲,

40) 甑 : 고대 밥하는 도기의 일종.
41) 方外客 : 세상 밖의 사람. 세속과 예교의 속박을 벗어난 사람.
42) 駢闐 : 연속이라는 뜻.
43) 洛川 : 지명. 오늘의 섬서성 북부, 낙하의 중류에 있다.
44) 桴鼓 : 북을 치다. 桴는 북채. 여기서는 명사를 동사로 사용하여 '북채로 친다'는 뜻.
45) 錚 : '鉦'과 통한다. 고대의 일종 악기로서 모양이 징과 비슷하다.
46) 玉兎 : 달을 가리킨다.

樹□縈斜. 令衛士酌金荷葉盃, 巡以數次, 春生幾席, 和氣藹然. 左則把筆, 右則吟詩, 彈劍作歌, 不平之鳴, 自下而上. 高正字乃進曰: "以羽林之孤兒, 抱終天之極痛, 恐犬子於虎口, 忘隼翼之鶚披, 泣血枕戈, 刻骨圖報. 舍生取義之徒, 如靄斯集; 関興, 張苞之捷, 指日而待. 竟投肉於虎口, 未遂願於瞑目." 遂吟曰:

風雨年年過, 沙場骨已朽.[47)]

平生報仇志, 一寸未成灰.

高臨坡又進曰: "不離膝下, 叨陪陣中, 奉甘旨於朝夕, 勤定省於晨昏,[48)] 將士不利, 翁兒同死, 丕寧[49)]之奴, 斷一臂而難求, 卞壺[50)]之妻, 哭二子而何慚. 骸骨相撑, 魂魄共遊." 遂吟曰:

地下三綱重, 人間萬事虛.

尚堪隨杖屐, 行色問何如.

李佐郎又進曰: "業承父兄之箕裘,[51)] 口誦聖灵之糟粕, 既乏經綸之才, 難籌廟堂; 又劣金革之勇, 不脫虎口. 一封之書寄妻, 丈夫可笑; 二枚之橘投兄, 冤魂足憐. 悲慘之情, 曷有其極." 遂吟曰:

身佐清油幕, 胡窺細柳營.

雲龍忽顚倒, 豺虎已縱橫.

劍碧萇弘血, 花紅杜宇[52)]聲.

無人收白骨, 芳草遍郊生.

---

47) '朽'뒤 '堆'자가 있다.

48) 省於晨昏: 省은 '문안하다'. 저녁에 잠자리를 시중들고 아침에 문안드리다. 옛날 자녀들이 아침, 저녁으로 부모에게 문안드리는 일상예절을 말한다.

49) 丕寧: 김유신의 부하. 자기의 자식과 가노를 거느리고 김유신과 합심하여 적군을 대패하였다.

50) 卞壺: 동진 사람으로서 군대를 거느리고 소준의 반란을 진압할 때 전패하여 죽었다. 그의 아내 배부인은 어린 손자를 다른 사람한테 맡기고 두 딸을 데리고 독약을 먹고 자살하였다.

51) 箕裘: 성구에 '克紹箕裘'가 있다. 자손들이 부업을 계승할 수 있다는 것을 말한다.

52) 杜宇: 전설 속의 고대 촉나라 국왕. 죽은 후 두견새로 변하였다고 한다.

朴校理進曰："年才二九，名冠三千，金鞍玉堂，一蹴翺翔，禦爐香煙，三接從容，榮寵既溢，殃禍且至，誰知蹔辭於龍墀，奄致全投於虎口. 走馬之才，腐信固拙，活人之命，皇天何恃. 家鄉杳然，形影悽悽." 遂吟曰：

白面人中少，紅蓮幕裏開.

榮華誰籍甚，天命已焉哉.

路遠魂何托，年深骨已滅.

月明青鎖闥，夜夜獨皈來.

尹判事又進曰："簪纓之族，[53] 從列之臣，時不齊而命窮，天不順而事誤，獨拔於多士，終僕於亂兵. 萱葉椿老於庭闈，而音耗隔絕；山高水長於湖嶠，而道路遙遠. 逐明月而還家，托悲風而號樹." 遂吟曰：

桑弧少不習，陣馬怒難騎.

殘命何多舛，浮名早被欺.

天昏望雲處，日暮倚閭時.

寂寞孤魂在，空山哭子規.[54]

申兵使又進曰："早中武選，粗瀋兵書，超籍西鈴，典锁北門，值時運之蹇屯，[55] 痛鑾□之播越. 率甲冑而逾彼鐵嶺，會元帥而陣於臨津；欲雪恥於國家，兼報怨於兄讐. 催兵渡水，暴虎憑河，[56] 士馬皆血，雖悔曷追." 乃歌曰：

江之水兮悠悠，

魂一去兮不復還.

風蕭蕭兮吹岸，

---

53) 簪纓之族：세대로 벼슬하는 집을 말한다.

54) 子規：두견새. 울음소리가 매우 처량하다.

55) 蹇屯：운이 나쁘다.

56) 暴虎憑河：용맹하고 과감함을 비유. 暴虎는 '맨손으로 범을 잡다'. 憑河는 '배가 없이 강을 건너다'.

陰雲蔽天兮白日寒.

誰無兄弟兮,

獨何孔慘於吾門.

江魚之腹兮,

葬余之骨.

歲久年深,

不亡者存.

鄭同知又進曰 : "少習詩書, 不學軍旅, 幸摘科第,[57] 久糜爵祿. 任儐相於戒[58]馬, 位登齊於貂禪.[59] 福過災生, 恩深死輕, 魂墜於矢石之間, 骨委於沙場之上, 長懷惻惻, 歲月駸駸."[60] 遂吟曰 :

驕鋒一犯蹴城壕,

烏鵲橋[61]過殺氣高.

早識書生事征戍,

且將馳馬慣弓刀.

沈司監司又進曰 : "受命賊藪之裡, 蒞任板蕩之餘, 宗社既墟, 望長安[62]而腐心, 兵力未振, 據畿甸而鳩卒, 衣不假[63]于解帶, 志空篤於報國. 朔寧之喪師, 敗雖無知; 鍾街之梟首, 購幸有子. 死得其所, 餘復何言." 遂吟曰 :

碧山深處掩官扉,

侯騎中宵去不皈.

---

57) 科第 : 과거제도에서 관리후비인원을 시험으로 선발할 때 과목에 따라 채용하는데, 매 과목마다 성적에 따라 순위를 배열한 것을 두고 이르는 말.

58) 戒 : 戎자로 추측된다.

59) 貂禪 : 한나라 때 시종의 관모 위에 있는 장식품을 말하는데, 여기서는 벼슬한다는 것을 가리킨다.

60) 駸駸 : 말이 매우 빨리 달린다.

61) 烏鵲橋 : 소주에 있다. 오나라 왕의 오작궁으로 인하여 얻은 이름.

62) 長安 : 지금의 서안.

63) 假 : 暇로 추측된다.

魂散劍鋒鵝鸛盡,

曉天寥落月斜輝.

鄭萬戶晋曰 : "滿腔哀憐其何益 ?" 乃起舞, 歌落帆之曲曰 : "念國家之有急, 唾列群之無勇, 生与將軍同事, 死与將軍同所, 仰天無怍, 俯地何愧." 志氣豁達, 格調悲壯, 其歌曰 :

檣百尺兮,

大帆如雲.

碧海茫茫兮,

波不生紋.

左釜山兮,

右馬島.

瞋醉眼兮

微醺醺.

身先死兮,

志未售.

噓壯氣兮

于雲端.

丈夫不可以瑣瑣兮,

何用悲乎一彈丸 ?

李僉使又進曰 : "雖非百夫之特, 自許一介之忠. 疏勒[64]守城, 報耿恭之都尉志; 赤壁[65]焚舟, 勉程普之右提督. 若戟之紫髯, 久臨何隈; 如林之青雀, 摠懸手中. 要劉對馬而填海, 豈意搏鵬之摧翮. 魂飛盡閣, 恨塞滄溟." 遂吟曰 :

大海深如許, 孤身死有餘.

壯心酬未了, 鯨浪碧磨虛.

64) 疏勒 : 소륵. 지금의 중국 신강 객십.
65) 赤壁 : 적벽. 중국 호북성 가어현 동북쪽에 있다.

李水使乃起而晉曰 : "一心為國, 事既已矣 ! 往不可追, 今何足說. 願如諸大人戲謔, 可乎 ?" 鞠長腰, 唾老拳, 為拖櫓之狀, 醉唱, 其歌曰 :

斗柄將落兮, 潮水欲上.

長身楚魯兮, 舟可以放.

王事靡盬[66]兮, 將軍令嚴.

扶桑咫尺兮, 且掛長帆.

申判尹晉曰 : "賤子之懷, 既陳梗概耳." 遂吟曰 :

國中名譽早, 身清是非多.

一敗還閑數, 悽然撫劍歌.

劉水使又進曰 : "英雄非惜死, 惜其浪也. 良將不貴速, 貴其由也. 緬當日之有人, 詈老夫之多怯. 駈迫如羊, 袒裼制虎. 受國之恩者二三, 死固宜也. 鏖戰卒千百, 慘何忍言. 弓摧而拳奮, 劍及而斫頭, 骼曝荒原, 悲奏大江." 遂吟曰 :

背水羸兵搏怒浪,

一人無策萬人亡.

山河細草年年綠,

唯有行人指戰場.

金晉州進曰 : "才荷赫天靈, 粗全城之績. 褒榮逾兮, 感激捐軀. 虜騎[67]之強, 暫頓於盱眙,[68] 子奇之勢, 復合於淮陽,[69] 羅雀掘鼠, 計窮投馬, 折骸易子, 意息牽羊. 志益專於三板, 身忽顛於一丸, 殊渥未答, 壯懷難紓." 乃歌曰 :

樓之石兮矗矗,

66) 王事靡盬 : 나라의 일은 끝이 없다. 盬은 '멈추다'.
67) 虜騎 : 적군의 기병을 가리킨다.
68) 盱眙 : 우이. 지금의 중국 강소성에 있다.
69) 淮陽 : 수양. 지금의 중국 하남성 상구.

下有長江兮瀉寒碧.

壯士久圍兮腥塵黑,

炮聲振天兮如裂使.

泰山兮鴻毛,[70]

血染兮戰袍.

地闊兮天高,

長飇時起兮怒號.

李兵使又進曰 : "當賊鋒大越於雲峰, 伊大將獨守於帶方,[71] 揮我兵而列陣坐觀, 悶國家之恥而單騎直赴. 管下唯三十餘人, 城外則百萬其數. 九攻難卻, 一陷何酷. 危悰莫洩, 積屍同腐." 遂吟曰 :

蛟龍孤城殘雲斷,

烏鵲橋邊落寒照.

白骨叢中多歲月,

壯夫華髮夢沖冠.

黃兵使又進曰 : "微軀不足以用, 孤堞[72]倚以為重. 風□威於萬旗, 雨貽禍於一隅. 彈纔中頟, 賊紛上城. 天亡, 非戰罪, 死將奈何. 繩斷有其處, 人孰咎我. 飲輟登陴[73]之血, 褁訖出陣之瘡." 遂作築城之歌曰 :

淫雨連旬, 木頭生耳.

古城崔巍兮, 崇極而圮.

萬杵馮馮[74]兮, 勗哉輿士.

賊紛攀登兮, 吾屬且死.

---

70) 泰山兮鴻毛 : 태산이 기러기 털보다 가볍다는 것을 가리킨다.

71) 帶方 : 중국 후한 헌제 때에 공손강이 옛 진번 땅에 설치한 군. 고구려 미천왕 14년(313)에 낙랑이 멸망한 뒤 고구려에 병합되었다.

72) 堞 : 성벽위의 이빨 모양의 낮은 담.

73) 陴 : 성가퀴.

74) 馮馮 : 성대하다, 많다.

金淮陽又進曰 : "右座皆壯也, 竪信其績乎 ? 淮陽[75]崎嶇, 素稱三面, 老夫蒼黃, 未團一兵, 唯知守土而不逊, 頗幸據床而自威. 手持印綬,[76] 血漬朝衣." 遂吟曰 :

淮陽磔磔[77]兮, 淮水湝湝兮.

孤魂躑躅, 事與心乖.

萬古長夜, 知我者誰 ?

溫序有魂, 我往從之.

趙提督又進曰 : "粗明識見, 衆譋狂癡. 燭兇酉欵, 求之謀計, 叫大義斥絕之疏. 郇模之持筐, 真可痛者, 梅福之□薪, 豈偶然哉 ! 刎骨未決於犯境, 釋耒專為於勤王. 挫鋭鋒, 上黨[78]之呼答動天; 乘勝取敗, 錦[79]群之肝腦塗地. 男兒不屈, 義死如皈." 遂曰 :

孔[80]曰成仁, 孟[81]曰取義.

讀聖賢書, 所學何事.

風疾草勁, 主辱身死.

傳檄雲雷, 誓心天地.

歷募三千, 赳赳□士.

每回京大捷, 威振列鎮.

輕敵錦山, 竟値慮志.

日居月諸, 朽骨叢裡.

魂尚忸怩, 為國之恥.

金倡義又進曰 : "適丁蛇豕之毒, 蹂躪金湯, 不量蚊蝱之力, 糾取

---

75) 淮陽 : 지금 한국 강원도 회양군 북서쪽에 있는 면으로서 군청소재지이다.

76) 印綬 : 옛날 인신 또는 도장을 매는 명주끈을 말한다.

77) 磔磔 : 의성어. 여기서는 물 흐르는 소리를 말한다.

78) 上黨 : 상당. 지금의 산서성 장치.

79) 錦 : 충청남도 금산군에 있는 읍.

80) 孔 : 공자.

81) 孟 : 맹자.

義旅. 草野閒居, 敢云杜厲之不知. 江都[82]形便, □景仙之先據. 久覘漢陽[83]之窟, 從未掃蕩, 往守普山[84]之日, 實有深慮. 天不助順, 事終難救, 空餘落落之懷, 渾逐愀愀之鬼." 遂吟曰:

昏鴉皈散月臨城, 樓觀荒墟宿草平.

惟有竹林摧不盡, 每年風雨笋齊生.

金從事又晉曰: "文竊四海[85]之聲, 力挽六鈞[86]之弓. 卓犖[87]平生, 不拘小節. 龍灣之犯, 實觸邦憲, 扞獄之囚, 坐韜奇策. 恭承霈霑, 不憚赴難. 睍覘醜類之跳梁, 剋期剿滅, 莫救元戎[88]之敗衂, 厥罪猶均." 遂吟曰:

彈琴臺迴淺灘鳴, 時為孤臣作不平.

憶得誤編開幕府, 幾回虛說左車兵.

溪邊骨朽丹心在, 地下魂單白日明.

宜向圓扉頻泣鏡, 沙場暴露亦恩榮.

宋東萊又晉曰: "身縻海鎮, 警息迴邊烽, 變出昇平之後, 人或蒼卒之間. 其誰與守? 連師已遁, 謂我遑何. 城門四閉, 泰山鳥卵[89]之勢, 已料其敗. 義重恩輕之字, 堇[90]寄於家. 詈彼羯奴,[91] 寧饒杲卿[92]之舌, 蠢茲島夷, 解封王蠋[93]之墓. 欲忠者國, 何愛乎身." 遂吟曰:

---

82) 江都 : 강화라고도 함. 인천광역시 강화군에 있는 읍.
83) 漢陽 : 서울의 옛이름.
84) 普山 : 경상남도 진주의 진주공원 일대와 내성동에 걸쳐 있던 조선시대의 읍성.
85) 四海 : 옛날 사람들은 중국이 사면이 바다로 둘러싸였다고 생각하여 사해라 하는데, 즉 천하를 말한다. 전국 각지를 가리킨다.
86) 鈞 : 옛날의 무게 단위. 1균은 30근에 해당.
87) 卓犖 : 또는 '卓躒'. 보통을 넘다, 걸출하다.
88) 元戎 : 대군.
89) 泰山鳥卵 : 달걀로 돌을 친다는 말. 형세가 매우 위급함을 형용한 것.
90) 堇 : 정중하다, 공손하다.
91) 羯 : 중국 고대의 민족. 흉노의 한 갈래. 갈노는 별칭.
92) 杲卿 : 북송 사람. 말솜씨가 좋다.
93) 王蠋 : 옛날 제나라 사람으로 인격이 높고 절개가 굳다. 백성들의 추대를 받았음. 자살할지라도 연나라에 투항하지 않았으며 그가 죽은 후 백성들은 잇달아 고향으로부터

分符[94]猶未絕銅魚,[95] 臣死無疆罪有餘.

身世已憑三尺劍, 庭闈只寄數行書.

悠悠歲月黃雲老, 落落襟期碧海虛.

千里孤魂歸不得, 古城風雨獨躊躇.

任南原又進曰 : "適當危時, 誤蒙寵擢, 所授南原[96]形勝, 實是東國喉舌. 共天兵而戮力, 擬江淮[97]之堡障. 雲梯辭舞, 月暈漸重, 慨孤軍而力弱, 慘援絕而鼓沉. 封疆失守, 而自蹈兵刃, 士臣則當死; 楊完力戰, 而難保首領, 主法則有撼." 遂吟曰 :

貔貅[98]一隊下天関, 橫截龍城[99]意氣閑.

猛氣直衝將何去, 孤魂只逐片雲還.

金原州又進曰 : "以百步之殘州當數萬這勁敵, 既不能臨機制變, 又不忍修齊誦經, 退保雉嶽,[100] 尚帶魚章. 謂山險而難攻, 奄土崩而易敗, 孤城血肉, 擧室刀鎗, 老夫恩感萬死, 妻子死何一時." 遂吟曰 :

雉嶽山中三里城, 白頭朱綬保殘兵.

無端一化妖鋒血, 唯有寒溪日夜鳴.

崔兵使又進曰 : "身不滿晏嬰[101]之七尺, 心則雄謫仙之萬夫. (有闕文三九三字)

흙을 한 줌 가져와 그의 무덤에 뿌려 후에 무덤은 산언덕처럼 높아졌다.

94) 符 : 옛날 조정에서 명령을 전달하거나 군대를 이동할 때 쓰는 증거다. 양측이 각기 절반을 갖고 있는데 이것으로 진짜와 가짜를 구분하였다.

95) 銅魚 : 당고조는 선조 이호의 휘를 피하기 위하여 호부를 어부로 고쳤는데 오품 이상의 관원은 모두 몸에 지니고 다니는 부절이 있다. 금질, 은질, 동질 등으로 나뉜다.

96) 南原 : 한국 전라북도 남동부에 있는 시.

97) 江淮 : 1. 양자강과 회수, 2. 강소성과 안휘성 일대.

98) 貔貅 : 전설 속의 맹수의 일종. 용맹한 군대를 비유한다.

99) 龍城 : 한국 남원의 옛이름.

100) 雉嶽 : 강원도 원주시 횡성군 및 영월군에 걸쳐 있는 산. 주봉은 비로봉, 높이는 1288미터.

101) 晏嬰 : 춘추시대 제나라 대부. 몸이 왜소하다.

□□□□□, 盟定動乾坤.
風掣旌旗迴, 天晴鼓角喧.
無謀輕犯敵, 有劔重酬恩.
寂寞千載怨, 淒涼二子魂.
古場春盡後, 苔沒碧生痕.

將軍乃愀然蹙眉, 顧謂左右曰: "人命有死, 天不可恃. 既昕君等之言, 亦告余懷之悲. 生長太平, 未效小勞, 解竹符[102]而登壇, 深辱聖明之知. 值卉服之越海, 自分一死之輕, 聚師而橫截, 置湖路于奠居. 火賊舡三百餘艘, 勢莫能當, 擁寒島[103]五六其年, 虜不敢窺. 將忽易於臨陣, 功竟虧於為山. 殘兵單舸[104]再受於敗軍之際, 維櫓下帆, 七捷於急湍之上. 遏逋賊於曳橋, 隕將星于露梁. 鳴鼓揮旗之令, 分付豚犬, 誓海盟山之句, 感動魚龍." 遂吟曰:

萬舳迷津一枕安, 六年桑海動波瀾.
雲晴馬島[105]彈丸小, 霜肅門轅尺釰寒.
誓指山河心已許, 恩深天地報還難.
出師未捷身先死, 留與英雄淚不乾.

吟竟, 有僧將俯伏而進曰: "本出緇髡[106]之徒, 幸賦忠勇之性, 脫僧衣而着鐵衣, 頓忘六戒,[107] 提法鼓而作戰鼓, 思效七縱.[108] 轉鬪兇鋒, 深入賊窟, 返獲有死之榮, 終免無君之誚." 遂吟曰:

孑孑孤魂去不來, 亂青走氣鬱崔嵬.

---

102) 竹符: 대나무로 만든 부절.
103) 寒島: 한산도. 경상남도 통영시 한산면에 속하는 섬.
104) 舸: 큰 배.
105) 馬島: 조도면 대마도리에 속하는 섬.
106) 緇髡: 승려. 緇는 고대 승려들이 입는 검은 색 옷. 승려를 대신하여 이르는 말. 髡은 원래는 머리를 깎는 일종의 형벌.
107) 六戒: 불문에 기본적인 오계가 있다. 즉 중생을 죽이지 말 것, 훔치지 말 것, 흠행하지 말 것, 거짓말하지 말 것, 술을 마시지 말 것. 여기서 육계라 하는 것은 과장한 것이다.
108) 七縱: 제갈량이 맹획을 일곱 번 놓아준 것을 말한다.

人間莫道輪回說, 一鎖泉台[109]怨未開.

將軍粲然曰 : "此僧人也, 其人也亦足以張吾群." 賡歌之, 和屬諸坡潭子, 即一揮而就, 曰 :

今夕何夕歲雲徂, 古臺霜月連平蕪.
精忠報國大將軍, 夜會賓客臺之隅.
義氣撐空釖戟寒, 轅門[110]此樂人間無.
日休臺中好男兒, 胥峰襟期水暎壺.
于城雉岳老太守, 帶方任君懷壯圖.
東萊松柏後凋姿, 從事雄奇龍鳳雛.
堂堂大義孰先倡, 名冠湖南[111]聲價殊.
提督元稱慷慨士, 淮陽自是書生迂.
三世登壇李氏子, 復有黃公真丈夫.
金侯血渾堡障身, 劉師霜驚憂國鬚.
司空恩寵涵天地, 水伯威名動舳艫.[112]
英豪誰似李僉使, 萬戶膽略非常麤.
容儀端重沈方伯, 氣岸軒昂鄭中樞.
南閫鎖鑰小元帥, 判事風流君子儒.
仙籍曾編玉署名, 星宮夙佐金華模.
高家雙璧伴鸞翔, 梵宮靈奎如鶴癯.
千年此會知難再, 萬古芳名自不孤.
坡潭之子何幸耳, 綠酒金樽同一觚.
把筆吟詩紀盛事, 詩成滿紙揮明珠.

書呈, 左右擊節而歎息曰 : "文辭清健, 意氣激切, 足下之才可謂

---

109) 泉台 : 저승.
110) 轅門 : 옛날 병영의 문을 말한다.
111) 湖南 : 전라남도와 전라북도를 아울러 이르는 말.
112) 舳艫 : 앞과 뒤가 이어진 전함을 말한다.

高矣！作賦縱雲退敵，吟詩無輔衛國，以子之年，兼業武藝，操弓走馬，何所不可？文足以華國，武足以禦侮，吾等已矣，子其勉之！” 坡潭子起而謝曰：“願安承教.” 乃辭而下焉. 長川之畔，有衆鬼拍手而笑問其由，蓋譏元統制均也. 皤其腹，喎其口，面色如土，匍匐而來，擯不能參，倚岸蹲踞，長嘯扼腕而已.

坡潭子乃大噱[113]弄之，欠伸而覺，[114] 乃一夢. 撫枕思想，歷歷可紀. 以其官爵考其姓名，將軍乃李舜臣也，高僉知則敬命，崔兵使則慶會，金倡義則千鎰，金原州則悌甲，任南原則鉉，宋東萊則象賢，金從事則汝岉，趙提督則憲，金淮陽則鍊光，黃兵使則進，李兵使則福男，金晉州即時敏，劉水使即克良，申判尹即砬，李水使則億祺，李僉使即英男，鄭萬戶即澐，沈監司即岱，鄭同知即期遠，申兵使即硈，尹判事即暹，樸校理即篪，李佐郞即慶會，高監坡即從厚，高正字即因厚，僧將即靈奎也.

坡潭子有志者也. 若有一人死於國事，則未嘗不為之嗚悒，或慕其義，或嘉其節，或悼其命，歎其績矣. 夢裡之相逢，皆吾平日欽仰者也，有是心，故有是夢也. 乃作祭文，具薄奠，[115] 登花山[116]之上，哭望南雲，俯臨西海，招魂而祭之，其辭曰：

維年月日，坡潭子採首陽[117]之薇，酌凝之池，[118] 敢告於二十七人之靈，靈其有知，餘本書生，半世垂帷，讀古人書，嘐嘐[119]然古之人精忠若節，掩卷而於戱，皈來萬古宇宙，堇得一二男兒. 以華夏之盛，

113) 噱 : 웃다.
114) 覺 : 깨어나다.
115) 薄奠 : 여기서는 소량의 제물을 말한다.
116) 花山 : 서울특별시의 북부와 경기도 고양시 사이에 있는 산. 높이는 836미터.
117) 首陽 : 중국 산서성의 남서쪽에 있는 산. 주나라의 백이와 숙제가 은거하다가 굶어 죽은 곳.
118) 凝之池 : 응벽지. 섬서성 장안의 당나라 금원 안에 있는 못.
119) 교교 : 감격하여 드높게 자기의 포부를 말한다.

若是其小, 唯我三韓,[120] 雖稱禮義之邦, 舊是東夷,[121] 臨危不屈. 急病攘夷之士, 二十七其麗. 噫! 神承聖造, 無疆之基, 二百年休養教化, 多士若玆. 舟師統制, 實天挺之神姿, 分閫有命, 雄據邊陲, 寒島截海, 歲月六朞, 易將之擧, 元出於賊謀, 非誤師期. 復承敗後, 以九舡殘卒, 大捷碧波,[122] 功可勒碑.[123] 露梁之戰, 公臨死分付鼓旗, 子用其命, 走生仲達, 籌策尤奇. 高霽峯文章不足以稱而慷慨起兵, 戮力扶危. 委身於賊藪. 舍生取義, 堅確不移. 觀其募義之檄, 使人讀之, 不覺涕淚. 崔兵使為人, 落落靡所羈者也. 初聚義旅, 匪虎而熊. 西関尺書, 好爵爾縻, 終衄[124]晉陽,[125] 壯氣未施. 雉岳城, 崔嵬峯律, 拍天幽深, 金使君相地, 實占險巇, 妖鋒一犯, 勢孤兵疲, 闔門疏刃, 腥血淋灕. 南原乃湖嶺門戶, 任侯簡授, 而雄大藩籬. 楊完二千餘騎, 壯耀軍儀, 狂寇猖獗, 合力而張毒, 如梟如鴟. 外絶蚍蜉蟻子[126]之援, 公獨何為? 三裏之城, 一朝瘢痍. 東萊斯文瀟灑, 出塵之標, 江海一麾, 變出不憂, 勢若千鈞之重, 引於一絲. 鐵堅鎖, 誓心神祇. 臨死十六字, 觀者哽咽慘切, 悽其壯哉! 金從事也, 攀桂第一枝, 力優四十斤鐵椎, 磊落平生, 自比太過而縲絏[127]非罪, 釖柱其頤. 國家有難, 佐幕於十乘, 而時運不利, 人無恨遺. 倡義之士, 先據西南要害, 以振綱帷, 復遏雍丘, 力戰而罷, 身死名垂. 提督識見, 始為之如龜. 當玄蘇修好之日, 恐禍或貼, 挾苫而持刀, 五日伏青規. 賈策郇筐, 眾皆謂癡, 子真癡耶! 謂癡者癡耶. 聞變即起, 叫義孜孜. 西原大捷, 羽檄交馳, 深入錦山, 蹈詐存欺, 身殲事誤, 大績一墮. 金

120) 三韓 : 마한・신한・변한을 가리킨다.
121) 東夷 : 동방의 소수민족.
122) 碧波 : 벽파진. 전라남도 진도에 있다.
123) 勒碑 : 비석을 새기다.
124) 衄 : '코피가 난다'에서 파생되어 '손해본다' 또는 '좌절당한다'는 뜻으로 쓰이는 말.
125) 晉陽 : 옛날 도읍의 이름. 오늘의 산서성 태원시 남쪽.
126) 蚍蜉蟻子 : 개미. 여기서는 아주 작은 힘을 비유한다.
127) 縲絏 : 포로가 되다.

先生, 可人. 具朝服, 佩印綬, 守土不離, 鏖敵不汙其身, 淮水清漪. 黃公將一城依重之望, 擁楯登陴. 彎弧射賊, 混於褊裨, 義軀一顛, 鼓聲奄衰. 李公, 當孤堞已搖殆, 率數騎而赴難, 不憚其危, 輕擲千金, 蓋恥為騖. 當當乎金侯, 力存晉山者為誰? 勳高報重, 玉音曰咨, 長城忽堆, 恨不見巡遠之業赫赫丕丕[128]也. 劉公宿將, 心篤革裡裹屍, 而臨津之戰, 矢盡力死, 允符千蓍. 申公背水之陣, 恩鴻報蔑, 其斃也固宜, 而八千健兒又何隨焉. 水泊真百夫之特, 僉使八尺之□, 澐亦壯士也. 何志氣之不卑. 圻伯, 同樞, 具以清朝名宦, 翱翔於丹墀. 受命危難之際, 捐軀不悔, 其揆[129]一也. 復兄之讐, 公何汲汲, 而一刻為遲. 哀哉! 尹正堂有嚴慈, 騎省郎官, 玉署論思, 同死於非命, 未滿一悲. 高門挺秀, 二個白眉, 無添爾所生, 實秉天彝.[130] 僧靈奎出於髡緇, 顛越王家, 力欲扶持. 嗚呼! 彼蒼者天, 其意難窺. 胡然而生, 胡速奪之. 冤氣烈氣, 塞於天地之間, 鬱不得披. 雷轟雲結, 風慘淡而吹, 不足以怒, 不足悲也. 以公等之才, 處文恬對嬉之時, 應急變於蒼卒, 以不閑之兵, 縱未折箠笞之, 徇[131]國而忘身, 節義小不虧, 則其與馮鄧李郭之同稟姿也. 倘或公等二三輩, 天假之數年, 則吳薪越膽,[132] 生聚教訓, 張吾六師, 而桑海馬島, 鯨鱷蛟螭,[133] 慴伏而潛縮, 不敢掀鬛而振鬐. 嗚呼! 死不復生, 往者難追, 在地為高山大海, 在天為北斗南箕.[134] 仰彌高, 步之無涯. 花山哨碧, 西海之酒, 魂兮歸來, 庶感吾文, 云云.

128) 赫赫丕丕 : 성대하고 혁혁하다.
129) 揆 : 도리, 추측하다.
130) 天彝 : 천지자연의 도리.
131) 徇 : '殉'과 통하는 말. '殉國'은 '나라를 위해 죽다'.
132) 吳薪越膽 : 와신상담. 춘추시기 오나라 왕에게 패배한 월나라 왕이 귀국한 후 섶에 몸을 눕히고 매일 쓸개를 맛보면서 끝내 오나라를 싸워 이기는 것을 말한다.
133) 鯨鱷蛟螭 : 모두 물속의 흉맹한 동물이며 여기서는 흉맹한 적을 비유한다. 蛟는 고대 전설 속에서 홍수를 일으킬 수 있는 용을, 螭는 뿔이 없는 용을 말한다.
134) 北斗南箕 : 북두성과 남두성을 가리킨다. 여기서는 덕성과 명망이 높다는 것을 가리킨다.

元生夢遊錄

世有元子虛者, 慷慨之士也.[1] 氣宇磊落, 不容於世, 屢抱羅隱之冤, 難堪原憲之貧. 朝出而耕, 暮歸讀古人書. 穿壁囊螢,[2] 無所不至. 嘗閱史, 至歷代危亡運移勢去處, 則不嘗不掩卷流涕, 若身處其時, 汲汲焉,[3] 見其垂亡, 而力不能扶者. 仲秋[4]之夕, 隨月披覽, 夜闌神疲, 倚榻而睡. 身忽輕擧, 縹緲悠揚, 泠然[5]若禦風而登, 飄然若羽化而仙[6]也. 至一江岸, 則長流逶迤, 群山糾紛. 時夜將半, 萬籟俱寂, 月色如晝, 波光如練, 風鳴蘆葉, 露滴楓林, 愀然擧目, 如有千載不平之氣. 乃劃然長嘯, 朗吟一絕曰 : "恨入長江咽不流, 荻花楓葉冷颼颼. 分明認是長沙岸, 白月英靈何處遊." 徘徊顧眄之際, 忽有

1) 慷慨 : 정서가 격앙되다.
2) 穿壁囊螢 : 穿壁은 서한 광형이 어렸을 때 가난해서 등불도 없어 옆집의 벽에다 구멍을 내여 빛을 빌어 공부한 것을, 囊螢은 진나라 차윤이 어렸을 때 가난해서 여름에 개똥벌레를 잡아 그 빛을 빌어 공부한 것을 말한다. 이 두 전고는 생활이 어려운 상황하에서 열심히 공부한다는 것을 비유한 것.
3) 汲汲 : 심정이 절박한 모양.
4) 仲秋 : 가을철의 두번째 달. 즉 음력 팔월.
5) 泠然 : 소리가 가벼움을 비유한다.
6) 羽化而仙 : 신선이 되어 하늘로 올라간다는 뜻인데 표일하다, 탈속하다라고 비유하기도 한다. 『魏書 · 釋老志』의 '至於化斤銷玉, 行符敕水, 奇方妙術, 萬等千條, 上與羽化飛天, 次稱消災滅禍'에서 나온 말이다.

蛩[7]音，自遠而近．有頃，蘆花深處，閃出一箇好男兒，幅巾野服，神清眉秀，凜凜有首陽[8]之遺風，來揖於前曰："子虛來自何地遲？吾王奉邀．"子虛疑為山精水魅，愕然無以應．然其狀貌俊邁，舉止閒雅，不覺暗暗稱奇．乃肩隨而行百余步許，有亭突兀臨江上，有一人憑欄而坐，衣冠一如王者．又有五人侍側，皆服大夫之□服，而各有等秩焉．那五人都是世間人豪，像貌堂堂，神采揚揚，胸藏扣馬蹈海之義，腹蘊擎天奉日之忠，真所謂托六尺之孤，寄百里之命者也．見子虛至，皆出迎．子虛不與五人為禮，入謁王前，反走而立，以待坐定，跪于席末．子虛之上則幅巾者[9]也，其上五人相次而坐．子虛莫能測，而不自安．王曰："夙聞蘭香，深慕薄雲，良霄[10]邂逅，無相訝也．"子虛乃避席而謝，坐定，相與論古人興亡．幅巾者曰："堯舜湯武[11]萬古之罪人也．後世狐媚取禪者籍焉，以臣伐君者名焉．千載滔滔，卒莫之救，咄咄四君，為賊嚆矢．"[12] 言未訖，王正色曰："惡．是何言也？[有]四君之德，而處四君之時則可，無四君之德，而非四君之時則不可．彼四君者，豈有罪哉？顧籍之名之者，賊也．"幅巾者稽首[13]謝曰："中心不平，不明不已．"王曰："新月佳客在坐，不須鬧論他事．月白風清，如此良夜何．"乃解錦袍，賒酒于江村．酒數行，王乃持盃哽咽，顧謂六人曰："卿等盍各言其志，以敘幽冤．"六人曰："王庸作歌，臣等賡之．"王乃悄然[正色]正襟，悲不自勝，乃歌曰："江波汩汩兮無有窮，我恨長長兮與之同．生為千乘[14]死作孤魂，新

---

7) 蛩：귀뚜라미.
8) 首陽：수양산. 산서성 영제현 남쪽. 백이와 숙제가 고사리를 먹으면서 은거했던 곳.
9) 幅巾：옛날 남자들이 명주천 한 폭으로 머리카락을 매어 우아한 옷차림을 표시한 것.
10) 霄：宵자로 추측된다.
11) 堯舜湯武：중국 고대 전설 중 네 명의 명군을 가리킨다. 후에는 성인을 일컫는 말.
12) 嚆矢：원래는 소리가 나는 화살을 말한다. 후에 미리 발생하는 일을 말한다. 즉 일의 시작.
13) 稽首：옛날 머리를 조아리고 하는 절을 말한다.
14) 千乘：乘은 고대에 쓴 양사. 차 하나에 말 네 필을 乘이라 했는데 千乘은 크지도 작

是僞王帝乃陽尊. 故國人民盡輸楚籍,[15] 六七臣同魂靡有托. 今夕何夕共上江樓, 波聲月色使我心愁. 悲歌一曲天地悠悠." 歌罷, 五人各詠一絕. 第一座者朴彭年吟曰 : "深恨才非可托孤, 國移君辱更捐軀. 如今俯仰慙天地, 悔不當年早自備." 第二座者成三問吟曰 : "受命先朝荷寵隆, 臨危百惜殞微軀. 可憐事去名猶烈, 取義成仁父子同." 第三座者何耕池吟曰 : "壯志寧為爵祿[16]侵淫, 金章猶抱採薇[17]心. 殘軀一死何須說, 痛哭當年帝在郴." 第四座者李塏吟曰 : "微臣自有膽輪囷, 哪忍偷生見喪倫. 將死一詩言也善, 不能慚愧而人神." 第五座者柳成原吟曰 : "哀哀當日意何如, 死耳寧論身後譽. 最是千載難雪恥, 集賢[18]曾草賞功書." 幅巾者俞應孚乃搔首而長吟曰 : "舉目山河異舊時, 新□共让楚囚悲.[19] 心驚興廢肝腸裂, 憤切忠邪涕洫垂. 栗裏清風元亮老, 首陽寒月伯夷饑.[20] 一編野史堪傳後, 千載應為善惡師." 吟訖, 屬子虛. 元本慷慨人也. 乃悲, 蕭然吟曰 : "往事憑誰問, 荒山土一丘. 恨深精衛死,[21] 魂斷杜鵑愁. 故國何時返, 江樓此日遊. 悲涼歌數闋, 殘月荻花秋." 吟斷, 滿座皆愀然泣下. 無何, 有一介雄偉士突入, 身長超人, 英勇絕倫, 面如□□目若明星, 文山之

지도 않은 중등 수준의 국가를 가리킨다.

15) 楚籍 : 초나라를 가리킨다.

16) 爵祿 : 작위와 봉록을 가리킨다.

17) 采薇 : 백이와 숙제가 주무왕이 은을 토벌하는 것을 반대하였는데, 주무왕이 은을 소멸한 후 그들은 수양산으로 도망쳐 고사리만 먹다가 오래지 않아 굶어죽는다. 후에 이 단어로 은거하는 사람을 일컫는다.

18) 集賢 : 집현원을 말한다. 관직명. 당나라 집현서원에서부터 시작된 것인데, 송나라에 와서는 소문관·사관·집현관을 삼관이라 했다.

19) 楚囚 : 원래는 포로된 초나라 사람을 뜻한 말로써, 楚囚相對는 후에 나라를 잃고 처지가 곤란한 사람들이 서로 우는 것을 뜻하게 되었다.

20) 元亮 : 도연명. 이 두 구절은 도연명이 곤난 속에서 점차적으로 늙어가고 백이와 숙제가 수양산에서 굶어 죽는 것을 말한 것인데, 은거하는 것은 아무런 쓸모도 없다는 것을 가리킨다.

21) 精卫 : 고대 신화속의 작은 새. 전설에 의하면 염제의 딸이 동해에 빠져 죽어 혼이 정위로 되어 늘 서산의 돌과 나뭇가지를 물어다가 동해를 메웠다고 한다. 후에 의지가 굳세고 곤난을 무릅쓰고 분투 노력한다는 것을 비유하는 말.

義,[22] 仲子之清,[23] 威風凜然, 令人起敬. 入謁王前, 顧謂六人曰: "哀哀腐儒不足與成大事也." 乃拔劒起舞, 悲歌慷慨, 聲如巨鐘, 其歌曰: "風蕭蕭兮木落波寒, 舞劒兮長嘯, 星斗闌幹, 生全忠孝, 死作毅魄. 襟懷何似, 一論明月. 嗟不可與慮始, 腐儒誰責?" 歌未闋. 月黑雲愁, 雨泣風淒, 疾雷一聲, 皆倏然而散. 子虛亦驚悟, 則乃一夢也. 子虛之友, 梅月居士, 聞而慟之曰: "大抵自古以來, 主暗臣昏, 卒至於顛覆者多矣. 今觀其王, 想必賢明之主也. 其六人者, 亦皆忠義之臣也. 安有如此之臣輔如此等主而如是, 其慘酷者乎? 嗚呼, 勢使然耶, 時使然也. 可以歸之於天歟, 不可以歸之於天歟? 不可不歸之於時與勢高, 不可不歸於天也. 皈之於天兮, 福善禍淫, 非天道也. 不可不歸之于天兮冥然茫然, 此理難詳. 宇宙悠悠, 徒增志士之惻耳. 復有四韻曰: "萬古悲涼意, 長空一鳥過. 寒煙鎖銅雀, 秋草沒章華. 咄咄唐虞遠, 紛紛湯武多. 明月湘水闊, 愁聽竹枝歌."

戊辰仲秋海月居士林子順志

22) 文山之義: 文山은 문천상을 가리키는데 호가 문산이다. 남송의 대신이며 문학가이다. 그는 원나라 병사의 포로가 되어 병사들이 아무리 위협하고 회유해도 끝까지 굴복하지 않고 『過伶仃洋』을 지어 자신의 포부를 밝혔다.

23) 仲子之清: 仲子는 이름이 유, 자가 자로인데 공자의 학생이다. 문무를 겸비하고 충성하고 용감하며 솔직하다. 후에는 여러 나라를 돌아다니는 설객들의 선구자가 되었다.

皮生冥夢錄

驪江有皮生者, 名士達, 字伯通. 英姿秀发, 賦性慷慨. □自言曰 : 大丈夫安事一室, 當周游历贤以尽天下之大观, 以助吾氣, 以治吾文可也. 於是发□随唐之路, 出利城□至□寂山下. 白日以匿, 飞鸟投林, 人烟四断. 原野纠纷, 但见杇骨暴露遍于路侧. 生嘻嘘.

金華灵[1]會

秋, 金風蕭瑟, 玉宇崢嶸, 滿山楠木尽[2]是綠煙之光, 遍野稻麥皆是黃雲之色. 訪水尋山不覺何如. 日墮西嶺, 月吐東岳. 進, 号[3] 新[4]正, 退不及還. 徘徊於高頂之上, 彷徨於深谷之中. 西仰猿于巫峽,[5] 南見雁於衡陽.[6] 夜深三更之後, 萬籟俱沉, 群動寂然, 千峰白雲, 萬壑煙霞, 金波動於九天, 众星罗[7]於三清. 生住杖無處, 東望西顧, 莫知所投止. 乃少憩岩上, 神清骨冷不能成寐. 沉吟良久, 更前數里, 則琪花瑤草掩映於前後, 翠竹蒼松森列於左右. 清溪綠流之上, 廈屋渠渠, 樓臺巍巍, 昂見大書此榜曰 : 金華寺. 朱甍彩欄縹緲于雲漢之際, 繡戶文窗照耀於星斗之間, 巋然若兽, 靈光美哉, 如漢景福,[8]

---

1) 본문은 제목(題目)이 없고 첫장 위에 쓰여져 있다. 영(灵)자는 본자(本字, 繁体字)가 아님. 글씨체가 다른 것으로 보아 여러 사람들이 베껴쓴 것으로 추측된다. 문장에 약자도 있다. 작가의 경향성과 문장을 보면 명나라 초기 작품으로 추측된다.

2) 진(尽) : 원문에서 약자로 쓰였다.

3) 호(号) : 원문에서 약자로 쓰였다.

4) 新 : 초서(草书)임. 신(新)자로 추측된다.

5) 巫峽 : 중국 사천성(四川省) 삼협(三峽) 중의 하나. 삼협의 원숭이[猿] 울음소리에 관한 고시(古詩)가 아주 많음. 예컨대 이백(李白)의 시 「양안원성제부주(兩岸猿聲啼不住)」「경주이과만중산(輕舟已過万重山)」 등이 있다.

6) 衡陽 : 호남성(湖南省) 남부(南部)를 일컫는다.

7) 중(众), 라(罗) 두 글자는 원문에서 약자로 쓰였다.

真所謂水晶宮也. 生饑餒頗甚, 困臥禪室. 假寐之時, 有清蹕之聲自远而漸近也. 頃, 門外千軍萬騎動地而呼, 金皷之聲震天而鳴, 旌旗劍戟羅列於前, 牙㯶豹纛紛紜於後. 中有四黃金轎次第而行, 第一轎上, 隆準龍顏美須髯, 是漢高帝;[9] 第二轎上, 龍鳳之姿, 天日之表, 是唐太宗;[10] 第三轎上, 虎儀龍表, 方面大耳, 是宋高祖;[11] 第四轎上, 天威嚴肅, 神采動人, 是明太祖[12]也. 頂朝天冠, 御[13]絳紗袍, 金帶玉笏, 據白玉塌而坐. 獨唯明帝揖讓而辭曰 : "此榻統一天下之主坐矣. 寡人則不然, 上有帝陽王,[14] 下有列國瓜分, 稱王稱帝者非一二, 何敢晏然據此乎 ?" 漢皇微哂曰 : "明帝之差矣, 言受天明命, 殲厥大憝, 撥亂反正者, 非君而誰也. 幸勿謙讓以成千載之佳會為如何哉 ?" 明皇不得已就座. 畢, 文武諸臣各分東西而坐. 漢代謀臣張良, 陳平, 蕭何, 酈食其隨, 何叔孫通; 武臣韓信, 黥布, 曹參, 彭越, 王陵, 周勃, 樊噲, 灌嬰, 紀信, 周介, 張倉, 張耳.[15] 唐家謀臣, 魏征, 張[16]孫無忌, 王麥,[17] 房玄嶺,[18] 杜如晦, 裴寂, 劉文靜, 褚遂良, 吳世, 南封, 德彝, 戴胄; 武臣李靖, 蔚[19]遲敬德, 李勣, 陳叔甫, 殷開山, 屈突通, 薛仁貴.[20] 宋家謀臣, 則趙普, 范質, 杜鎬, 王佑,

8) 景福 : 경복(景福)은 궁전(宮殿)의 이름.
9) 漢高帝 : 한고조(漢高祖, 기원전 256~192 또는 기원전 247~195)를 일컫는다. 이름은 유방(劉邦)이고 자는 계(季)이며 서한왕조(西漢王朝)의 창건자. 기원전 202~195년 재위(在位)하였다.
10) 唐太宗 : 당나라[唐代]의 황제(皇帝) 이세민(李世民, 599~649). 626~649년 재위함. 역사상 '정관지치(貞觀之治)'라 부름.
11) 宋太祖 : 조광윤(趙匡胤, 927~976). 송나라(宋)의 창건자. 960~976년 재위함.
12) 明太祖 : 주원장(朱元璋, 1328~1398). 1368~1398년 재위함.
13) 御 : 약자로 추측된다.
14) 帝陽王 : 미상(未詳).
15) 한나라[漢代] 유명한 문신(文臣)과 무장(武將)들의 이름이다.
16) 張 : 글자를 잘못 쓴 걸로 추측되며 장(長)자로 바꿔야 적합하다.
17) 王자 옆에 麥자가 있다(王麥). 의문이 있다.
18) 嶺 : 齡자로 추측된다.
19) 蔚 : 尉자로 추측된다.
20) 唐代 유명한 문신(文臣)과 무장(武將)들의 이름이다.

張齐[21]贤, 雷德讓, 李昉, 陶谷, 宋琪; 武臣則曹彬, 石守信, 苗訓, 李漢超, 王全斌, 若錢水.[22] 明国謀臣, 則劉基, 李善長, 徐輝祖, 秦雲龍, 宋濂, 黃自征; 武臣徐達, 常遇春, 胡大海, 花雲龍, 李聞忠, 俞通海, 蕩花毛穎, 韓成正敬青.[23] 人人男健, 個個英雄. 殿上傳呼張良, 魏征, 趙普, 劉基, 曰有旨即入來. 四臣趨奔, 鞠躬侍立於側. 漢帝曰 : "三代之下王風委地, 正聲微范三季七雄, 雄時朝鬪暮息, 四海湯沸, 群雄並起. 至於寡人刱業之時, 豈知何日為唐, 何日為宋, 何日為明也 ? 今日風景正好君臣相會, 此亦勝事不可虛度." 即命侍臣設宴於堂上, 燈燭煒煌, 威儀嚴恪, 衆樂迭奏, 觥籌[24]交錯. 舞袖飄拂於香風, 管音交徹于青天. 酒至數巡, 漢皇愀然長歎曰 : "尺劍布衣,崛起豊沛,無一民寸土, 幸賴君臣之忠烈, 終成大業, [來告][25]誰如寡人 ? 唐皇一戰定関[26]中, 宋皇一夜取天下, 德明皇之功業, [猶][27]勝於吾三人矣." 宋皇問於漢皇曰 : "帝入関, 秋毫無犯, 約法三章是何意耶 ?" 答曰 : "嬴家呂兒, 刑罰嚴酷, 殊害百姓, 天下思得明主, 若大旱之望彩霓, 如久澇以思天日, 是故, 吾施仁澤, [布德][28]政拯民於水火之中, 以救倒懸也." 唐皇曰 : "割[29]達大度, 任贤吏能, 各盡其心, 雖有文武之聖, 何踰於漢帝哉 ? 是以, 顛嬴[30]倒項,[31] 一戎衣而定天下, 不其然乎 ?" 漢皇曰 : "寡人穢德累功, 敢望

21) 齐 : 各자로 추측된다.
22) 宋代 유명한 문신(文臣)과 무장(武將)들의 이름이다.
23) 明代 유명한 문신(文臣)과 무장(武將)들의 이름이다.
24) 觥籌 : 술잔을 가리킨다.
25) 來告 : 두 글자는 주석자가 추측해 넣은 것이다.
26) 関 : 원문에는 門자 안에 央자가 있다.
27) 猶 : 주석자가 추측한 것이다.
28) 布德 : 주석자가 추측한 것이다.
29) 割 : 글자를 잘못 쓴 것으로 추측되며 '豁'자로 바꿔야 정확하다.
30) 嬴 : 진시황(秦始皇, 기원전 259~210). 영정(嬴政)임. 전국(戰國) 시기 진(秦) 국왕이고 진왕조의 창시자. 기원전 246~210년 재위함.
31) 項 : 항우(項羽, 기원전 232~202). 진(秦) 말기에 농민봉기군(農民起義軍)의 수령(領袖). 이름은 적(籍), 자는 우(羽). 진나라가 멸망한 후 서초패왕(西楚霸王)으로 자처했

三代乎？創開漢室四百年基業者，賴群臣之力，非寡人之能也．張良運籌帷幄，蕭何固樹根本，陳平仗計策隨，何知形勢，陸賈道其治亂，酈食其論其勝敗，張倉定律令，叔孫通制禮儀，以開寡人之心．韓信戰必勝，攻必取；曹參善征伐，灌嬰善用兵，黥布樊噲萬夫不當之勇，紀信周介千秋不朽之忠，彭越後助威勢，張耳鑄造兵器，以翼寡人之威．仅也，[32] 願問諸君之能？" 唐皇曰："寡人亦賴群臣之功，長孫無忌竭忠誠，魏征好直諫，杜如晦臨事善斷，褚遂良爱[33]民憂国，以輔寡人之不逮．殷開山，薛仁貴臨敵忌死，陳叔甫，蔚遲敬德驍勇絶倫，李靖曉于兵法，封德彝務于国事，房玄嶺，屈突通足智多謀，劉文靜，李勣廣覽深知，以助寡人之威嚴也．" 宋皇曰："趙普智謀有餘，曹彬勇略雙全，石守信威風凜凜，苗訓英氣堂堂，李昉范質内助文采，王全斌，李漢超外制群盜，雖有人才，寡人座外有鼾鼻之睡，是何為剏業也？" 漢皇曰："軒轅[34]之時，有蚩尤；[35] 唐堯[36]之世，有四凶；[37] 奸臣叛賊自古及今無不有也．譬如此輩鷦鷯[38]尚存一技，狡兎猶藏三穴，[39] 何足介意？" 仍問明皇之群臣，答曰："功業未成，材智未試，然比之于古之人物，則劉基，徐達仿佛張良李靖之智謀，花雲龍，韓成正有似周介紀信之忠誠，李善長，常遇春比于曹彬，蔚遲公之雄猛，毛潁，胡大海比于樊噲，薛仁貴之勇烈，此外文武足備者多矣．" 唐皇曰："如此勝宴，古今未有也．願請中興之主同樂如

고 전국의 여러 지역을 분봉했다. 초한전쟁(楚汉戰爭)에서 유방(劉邦)에게 패하여 포위를 뚫고 도망가던 중 오강(烏江)에서 자살하였다.

32) 仅也 : 이 두 글자는 약자로 후인이 써넣은 것으로 추측된다.

33) 爱 : 원문에서 약자로 쓰였다.

34) 軒轅 : 황제(黃帝)를 일컫는다.

35) 蚩尤 : 신화에 나오는 동방 거인족(九黎族)의 수령. 후에 황제(黃帝)와 탁록(涿鹿)에서 싸우다가 패배해 살해되다.

36) 唐堯 : 당(唐)은 도당씨(陶唐氏)를 가리키며 요(尧)가 수령인 옛날 부락(部落)의 이름.

37) 四凶 : 옛날 순(舜)에게 유방 당한 네 사람 또는 네 명의 수령을 일컫는다.

38) 鷦鷯 : 굴뚝새. 둥지를 아주 정교하게 틀어 재주 있는 새라고도 한다.

39) 狡兎猶藏三穴 : 전설에 교활한 토끼가 굴을 세 개 파놓았다는 전고를 일컫는다.

何？” 三帝曰：“甚合於心也.” 漢皇遣隨何請光武昭烈,[40] 唐皇遣裴迪請肅宗,[41] 宋皇遣李昉請高宗.[42] 俄頃, 門外有車馬騈闐之聲, 閽者奔入告曰：“四君至矣.” 其一光武, 左右侍衛之臣, 鄧禹, 吳漢, 賈汶, 卓茂, 馬援, 冠恂, 耿弇, 臧宮, 馬武, 馮異, 王霸, 邳彤, 銚期求.[43] 其二昭烈朝後侍衛之臣, 諸葛亮, 関羽, 張飛, 趙雲, 馬超, 黃忠, 龐通, 法正, 姜維, 蔣琬, 費煒, 許靖等.[44] 其三唐肅宗, 侍衛之臣李泌, 郭子儀, 李光弼, 雷萬春, 南霽雲, 張巡, 許遠等.[45] 其四宋高宗侍衛之臣, 岳飛, 张浚, 趙鼎, □[46]□秀, 韓世忠等,[47] 人似猛虎, 馬如飛龍, 直入法堂, 敘禮伸情, 畢去東樓坐定. 張良出班奏曰：“群臣雜錯未有班行, 願使將相忠智勇略者, 分別五行, 則雍容周旋庶有次第之緝穆矣.” 座中皆曰善[48]哉. 言乎即令樊噲持五丈旗幟樹南樓上, 三鼓三呼[49]曰：“抱[50]將相才者, 皆去紅旗下, 擁將才者皆去黑旗下, 懷忠義之士必趨黃旗下, 有勇力者趨白旗下, 智謀之人趨青旗下.” 眾人相顧無言, 終不出來. 又鼓又呼曰：“君命不可遲

---

40) 光武昭烈 : 광무제와 소열제. 한(汉) 광무제(光武帝, 기원전 6~기원후 57)인 유수(刘秀)는 동한왕조(东汉王朝)의 창건자. 기원후 25~57년 재위함. 촉한(蜀汉)의 소열제(昭烈帝, 161~223)인 유비(刘备)는 삼국(三国)시대 촉한(蜀汉)의 창시자. 221~223년 재위하다.

41) 肅宗 : 이형(李亨, 711~762). 756~761년 재위함. 안사(安史)의 난을 평정하다.

42) 高宗 : 조구(赵构, 1077~1100). 남송(南宋) 때의 황제(皇帝). 1127~1162년 재위(在位)하다. 휘종의 9번째 아들 강왕(康王)으로 휘종과 흠종이 여진족에게 붙잡힌 후 즉위. 악비(岳飞) 한세충(韩世忠) 등 장군을 이끌고 금과 맞서 싸웠지만 결국은 굴욕적인 평화조약을 체결하고 금의 신하임을 인정한다.

43) 其一光武 ~ 銚期求 : 동한(东漢) 때의 유명한 문신(文臣)과 무장(武將)들의 이름이다.

44) 其二昭烈朝後侍衛之臣 ~ 許靖等 : 삼국촉한(三国蜀汉) 때의 유명한 문신과 무장들의 이름이다.

45) 其三唐肅宗 ~ 許遠等 : 당숙종(唐肃宗) 때의 유명한 문신과 무장들의 이름이다.

46) 아래 한 칸이 비어있고 지워진 흔적이 있다.

47) 其四宋高宗侍衛之臣 ~ 韓世忠等 : 송고종(宋高宗) 때의 유명한 문신과 무장들의 이름이다.

48) 座中皆曰善 : 본문은 명확하지 않음. 주석자의 추측이다.

49) 호(呼)자가 명확하지 않음. 주석자의 추측이다.

50) 장(將)자가 지워졌으나 흔적이 남아있다.

緩，奉擧速行.” 魏征趨出奏曰 : “古今將相雖有恃相才使自遷者，非禮待臣也. 可擇公平正直之士，以褒貶衆人之優劣可也.” 漢皇曰 : “誰當此任？” 對曰 : “知臣莫如主，況聖主之盛會乎？” 漢皇顧謂三帝曰 : “此言有理，各薦能任之人.” 唐皇之意蕭何宜當也，宋皇曰 : “寡人則李靖宜當也.” 明皇曰 : “一智一能之士，何代無之，必有巢父之隱,[51] 伊尹之賢,[52] 伯夷之節,[53] 龍逢之忠,[54] 經邦輔主如周公,[55] 出將入相如太公者,[56] 當可委任也. 前聞西蜀诸葛亮，脑藏经天纬地之才，腹隐安邦定国之谋，倘非此人不可委任也.”[57] 座中皆曰 : “帝言善矣.” 趙普諫曰 : “亮未有一統之功，不委此任也.” 宋皇遽曰 : “智謀在人，興亡在天，其如卿言則子思,[58] 孟子,[59] 不如蘇秦[60]張儀[61]乎？孔明道號臥龍，高臥南陽，抱膝常詠,[62] 身將少微，心如浮雲，苟全性命，不求聞[63]達，許由之儔，水鑒之友也.[64] 及出草廬之時，兵不滿千，將不

51) 巢父之隱 : 고대 은둔자로 나무 위에서 살았다고 하여 얻게 된 이름. 요(尧)가 왕위를 그에게 내주려고 했으나 거절했다고 전해진다.

52) 伊尹 : 상(商) 초기 대신. 탕(汤)과 같은 시기의 인물.

53) 伯夷 : 상(商) 말기 고죽군(孤竹君)의 장남(长子)으로 무왕(武王)이 상(商)을 멸망한 후 동생 숙제(叔齐)와 같이 수양산(首阳山)에 들어가 충절을 지키다 굶어 죽는다.

54) 龍逢 : 미상(未詳).

55) 周公 : 서주(西周) 초기의 정치가로 무왕(武王)을 도와 상나라를 멸망시킴. 무왕이 죽은 후에는 무왕의 아들을 보좌하여 섭정직에 올라 반란을 물리친다.

56) 太公 : 주(周) 여상(呂尚)을 일컫는다.

57) 이 구절은 필사자가 작은 글씨체로 나란히 써넣은 것이다..

58) 子思 : 기원전 483~402년 공자의 손자로서 전국(戰國)시대 초기의 철학자. 맹자(孟子)가 그의 제자로 있으면서 그의 학설을 발전시켜 사맹학파(思孟學派)를 형성했고 그것을 후인들이 '술성(述聖)'이라 불렀다.

59) 孟子 : 기원전 약 372~289년 전국(戰國)시대 사상가(思想家) · 정치가(政治家) · 교육가(教育家). 이름은 가(軻), 자는 자여(子輿).

60) 蘇秦 : 전국(戰國)시대 유명한 군사가(軍事家). 자는 가(軻).

61) 張儀 : 기원전？~310년 전국(戰國)시대 군사가(軍事家). 진(秦)나라 승상. 후에 무신군(武信君)이 되었다.

62) 詠 : 원문에는 咏자로 표기되었다.

63) 聞 : 원문은 '問'자.

64) 許由, 水鑒 : 두 사람 모두 제갈량(諸葛亮)의 친구.

有十, 博望燒遯, 白河用水, 使孟德[65]肝膽幾裂, 曾無立錐之地以成鼎峙之勢, 六出祈山仲達祇[66]魂, 七擒孟獲南人服心, 昊天不佑, 五丈呈損, 不可以勝敗論英雄也. 豈匿瑕棄白玉乎?" 即令孔明出來. 其人風度絶倫, 擧止瀟灑, 目下傲視古今英雄, 腦中暗抱天地造化, 飄然若神仙矣. 帝曰: "未有諸國[67]群臣之班列, 卿宜褒貶高下分定次第." 孔明辭謝曰: "以臣之庸才何敢當如此重大之任乎?" 不敢奉命. 帝曰: "卿[再][68]勿辭, [形][69]速行公." 孔明累次拜謝, 帝不聽. 孔明謝恩畢, 欲定座次之際, 忽報秦始皇, 晉武帝,[70] 隋文帝,[71] 楚伯王[72]之檄書至矣. 孔明進達於座上, 高帝顰蹙曰: "此非情之類, 卻之何如?" 宋皇曰: "去者莫追, 來者不[73]拒, 不如因善遇之." 孔明曰: "臣有一計使始皇去東樓, 令伯王去西樓, 則自然從容矣." 帝曰: "此計甚妙." 遂召王羲之[74]大書於旗, 立於門外, 再榜曰: "中興者去東樓, 霸者去西樓, 非創業之主, 則不入法堂." 頃之, 始皇乘纖離[75]馬, 服太阿[76]劍, 建翠鳳[77]之旗, 擊靈鼉之鼓, 號令嚴整, 威風凜然, 左李[形],[78] 茅焦, 王剪, 右蒙恬, 章邯, 王賁.[79] 晉武

---

65) 孟德 : 조조(曹操).
66) 원문에는 祇자로 표기되었다.
67) 國 : 원문은 '口'자 옆에 '王'자였다.
68) 의문이 있다.
69) 의문이 있다.
70) 晉武帝 : 사마염(司馬炎, 236~290). 진나라(晉朝)의 창건자. 265~290년 재위하다.
71) 隋文帝 : 양견(楊堅, 541~604). 수(隋)의 창시자. 581~604년 재위하다.
72) 楚伯王 : 항우(項羽).
73) 不 : 원문은 '莫'자이나 '不'자로 고쳐 쓰였다.
74) 王羲之 : 321~379년 또는 303~361년 동진(东晋)의 서예가로 자는 일소(逸少). 그의 서체(书体)는 전아(典雅)하고 유창하며 귀족적 특색으로 역대 서예가들의 숭배를 받고 있으며 후세에 큰 영향을 미쳤다.
75) 纖離 : 고대(古代) 양마(良馬)의 이름. 『사기(史记)』「이사열전(李斯列传)」에 '服太阿之劍, 乘纖離之馬, 建翠鳳之旂'라는 기록이 있다.
76) 太阿 : 태아(泰阿)라고도 함. 고대(古代) 보검(寶劍)의 이름. 태아검(太阿劍)은 춘추(春秋) 때 구야자(歐冶子)와 그의 장군들이 만들었다고 전해진다.
77) 翠鳳 : 취화(翠華). 옛날 천자가 출행할 때 쓰던 물총새(翠鳥)의 깃으로 장식한 기(旂).

帝乘黃金輿, 秉白玉圭, 飄紅羅傘, 鳴畫鼙鼓, 衣冠玲瓏, 光耀燦爛, 左張華, 衛瓘, 山濤, 王濬, 右鄧艾, 鐘會, 羊祜, 杜預.[80] 隋文帝乘玉輦, 頂金冠, 旌旗紛紜, 劍戟羅列, 氣象凜凜, 文采彬彬, 左王通, 薛道衡, 高穎, 右李滂, 韓擒虎, 架[81]若弼.[82] 始皇直向法堂, 孔明拒前, 言曰 : "是[非][83]創業之主不入法堂矣." 始皇怒曰 : "寡人併吞八荒, 威振四海, 何不為創業乎 ?" 孔明對曰 : "臣聞陛下蒙古業引遺策, 吞二周滅六國,[84] 功業雖大, 以本理論之, 則謂中興非創業也. 陛下功業何不歸立先王而自處中興耶 ?" 始皇隱忍去而東樓. 項王[85]座下烏騅, 手中鐵鞭, 勇略掀天, 壯氣貫日, 忿然而來, 左范增, 鐘[離][86]眛龍, 且右周殷桓, 楚項莊.[87] 問曰 : "主宴者誰 ?" 孔明曰 : "漢皇興為唐宋明三創業之主設太平之宴也. 不意大王來臨, 是所幸也." 項王仰天歎曰 : "天地覆翻, 日月盈虧, 豈知劉季[88]反為主人, 項籍為客子耶 ?" 直向北堂, 孔明當前言曰 : "大王未有創業之功, 不得參此席也." 項王大怒曰 : "吾觀劉季如嬰兒耳, 當時豪俊見吾之威風, 縮領鼠串; 後世英雄, 聞吾之名聲, 身戰膽寒, 誰敢拒乎 ?" 孔明顧謂範增[89]曰 : "齊桓公[90]會盟於葵丘,[91] 一有變色, 叛

78) 의문이 있다.
79) 진시황(秦始皇) 때의 유명한 장군들의 이름이다.
80) 진무제(晉武帝) 때의 유명한 문신(文臣)과 무장(武將)들의 이름이다.
81) 架 : 원문은 '加'자 아래 '大'자이다.
82) 수문제(隨文帝) 때의 유명한 문신(文臣)과 무장(武將)들의 이름이다.
83) '非'자는 '是'자 우측에 써넣었다.
84) 呑二周滅六國 : 이주(二周)는 서주(西周)와 동주(東周)이고 육국(六国)은 제(齊) · 초(楚) · 연(燕) · 한(韓) · 조(趙) · 위(魏) 육국을 일컫는다.
85) 項王 : 항우(項羽).
86) 의문이 있다.
87) 楚項莊 : 항우(項羽)의 수하에 있던 유명한 장군이다.
88) 劉季 : 유방(劉邦).
89) 範增 : 기원전 277~204년. 항우(項羽)의 책사(策士).
90) 齊桓公 : 기원전 ?~643년. 춘추(春秋)시대 제(齊) 왕으로 성은 강(姜), 이름은 소백(小白). 제양공(齊襄公)의 동생. 기원전 685~643년 재위(在位)함. 제후들과 회맹하여 패업을 성취하여 춘추시대 첫번째 패주로 되었다.

者九國, [紲][92]於一人之下, 信于萬乘之上, 湯武是也.[93] 以血氣之忿, 致后人之是非, 竊為大王不取也.” 項王暗思良久, 曰 : “寧為雞口, 無為牛後. 吾為西樓之王, 更設鴻門之宴.”[94] 乃去西樓坐定. 孔明右手擔羽扇, 左手秉象笏, 立於中央. 曰 : “此間或多悖逆亂國者, 皆去.” 王莽,[95] 董卓[96]輩去者, 十數人. 孔明仰天誓曰 : “孔明不才無儀, 奉皇命分列英雄之優劣, 或有一分私嫌, 則皇天后土世所明鑿.” 忽有人報曰, 漢武帝[97]有復仇之功, 唐憲宗[98]有淮西之功, 晉元帝[99]有江右之業, 宋神宗[100]有三代之風, 願參此宴. 又有群雄在門無数, 大呼曰 : “攻城掠地號令天下者, 何不與席乎 ?” 於是陳勝[101] · 曹操[102] · 袁紹[103] · 孫策[104] · 李密[105]等來矣. 漢皇曰 : “勝

91) 葵丘 : 춘추(春秋)시대 송나라 지명. 지금의 하남성(河南) 난고(蘭孜)와 민권(民權) 경내(境內)임. 제환공(齊桓公)이 패권(霸權)을 세운 후 35년(기원전 651년)에 여기서 노(魯) · 송(宋) · 위(衛) · 정(鄭) · 허(許) · 조(曹) 등 아홉 개 나라와 회맹하였다.

92) 의문이 있다.

93) 湯武 : 무탕(武湯) · 무왕(武王) · 천을(天乙) · 성탕(成湯)이라고도 불리움. 상조(商朝)의 창건자.

94) 鴻門之宴 : 기원전 206년 유방(劉邦)이 진(秦) 수도 함양(咸陽)을 점령했을 때 항우와 범증(範曾)이 홍문(鴻門)에서 연회(宴會)를 열고 유방을 초대하여 유방을 죽이려 했으나 성공하지 못한다.

95) 王莽 : 기원전 45~23년 서한(西漢) 말기 왕위를 빼앗고 새 나라[新朝]를 세움. 기원 8~23년 재위(在位)함.

96) 董卓 : 동탁(? ~192)의 자는 중영(仲穎). 소영원년(昭寧元年, 189)에 소제(少帝)를 폐하고 헌제(獻帝)를 옹립하여 정권을 장악함.

97) 漢武帝 : 서한(西漢)의 황제인 유철(劉徹, 기원전 156~87)은 재위기간 북방 흉노족을 물리치고 북방을 안정시키고 발전시켰다.

98) 唐憲宗 : 唐代 황제인 이순(李純, 778~820)은 805~820년 재위함. 번진(藩鎮)을 귀순시켜 전국적인 통일을 회복하였다.

99) 晉元帝 : 사마예(司馬睿, 276~329)는 진대(晉代) 황제로 317~322년 재위함. 건강(建康, 지금의 난징[南京])에서 즉위하고 317년 동진(東晉)을 세웠다.

100) 宋神宗 : 조쇄(趙瑣, 1048~1085)는 북송(北宋) 때의 황제. 1067~1085년 재위함. 재위기간 부국강병을 목표로 신법(新法)을 실시하였다.

101) 陳勝 : 진승(기원전 ? ~208)의 자는 섭(涉). 진(秦) 말기 농민봉기군 두령이다.

102) 曹操 : 위무제(魏武帝, 155~120). 자는 맹덕(孟德)이고 삼국시대 정치가이고 군사가이며 시인이다.

103) 袁紹 : 기원전 ? ~202. 자는 본초(本初)이고 동한(東漢) 말기 여남(汝南) 여양(汝陽)

起壠畝，十月之安稱王；操芟夷大亂，天下十有其八；策割據江東，虎視四海，此三子可謂豪俊之士也." 密高聲大叫曰："鬼火伏林，陳勝亂臣賊子，曹操輩槍匹夫，孫策方為英雄乎." 袁紹曰："吾累代公侯，一時盟主，何不為英雄乎？" 敬青大叱曰："袁紹群疑滿腹，眾難塞胷，不采忠言，不和贤士；李密知識淺短，兵敗入關，乃望其司見處乎？可謂金弓玉矢，土牛尾馬敢比於彼三人哉." 密紹皆憤然而去. 開門請入者，第一漢武帝侍從之臣，董仲舒，霍光，汲黯，東方朔，韓安國，霍去病，衛青，李廣[106]等. 第二唐憲宗侍從之臣，韓愈，陸贄，裴[107]度[108]等. 第三晉元帝侍從之臣，周顗，王導，陶侃，劉崐[109]等. 第四宋神宗侍從之臣，明道先生，范仲淹，歐陽修，王安石[110]等. 皆去西樓. 孔明曰："帝高朝張良，淑女之面，丈夫之心，納敢黃石，受學圯上，逃身沙丘，西皈炎漢，滅秦取項，封萬戶候，為帝者師而終能辟穀導引，泛游赤松，子是范蠡[111]之友也. 太宗朝魏征[112]恥君不及堯舜，[113] 以諫爭[114]為己任，是此平平徒也. 朱太祖朝曹彬下江南，至城下，焚香約誓，切勿暴掠，一不妄殺，凱旋之日，行李蕭然，是呂尚[115]之徒也. 明太祖朝，劉基望見金陵之氣，知十年之後

사람. 동탁(董卓)과 싸우다가 조조(曹操)에게 관도(官渡)에서 패배당하였다.

104) 孫策 : 175~200. 자는 백부(伯符)이고 삼국시대 강동에서 손씨정권(孫氏政權)을 세웠고 그의 동생 손권(孫權)이 제왕이 되었다.

105) 李密 : 582~618. 자는 현수(玄隧)이고 다른 자는 法主. 수(隨) 말기 와강군(瓦崗軍) 수령(首領).

106) 한무제(漢武帝) 때의 유명한 문신(文臣)과 무장(武將)들의 이름이다.

107) 裴 : 의문이 있다.

108) 당현종(唐憲宗) 때의 유명한 문신(文臣)과 무장(武將)들의 이름이다.

109) 진원제(晉元帝) 때의 유명한 문신(文臣)과 무장(武將)들의 이름이다.

110) 송신종(宋神宗) 때의 유명한 문신(文臣)과 무장(武將)들의 이름이다.

111) 范蠡 : 자는 소백(少伯). 춘추(春秋) 말기 정치가.

112) 魏征 : 580~643. 자는 현성(玄成). 당(唐) 초기 정치가. 황제한테 진언을 이백여 차례나 했다고 전해진다.

113) 堯舜 : 전설에 나오는 중국 부계씨족사회 후기에 부락연맹(部落聯盟)의 현명한 두 수령을 일컫는다.

114) 爭 : 글자를 잘못 쓴 것으로 추측된다. 諍자로 바뀌야 정확하다.

君, 鑑百世之後事, 是伊尹之徒也. 始皇朝茅焦以慶太后德, 油冉之諫, 視死如歸, 是[龍][116]逢之侶也. 武帝朝, 東方朔讀書三年, 學得翻江倒海之辯, 吟風詠月之才, 一代之賢士也. 光武朝, 鄧禹仗策歸漢, 將兵專征, 為開國元勳, 是萬古英雄也. 昭烈朝龐統, 百日公事, 辰時而斷, 三分奇計, 一言而定, 是千秋智謀之人也. 晉武帝朝, 張華推秤而定取吳之計, 終成大功, 是百世豪傑之士也. 元帝朝, 周顗忠義內激, 大罵王敦, 是萬世慷慨之士也. 隋文帝朝, 王通詣□ 獻策十二條, 見斥, 還以教授于河汾之間, 弟子自遠至者甚眾, 朝廷累征不起, 曰 : "弊廬足以庇風雨, 薄田足以具饜[117]粥, 讀書談道足以為業, 長嘯撫瑟足以自樂." 是隱逸之士也. 唐肅宗朝李泌, 自幼英敏, 著聞當世白衣, 事君終成中興, 因辭台職, 退去穎陽, 以保性命, 是知幾之士也. 憲宗朝韓愈, 文如河海, 心似松柏, 勤勤懇懇于章奏之間, 是君子之風也. 宋神宗朝程子, 承孔孟之道, 是聖賢之士也." 班列已畢, 持紅旗揖蕭何曰 : "取地面知形勢, 治關中因根本, 追韓信定四方; 霍光以負成王朝諸侯之面, 輔幼主聞伊尹, 慶太甲之事, 迎宣帝慶昌邑; 長孫無忌杖三尺劍, 東鬥西突以盡犬馬之忠, 終成大業; 房玄齡孜孜奉國, 知無不為, 當為第一; 曹參一遵舊制; 王珪激濁揚清, 疾惡好善; 蔣琬臨煩獨閑, 當為第二; 杜如晦剖決如流; 戴胄忠清公直, 每犯彰執法, 言如湧泉; 範增不得其主, 未展其气,[118] 畐事揆策, 則君不用其謀; 陳見悃誠, 則上不聽其信, 譬如鳳凰棲荊棘, 龍駒困鹽車, 當為第三." 持黑旗揖韓信曰 : "叛暗投明滅三秦,[119] 定關中, 首建大謀, 削平四海; 馬援蕩掃邊坐, 死為馬革而

115) 呂尚 : 강상(姜尚). 주(周) 때 제(齊)의 시조(始祖). 성은 여(呂), 이름은 왕(望). 자아(子牙)라고도 함. 무왕을 도와 상을 멸망시킨 공으로 제(齊)씨를 봉받음. 강태공(姜太公)이라고도 한다.

116) 의문이 있다.

117) 饜 : 원문은 위에 '연(衍)'자이고 아래 '식(食)'자임. 의문이 있다.

118) 气 : 원문에서 약자로 쓰였다.

皈; 徐達孫吳之謀略, 烏獲之勇猛, 當為第一. 彭越畔楚皈漢, 立功樹勳, 位至王侯; 馮昇殪王莽於漸臺而複漢祚; 王剪白首專征, 老當益壯, 當為第二. 郭子儀大德, 兼任明相, 蹈危敢險, 東討逆賊, 克攻二京以迎[至尊], 忠義精誠仰貫日月, 度量寵偉, 無所不包; 毛穎清平雲南, 章邯九戰楚兵, 當為第三." 持黃旗揖紀信曰 : "忠心所激, 黃鉞左纛, □楚忘死; 張巡臨敵應變, 出奇無窮, 號令明肅, 信賞必罰, 與士卒同甘苦, 寒暑至於勢困, 城陷誓為厲鬼, 殺賊終不[警]心; 関公文讀春秋[120] 左氏傳,[121] 武使青龍偃月刀, 義結皇□, 誓同死生, 順君報國之忠, 拔山架海之勇, 封掛金印, 獨行千里, 威振華夏, 水渰七軍, 當為第一. 許遠力盡孤城, 勢如累舛, 身死存忠; 岳飛背坦四字, 志存恢復, 誓雪國恥; 方召堯,[122] □□□□不顧七族, 當為第二. 黃自徵不悔丹心, 身死報國; 周殷桓楚, 十面埋伏, 江東子弟, 唯敬者不知其數, 而終無叛心, 死於亂兵之中, 當為第三." 持青旗揖陳平曰 : "身長八尺, 面如冠玉, 六出奇計, 統一天下; 李靖才兼文武, 出入將相; 周瑜氣欲吞魏, 才能伯吳始不垂翅, 終能奮翼烏林, 破敵赤壁, 鏖兵功績巍巍, 聲名烈烈, 當為第一. 陸遜用兵仿佛, 讓且智謀, 亞匹孫吳, 郭嘉, 善於知彼知己; 鄧艾定西蜀成大功, 當為第二. 杜預平定吳會, 功蓋山河; 韓世忠起自卒伍, 為中興名將, 致位王侯, 既釋兵權, 杜門謝客, 時跨驢攜酒, 二三奚童縱遊西湖以自樂; 韓擒虎率兵百萬, 東浮滄海, 西拒巴蜀, 震五嶽而虎視, 走萬里而鷹揚, 為第三." 持白旗揖趙雲曰 : "護幼主於長板, 救黃忠於漢水, 絕倫之勇, 蓋世之功. 耿弇身為大將, 專征四方, 屠城三百, 略地数

119) 三秦 : 진(秦)이 멸망한 후 항우(項羽)가 진나라 땅 관중(關中)을 세 개로 분할하였다.
120) 春秋 : 유교 경전(經典) 중의 하나. 편년체(編年體) 춘추사(春秋史)로 이후의 편년사의 기원으로 되었다.
121) 左氏傳 : 『춘추좌씨전(春秋左氏傳)』 또는 『좌씨춘추(左氏春秋)』라고도 함. 유가의 경전(經典) 중의 하나. 춘추(春秋)시대 좌구명(左丘明)이 편찬한 것으로 전해진다.
122) 아래 네 칸이 비어 있다.

十; 張飛性如烈火, 勇若猛虎, 聊睨天地, 叱吒宇宙, 對軍之[敵]將, 如取囊中物; 尉遲敬德, 驍勇冠軍, 百戰成功, 當為第一; 樊噲擁盾直入, 披帷而立, 怒髮衝冠, 目眥盡裂, 視羽如兒, 視軍如蟻蕩花, 大略駕群才, 餘勇冠三軍; 賈信顏如天神, 勇如快鶻,[123] 胡大海先登採石, 當為第二. 黥布勇掀天地, 功蓋宇宙; 吳漢驍勇超群, 大略冠世; 馬超步戰六將; 許褚倒拔奔牛, 稱為虎稚; 黃忠百發百中, 當為第三. 姜維文武不可勝記." 旁有一人揮涕大叫曰 : "先生不知弟子耶! 吾降鐘會, 非畏死貪生, 欲信漢室, 若無[124]□□, 則西蜀之地不入司馬之手, 後帝之奔不踏許都之塵, 皇天不佑, 死為冤魂. 今日先生不許忠誠, 則此心何處暴白乎?" 孔明曰 : "噫, 伯約豈不知汝之忠[125]心乎? 事不終成, 流[126]惡名於千秋, 反不如守節死義." 姜維太息而逝. 高下已定, 座間稱讚不已. 唐皇曰 : "獨樂樂, 與眾樂樂, 孰樂?" 曰 : "不若獨樂與眾, 此西聖之訓也. 請東西樓如何?" 三帝曰 : "此言善矣." 即遣使詣東西樓, 請諸王赴宴會, 少頃皆至. 則東西北座定, 各近臣一人為倚立於側. 陳勝, 曹操, 孫策坐于末席. 依稀龍盤□[127]雲海, 仿佛虎踞遠山, 威儀嚴嚴, 劍佩鏘鏘, 五功[128]舞於庭前, 七弦[129]彈於堂上, 酒至半酣, 漢帝慷慨曰 : "天地無窮, 人生有限, 興亡成敗, 輪回如日月之西傾, 江海之東流, 豈能長享富貴功名□[130]業乎? 賢者長守基業, 則三代豈承唐吳之後乎? 勇者長持形勢, 則蚩尤豈被涿鹿之擒乎? 國之長短, 人之壽夭, 是皆天也. 翻覆世上, 流水光陰, 千古興亡, 一抔荒土." 滿坐[131]皆淒然. 獨

123) 鶻 : 산비둘기[鶻鵃]. 고서(古書)에 나오는 새 이름.
124) 약 두 칸이 비어 있다.
125) 忠 : 글자를 잘못 쓴 것으로 추측된다. '誠'자로 써야 한다.
126) 流 : 글자를 잘못 쓴 것으로 추측된다. '유(留)'자로 바뀌야 정확하다.
127) 여기에 한 글자를 잘못 쓴 것으로 추측되어 생략한다.
128) 구체적인 의미를 알 수 없다.
129) 구체적인 의미를 알 수 없다.
130) 원문에는 한 칸이 비어 있다.

有西邊一王圓睜環眼, 倒豎虎須, 怒氣如浙江[132]潮焉. 高聲大叫曰 : "鴻门不用舉玦之謀, 垓下還遺養虎之患, 雖作九原之魂, 難忘烏江之恨也." 東邊一皇曰 : "吾有一言請王側聽, 寡人午夢青衣童子与[133]紅衣童子爭日鬪鬨, 俄而, 青衣僵□于地, 紅衣童子捧日而去. 今見紅衣仿佛高帝, 青衣依稀伯王. 又有當時童謠, 天將朱勝, 人皆綠衣, 天數实非人力, 玉玦空勞於謀臣之手, 寶劍空費于壯士之身." 漢帝曰 : "興亡勝敗, 姑舍勿論, 說快事確治道如何 ?" 始皇曰 : "秦有三快, 遣王剪, 亦擒六国[134]之諸君跪于阿房[135]階下, 收天下兵, 鑄金人立於閶闔[136]門外, 此一快也. 遣徐市[137]相与童男女, 入海求三神山不死藥, 与安期生同遊朐[138]界中, 銘功會稽嶺, 騁望琅琊台,[139] 此二快也. 遣蒙恬相率兵三十萬, 築長城而守藩籬, 胡人不敢南下而牧馬, 士不敢彎弓而報怨, 此三快也." 高皇曰 : "十生九死, 百戰百敗, 垓下一戰, 僅得天下, 豈有快乎 ? 但破黥布之後, 歸故鄉會父老同游之時, 大風揚雲, 正如寡人之氣象, 起舞作歌, 此一快也. 洛陽南宮, 獻壽于太公, 上皇喜曰 : '昔年, 季耕田之時, 豈知今日之如此乎 ? 何無人子之乐[140]乎 ?' 此二快也." 明皇含淚有悲怀之色.

131) 坐 : 글자를 잘못 쓴 것으로 추측된다. 좌(座)자로 바꿔야 정확하다.
132) 浙江 : 전당강(钱塘江)을 일컫는다.
133) 与 : 원문에서 약자로 쓰였다.
134) 六国 : 제(齐) · 초(楚) · 연(燕) · 한(韩) · 조(赵) · 위(魏)를 일컫는다.
135) 阿房 : 진나라 때 유명한 궁전 이름. 궁전(宫殿)은 진시황(秦始皇) 35년(기원전 212년)에 건축되었고 지금 서안시(西安市) 서쪽 아방촌(阿房村)에 유적이 남아있다.
136) 閶闔 : 전설에 천궁의 문[天门] 밖을 일컫는다.
137) 市 : 글자를 잘못 쓴 것으로 추측된다. '포(甫)'자로 바꿔야 정확하다.
138) 朐 : 츄현[朐县]. 고대 현의 이름. 지금의 강소성(江苏) 연운항시(连云港)의 서남쪽 금병산(锦屏山) 일대를 일컫는다. 진시황(秦始皇) 35년(기원전 212년)에 여기에 돌비석을 세우고 진나라 동문으로 하였다.
139) 琅琊龕台 : 원문은 '合'자 아래 '土'자로 쓰였다. 낭아대(琅琊台)는 진대(秦代)의 공적을 새겨둔 돌로 유명함. 진시황(秦始皇) 28년(기원전 219년)에 동쪽 지역을 순시한 것과 전국을 통일한 내용이 새겨진 비석이 지금 중국역사박물관에 전시되어 있다.
140) 乐 : 원문에서 약자로 쓰였다.

漢皇曰 : "大丈夫何為兒女之怨乎 ?" 明皇揮涕曰 : "寡人孤哀人生, 幸有始皇之快, 何處焉得獻壽之乐乎 ? 人非木石, 何不淒然 ?" 漢皇曰 : "此乃孝誠之至也." 仍問唐皇宋皇曰 : "各陳快事." 唐皇曰 : "萬國會同之時, 四夷[141]皆來, 突厥[142]起舞, 吐蕃[143]作歌, 越[144]裳交趾獻鸚鵡, 大宛[145]西域貢駿馬, 此一快也. 与魏征論仁政, 使李勣作長城, 年豐民和, 三陲晏然, 此二快也. 与群臣諸親置酒于淩煙閣, 上皇自彈琴瑟, 寡人起舞, 公卿獻壽, 此三快也." 宋皇曰 : "寡人未通[146]天下, 豈有快事 ? 營造新室, 牆垣瀟灑, 九門開而四通八戶, 啟而五達,[147] 眼底無礙, 心事豁然, 此一快也. 諸王不無快事乎 ?" 曹操曰 : "臣有一快, 冒瀆敢籲, 破黃巾, 擒呂布, 服張獸張涌, 滅袁紹袁術, 降刘琮, 南至長江, 鬪艦千里, 旗幟萬里, 二嬌[148]入聛睨, 吳越睹掌上, 東望漢口, 西望武昌, 浩波如練, 明月[如]鏡; 鳥雀南飛之時, 橫槊賦詩, 此一快也." 漢皇曰 : "姑舍是聞." 來不[憐]悲感, 顧謂明皇曰 : "國非唐虞, 人非堯舜, 豈能盡善盡美乎, 座中帝王幾人得失哉 [许] ?[149]當時諫臣難補君王之不逮, 後世史官難記百代之是非, 唐宋及漢, 皆在於史筆之中已矣, 問之何益 ?" 漢皇曰 : "明帝享國莅位, 必是長久也, 好善懲惡, 使其是非炳然可知, 為法於後世,

141) 四夷 : 주변의 여러 나라를 일컫는다.
142) 突厥 : 중국 고대 종족의 이름. 6세기 무렵 알타이산[阿爾泰山] 일대에서 유목생활을 한다.
143) 吐蕃 : 당나라 사람들이 부르는 중국 고대 티베트족[藏族]의 정권 이름. 7~9세기 청장고원(青藏高原)에서 창건되었다.
144) 越 : 고대 종족의 이름. 진한(秦漢) 때부터 장강 중하류의 남쪽 지역에 널리 분포되어 있었고 부락이 많아서 백월(百越), 백월(百粵)이라고 불리움. 여기서는 베트남을 일컫는다.
145) 大宛 : 한나라[漢朝] 서역(西域)의 나라 이름.
146) 通 : 글자를 잘못 쓴 것으로 추측된다. 통(統)자로 바꿔야 정확하다.
147) 五達 : 미상(未詳).
148) 이교(二嬌) : 삼국(三國)시대 동오(東吳)의 자매 미인을 일컫는다.
149) 주석자의 추측이다.

為如何哉？" 帝推辭曰 : "孔子有言, 吾之與人, 誰毁誰譽以座. 人之德猶尚如此, 況庸庸才而輕毁譽哉？" 漢皇曰 : "幸勿固辭, 以助一笑, 座中之願也." 帝曰 : "先察氣像, 後論是非." 周覽覽畢, 乃言曰 : "北風淅瀝, 波濤洶湧, 始皇之氣像; 夏日照耀, 霹靂震動, 光武之氣像; 玉宇廖廓, 北霜凜烈, 武帝之氣像; 曉色蒼蒼, 晨星耿耿, 憲宗之氣像; 東方日出, 西邊雨霏, 文帝之氣像; 渥窪駿馬, 丹丘彩鳳, 神宗之氣像; 疲风暴雨, 天动地震, 伯王之气像; 雉竄荊棘, 羊隱煙霧, 魏公之氣像." 漢皇大笑曰 : "真可謂明心寶鑑也. 獨不言寡人之氣像何也？" 明皇曰 : "龍得雲雨變化無窮, 帝之度量無与之比也. 若論是非, 則始皇以雄才大略奮六世之餘烈, 振長策而馭宇內, 六合為家, 崤函為宮, 自以為関中之固, 金城千里, 子孫帝王萬世之業也. 未及三世而亡何哉？侈營宮室, 殫民財力, 虛築長城, 以傷人力.[150] □□寡人以為不然也. 詩書著聖賢之行跡, 雜蹺之信生, 誦法孔孟之道德盡坑之, 太子國本, 而放逐扶蘇,[151] 詐立胡亥,[152] 此乃速滅之機也." 始皇歎曰 : "明言寡人之罪惡, 固所甘心, 然寡人若在, 宮中趙高何敢謀逆賬下, 章邯豈能降楚乎？噬臍莫及, 歎之何益？" [明皇][153]高帝開寬洪之語, 以延天下之英俊, 從諫如流, 縞□□軍, 除秦□法, 約定三章, 略與湯武同, 然唯可欠者, 輕士善罵, 是故古禮不復, 古樂不作, 從茲始矣. 武帝窮兵黷武, 虐民事神, 而海內虛耗, 若非秋風之悔, 有輪台之詔,[154] 則續亡秦之轍也. 光武忿國家

150) 원문은 아래 두 칸이 비어 있다.

151) 扶蘇 : 기원전？~210년. 진시황(秦始皇)의 장남[长子]. 진시황(秦始皇)이 유생(儒生)을 진압하는 것을 반대한 이유로 상곡군(上谷郡)에 유배된다. 진시황이 죽은 후 환관(宦官) 조고(赵高)와 승상(丞相) 이사(李斯)가 가짜 조서를 보내 자살할 것을 명령하고 그의 동생 호해(胡亥)를 왕으로 앉힌다.

152) 胡亥 : 진시황의 둘째 아들.

153) 약 두 글자가 있는 듯함. 글이 분명치 않다.

154) 輪台罪己詔 : 『윤태죄기조』. 윤태(輪台)는 고대 지명. 지금의 신강(新疆) 윤태(輪台) 동남쪽을 일컫는다. 한무제(漢武帝)가 만년(晚年)에 이 조서[詔]를 내린다.

之喪亂，慘宗社之傾危，延攬英雄，務悅民心，掃除莽賊，興複漢室，有志於治，而輔相亦非其人，可惋惜哉．昭烈結義桃園，[155] 屈駕草廬，[156] 君臣相得翼乎，如鴻毛迎順風，沛乎如巨魚縱大壑，惜哉創業未半，中途而逝，豈非天耶？太宗化家為國，偃武修文，勵精求治，身致太平，號為英主，然以功德論之，則用宮人私侍，以人倫言之，則納巢剌王妃，其繆之甚，貽四海之羞，為百世之唾也．太祖未嘗為學，晚承讀書，鞭扑[157]不行於殿上，罵辱不及於公，而故臣下得以有為，而忠君愛國之心油然而生矣．使舉德行孝第[158]之士，以隆禮義廉耻之風，洞開重門，少有邪曲，人皆見之，可謂蕩蕩平平之為也．晉武帝承父兄之業，混一華夏，侈心已萌，沉于遊宴，怠于政事，常乘羊車，恣其亦之，淫樂莫甚於此也．元帝承喪亂之餘，內無計策之棟樑，外無匡救之柱石，然明敏有機警，故能以弱制強，誅剪謀逆，克復大業．文帝天性嚴急，令行禁止，勤於政事，務為儉素，然猜忌苛察，信受讒言，戕害忠良，乃至子[书]，[159] 令如仇敵，此其所短也．肅宗偷一時之安，不思永人之患，殫耳目之玩，窮聲技之沉，巧愛贵妃，內育強賊，卒使鑾輿播越，生靈塗炭，未有甚於此者也．神宗刻意鼠□，上命唐吴與程子禧古正學，與呂惠卿，搠置新法，田舍之官，安危所系，疎待賢臣，傾心奸臣，以□□□，反治為亂，使天下嚣张，喪其和态之心，敢望堯舜之業□也已．高宗信任奸匿，[160] 屏逐忠賢，秦檜矫杀岳飛而若不聞，賈似道卒誤國而以為忠，豈複望三代之治乎？憲宗以群臣之力，削平藩鎮，終建大業．陳王繩樞之子甿隸□，

155) 昭烈結義桃園 : 도원결의(桃園結義)를 일컫는다. 유비(劉備)가 관우[関公], 장비(張飛)와 의형제를 맺는다.

156) 屈駕草廬 : 유비(劉備)가 제갈량(諸葛亮)의 초옥(草屋)을 세 번 찾아가 간청하여 드디어 제갈량을 군사(軍師)로 맞아들인 것을 일컫는다.

157) 扑 : 원문에서 약자로 쓰였다.

158) 第 : '悌'자로 써야 정확하다.

159) 의문이 있다.

160) 匿 : 글자를 잘못 쓴 것으로 추측된다. '역(逆)'자로 바뀌야 정확하다.

躡足行伍之間, 俛起阡陌之中, 率疲散之卒, 將数百之众,[161] 斬木為兵, 揭竿為旗, 天下雲會而響應, 贏糧而影從, 若聽立六國之言, 則未知鹿在誰手. 魏公治世之能臣, 亂世之奸雄, 專權擅命, 號令天下, 四方咸服, 其畏威勢, 非其本心, 內待諸親, 滿朝之外, 威迎群英, 乘風之勢, 濫叨寵榮, 恣生強逞, 脅制天子, 戕弑國母, 罄南山之竹, 書罪無窮, 決東海之波, 流惡難尽. 討虜年[纔][162]二十, 勇冠四海, 虎居江東, 號小伯王, 隕身書匠, [失][163]之乎, 可不惜哉. 至於五季, 患難相寻, 戰爭不息, 名雖君臣, 實為仇敵, 世降至此, 壞亂極矣, 何足□□哉?" 項王大叫曰:"論古今帝王是非之中, 吾豈不預乎?" 明皇曰:"若[蒙][164]強問, 何難之有? 古人云, 得人者興, 失人者亡, 大王不德, 負十大罪, 問之有愧, 言之無益." 項王曰:"請聞其說." 乃曰:"背関中之約, 其一也; 矯殺[君][165]子冠軍其二也; 救[香][166]不報, 而擅刧諸侯, 其三也; 燒咸陽宮, 掘驪山塚, 其四也; 殺秦降王子嬰, 其五也; 坑秦降卒二十万, 其六也. 王諸將于善地, 徒逐故帝, 其七也. 自都彭城奪韓梁地, 其八也; 陰殺義帝于江中, 其九也; 為政不平, 立約不信, 天下而不容大逆無道, 其十也. 漢書[167]雲, 忠言逆耳利於行, 毒藥苦口利於病, 幸勿以口直為怪." 項王默然有滿面羞慚之色而已. 明皇避席而言曰:"以庸才愚說妄論是非, 于心未安." 滿座稱讃曰:"孔明之定群臣, 明皇之論帝王, 雖有權度輕重短長, 猶未是論背也." 明皇曰:"寡人欲定都邑, 未知何地為可?"漢皇曰:"山有崑崙, 水自黃河, 四海之內, 堯舜禹□,

161) 众 : 원문에서 약자로 쓰였다.
162) 의문이 있다.
163) 의문이 있다.
164) 의문이 있다.
165) 의문이 있다.
166) 의문이 있다.
167) 漢書 : 동한(東漢) 반고(班固)가 쓴 책.

文武秦皇之都, 四海之外, 南蠻北狄, 東夷西戎之國. 雍豫徐揚[168] 四州為長安, 荊益青兗四州為金陵. 龍蟠虎踞, 天府之土, 真可謂帝王之州也. 大槩三代以前, 帝王多出於河北, 三代以後, 帝王多居於河南, 獨有江南空虛之地, 帝意在於金陵[乎]."[169] 明皇謝曰 : "願受教矣." 漢皇命將相智勇才行之人, 起舞作歌. 第一隊, 張良, 蕭何, 韓信, 陳平, 紀信; 第二隊, 馬援, 賈複, 諸葛亮, 関羽, 趙雲; 第三隊, 李靖, 長孫無忌, 張巡, 許遠, 徐達. 如風骨卓榮, 氣宇磊落. ○[170]陳平欣然而吟其歌曰 : "良禽相木而棲, 賢臣擇主而佐, 棄暗投明兮立功成名, 間范增於沐猴, 救聖主於白[芑],[171] 今夕何夕, 君臣同樂." 紀信懶然而吟其歌曰 : "滎陽危急兮軍伍虞黃, 謀百緘口, 勇士拋弓, 救君於憤死之際, 誑楚報國之忠, 從龍逢而同遊, 垂竹帛而映輝." 馬援慨然而吟其歌曰 : "白首還庭蕩掃藩鎮, 馬革裹屍而歸, 平生可願, 薏[苡][172]累身之恨, 千載難消." 賈複勵聲而吟其歌曰 : "男兒處世兮許身報君, [僉][173]書丹青兮書名金石, 日沉吉而辰良, 侍舊主而會宴, 難稱期於續遊兮, 共歌舞而極樂." 張良朗朗而吟其歌曰 : "受學黃石, 來攀赤帝, 滅贏倒項, 五世之仇報矣. 身為帝師人臣之位極矣, 功成身退, 辭榮避位, 團團之月, 昂昂之鶴, 從赤松兮萬古雲山." 蕭何欣欣而吟其歌曰 : "生當亂世兮還皈明君, 剖符封功兮身居第一, 千秋泉台, 萬世春夢, 更侍宴席兮且此同樂." 韓信愕然而吟其歌曰 : "思皈漢于鴻門, 佩金印於將壇, 定關中破三秦, 燕趙望風, 解鴅循領, 斬章邯於一旅, 滅項王於垓下. 高鳥盡兮良弓

168) 雍자는 미상. 예(豫)는 하남성(河南), 허(虛)는 서주(徐州), 양(揚)은 양주(揚州), 형(荊)은 형주(荊州), 익(益)은 익주(益州), 청(青)은 청주(青州), 충(兗)은 충주(兗州)임.

169) 의문이 있다.

170) 원문에 ○부호가 있다. 휴지 부호로 추측된다.

171) 白[芑] : 다년생 초본식물. 줄기[莖]는 곧고 잎[葉]은 바늘 모양이며 영과(穎果)는 난형(卵形)이고 회백색임.

172) 의문이 있다.

173) 의문이 있다.

藏, 狡兔死兮鬣狗烹, 殞身□女之手, 千秋難忘之恨.” 諸葛亮慨然而吟其歌曰 : “感屈駕而三顧兮許驅馳於風□, 奉命於危難之間, 受任於顚沛之際, 兩軍哀袁, 歷歷忠氣. 六出祁山, 孜孜報君, 庶竭駑鈍, 攘除奸凶, 鞠躬盡瘁, 興復漢室, 天意不吊, 兇徒未掃. 秋風五丈原, 千載恨悠悠.” 關公[憾][174]然而吟其歌曰 : “桃園結義劉皇叔, 鄴下豈數曹阿瞞, 身騎赤兎, 手把青龍, 擧目山河, 睥睨天地, 氣呑吳魏, 志復炎祚, 誤陷奸謀, 秭歸蹉跎, 九原千秋, 此恨綿綿.” 趙雲慨慷而吟其歌曰 : “漢室將亂兮群雄蜂起, 身為先鋒之職, 志存報國之誠, 孫權強盛, 曹操橫行, 兩賊未滅, 千古遺恨. 撫長劍而作歌, 吐平生之忠憤.” 李靖朗然而吟其歌曰 : “一劍定風□, 高名垂千秋, 今日華筵, 更侍聖主.” 長孫無忌浩然而吟其歌曰 : “攀龍鱗附鳳翼, 聲振當時, 垂名後事.” 張巡揮涕而吟其歌曰 : “一發孤城, 重圍月暈, 外無援兵, 內無糧草, 籠中之鳥, 網裏之魚, 未報國家, 其死節義.” 許遠含淚而吟其歌曰 : “賊兵逼城, 危如累舛, 即墨未解, 畫龍紋牛, 晉陽猶沉三板水, 身死守節, 忠貫白日.” 徐達高聲而吟其歌曰 : “大風兮兮兮以終[天].” 歌罷, 漢皇命賜酒曰 : “在外群臣幾何, 斗卮酒, 一匹彘, 各別賜之.” 武帝曰 : “寡人之臣東方朔誤讀黃庭經,[175] 謫下人間, 故有仙風道骨矣. 前日對寡人論古今聖賢相當之職, 今使付職, 群臣何如?”漢皇即命入來, 其人眉攢江山之秀, 胷報濟時之才, 飄飄如人中仙, 趨謁於塌前, 帝曰 : “聞卿善付職是耶?”朔跼蹐而避曰 : “秉筆中書者, 蕭曹兩魏之徒; 趕兵閫外者, 韓彭衛霍之流布列矣; 舍美玉取頑石何也?然使臣付職, 譬如責坟負山, 螳螂拒轍也.” 武帝曰 : “何為辭乎?”朔對曰 : “實非謙讓, 是乃本心. 第小臣之愚見, 以孔明為左丞相, 蕭何為右丞相; 范仲淹為左僕射, 歐陽

174) 의문이 있다.

175) 黃庭經 : 도교(道教) 경서의 이름. 원래 명칭은 『태상황정내경경(太上皇庭內景經)』과 『태상황정외경경(太上皇庭外景經)』이다.

修為右僕射; 張良為太傅, 霍光為太尉; 徐達為大司馬, 曹彬為大將軍; 韓信為都元帥, 李靖為副元帥; 關雲長為執金吾, 範增為京城尹; 龐統為觀察使, 彭越為節度使; 董仲舒為禦史太夫, 陳平為尚書令; 魏征為諫議太夫, 鄧禹為中書令; 褚遂良為庭尉, 李善長為孝尉; 法正為司徒, 韓愈為司空; 趙普為大司農, 山濤為太鴻臚; 張勇旲為工部侍郎, 房玄齡為吏部侍郎; 張飛為左先鋒, 趙雲為右先鋒; 劉基為太史, 蔣琬為長史; 程子為太學士, 陸賈為翰林. □黯為博士, 范質為舍人; 茅焦為注書, 李斯爲司隷; 馮[警][176]為立簿, 張倉為侍中; 臧宮為校尉, 苗訓為常侍; 郭嘉為監軍, 荀彧為參軍; 卓茂為祭酒, 李昉為從事; 費禕為內史, 吳漢為靖州刺史, 馬援為涼州刺史, 常遇春為揚州刺史, 陳□甫為杭州刺史, 李勣為青州刺史, 王全斌為益州刺史, 石守信為豫州刺史, 寇詢為徐州刺史, 郭子儀為兗州刺史, 胡大海為雍州刺史, 長孫無忌為并[177]州刺史; 馬超為青龍將軍, 薛仁貴為白虎將軍, 耿弇為武衛將軍, 敬德為忠烈將軍, 岳飛為虎衛將軍, 樊噲為龍驤將軍, 章邯為征西將軍, 賈複為鎮州將軍, 衛青為破虜將軍, 霍去病為討虜將軍, 漢超為驃騎將軍; 龍旦為上護軍, 張遼為下護軍, 王梁為揚威將軍, 黥布為振武將軍, 韓世忠為南平將軍, 蒙恬為定東將軍, 王剪為折□將軍; 周勃為忠武侯, 紀信為安平侯, 鄢在為貞順侯, 許遠為文信侯, 曾肅為建成侯, 陸遜為□□□□." 班列已畢, 滿座大笑曰 : "可合於職也." 漢皇曰 : "願為一詩一記之流傳於世, 抑亦一快事也, 但恨無人製作." 宋皇曰 : "韓愈在此, 何無製作之人乎 ?"漢皇曰 : "思之不逮." 即命近侍取會稽雲紗, 青松煙子, 清波處士, 中山毛安置退之前. 退之[178]俯首聽命, 一揮而就, 文不加點, 其詩曰 : "聖功過五帝, 道德遍三皇; 威靈震四海, 教

176) 의문이 있다.
177) 并 : 원문에서 약자로 쓰였다.
178) 退之 : 한유(韓愈)의 자.

化遍萬世; 龍興致祥雲, 虎嘯起烈風; 明明龍場上, 穆穆鵷班中; □金華車, 蕩蕩英雄徒; 金尊千日酒, 玉盤萬年桃; 登堂朝玉帛, 設宴會衣冠; 彩雲凝朱箔, 祥煙繞皿欄; 旌旗蔽紫微, 劍戟耀白; 風吹赤葉, 雨露滴皓月; 子晉吹玉簫, 湘靈彈琴瑟; 香風引舞袖, 淸歌隨妙曲; 佳節屬三秋, 良辰月五更; 今日四美具, 此筵二難并;[179] 物色尚依舊, 世事今已非; [忽]記前影, 興盡還生愁; 故國誰氏家, 大明揚光輝; 人情多翻覆, 興亡若波瀾; 美酒宜酩酊, 乐[180]□稱盤桓; 微臣敢獻壽, 聖主永得歡; 披腹呈琅玕, 千秋傳世間." 詩進, 座間大贊不已. 忽有一使指戰書而至, 其文略曰 : 多有洪業之功, 不請勝宴之席. 吾率諸蠻夷問罪於錦山. 言甚悖慢. 宋皇戰慄曰 : "好事多魔,[181] 佳期易阻, 正诗此也. 與彼相爭, 不如和親." 始皇忿然曰 : "蟻衆之卒, 烏合之衆, 何之惧哉 ?"俄而, 山外飛尘蔽天, 鳴鼓動地, 鐵騎數万, 漫山遍野, □□□先. 一人乘青驄馬, 横龍泉劍, 威風凜凜, □令□□□□□□帥元太祖[182]也. 左先鋒左賢王, 右先鋒右賢王, 中軍帥呼韓神單于, 其餘將校, 突厥, 契丹, 冒頓, 頡利, 可汗, 鞅葛和單于, 不可勝數. 漢皇曰 : "誰敢拒敵 ?"始皇大怒, 與武帝發兵百萬, 命將千人, 憤然而出. 左始皇右武帝, 翼擊之. 匈奴望風而走, 兵不血刃而勝, 凱歌而還, 满坐大悅而已. 天色將曉, 山雞啁哳, 諸皇大醉, 傾[杯][183]而歸. 高皇太宗, 太祖謂明皇曰 : "帝混一四海未久, 天下太

179) 四美具, 二難并 : 네 가지 아름다운 사물, 즉 좋은 날[良辰], 아름다운 풍경[美景], 즐거운 마음[賞心], 즐거운 일[樂事]을 일컫는다. 사영운(謝靈運)의 『의위태자업중집시팔수서(擬魏太子鄴中集詩八首序)』와 왕발(王勃)의 『등왕각서(滕王閣序)』에 '사미구(四美具), 이난병(二難並)'이라는 구절이 있다.

180) 乐 : 원문은 약자로 쓰였다.

181) 魔 : 磨자로 추측된다.

182) 元太祖 : 징기스칸(成吉思汗, 1162~1227). 본명은 테무진(鉄木真). 고대 몽고의 수령. 군사가(軍事家)・정치가(政治家)였고 1206년에 몽골을 통일하고 제위(칸)에 올라 칭키스칸(成吉思汗)으로 추대된다.

183) 의문이 있다.

平之後, 思今日續舊遊, 以慰九原之魂也.” 各各拜別而歸. 秋風落叶之聲忽興, 夢中之事歷歷可知矣. 記傳後世.

姜虜傳

姜, 東国[1]大姓. 虜, 戎虜之謂也. 姜之门[2]閥, 代出文士名人, 赫世冠冕. 中葉以來, 有曰士尚曰紳者, 繼擢制科, 致位卿相, 绅之子曰弘立, 承父祖之烈, 挾文墨之技, 傲睨一世, 指掌青紫.[3] 宣祖朝,[4] 中丁酉, 谒聖科, 出入侍中[5]者, 十馀年. 至廣□, 不失名宦, 践歷高華者又十年. 以其有弓马才,[6] 出试咸镜南道兵马使, 弘称职, 身都将相, 望属千城. 逮万歷[7]戊午, 建州[8]奴夷[9]結怨天朝,[10] 称兵挠乱, 遼陽數鎮, 連被陷沒. 天子[11]震怒, 動天下兵討之, 往時征倭經略楊

1) 東国 : 지금의 북한(北韓) 남한(南韓)을 고대에서 동국(東国)이라 일컫는다.
2) 门 : 원문에서 약자로 쓰였다
3) 青紫 : 한나라 제도(漢制). 승상(丞相) 태위(太慰)는 모두 금은자수(金銀紫綬)고 어사대부(禦史大夫)는 은인청수(銀印青綬)임. 본문에서는 고관(高官)을 일컫는다.
4) 宣祖朝 : 원년(元年)은 1568년임.
5) 侍中 : 관명(官名). 진(秦)나라 때부터 설치함. 승상(丞相)의 속관(屬官)으로 황제(皇帝) 곁에서 시중(侍從)하면서 궁정(宮廷)을 출입함. 남송(南宋) 때 폐기.
6) 弓马才 : 무예(武藝)가 뛰어남을 일컫는다.
7) 万歷 : 서기[公曆] 1619년.
8) 建州 : 주명(州名), 관청명[衛名]. 명성조영락원년(明成祖永樂元年)에 여진족(女真族)의 거주지에 건주위(建州衛)를 설치함. 지금 길림성(吉林省) 동남 일대를 일컫는다.
9) 夷 : 동방소수민족(東方少數民族)의 멸칭(蔑稱). 동쪽 오랑캐[東夷]라고 많이 불리운다. 여기서는 건주여진족(建州女真族)을 일컫는다.
10) 天朝 : 중국 명나라.

鎬復以征虜經略受命出關, 以皇□有鼓舞朝鮮之語. 以羽檄徵师[12]于本国, 使為犄角之勢. 朝廷群議, 皆以爲我國至诚事大[13]二百餘年, 禮義忠順聞于天下, 上國[14]有急, 義當悉索其賦. 況壬辰中否,[15] 微聖皇拯救吾其恩矣. 於是, 点[16]起精鋭二万餘人將赴遼陽. 元戎重任迪管在边, 文武才望咸推弘立, 擢拜元帅平安兵统, 金景瑞副之. 是年光海十年[17]八月出师西下, 弘立辭其母[18] “□□□泯泯沒世, 報補之責, 專在汝身, 今者受莫重之任, 當可效之地, 即有不称. 非但負国, 便[19]頽家聲. 汝弟弘勳, 年□計長, 我死有依, 無以老妾故有他心, 信乎. 宋東萊而言[20]曰 : ‘君臣義重, 父子恩輕.’ 去矣弘立, 從此永訣.” 弘立泣拜曰 : “兒自有見, 庶不為慈氏慮.” 軍過浿水,[21] 時屬小康, 西路繁華, 弘立到處縱酒, 無意軍旅. 從事官李民寏乘間言曰 : “蠻夷作孽, 四海震動, 主上坐不安席. 掃境内屬吾輩, 所當枕戈征繕, 激厲興起, 副聖皇之望, 效吾君之職, 不與賊生, 以其君顯可也. 奈何淹然時月, 謔浪盃酒, 将士見之, 孰不解體.” 弘立夷然答曰 : “君無項羽[22]之勇, 吾亦飛卿子冠軍, 寧有即其帳中者乎? 凡有緩急, 密旨[23]在吾, 請諸君勿憂.” 民寏驚曰 : “所謂密旨為何事耶?

---

11) 天子 : 중국 명나라 황제(皇帝) 만력(萬厲)을 일컫는다.
12) 师 : 원문에서 약자로 쓰였다.
13) 事大 : 중원정권(中原政權)을 중심으로 중국 주위 각국을 순종시키려는 사상(思想).
14) 上國 : 중국 명나라.
15) 壬辰中否 : 임진왜란(壬辰之亂)을 일컫는다.
16) 点 : 원문에서 약자로 쓰였다.
17) 원문은 작은 글자체[小字]로 사자쌍행(四字双行)임.
18) 세 글자[三字]가 파손된 걸로 추측된다. 그 아래 한 행[一行]도 파손되어 분명치 않음. 그 사이에 시년(時年) 군(軍) 비(臂)자가 있는 것으로 추측된다.
19) 글자를 잘못 쓴 것으로 보이며 경(更)자로 바꿔야 적합하다.
20) ‘언(言)’자는 후인이 만년필로 썼음. 송동래(宋東來)는 분명치 않음.
21) 浿水 : 조선시대의 강 이름. 시대에 따라 명칭이 다르다. 여기서는 대동강(大同江)으로 추측된다.
22) 項羽 : 기원전 232~202년. 진(秦) 말기 농민봉기군(農民起義軍) 수령(領袖). 이름은 적(籍), 자는 우(羽).
23) 密旨 : 황제(皇帝)가 위기상황을 대처하기 위해 신하에게 내리는 밀령(密令).

願得詳聞.” 弘立曰 : “臨機可見, 無用多談.” 民寏不敢再問, 幕中將士聞者皆怒髮衝冠曰 : “吾亦憂國厚恩, 忘身赴敵, 而主將驕蹇, 妄稱密旨, 安有興兵徵敵而有密旨不戰者乎?” 相與涕泣. 民寏止之曰 : “主將之意, 未能達料, 輕相扇動, 於軍不利, 不如姑忍以观其終.” 宣川郡守金應河知弘立無必戰之意, 请于弘立, 願得自當隊前行赴敵. 弘立許之, 分給步卒五千人, 号為左營, 為先鋒. 又以雲山郡守李一元為右營將, 弘立與景瑞統大衆為中營, 進住義州.[24] 至乙未正月經略檄文又到, 二月二十五日, 大軍皆會于嘌馬田. 朝鮮軍兵並令, 及期齊會, 弘立坐統軍事, 點軍擇人上馬下者, 人下馬上者分作兩軍. 人上馬下者全運糧草在后, 人下馬上者自領之. 諸將皆曰 : “人馬俱上當為征進, 而乃以人下赴敵, 馬雖上, 其奈人不上何?” 弘立曰 : “密旨在吾, 諸君勿憂.” 諸將哂笑□. 其左營軍先到嘌馬田, 則天兵已齊云矣. 金英河□□刘[25]都督, 都督问曰 : “缘何后至, 元帅何在?” 答曰 : “步軍不敢馳驟, 未免差後, 元帥大軍即自隨至矣.” 都督見應河答對如響, 軍容整肅, 嘆曰 : “東方有如此人物, 諸夏之不如也.” 日暮弘立又到, 都督夜招弘立至帳中, 相议[26]進兵. 弘立曰 : “军餉在後, 士卒飢餒, 勢將住留, 等待軍餉. 且胡地險惡, 細作極難, 亟軍深入, 易進難退, 奈何?” 都督曰 : “大軍所到, 勢如拉朽. 師期已定, 亟進無疑.” 弘立無言而退. 都督怒曰 : “朝鮮用人如此, 不敗何待? 英雄只在眼前, 乃用狡黠小兒, 付以司命, 初度所言, 只是逗留之計也.” 所謂英雄指金應河也. 翌日行軍, 兩國兵鱗次連營, 行三日至牛尾嶺. 弘立見都督, 言粮[27]盡卒饑遇敵必潰. 都督不獲, 已留一日. 喬遊擊揚言於都督曰 : “朝鮮兵非無粮[28]也, 只

24) 義州 : 지금의 북한 신의주(新義州).
25) 刘 : 원문에서 약자로 쓰였다.
26) 议 : 원문에서 약자로 쓰였다.
27) 粮 : 원문에서 약자로 쓰였다.
28) 粮 : 원문에서 약자로 쓰였다.

是畏縮觀望, 其心叵測.” 遂拔劍催發. 弘立諸將皆曰 : “軍食不至盡絕, 安言粮盡?挑天将怒, 是何主见?” 弘立曰 : “密旨在吾, 临机可见.” 诸将曰 : “密旨専言退缩乎?今已臨急, 何不拆示, 破衆人之疑乎?” 弘立曰 : “姑待數日可矣.” 即密召女真通事[29]何瑞国等三人, 謂曰 : “虜中情形全不偵探, 一听[30]天將必有後悔. 汝等潛往建州, 傳说奴酋, 彼此两国, 本無嫌怨, 今者出兵, 迫於南朝,[31] 兩軍相遇, 勿用刀兵, 便可講和.” 並封書一通以送之. 瑞国等疾馳入建州, 先見奴酋長子貴盈哥, 具道來意, 且傳封書. 盈哥入言於奴酋, 奴酋拆見封書, 以手加額曰 : “豈非天乎?南朝之兵雖分四路, 憂不在三, 而獨慮此一路者. 彼金白[32]之助虐, 折箠笞之. 吾之所畏, 獨畏朝鮮之計[33]同耳. 曾在丹[34]朝, 以十萬精兵深入興化, 更輪不返, 素聞其卒悍兵利, 難與為敵, 今彼自送降書, 豈天使吾復鑽[35]先金遺烈耶. 立命貴盈哥, 分鉄騎三万, 先蹴南兵, 後受鮮人之降. 盈哥踴躍□□. 弘立為天將所迫, 黾[36]勉行軍, 到[37]马家寨, 始见□□□□. 士卒皆欲擊之, 弘立令曰 : “天兵貪功太甚, 我軍若相雜進戰, 則必有爭首級相殺傷, 不如觀, 便全軍為上.” 令裨將[38]傳呼曰 : “如有妄殺一虜者, 償命.” 諸將失色曰:“主將之意已復可見矣, 遇敵不杀,[39] 將何為乎!” 獨左營軍不应[40]曰 : “軍中君命尚可不受, 臨敵斂刃, 吾未聞

29) 통사(通事) : 통역하는 사람.
30) 听 : 원문에서 약자로 쓰였다.
31) 남조(南朝) : 북방의 여진족(女真族)과 구분하기 위해 부르는 말. 여기서는 명나라를 일컫는다.
32) 두 글자에 의문이 있다, 주석자.
33) 의문이 있다.
34) 거란[契丹] : 요나라[遼国]를 일컫는다.
35) ‘찬(鑽)’으로 추측된다.
36) 黾 : 원문에서 약자로 쓰였다.
37) 원문에 한 글자가 파손되었다.
38) 副將 : 부장(副將).
39) 杀 : 원문에서 약자로 쓰였다.
40) 应 : 원문에서 약자로 쓰였다.

也." 自向馬家寨至臨河四五十里間, 胡兵或數百名, 或千餘騎, 處處屯聚, 天兵及左營軍爭先勦戚,[41] 斬級頗多. 中右營則隨行觀望而已. 士卒皆憤曰 : "長槍大刃安用汝為 ?" 弘立又見都督, 言粮絕不可進. 都督曰 : "虜中埋穀甚多, 不妨因敵為粮." 弘立再三陳辨,[42] 復留一日. 時三月初四日平明, 都督放銃三次, 大軍催發, 令如雷霆, 勢如風雨. 喬遊擊, 江副揔, 祖參將先行, 刘都督次之, 張都司又次之. 金应河曰 : "裹粮坐甲, 因敵是求, 今見大敵可以勇矣." 遂奮憤然而起, 人皆踴躍. 弘立亦逶迤而前, 進行二十里, 到富平地面, 見依山部落, 櫛比成村, 天兵大呼馳入, 分散搶掠, 無復部伍. 貴盈哥三万鉄騎, 忽自山谷中突出衝擊, 天兵一時崩潰, 应河见賊兵甚盛, 列陣以待, 且叫弘立急來繼援. 弘立曰 : "爾不用命, 斬杀[43]為能, 豈为望救 ?" 即命中右營合兵登山頂結陣, 下瞰勝敗. 俄而喬遊擊率敗殘十餘人到中營, 說天兵盡沒. 又見胡兵大隊直犯大營, 应河激厲士卒, 血戰當之. 正是 : "威動昆陽霆擊日, 功奇孫子[44]火功時." 賊之前徒中丸逢箭, 僵尸如麻. 盈哥拔劍督戰, 賊之勇敢者百餘騎冒死先至, 諸賊繼之, 我軍力乏, 陣脚入已亂, 猶突刃觸鋒無一人散走者, 無一人空死者. 彼我雜揉, 劍戟相搏, 天地震蕩, 日星晦蒙. 应河見勢已去, 倚立柳樹下, 抽矢射之, 应河弦輒倒, 盈哥之弟中箭倒斃. 賊皆奪氣, 不敢衝犯. 自日中戰至日昃, 应河百餘矢皆盡, 奮拳疾呼, 矢如雨集. 天摧地裂, 烈士□□□□执戟, 右手握劍, 瞋目如生. 移時賊不敢近, 盈哥罷□□□息方定, 曰 : "吾橫行漠北, 所向無敵, 不料朝鮮人勇悍如此也. □使山頂之軍齊力合戰則吾腹背受敵, 無遺類矣. 天誘其□送降書, 袖手旁觀, 使我專意鬪力, 以

41) 의문이 있다. 주석자.
42) 글자를 잘못 쓴 것으로 보이며 '변(辯)'자로 바꿔야 정확하다.
43) 杀 : 원문에서 약자로 쓰였다.
44) 孫子 : 중국 춘추(春秋)시대 군사가 손무(孫武). 자는 장경(長卿), 제나라[齊國] 사람.

至得雋, 無非我滿住之洪福也.” 逐進陣山腳, 送一胡騎呼通事. 弘立喜曰 : “果然何瑞国能通消息也.” 即令出应曰 : “兩国初無嫌怨, 不須浪戰, 出兵之初, 預先走報已, 能領悉否 ?” 答曰 : “講和之意未戰而喩, 欲見大將, 面結盟好.” 弘立遂遣軍官朴東明往試之. 盈哥言, 非大將不可. 弘立又遣副元帥金景瑞馬上相揖, 約以和好. 景瑞還謂弘立曰 : “吾觀虜陣, 戰餘[45]卒疲, 瘡痍者過半, 且胡俗馬索鉄锁, 人宿革囊, 夜半掩襲, 制挺可撻. 況天兵之逃死者來聚近山將万餘, 約与[46]犄角, 声势益振, 天赐吾奇功, 不可失也.” 弘立曰 : “吾軍怯[47]懦無用, 今以齟齬小計妄探虎口, 是負薪而救火也. 此事決不可行.” 翌日朝, 弘立遂欲自往軍中, 將卒皆牽衣頓足曰 : “使道何之, 何之 ?” 弘立將行曰 : “喬遊擊十數人在陣中, 虜若知之, 必傷和事.” 逐令縛送虜營. 遊擊仰天長歎曰 : “不料朝鮮禮儀之邦, 甘心李陵降虜之辱,[48] 至於縛送王人, 何其甚耶.” 裂帛寫家書繫衣帶中, 伏劒而死, 一軍嗟傷. 弘立見盈哥大張兵威, 高揭氈帳, 左右白刃燦如霜雪, 魂不附体, 膝行蒲伏, 乞緩一命. 盈哥下床扶起曰 : “毋恐, 毋恐, 此去建州不滿五十里, 往見滿住, 牢定約束, 所領軍兵可即下山.” 弘立不敢違, 麾兵令下, 尽[49]去兵器, 堆積一處, 高与[50]山高 , 胡人以铁骑擁逼我军, 催趕前往, 途中多有摩拳躍身落澗自絕者. 胡將歎曰 : “朝鮮人氣節如此, 非可屈於人者.” 滿住中路送人曰 : “□□□兩將可速進來.” 弘立与[51]景瑞先行, 未至十里, 見城邊廣野, 軍馬相擁, 男女夾路, 而觀者無數. 沿途胡雛相聚作拏, 或擲瓦礫, 或

45) 의문이 있다. 주석자.
46) 与 : 원문에서 약자로 쓰였다.
47) 원문에는 글 우측에 ‘去’자가 아니고 ‘劫’자임. 주석자.
48) 李陵 : 중국 서한시대의 장군. 서쪽 흉노에게 투항한 장군.
49) 尽 : 원문에서 약자로 쓰였다.
50) 与 : 원문에서 약자로 쓰였다.
51) 与 : 원문에서 약자로 쓰였다.

投糞塊以辱之, 曰 : "偷生賣降之奴, 曾犬彘之不如也." 景瑞憤懣谓弘立曰 : "吾等偷一朝之命誤百年之身, 俛首受辱, 生不如死, 向見盈哥, 先自惧怯□□□虜男必負事, 豈不惜哉. 如見滿住, 可試行揖禮." 既入内, 全裝慣帶之人羅列十餘匝, 横亙四五里, 甲光耀日, □氣干星, 風馳電邁, 目眩心悸. 有紅衣人引入兩將令□□階下行禮, 兩人長揖. 滿住厲聲曰 : "汝以使臣來此, 則揖亦可也, 汝為投降之人, 敢為簡慢耶 ?" 弘立惶惧先屈膝四拜, 景瑞不得已亦拜. 何瑞国進前告曰 : "偏荒庸陋之人, 未嘗见大国威仪, 有失□措, 願得近立俯伏, 使盡其辞."[52] 滿住方許外廳坐以氊, 問曰 : "爾國如何無故興兵 ?" 弘立俯伏戰慄而對曰 : "非本國之意, 乃迫於南朝不得已也. 以此, 俺等先遣通事報道情形, 想已理會." 滿住曰 : "觀汝先報之意, 知為南朝所迫, 汝又不戰納款, 可見真誠. 不然則汝兩人已為齏粉, 數万人性命亦豈有孑遺之理. 但念爾国更助南朝乎 ?" 對曰 : "本國以區區千里之地, 被倭[53]内訌, 糜爛魚肉之餘, 一番出兵, 国内空虚, 其可再乎 ?" 滿住曰 : "吾將送人尔国, 和与不和, 待其回報, 爾亦馳書於国君, 董成和事可矣. 和議既定, 汝當皈国, 保無他也." 弘立謝曰 : "既荷不殺之恩, 又蒙生還之示, 可謂生死骨肉者也." 遂馳奏本国, 盛陳虜勢, 可与和不可与戰, 张皇眩惑, 不遺餘力, 備局启辞臺論, 皆以投降乞命, 誣上惑衆, 罪當收三族, 請繫治之以正王法. 廢朝以爲力屈講和, 勢也; 馳啓虜情, 職也. 赦而不治, 令庙[54]堂婉辞答書以遺滿住. 滿住猶以辞意有未滿者, 復送差胡, 往復再三. 和事未完, 满住见弘立文筆甚富, 深喜得人, 委以文書. 欲妻養女, 弘立亦以生還为急, 曲意順适, 無欲不從, 而至於嫁女, 則托言老病不敢也. 滿住猶疑弘立或懷二心, 欲觀其志. 一日, 於建州城中, 設一大

52) 辞 : 원문에서 약자로 쓰였다.
53) 倭 : 일본의 멸칭(蔑稱).
54) 庙 : 원문에서 약자로 쓰였다.

宴，會集八蛮酋长,[55] 皆锦衣繡舄，排列西行坐，弘立於其上，景瑞於其下. 又出闕氏以寵姬九人，養女三五十人，濃粧盛飾，皃皆艷絕，侍女數百，前遮后擁，引坐東行，使弘立相見. 禮畢，滿住左持盃，右執□□□而言曰："人生世間，意氣相許，不知輕重淺深者□□□□我二人，各相絕域，戎馬相逢，真非偶然，吾不喜破南兵[56]喜得君也，吾故倒廩傾囷，實無表裏，出妻示女，無相間隨，君在東国，雖云貴榮，豈得踰於今日之待君者乎？" 弘立指天而言曰："女為悅己者容，士爲知己者死. 俺之事東国，不過豫讓之於范仲行氏[57]也. 今蒙盛典，不特王猛之於秦天王[58]也. 竭力致忠，豈分南北，酬恩報德，曷敢多少. 吾將形諸文字，以表不二之心." 遂索筆題之曰：

去國萍蹤莫怨嗟，魚龍到處即江河.

捐身竭節無南北，知己酬恩敢少多.

孤鳳已能辞枳棘，大鵬元自化溟波.[59]

苏卿千载真堪笑，瀚海看羊独奈何.[60]

滿住使文人句句譯解而听之，起抱弘立之腰撫其背，謝曰："君乃真丈夫也." 時有華人[61]之在堂下者望見唾罵曰："孰謂東国是禮儀邦乎，此人五經掃地尽矣." 自此滿住大喜過望. 初弘立以降倭三百作爲親軍，常置帳前，至是薦於滿住曰："謀之帳前三百倭兵，輕疾悍勇，劍術無敵，請獻軍前調用." 滿住大喜，即傳令曰："來日内庭觀倭人用剑."[62] 倭人闻令，各自磨刀曰："吾等受朝鲜撫養多歷年，

55) 长 : 원문에서 약자로 쓰였다. 만족(滿族)의 팔기수령(八旗首領)을 일컫는다.
56) 南兵 : 명나라 군대를 일컫는다.
57) 출처가 분명치 않다.
58) 출처가 분명치 않다.
59) 大鵬 : 전설 속에 봉황새[鳳凰]가 오동(梧桐)나무에서 서식하고 곤봉(鯤鵬)이 활개짓으며 우주에서 날아예는 것을 일컫는다.
60) 苏卿 : 서한(西汉) 한무제(汉武帝) 때 소무(苏武)가 흉노(匈奴)에게 미혹되지 않고 죽을지언정 굴복하지 않으며 북해(北海)변에서 방목으로 평생을 보냈다고 한다.
61) 華人 : 한족(漢族).

所[63]一朝為犬羊驅使, 豈不辱乎？令此新磨之劔, 先施滿住之頭, 未為不可. 吾三百人爲一心, 一可當百, 掃盡群醜, 皈報朝鮮, 不亦烈丈夫之事乎？" 齊应[64]曰 : "諾." 約束已定, 密稟弘立, 弘立無言良久曰 : "大事安可妄也." 遂入告滿住曰 : "倭人心不穩, 來日試劔也須提防." 滿住大驚曰 : "急殺入高山, 各自提備." 又選心腹精壯三千人, 劫持鐵棒在手, 密圍外庭. 翌日黎明, 倭人入外庭, 唾掌待之, 有須, 紅衣人出傳滿住之令曰 : "倭人各三為隊, 分作百隊, 每一隊入内庭試劔罷還, 又出一隊入試, 逐隊替入, 無相雜亂." 倭人高呼曰 : "願三百一[65]爲一隊, 一時試勇, 以供壯觀." 紅衣者曰 : "將令已出, 不可更也." 遂引三倭入内庭試之. 但見白虹閃爍, 飛電明滅, 踴躍揮霍, 天地低昂. 滿庭觀者無不色沮, 試未半, 三倭者直視滿住, 舞劔突入, 被衆高山齊□□刺, 少不敵衆, 格殺三人爾死, 其餘三百倭, 在外庭者皆被□□□□□□人欲死者, 五百餘, 積屍盈庭. 滿住[举][66]盃謝弘立曰 : "公等活我, 我安不以腹心對之." 弘立曰 : "深荷鄭重, 安得不以腹心報也." 相与引滿, 吐露肝胆, 满住密问曰 : "朝鮮君心安保其必穩也." 弘立曰 : "朝鮮習俗不[67]比日本, 惜死恇怯, 宜無可慮." 滿住曰 : "軍卒雖如此, 將官之稱爲兩斑[68]者, 豈有好心." 弘立垂頭不答. 再問三問皆不答, 滿住遂令聚集降卒, 取出其手掌柔膩者四五, 曰 : "此則所謂兩斑者也, 驅出東門外処斬." 西征勇士此日皆盡, 惟李民寏, 朴蘭英, 李一元等十餘人以弘立腹心得免焉. 弘立日見親寵, 中心銘佩, 欲幹奇功, 以顯其計. 一日揚言曰 :

62) 剑 : 원문에서 약자로 쓰였다.
63) 所 뒤에 '위(謂)'자가 빠진 것으로 추측된다.
64) 应 : 원문에서 약자로 쓰였다.
65) 一 : 글자를 잘못 쓴 것으로 추측된다.
66) 举 : 의문이 있다.
67) 원문의 不 뒤에 잘못된 한 글자를 생략한다.
68) 斑 : 오기인 것으로 보이며 '반(班)'자로 바꿔야 정확하다. 주석자.

“即[69]今兵強將猛, 但守建州一僻地乎？” 滿住曰 : “正欠[呈][70]凝, 每吝剖析.” 弘立曰 : “遼東[71]非中国旧[72]地, 瀋陽[73]即襟喉, 得遼据瀋陽, 則中国是吾囊中之物也. 其一區劃創置, 某猶當之有餘矣.” 滿住起拜曰 : “公之言頓開茅塞, 決意西犯.” 時天啓辛酉春也. 臨發召景瑞謂曰 : “每恨弘立所誤, 辱身負国, 冀得其便, 將以有為.” 及聞滿住之言, 即应曰 : “如有用某之處, 萬死不[辞].” 滿住曰 : “能為我作先鋒復遼乎？” 對曰 : “遼城守將与某深交, 某當深结, 使为内应.” 滿住曰 : “即如此, 汝當為元功.” 遂与鉄騎三千為先鋒. 景瑞至遼城, 与遼將通書, 佯若使之内应者, 將計就計, 倒戈殺滿住. 計畫[74]已定, 刻日舉事. 弘立聞知之, 驚 : “必累我也”, [急]告滿住. 滿住大怒, 捉下景瑞, 命亟剝之. 景瑞大罵弘立, 因誣曰 : “此實弘立始主張而終反覆也.” 滿住又捉弘立, 裸体綁縛, 揮刀紛紜曰 : “吾以赤心待汝, 有踰骨肉者, 汝国人心, 本稟狡詐, 反欲相賊. 何為反耶？” 弘立泣涙曰 : “吾雖異域之人, 已為金国[75]之臣, 生成大造, 昊天罔極, 況敢叛乎？景瑞無知武夫, 自速其禍, 枉陷不辜, 皇天垕土, 實照此心.” 貴榮哥急入□, □□□□, □[76] 此人告景瑞之謀, 始終一心, 斷無他腸. 徒信□□□□□墜其計中耳.” 滿住悟曰 : “微汝, 枉殺賢士.” 親釋其縛, 舉盃□謝曰 : “老夫一時錯見, 有觸於君, 幸勿介懷.” 弘立叩頭曰 : “余所否者, 天厭之, 天厭之哉！” 及遼城[77]陷

69) 원문에는 ‘즉(即)’자인데 ‘기(暨)’자로 바꿔야 정확하다.
70) 呈 : 의문이 있다.
71) 遼東 : 지금의 요하(遼河) 동쪽을 일컫는다.
72) 旧 : 원문에서 약자로 쓰였다. ‘구(舊)’자로 바꿔야 정확하다.
73) 瀋 : ‘심(瀋)’자와 비슷해서 오기된 것으로 추측된다. 지금의 요녕성 심양시이다.
74) 畫 : 글자를 잘못 쓴 것으로 추측된다. ‘획(劃)’자로 바꿔야 정확하다.
75) 金国 : 1115년 여진족이 세운 나라. 여기서는 여진족이 세운 나라를 총괄하여 말한다. 후금.
76) 한 글자 한 행 그리고 또 한 글자가 파손되었다.
77) 요성(遼城) : 지금의 요녕성 요양시.

沒, 婦女玉帛[盡][78]皈[瀋]陽, 相宅迁[79]居一委弘立, 创建城闕, 布置官府, 略倣[華][80]制,[81] 毛羽既成, 滿住喜謂弘立曰 : "君才不減耶栗楚材, 當為開國第一勛也." 即以遼城所搶漢女之為養女者, 擇其妙麗, 備禮妻之, 即所謂蘇學士女, 而虜中所謂玉面公主者也. 弘立方悔昔日之辞昏, 又奇蘇女之絕艳, 欣然入贅, 情愛甚篤, 居常昵處. 握手自抒曰 : "吾自本國人妻無子夭, 唯一老母想亦入地, 擧顔宇宙, 形影相弔. 皈国, 国人皆棄; 留金, 金人無親. 老夫情懷吁亦慽矣. 賴子相從, 慰我幽獨, 死生契濶, 從此定矣. 子獨無情者哉 ?" 女含淚而答曰 : "伶俜一身, 不識门前之路, 一朝被駆, 忍淚渡河. 妾於此時, 無意生全, 天與其便, 兩美相合, 免窮庐[82]之羞辱, 事君子之巾櫛, 得其所哉, 得其所哉 ! 況見老爺廣廈金樻, 高官願足, 委質偕老, 妾有榮耀, 老爺無忘今日之言. 賤妾不敢負終身之義." 弘立憐悲其意, 喜得賢匹, 偎紅倚翠, 靡日靡夜. 更兼滿住以錦綺珠玉, 聲乐[83]玩好, 增加寵異, 以中其欲. 弘立与女日夕對酒酣歌暢飲. 曰 : "既结满住之欢, 又得佳婦之配, 世所難兼者, 吾一朝有之, 人生行乐耳, 何必故國為哉 ?" 自是東歸之念頓釋矣. 越在甲子, 逆雛韓潤脫身入胡中, 因弘立求見滿住, 且謂弘立曰 : "令公門闌, 在曩日固無恙, 變局之後, 衆言譁然, 將令公九族誅殺無遺, 令公其無抱怨之意乎 ?" 弘立泣下曰 : "吾與本國有不世之讐, 人有以吳兵入郢者,[84] 吾何獨不然乎 ?" 將欲請兵滿住, 蘇女謂曰 : "妾與老爺相從萬死之中, 歡情蜜意, 證在神□□□□□□□□□□□□□□□□□□□

78) 盡 : 의문이 있다.
79) 迁 : 원문에서는 약자로 쓰였다.
80) 華 : 의문이 있다.
81) 制 : 중국체제.
82) 庐 : 원문에서 약자로 쓰였다.
83) 乐 : 원문에서 약자로 쓰였다.
84) 영(郢) : 고도의 이름. 초소왕 10년(기원전 506년)에 오나라 군대가 침입하고 2년후에 소왕이 도성을 옮겼다.

□□□[85]人在軍，兵法忌之，以此兩難，甘心死別，况韩润得宠本国□□难信，請老爷察之.” 言訖，珠恨玉怨，泪如湧泉. 弘立就抱□腰，引手拭淚，曰："毋用煩惱，子言有理，吾且思之." 仍勾念赤族之怨[86]不可不報，在閨之思，亦不可恝，胸中戰臡，挨過數月. 潤見弘立有躊躇之意，正色讓之曰："令公違弃[87]君親，偷生蛮貊，闔門骨肉流血狼藉而安於富貴，溺於兒女，惟貪目前之樂，何顏見天下義士乎？今朝鮮有土崩之勢，以鉄騎臨之，則當如劈竹，操雞搏鴨之功只在反掌間，令公獨無遠大之計乎？" 弘立悟其意，遂言於滿住曰："朝鮮天下精兵處也，勁弓長戟，神炮利刀，皆東韓出，此用武治國，而俗尚喜狡黠，用人观[88]勢利，人皆解體，當事規避，智能之士思展其才，當此之時，苟有驅駕而用之者，環東土數千里，若衆星之拱北辰. 愚於虞者智於秦;[89] 佞於隋者忠於唐.[90] 指揮能事，訓練強兵，誕將天威，長驅西向，雖有智者，亦不能為南朝計矣. 某自蒙收錄，未效尺寸，今當用兵之際，請為前驅. 仍為假王收其智勇，簡其精銳. 十萬之衆，可立辦. 非某獨[佑][91]之階，即天賜我一統之資也." 滿住笑曰："君言差矣. 東韓之人，禮義成俗，攻之雖易，服之實難. 昔元世祖,[92] 力足以平一六合，而不能得高麗之心服，用兵三十年，終結舅甥[93]之好而已. 今吾衆強分之則力小，遽以一枝兵起东征之後，兵遠不解，坐延時月，不能越遼廣一步，以窺中原，而徒規規於小利非

85) 한 행이 파손되었다.
86) 赤族之怨 : 온 가족이 학살당함을 일컫는다.
87) 弃 : 원문에서 약자로 쓰였다.
88) 观 : 원문에서 약자로 쓰였다.
89) 우(虞) : 춘추전국(春秋戰國)시대 진(秦)나라의 나라이름이다.
90) 隋 / 唐 : 수나라[隋朝]와 당나라[唐朝].
91) 佑 : 의문이 있다.
92) 元世祖 : 징기스칸(成吉思汗).
93) 舅甥之好 : 혼인, 여기서는 몽고공주(蒙古公主)가 신분을 낮추어 고려국왕(高麗國王)에게 시집가는 것을 일컫는다.

計之得也. 故莫如东和朝鮮, 南戰中国, 直待坐鎮燕京,[94] 當見四海之輻湊[95]耳. 且昔人有沒齒而不敢謀其君之徒隷云者, 君獨何心, 讎視本國如此哉. 崔濡之事足以為明鑑, 君其思之." 弘立度滿住難以言動, 可以利誘. 退以上疏, 疏中極言本國武滿單虛, 人心憒散, 婦女之美麗, 玉帛之充溢. 重言復言, 急請出兵, 再疏三疏, 至累十疏. 至今虜中有曰姜弘立疏者, 積成卷軸. 人皆傳説云. 滿住見弘立□□, □□[96]憤惋欲死. 至丙寅秋, 滿住犯家遠衝□□□□□□□□□□孤立無援, 欲講好東国, 議於弘立, 弘立因言曰 : "東国君臣南朝唇齒, 雖遣一□行李, 難以歲月講好也. 不如數萬鉄騎戰而後圖之, 且先汗泥守東和南戰之計, 使大事不成, 誠可恨也. 東征之利如前所論, 請今試之. 事或不成, 和未晚也." 太時點頭曰 : "眇予小子, 纘承大業, 遹追先志, 圖任旧[97]人. 先君用先生計策, 战勝攻取. 先生之忠於本朝, 孤已銘於肺腑矣. 今日東和之計, 即先君之遺意, 而先生之變如此, 其始終眷眷, 必有是見. 和朝鮮而輔車相依者, 追先君之志也; 勒朝鮮而作爲偏戶者, 用先生之計也. 今日當兩試之, 倘蒙天佑, 一皷大定, 則有張邦昌, 故事煩先生, 無得謙讓. 悉其兵, 來赴先生, 有書錦之榮. 孤之經營中土, 与有力矣. 或者與諸国君臣指天作誓, 永結盟好, 絕東顧之圖, 專南伐之計, 即是先生以是遺我小子作万世無窮之利者也. 閫以外先生制之, 見可而行, 勉之哉." 遂命二, 三子發輕騎三万, 受弘立節制, 將之而東. 令韓潤前行以導, □召弘立入臥内, 手提金印一顆以与之曰 : "先生因行佩之." 弘立双手接過, 看其印又心自驚喜, 即跪告曰 : "此大事也, 姑勿泄漏, 默定于心. 即大成, 謹奉社稷以從, 或不如意, 講成足矣." 太時曰 :

94) 연경(燕京) : 지금의 북경.
95) 湊 : '주(輳)'자로 바꿔야 정확하다.
96) 한 행이 파손되었다.
97) 旧 : 원문에서 약자로 쓰였다.

"先生之言是也." 蘇女出門牽衣曰 : "老爺東还[98]妾將如何 ?" 弘立曰 : "姑且寬心, 當以翬翟迎之. 一時離別, 莫浪悲也." 潤謂弘立曰 : "僕与令公, 俱抱穷天之痛, 復讎之擧, 今行盡之." 弘立曰 : "此吾日夜腐心切齒者也." 乃与胡將約曰 : "今此出兵, 必先施之以威, 大行殺掠, 使王京以西糜爛空虛, 然後和可成也." 胡將曰 : "殺掠橫行, 吾兵之能事, 敢不尽力." 丁卯春, 夜袭義州, 踰城突入, 變出不意, 人皆驚散. 弘立急令胡兵八面圍之, 如驅風葉, 如獵笱魚, 怒目咬牙, 大肆屠殺, 白刃□舞, 赤血噴飛, 人人痛毒, 箇箇呼喊, 又令驅擁小兒, 倒□□, □□□□.[99] 忍言, 是日城中老少男丁靡有了遺, 妇女財帛搶掠□, 雖拓跋之屠滅南徐,[100] 紅巾之殘虐松京,[101] 不足以喻云慘□也. 胡將曰 : "所殺已多, 可以已乎 ?" 弘立曰 : "未也, 此去安州平壤等處, 皆大鎮也. 東事進退唯吾指揮, 麾兵掩殺, 路抵淩漢城." 城中見胡騎蔽野逼城, 不戰潰裂. 弘立督促胡兵, 四面蹙之, 滿城人命片時魚肉, 慘不可道. 至清州西岸, 胡將曰 : "兩處屠殺足以立威, 可遣人安州议[102]和." 弘立曰 : "姑且试之." 乃遣同鄰武人朴蘭英至安州叫門言講和之意. 節度使南以興, 使虞侯朴命龍登城應之曰 : "有斷頭將軍, 無議和將軍. □□歸報虜營." 弘立奮然曰 : "朝鮮尚未悔." 更加屠殺, 趨兵直衝, 陷自東北角, 南以興与牧使金俊, 坐軍樓自焚, 滿城之人, 若老若幼, 啼呼奔竄. 弘立与潤, 分督胡兵, 若刈草菅, 屍填街巷, 血滿溝渠, 亂斬幾尽. 弘立同里人, 以京炮手防守城中, 适見弘立纵馬追殺, 直撞馬前而叫曰 : "使道是本国大人,

98) 还 : 원문에서 약자로 쓰였다.

99) 두 줄이 파손되었다.

100) 拓跋之屠滅南徐 : 탁발씨(拓跋氏), 선비족(鮮卑族)의 한 갈래. 남북조(南北朝) 때 장강북쪽을 차지함. 남서(南徐)는 주(州)명임. 지금의 강소성(江蘇) 진강(鎮江)을 일컫는다.

101) 송겨(松京) : 원(元)나라 말엽 홍건군(紅巾軍)이 고려(高麗) 수도 개성(開城)에 쳐들어와 도시를 몽땅 불태운다.

102) 议 : 원문에서 약자로 쓰였다.

何不禁殺？” 弘立曰：“吾於若不無鄉里舊情，執吾馬鞚可以免死，吾之九族已赤，故來報讐，何以禁為？” 其人驚曰：“是何言也，大夫人以天年終者，數年餘皆無恙，休听飛語.” 弘立顿足曰：“其然，岂其然乎？” 其人曰：“晋昌令监方宦于朝，使差胤子尚保旧第，况其他乎?” 弘立暢然[103]曰：“为韓潤所卖以至此也.” 遂疾呼胡将，立起免死旗止殺，大責韓潤，遂与之絕，爾後聞平壤，黃岡等地，望風潰散，千里無人，喜曰：“以此行兵，雖橫行八路，可也.” 急到平壤，張榜文於四門，其文曰：“兼八道都元帥，金国大將軍，□曉喻父老軍民及文武置散之人：大兵吊伐，本為懷綏，毋□毋恐，各安耕桑，山林之中，閭巷之間，如有懷才莫展，有□功名者，逢此一時，正宜自奮，糾合驍果，來赴軍前，□□，□□□□，□□.[104] 榜文所播，□□□□□□□□□□□□□□□□□□□”之人不知吾心所在，豪傑未有至者. 韓潤在傍拍手，“□□□矣哉，弘立也，安有杀人如麻而人皆影附者乎，吾不知爾意將□何為？” 弘立曰：“怒殺人非吾本心，皆爾所使. 但當飮馬漢水，大□可定也.” 乃使朴蘭英之弟葵英為平壤城守將，分兵留陣，遂進軍至平山，雨久泥濘，留屯不發. 朝廷聞弘立獨令胡權，遣其姑父姜絪詣胡陣议和. 為羈縻之計，元帥張晚亦貽弘立書曰：“仁卿兄弟，爵位如舊，獨大夫人不幸耳.” 及絪至虜營見弘立，報以闔門無恙，責其專行殺戮，仍為飮泣曰：“父母之国不可背，后弟之鑑，其亦覆，莫如皈身朝廷，圖贖前罪.” 弘立深自感惕，夜使人投金印於江水，歎曰：“大計歸一夢，徒積一身殃.” 遂周旋胡將，往復行在，約定和事，捲退胡兵，實不越太時當初之意也. 又與胡將別曰：“吾歸金，不能使金重. 而在本國則金重.” 及見韓潤左右，珠翠成行，年少皃美者，能歌舞者，曉音律者，俱收並畜，以為歸胡地自娛之計，心甚歆羡. 謂潤曰：“當初東歸之日，所得婦女約

103) 暢然 : 글자를 잘못 쓴 것으로 추측되며 창연(悵然)으로 바뀌야 적합하다.
104) 두 글자와 한 행 그리고 또 두 글자가 파손된 것으로 추측된다.

与均分, 吾雖暫留, 終當西笑, 即會蘇女, 單居悄悄, 尔可分半与之. 一以爲幽獨之伴, 一以爲待吾之歸. 宿約丁寧, 爾無負我.” 潤張目叱之曰 : “汝先負約而絕吾, 何以責吾之踐約. 汝牽情骨肉, 自棄乐国, 何愚之甚耶. 吾得意西歸, 擁笙歌醉紅裙, 終吾生而徜徉志願足矣. 今汝執迷不悟, 他日思吾之言, 得無悔留乎.” 弘立瞿然思忖, 心無復悔, 而晉昌之牽挽, 胡將之許留, 皆不得自由, 悒悒而已. 及還行在, 和戎息兵, 獨誇己功, 上勉加慰諭, 且問曰 : “卿在虜久矣, 豈容鰥居.” 弘立起拜曰 : “臣忍辱胡庭, 不自死滅, 豈敢淫縱, 重為身累.” 時生負尹衡志上疏, 極言大概, 以爲投降之罪縱未能追究, 殺戮之罪斷不可饒貸, 請置極刑, 少洩輿憤. 辭意激烈, 聞者稱快, □□105)父母墳, □父絪大責曰 : “汝反背倫彝, 玷□□□□□□□□□於蠻夷, 以何面目復上父母之丘壠乎? 嫂氏一婦人也, 臨別之時, 其言如何. 汝讀古書知義理, 獨不念慈親之目不瞑於泉下哉.” 弘立激起良心, 慚悔意死. 又有持《忠烈録》来示之者. 弘立读《金将军傳》後敍延至年戰死, 李校衛之投生, 司牧陣亡, 曹景宗之無恙, 掩卷太息曰 : “不□甚乎?” 又見卷中畫本, 金应河獨立血戰, 力屈死節, 而弘立与景瑞屈膝拜伏於胡將座下, 傍積兵甲如山, 事跡瞭然, 如在目前, 面色如土, 五内如削. 又見卷端, 書七言近体106)二首, 題曰《嘲降虜元帥詩》, 詩曰 :

受鉞青冥辨百勝, 臨危胡乃惜先登.
偷生是□□恩薄, 乞命為榮虜氣增.
節義一朝帰板蕩, 綱常萬古逐波崩.
蠻山埋骨難埋恥, 泉下何顏拜穆陵.
讀聖賢書是阿誰, 高官大爵自爲之.
笑看策馬傷三戟, 忍見牽羊逆九逵.

105) 두 글자와 한 행이 파손된 것으로 추측된다.
106) 七言近体 : 칠언율시(七言律詩). 율격(格律)이 엄밀하다.

平昔許身期稷契, 即今被發等蛟螭.

徒令介士成全節, 獨受東韓萬代耻.

读未终篇, 搔首自责曰 : "人言至此, 吾其愧死矣." 遂居鄉墅, 閉户不出. 咄咄書空, 盈盈滴淚, 如癡如狂, 口自語曰 : "廣廈千間, 兼金万鎰, 中有美人顔如玉, 井美割恩, 忍看路阻涯角, 微□□□胡為乎至此? 果然韓潤之言不欺我也." 是時, 蘇女在虜中聞弘立留本国不還, 泣請太时, 奔到本国, 直抵京城, 朝廷命置京口, 待天朝[107]處置. 女手裁一書, 心封血緘, 以百金購傳于弘立. 弘立見之, 粉香哀怨可掬, 書略曰 : "妾養在深閨, 早學婦貞, 薄命險釁, 遭亂蒼黃, 行遍黃沙, 淚盡青塚. 不料老爺萬死相逢, 離邦去土, 二人懷抱, 誓海盟山, 一□□□□□□□□□□□□□三千, 深情縷□□□□□□□九萬長三□□□□. 兒女衷情, 匪石可轉, 鳳髓難合, 蝶夢稀到, [地][108]老天荒, 形單影隻, 唯當魂隨山骨, 血斑[湘竹],[109] 及黃泉無相見. 期臨緘嗚咽. 書不盡意." 弘立讀罷,[110] 淚下如雨, 幾欲狂叫躍起, 為家僮所阻, 乃曰 : "吾□上前, 對以十年鰥居之意, 舉世之人謂我如何? 必將重貽欺君之罪也. 況彼書中, 死以爲約, 吾何強欺, 人世受熏, 天之群嘲, 負入地之孤魂也. 逝將下從于泉壤." 遂卻食臥疾, 浹旬不起, 臨死語其僮仆曰 : "吾登科第, 歷敭清顯, 晚節崎嶇, 爲世所鄙, 福[善]禍淫, 天之道也. 平生作爲, 難可追認, 而獨念年少氣鋭, 出入臺閣, 以睚眦傷害人者, 非一□其以是施此惡報耶. 高高上帝, 赫赫下臨, 人可欺也, 天不可誣也." 言訖凝淚滿眶, 溘然而死. 晉昌絪哭其喪, 许葬先隴. 至今過者指為姜虜墓云.□[111]余嘗痛姜弘立, 以先朝慮, 従臣不顧恩義. 一則全師降虜, 二則屠殺生民,

107) 天朝 : 명나라.

108) 한 글자가 파손되었다. 地자로 추측된다.

109) 두 글자가 확실치 않다.

110) 罷 : '파(罷)'자로 추측된다.

111) 원문에 빈칸이 있다.

三則畜無將之，希非分之事．然粗聞其槪，若之详也．余西遊香山，遇一老僧，頗聰明解文字，而面有矢痕．余怪問之，僧嘲蹙不答，強而後言曰 : “某少好山水，□□□□□□□姜弘立於金剛佛寺，一見便相[親]，仍□□□□□□暫舍，戊午以後，身遂征西，倍嘗艱險，□□[112]曰若非□□.[113]

112) 한 줄이 파손된 것으로 추측된다.
113) 사오행이 파손된 것으로 추측된다. 상세한 상황은 파악할 수 없음.

발문

중국에서 한국문학 공부를 하면서 많은 한국 교수님들을 만났고 그들로부터 심심치 않게 『화몽집』에 관한 얘기를 듣게 되었다. 언제든 기회가 생기면 꼭 이 귀중한 자료를 한번 수집하려고 마음먹었다. 그러던 차 2002년 후반에 『화몽집』 원본을 읽게 되었고 복사본을 소장하게 되었다. 여러 가지 원인으로 출판을 미루던 차에 박희병 교수의 도움으로 출판할 수 있는 기회를 얻었다.

『화몽집』에는 모두 아홉 편의 한문소설이 수록되어 있다. 「피생명몽록」은 다섯 줄 반 밖에 필사되어 있지 않았고, 총 11쪽에서 모두 열 쪽이 공백이니 사실 8편의 소설이 수록되어 있는 셈이다. 이 8편의 작품들로는 「주생전」, 「운영전」, 「영영전」, 「동선전」, 「몽유달천록」, 「원생몽유록」, 「금화령회」, 「강로전」이다(「피생명몽록」은 목차에 없었다). 『화몽집』 맨 앞면에는 '희귀 2080'이라는 도장이 찍혀 있는데, 김일성종합대학교 과학도서관의 귀중 도서라는 의미이다. 밑에는 '김일성종합대학 과학도서관'이라는 도장과 '12718'이라는 번호가 찍혀 있다. 책은 총 269쪽으로 되어 있는데 「피생명몽록」의 열 쪽이 공백이라는 점을 감안하면 실제 259쪽이 되는 셈이다. 책의 크기는 가로 18.5cm, 세로 21cm이며 종이는 선지로 되어 있다. 오른쪽 옆으로 다섯 구멍을 뚫어 실로 꿰맸다. 제1부는 「주생전」이고 맨앞에 "약거기개천계원(略擧其槪天啓元)"이라고 쓰여 있다.

『화몽집』에 수록된 8편의 한문소설의 글자체에 대하여 각각 변별작

업을 진행하였는데, 적어도 4명의 필사자(筆寫者)가 있다는 것을 발견할 수 있었다. 그러나 「강로전」은 똑같은 필적으로 한 사람이 필사했음을 알 수 있다. 비록 화몽집본에 적지 않은 문자가 탈락되었다 하지만 소설들의 완정한 이야기 흐름에는 영향을 주지 않는다. 그리고 『화몽집』에는 한국 사람들이 쓰던 관용한자, 예를 들면 '狆', 즉 '獨'자 등이 대량으로 나타나고 있다. 또 독특한 시가(詩歌) 필사방법, 즉 위로부터 아래로, 왼쪽으로부터 오른쪽으로의 순서로 표기하였다(아래와 같음).

제1구　제3구
제2구　제4구

그렇다면 이 소설의 창작연대는 언제일까? 『화몽집』 표면에 "약거기개천계원(略擧其概天啓元)" 등 몇 자가 적혀 있다. 명대 천계 연호의 시말은 1612년부터 1628년까지이다. 이밖에 『화몽집』에서는 두 곳에 창작시간을 적어 두었다. 하나는 「주생전」 마지막에 "계기중하(癸己仲夏), 무언자권여장기(無言子權汝章記)"라 기재하였고, 다른 하나는 「원생몽유록」의 제일 끝에 "무진중추해월거사임자순지(戊辰中秋海月居士林子順志)"라고 기재되어 있다. 전자는 1593년이고 후자는 1568년이다. 상술한 기록만 가지고는 「강로전」의 정확한 창작 연대를 판단하기 어렵다. 『최본』[1]과 『동사잡록본』[2]의 소설 끝에 '숭정경오추무언자기(崇禎庚午秋無言子

1) 1927년 조선사편수회(朝鮮史編修會)에서 최기식이 소장한 자료를 필사하여 겉면에 기록자를 상세하게 기록하였다. 방문시간 : 1927년 6월. 방문자 : 토오요겐요시[稻葉嚴吉]. 소장자주소 : 강원도 강릉군 강릉면. 소장자 : 최기식. 필사시간 : 1927년 12월. 필사자 : 황병수. 교정시간 : 1928년 5월. 검열자 : 나카무라에이코우[中村榮孝]. 일부 한국학자, 예를 들어 박희병 교수 등은 이를 최본 「강노전」이라고 하는데, 이런 호칭은 토론해 볼 만하나 최기식본(최본)이라고 하는 것이 더 합당하다고 필자는 여겨진다.

2) 『동사잡록본』은 일본천리대학교에 소장되어 있는데 『금서문고본(今西文庫本)』에 「강로전」이 수록되어 있다. 상세한 것은 전남대학교 신해진 교수의 「동사잡록본 「강로전」 해제 및 역주」(『어문논총』 17호, 전남대 한국어문학연구소, 2006.8)를 참고하기 바란다.

記)'라고 기록되어 있는데, 명대 숭정 연호의 시말은 1628년부터 1644년까지이다. 또 『규창유고』의 작가 이건(李健)의 생몰연대는 1614년부터 1662년까지이다. 이에 근거하여 우리는 고전한문소설 「강로전」이 책으로 나온 때를 대체로 1620~1660년으로 추정한다.

다음 『화몽집』의 연구 연혁을 살펴보기로 하자.

사실 『화몽집』에 대해 북한에서는 1950년대에 이미 언급한 바 있다.

> 1959년 5월 29일 과학원 회의실에서는 언어문학연구소 문학연구실 주최로 학술보고회가 진행되었다. 고전계승의 한 측면으로서 풍자시인 석주 권필과 작품집인 『화몽집』의 연구에 대한 보고가 있었다. 『화몽집』에 대하여 김일성종합대학교 어문학부 류수 선생이 보고하였다. 그는 자기 보고의 서두에서 『화몽집』은 그리 알려지지 않은 작품집으로서 문학사상 중요한 의의가 있다고 하면서 그에 수록된 「몽유달천록」, 「금화령회록」, 「동선전」, 「운영전」, 「영영전」 등 10편의 작품들을 분석 보고하면서 이는 『금오신화』와 비슷하게 전기적 측면이 많다고 하였다.3)

여기에서 꼼꼼히 살펴보면 『화몽집』을 9편이 아닌 10편이라고 한 점이라든가, 또 김춘택은 『금화령회』라고 하였는데 류수는 '금화령회록'이라고 하면서 '록'자를 덧붙인 것은 조금 이상한 일이다. 원본에서는 금화령회로 되어있다. 김춘택은 9편의 작품 이름을 다 열거하였는데 9편이 정확하다.

『화몽집』이 또 언급된 것은 『조선고전문학선집』 39권 「임경업전」에서이다. 김유세라는 학자가 서문을 썼는데 김춘택의 주장과 똑같은 견해를 피력하고 있다.

"『조선고전문학』 39권에는 지금까지 널리 알려지지 않았던 「임경업전」, 「몽유달천록」, 「영영전」 등 세 편의 중편소설에 해당하는 고전작

3) '학계소식', 『조선어문』 4호, 평양: 조선어문연구회, 1959, 37면.

품을 번역하여 원문과 함께 편집하였다. 이 작품들이 널리 보급되지 않았던 것은 한문으로 씌어졌던 사정과 연관이 있다. 그러나 이 작품들은 소설의 주제사상의 견지에서 보나 또는 형상수준으로 보아 우리나라 중세 소설문학의 발전에 중요한 자리를 차지하고 있는 귀중한 작품들이다. 「몽유달천록」과 「영영전」은 소설집 『화몽집』에 수록되어 있다."[4]

북한 학자들이 주장하는 9편 가운데 한국에 잘 알려지지 않은 작품은 「강로전」과 「금화령회」이다. 북한에서도 이 두 작품을 다루고 있다.

> 고전소설 「강로전」은 한문소설집 『화몽집』 안에 들어 있는 작품으로서 16~17세기에 산 반동적인 량반관료 강홍립에 대한 전기소설이다. 『화몽집』의 편집자는 알려져 있지 않으며 편집연대는 그 안에 실린 작품들의 내용으로 보아 17세기 전반기라고 볼 수 있다. 『화몽집』 안에 실린 작품의 일부는 작가가 알려져 있고 일부는 알려져 있지 않다. 「강로전」은 작가가 알려져 있지 않은 작품이다.[5]

상술한 바와 같이, 서두에서 간략하게 「강로전」의 출처를 밝힌 다음 당시의 국내외 정세를 분석하고 작품의 줄거리를 요약하면서 그 사상내용에 대해서 언급했다. 마지막에는 이 작품의 문학사적 의의에 대해 언급했다.

> 소설 「강로전」은 이와 같은 제한성이 있으나 부정인물을 주인공으로 등장시키고 그의 수치스러운 일생과 그 말로를 보여줌으로써 사람들에게 심각한 교훈을 주었다는 의미에서 일정한 의의를 가진다. 소설은 또한 당시의 복잡한 국내외 정세와 역사적 사실을 문학작품을 통하여 비교적 정확히 반영하였다는 점에서도 의의를 가진다.[6]

4) 김윤세, '「림경업전」 서문', 『조선고전문학선집』 39, 평양: 문학예술출판사, 1992, 7면.
5) 『고전소설해제』 1, 문예출판사, 1988, 25면.

현재 「강로전」의 이본으로는 『최본』과 『화몽집본』 및 『규창본』 등 여섯 가지 이본이 있는 셈이다. 이중 『규창본』은 언해본을 다시 한역한 것으로서 원작과는 거리가 멀며, 원작의 면모를 가장 잘 보여주는 이본은 『최본』과 『화몽집본』이다.[7)]

박희병 교수가 주장하는 원작의 면모를 보여준다는 『최본』이 행서나 해서로 씌어졌다고 주장하는 데 반해 북한의 화몽집은 초서로 씌어졌다는 사실을 감안할 때 확실히 서로 다른 이본이라고 인정할 수 있다. 또 박희병 교수는 작가까지 고증해서 권칙을 원작자라고 주장하는데, 이는 「강로전」 연구에서 새로운 지평을 열었다고 할 수 있다.

「금화령회록」은 『고전소설해제』에서 「금산사몽유록」으로 소개된다.

"고전소설 「금산사몽유록」은 한문소설로서 한 선비가 꿈속에서 중국의 역대 인물들이 모여 연회를 벌이고 있는 것을 구경하는 이야기를 담고 있다. 이 소설은 여러 가지 이본을 가지고 있다. 한문수사본으로 「금산몽유록」, 「금화산몽유록」이 있으며 『화몽집』 안에는 「금화령회」라는 제목으로 실려 있다. 그리고 국문으로 번역된 「금산사몽유록」이 있다. 이 소설은 17세기 중엽에 편집된 것으로 인정되는 한문소설집 『화몽집』 안에 실려 있는 것으로 보아 창작 연대는 17세기 전반기 이전이라고 볼 수 있다. 작가는 알려져 있지 않다."[8)]

소설의 사상내용과 그 문학사적 의의는 다음과 같이 요약한다.

> 작가는 작품에서 지난날의 역사를 통하여 당시의 봉건현실을 비판하고 당대의 봉건통치자들도 옛날의 어진 임금들처럼 백성들을 사랑하며 간신을 멀리하고 어진 신하를 널리 등용해야 한다는 사상을 주장한 것으로 보이나 옛

---

6) 위의 책.

7) 박희병, 「17세기 초의 숭명배호론(崇明排胡論)과 부정적 소설주인공의 등장」, 『한국고전소설과 서사문학』 상(간행위원회 편), 집문당, 1998, 37면.

8) 『고전소설해제』 1, 문예출판사, 1988, 83면.

날과 당대의 현실을 전혀 연결시키지 못하였으며 불합리한 봉건현실을 타개할 아무런 방도도 제기하지 못하였다. 소설「금산사몽유록」은 이 시기 '몽유록' 형식의 소설 발전정형을 보여준다는 측면에서 일정한 의의를 가진다.[9)]

『화몽집』에 대한 간단한 소개를 이로 마치며 『교주본』과 『영인본』이 함께 출판되니 국문학 애호가들과 연구자들의 많은 관심을 끌기 바란다.

출판을 주선해 주시고 원고를 꼼꼼히 읽어 보면서 훌륭한 조언을 주신 서울대학교 박희병 교수님께 진심으로 사의를 표한다.

이 책의 출판을 맡아주신 소명출판에 깊은 감사를 드린다.

2009년 6월
중국 연길에서, 저자 최웅권

9) 위의 책, 87면.

고전 한문소설 「姜虜傳」 이본 연구

『花夢集』을 중심으로

최웅권

중국 연변대학교 한어문화학원

임진왜란 이후, 전통적인 전기소설은 그 수량이 많아졌을 뿐만 아니라 그 외에 야담소설·전류소설·국문소설 등 새로운 유형의 소설들이 많이 나타났다. 그리고 제재영역이 부단히 확대되고 표현방식도 더욱 다양해졌을 뿐만 아니라 소설의 창작 수준도 전체적으로 크게 제고되었다. 「강노전(姜虜傳)」이 바로 그 중의 대표작이다.

1.

고전소설 「강노전(姜虜傳)」은 지금까지 6가지 이본이 발견되었다. 즉 한민족문화추진회에서 발행한 『규창유고(葵窓遺稿)』에 수록된 것(이하 규창본이라고 함), 한국 강원도 강릉군의 최기식이 소장하고 있던 것(이하 최본이라고 함),[1] 일본 텐리대학교에서 소장하고 있는 금서문고(今西文庫)판본(이하 금서본이라 함), 북한 김일성종합대학에서 소장하고 있는 고전소설집 『화몽집』에 수록된 것(이하 화몽집이라고 함)과 유한준(兪漢儁)의 자저본(自著本) 『강홍립전』과 박철상 소장 한문 필사본 『홍립전』이 있다. 이 6가지 이본 중 5가지 이본은 한국에서 찾아볼 수 있는데 『화몽집』본의 「姜虜傳」은 북한에만 소장되어 있다.

규창본 「姜虜傳」은 좀 더 정확하게 말하면 하나의 언해본이다. 왜냐하면, 한글로 된 「姜虜傳」을 중국어로 번역한 것이기 때문이다.[2] 다른 세 이본과는 달리 이 이본의 편폭이 가장 짧고 문필 또한 다른 이본들보다 좀 못한 편이다. 이 이본에서는 주인공 강홍립(姜弘立)이 후금(後金)에 투항한 후, '즉시 필을 들어 칠언 사운(七言四韻) 시 한 수를 지었다. 시에서는 본국의 패덕을 강력히 비난하고 포로 우두머리의 덕망을 성찬하였다'고 언급하였을 뿐, 칠언율시의 내용에 대해서는 언급하지 않았다. 그러나 다른 세 이본에는 이 칠언율시에 대한 내용이 기재되어 있다. 또한 『화몽집』본 · 금서본 · 최본에는 이 시외에 또 다른 두 수의 칠언율시 「조로원수(嘲虜元帥)」가 수록되어 있으나 규창본에는 없다. 그러나 규창본은 언어가 비교적 유창하고 문자도 쉽게 식별할 수 있는 유일한 인쇄본이다. 기타 세 이본은 모두 필사본이다. 그중 가장 세밀하고 정제되어 있는 것은 최본이다. 이는 필사인 황병수의 공으로 돌려야 한다. 글자체를 가장 식별하기 어려운 것은 금서본이다.

---

1) 1927년 12월, 조선사편수회에서 최기식이 소장한 자료를 필사하였다. 속표지에 '취재 시간 : 1927년 12월. 취재인 : 이나하간키찌[稻葉岩吉]. 소장인 주소 : 강원도 강릉군 강릉면. 소장인 성명 : 최기식. 필사 시간 : 1927년 12월. 필사자 : 황병수. 교정 시간 : 1927년. 교정인 : 시부에케이조우[澀江桂藏]. 교열 시간 : 1928년 5월. 교열인 : 나카무라에이쿄우[中村榮孝]' 등이 상세하게 기록되어 있다. 박희병 교수 등 일부 한국 학자들은 이 이본을 국편본 「姜虜傳」이라고 하였는데 이런 호칭은 토의할 필요가 있는바 최기식본(최본)이라 하는 것이 비교적 타당하다.

2) 『葵窓遺稿』의 저자 이건(李健, 1614~1662)은 자가 자강(子强)이고 호는 규창(葵窓)이다. 이건의 「姜虜傳」의 제목아래 '有諺文傳世者, 公譯之'라고 씌어 있다.

본문은 한국 학자들이 구하기 어려운 『화몽집』본을 최본, 금서본의 「姜虜傳」과 직관적인 비교를 하고자 한다. 규창본도 적당히 참조한다. 유한준의 자저본과 박철상의 소장본은 잠시 이 대조연구에서 제외된다.

소설 제1단락[3]의 주요내용은 세 이본이 완전히 같다. 모두 주인공 강홍립의 가족상황을 소개했고, 또 그의 뛰어난 재능으로 함경남도 병마사라는 군사요직을 맡았다는 것을 소개하고 있다. 『화몽집』본의 '선조(宣祖)' 와 '시중(侍中)'을 최본과 금서본은 모두 '선묘(宣廟)' 와 '시종(侍從)'이라고 했다. '宣廟'는 각각 중국 명나라의 선종 주첨기(宣宗朱瞻基, 1426~1436 재위)와 청나라의 선종 민녕(宣宗旻寧, 1821~1850 재위)의 왕호와 이름을 말한다.[4] 이 두 조대는 프레임과 문장의 시간은 대응이 이루어지지 않는다. 너무 앞서 있지 않으면 너무 늦다. 분명 이 두 황제에 대한 칭호가 아니다. 때문에 정확한 것은 응당 『화몽집』본의 '宣祖'라 해야 할 것이다. 즉 조선 14대 왕 이연(李昖, 1552~1608)이다. 그는 죽은 후 양주 목릉에 안장되었다. 그리고 소설의 제1단락의 기본내용과 소설 마지막의 「조로원수(嘲虜元帥)」 시 중의 '저승에서 무슨 체면으로 목릉을 참배하랴!'라는 시구를 볼 때 응당 '宣祖'라고 해야 할 것이다. '侍從'은 『현대한어사전(現代漢語詞典)』의 해석에 의하면 '황제나 관원 곁에서 시중들고 지키는 사람'을 말한다.[5] 이와 달리 '侍中'은 관직명이다. 재상의 속리인데 진나라[秦代] 때부터 설치되었으며 황제 곁에서 시중들면서 궁궐을 드나들고 고문 역할을 한다. 양한(兩漢), 수(隋), 당(唐)까지 설치되어 내려 오다가 남송(南宋) 때 폐지되었다.[6] 이렇게 놓고 볼 때 두 구절의 표현방식을 보면 『화몽집』본의 '출입시중자(出入侍中者)'가 정확

---

3) 문장을 쓰면서 편의를 위해 우리는 네 가지 이본의 「姜虜傳」에 현대식 문장부호를 넣고 단락을 나누었다.

4) 홍잠후(洪潛侯), 『中國文獻學新編』, 항주대학교출판사, 1994.5, 134면.

5) 『現代漢語詞典』(수정본), 商務印書館, 1996.7, 1154면.

6) 『古代漢語常識』, 산동교육출판사, 1984.5, 39면.

하고 더욱 매끈하다. '傲睨一世' 중의 '睨'는 최본과 금서본에서 모두 '視'라고 했는데 전자가 더욱 생동감 있고 구체적인 것 같다.

제2단락의 내용은 주로 만력 무오년(萬曆戊午, 기원 1619년), 건주(建州)[7] 여진족이 중국 동북에서 전쟁을 일으켜 명 정부에서 군대를 파견하여 진압할 때 조선에서도 출병하여 협조해줄 것을 바란다는 내용을 썼다. 조선에서는 강홍립을 원수로 김경서를 부원수로 2만 정병을 거느리고 전쟁을 돕기로 결정했다.[8] 이 단락에서 『화몽집』본과 최본의 같은 곳에 글자 하나가 빠졌다. 즉 '救吾其魚肉矣'의 '魚'자 뒤에 肉자가 빠졌을 것으로 추정된다. 문장의 뜻과 금서본에 근거하여 이 결론을 얻을 수 있다. 금서본 '簡迪在廷'중의 '簡'과 '迪'은 순서가 서로 바뀌었다. 응당 '迪簡'이라야 한다. 『화몽집』본과 최본은 '迪簡'이라고 썼는데 이 말은 「상서(尙書)·다방(多方)」에서 나온다. '迪'이 여기서는 조사로 쓰이며 '簡'은 선발이라는 뜻이다. 건주 여진족을 『화몽집』본과 금서본은 모두 '奴夷'라고 불렀는데 최본은 '虜夷'라고 했다.

제3단락은 소설의 주인공 강홍립이 모친 정씨와 결별하는 장면에 대한 섬세하고 생동감 있는 감격적인 묘사이다. 다른 두 이본과 대조해보면, 『화몽집』본에는 '時年八十餘, 揮泣出門, 齧臂以別曰:'吾爲乃家婦, 聞先世之受國恩. 逮至汝父子, 食厚祿, 封華筵, 榮寵極矣. 汝父薄才' 등 45자가 빠졌다. 이밖에 단락의 끝에 또 '憂'자가 빠졌다. 이 단락 첫머리의 '是年' 아래 『화몽집』본은 두 줄로 '光海[9]十年'이라는 네 글

7) 지명. 행정구 이름, 명 성조 영락(明成祖永樂) 원년에 여진족이 거주한 곳에 건주위를 설치했는데 지금의 길림성 동남지역이다.

8) 「清史稿」「滿洲實錄」「淸朝實錄」 및 「光海君日記」 등 역사기록에는 1만 3,000명을 파견하였다고 기록되어 있다.

9) 광해군 이혼(1608~1623 재위). 선조 이연의 아들로 이연이 죽은 후 그의 자리를 계승하였다.

자를 증가했다. 『화몽집』본의 이 단락 마지막 글자는 흘려 쓴 것이어서 알아보기 힘든데 최본과 금서본에 따르면 '憂'자라고 확정할 수 있다. 세 이본은 강홍립 남동생의 나이, 체격에 대해 각각 '年壯□長', '年壯□長'과 '年長□壯'이라고 묘사했는데 필자는 빈자리가 '體'자라고 추측한다. 강홍립 남동생의 이름에 대한 기록을 볼 때, 최본과 『화몽집』본은 '弘績'이라고 했는데 금서본은 '弘勣'이라고 했다. 그리고 최본의 '食厚祿, 封華近' 중의 '近'자는 오자로서 『화몽집』본과 금서본에 의하면 '筵'자라고 볼 수 있다. 이 단락에서 세 이본에는 모두 틀린 것이 하나 있다. 즉 '無以老母故有他心'[10] 중의 '無'를 응당 '毋'로 해야 타당하다. 문장 속의 송동래(宋東萊)는 동래부사(東來府使)직을 맡은 송상현(宋象賢, 1555~1592)이며 인용한 두 시구는 바로 그가 쓴 「절명시(絶命詩)」에서 나오는 것이다.[11]

제4단락에서는 소설의 주인공 강홍립이 명을 받고 전쟁터로 나가는 것을 썼는데 그는 군사행동에는 생각이 없이 도처에 다니며 술을 마시면서 거짓으로 밀지(密旨)가 손에 있다고 한다. 최본과 『화몽집』본을 대조해 볼 때 최본은 '軍過貝水'라 하고 『화몽집』본은 '軍過浿水'라 했는데 후자가 정확하다. '浿水'는 옛날 북한의 강의 이름인데 대동강이라는 사람도 있고 청천강이라는 사람도 있다.[12] 이 단락의 두 번째 구절을 『화몽집』본과 금서본은 모두 '時屬小康'이라 하고 최본은 '時屬少康'이라고 했는데 정확한 답은 아직 찾지 못했다. 또 『화몽집』본과 금서본의 '枕戈征繕'을 최본은 '枕戈停膳'이라고 했다. 문장의 뜻에 따라 「辭海」와 「辭源」을 찾아보면 전자의 서술이 더욱 정확하다. '枕戈'는

10) 『화몽집』본은 '無以老妾故有他心'라고 했고, 최본은 '無以老妾之故, 有他心'이라 했는데 신분과 문맥에서 볼 때 금서본의 '老母'가 더 합당한 것이다.

11) 현재 한국 충청북도 송씨 충렬사당에 이 시 '孤城月暈, 列鎭高枕. 君臣義重, 父子恩輕'의 목각이 있다.

12) 임견(林堅), 「韓民族源流梳理」, 『中國人民大學學報』, 2006.3.22.

무기를 베고 눕는다는 말인데 적을 무찌르고 나라를 보위하고 싶은 간절한 마음을 묘사한다. '征繕'은 「좌전(左傳) · 희공십오년(僖公十五年)」의 '征繕以輔孺子'에서 나오는 말인데 조세를 징수하고 갑옷과 무기를 수리한다는 것이다.[13] '孰不解體'의 '解'를 최본에서는 사람 인자 부수에 '解'자를 적은 것으로 잘못 썼다. 실제로는 '解'와 '㑼'가 같은 뜻으로 쓰이는데 나태하다는 뜻이다. 여기서 특기 할 것은 강홍립이 종사관 이민환(李民寏)의 물음에 대답하는 말이다.

> 弘立夷然答曰 : 君無項羽之勇, 吾亦非卿子冠軍, □有□其帳中者乎□ 凡有緩急, 密旨在吾. 請諸君勿憂. (『화몽집』본)
>
> 弘立夷然答曰 : 君無項伯王之勇, 吾亦非卿子冠軍, □有□其帳中者乎□ 凡 緩急, 密旨在吾. 請君勿憂. (최본)
>
> 弘立夷然答曰 : 君無霸王之勇, 吾亦非卿子冠軍, □有□其帳中者乎□ 凡有緩急, 密旨在吾. 請諸君勿憂. (금서본)

여기서 '諸君'과 '君', '凡有緩急'과 '凡緩急'의 서술이 조금씩 다르다. 하지만 전혀 다른 것은 '項羽', '項伯王', '霸王'이다. 『史記』 · 『漢書』의 기재에 의하면 항적(項籍, 기원전 232~202)의 자는 우(羽)이고 진나라 말 하상사람이다. 진나라가 멸망된 후 스스로 서초패왕이라 일컬었다. 그의 호칭에 대하여 상술한 몇 가지 외에 또 '항왕(項王)', '패왕(霸王)' 등이 있다. 강홍립의 말과 연결해 보면 항우가 장막에 들어가서 '경자관군(卿子冠軍)'이라 불리는 송의(宋義)를 죽인 고사에서 온 것임을 알 수 있다. 비록 『화몽집』본과 금서본의 '항우(項羽)'와 '패왕(霸王)'의 호칭은 다르지만 사실은 한 사람이다. 최본의 '항백왕(項伯王)' 중의 '伯'은 잘못된 글자라는 것임을 명확하게 알 수 있다.

13) 『辭海』(수정본, 어휘분책), 상해사서출판사, 1975, 1359면, 829면 참조.

제5단락에서는 강홍립이 행동이 느리고 핑계만 대어 류도독의 질책을 받는 것을 썼다. 첫머리의 '已未正月'은 만력 47(1619년)년 정월을 말한다. 이 시간대에는 세 이본이 완전히 일치하다. 소설 속에 묘사된 대군이 만나는 지점에 대해 『화몽집』본과 최본은 '暻馬田'이라고 썼고 금서본은 '曝馬田'이라고 썼는데 모두 잘못된 것이다. 사실은 응당 '晾馬佃' 혹은 '亮馬佃'이어야 한다.14) '並令及期齊會' 중의 '並'을 최본에서는 '幷'이라고 잘못 썼다. '弘立坐統軍馬' 중의 '馬'를 『화몽집』본에서는 '事'라 하고, 금서본에서는 '丁'이라 했는데 모두 적중하지 않다. 최본은 '點擇人'의 '點'자 뒤에 '軍'자를 베껴 쓰지 않았다. 최본의 '當征進'의 원작의 '證'자를 누군가 언제 '征'자로 고쳤다. 이 구절을 『화몽집』본과 금서본은 모두 '當爲征進'이라 했는데 앞뒤 문장의 뜻을 고찰해보면 일리가 있다. 금서본의 '諸君勿憂' 중의 마지막 글자는 식별하기 어려운데 『화몽집』본과 최본을 대조해보면 '憂'자라는 것임을 알 수 있다. '至期'의 '期'를 『화몽집』본은 '其'라 하였는데 같은 글자로 볼 수 있다. '等待軍餉' 중의 '等'자를 최본에서는 '登'자로 잘못 썼으며, 또 '餉'을 '糧'이라고 썼다. 이러한 착오는 이해할 수 있지만 아래의 것은 용납할 수가 없다. 즉 '胡地險惡' 중의 '胡'를 최본에서는 '朝'라고 잘못 썼다. 류도독이 강홍립을 '狡黠小兒'라고 질책한 것을 금서본은 '黠'을 빠뜨려 '狡小兒'라고 하여 문장이 순통하지 않다. 금서본의 '不能驟馳'는 어조와 뜻이 적절하다. 그렇지만 『화몽집』본과 최본의 '不敢驟馳'는 이에 비해 조금 못하다. '元帥大將卽日隨至矣'의 '日'을 『화몽집』본은 '自'라 하고 금서본은 '因'이라 하였는데 모두 잘못된 것이다. 『화몽집』본의 '初度所言' 중의 '度'를 최본과 금서본은 모두 '到'라 하였다. 이것은 류도독의 대략적인 판단이기 때문에 '度'자가 타당하다. 이 단락에서 『화몽집』본에는 여섯 글자가 빠졌다. 즉 '諸將哂笑而退.

14) 육인룡(陸人龍, 명나라 사람), 「遼海丹忠錄」, 제3회, 제12회.

至'중 '而退. 至' 세 글자와 '金應河往見劉都督' 중의 '河往見' 세 글자다. '只是逗留之詐也' 중의 '詐'는 세 이본의 것이 모두 '計'자인데 「葵窓遺稿」[15]와 문장의 뜻을 참조해보면 '十'자 오른쪽 밑에 점 하나가 있어 '詐'자라 확정할 수 있다.

제6단락에서는 홍립이 식량이 없다는 구실로 위축되어 시세의 변화를 관망만 하고 사람을 파견하여 여진족에게 항서를 보낸다는 것을 썼다. 첫머리의 지명을 『화몽집』본에서는 '牛尾嶺'이라 잘못 썼는데 사실은 응당 '牛毛嶺'[16]이어야 한다. 최본과 금서본은 정확하게 기재했다. 『화몽집』본과 최본의 '遇敵必潰'의 '敵'을 금서본에서는 '賊'이라 썼다. 이 단락의 두 곳에 '拆'자가 있는데 최본은 모두 '木'와 '斥' 두 글자로 잘못 썼다. '姑觀數日可也' 중의 '觀'을 금서본에서는 '待'라 하였는데 '觀'처럼 그렇게 정확하지 않다. 최본에는 하서국(河瑞國)을 '通使'라 하였는데 이것은 '通事'의 잘못된 글이다. 사실 후자는 고대 번역관에 대한 전문적인 칭호이다.[17] '勿用刀兵' 중의 '勿'을 금서본에서는 '不'라 하였다. '便可講和' 중의 '便'을 최본에서는 '使'라 하였는데 말이 잘 통하지 않는다. 금서본의 '南朝雖分四路, 又在三路而獨憂此路者'에서 세 글자가 빠졌다. 즉 '南朝'뒤의 '之兵'과 '在'앞의 '不'가 빠졌다. '金白之助虐'(금서본에서 '白'을 '伯'으로 함)은 서술이 상세하지 못하다. '獨畏朝鮮之[協]同'(최본에는 '畏'자가 없음) 이 구절은 세 이본의 '同'자 앞에 모두 '口'자와 '十'자의 오른 쪽 밑에 점을 찍어 '協'의 독특한 초서체로 의심하고 있다. '曾在丹朝'의 '曾'자를 최본에서는 '魯'자라 하였다. 오

15) 「葵窓遺稿」 권12, 200면.

16) 『明史紀事本末』, 『山中聞見錄』, 『明實錄』 및 『柵中日錄』, 『光海君日記』 등 역사 자료에 기록이 있다.

17) 주밀(周密), 「癸辛雜識后集」에 "譯,陳也. 陳說內外之言皆立此傳話之人以通其志, 今北方謂之通事"라고 하였다. 『辭海』(수정본, 어휘분책), 상해사서출판사, 1975, 1117면 참조.

기이다. 여기의 '丹朝'는 거란을 말한다. '今彼自送降 書'를 금서본에서는 '今彼自降送書'라 하였다. 『화몽집』본은 '豈非天使吾複纘先金遺烈耶' 구절 중의 '非'자가 없어 어조가 좀 약한 것 같다. 최본은 '先'자가 빠져 그다지 순통하지 않다. '先蹴南兵'을 최본에서는 '南'자 뒤에 '朝'자를 증가했다. 뜻에는 큰 변화가 없어 모두 후금(後金) 남쪽에 있는 명나라를 가리킨다. 지명 '馬家寨'를 최본에서는 '馬寨'라 했다. 이 단락에서 『화몽집』본은 일곱 글자가 빠졌다. 즉 '盈哥踊躍(而出)' 중의 '而出'과 '始見胡(騎出沒見 形)' 중의 '騎出沒見形'이다. '則必有爭首級相殺傷' 구절 중 최본은 '傷'자가 없어 정확하지 않은 것 같다. '償命'을 최본에서는 '嘗命'이라 했다. '主將之意已可見矣' 구절 중 최본은 '已'자가 없고 『화몽집』본은 '已'자 뒤에 글자가 또 하나 있는데 글자가 잘 알려지지 않아 '複'자가 아니면 잘못된 글자일 거라고 생각한다. '獨左營軍不應' 구절 중 최본은 '軍'자가 없다. '自馬家寨至深河四五里 間' 구절 중 최본은 '寨'자가 빠졌다. 『화몽집』본은 지명 '深河'를 '臨河'로 잘못 썼다. 그리고 '馬'자 뒤에 글자가 하나 많아졌는데 잘못된 글자가 아니면 '向'자라고 생각한다. '不妨因敵爲糧'에서 최본은 '因'자를 '目'자로 잘못 썼다. 네 개의 이본 모두 '陳辯'의 '辯'을 변별하다는 '辨'으로 썼다. 『화몽집』본의 '陳辨' 뒤에는 초서체 글자가 하나 더 있는데 금서본에 근거하여 '複'자라 추정할 수 있다.

제7단락에서는 주로 양군이 교전하는데 교유격, 김응하 등은 필사적으로 싸우지만 주장인 강홍립은 사기가 저락되어 있고 시세를 관망하기만 한다는 것을 썼다. '三月初四日' 구절 중 규창본에서는 '四'를 '一'로 썼다. '勢如風雨' 중의 '如'자를 최본에서는 '若'자로 썼다. '江副總祖參將' 중의 '參將'을 금서본에서는 '參軍'이라고 잘못 썼다. '參將'은 무관의 칭호인데 명조 때 설치했고 직위는 부 총병 아랫순위다.[18] 「明清戰爭史略」의 제1부분 「明軍分進合擊」에 의하면 강부총의 이름이 강만화(江萬化)라고 한다. '祖'자는 잘못된 글자라 의심된다. '弘立亦逶迤向前進行' 구절 중 최본에서는 '弘', '立', '向' 세 글자가 없다. 금서본에서는 '迤'를 '邐'자라 썼고 역시 '向'자가 없다. '分散搶掠' 중의 '掠'을 최본에서는 '椋'이라고 잘못 베꼈다. '奚爲望救'의 '奚'를 금서본에서는 '焉'이라 했다. '喬遊擊率敗殘十餘人' 중의 '率'을 규창본에서는 '領'이라 하였고 금서본에서는 '卒'자로 잘못 베껴 썼으며 또 '敗'자가 하나 더 많아졌다. '天兵盡沒' 중의 '沒'을 금서본에서는 '滅'이라 하여 어조가 좀 어색하다. '又見胡兵大隊' 중 최본은 '兵'자를 빠뜨렸고, '直犯左營' 중의 '左'를 『화몽집』본은 '大'로 썼다. '激勵士卒'의 '勵'를 『화몽집』본에서는 '曆'이라 하였는데 오기이다. 최본에서는 '勵'자를 빠뜨렸다. 문장에 전쟁 장면을 묘사한 칠언시 중의 두 구절 '威動昆陽霆擊日, 功奇孫子火攻時'의 '霆擊日'을 최본에서는 '遽擊之'라고 잘못 썼고 '功奇' 두 글자가 서로 바뀌었다. '火'자를 최본에서는 '對'자로 잘못 베껴 썼다. '霆擊昆陽'이란 말은 반고의 「東都賦」에서 나오는데 사실은 한나라 광무제 유수(漢朝光武帝劉秀)가 곤양(昆陽)에서 대승한 것을 말한다. '僵屍如麻' 구절 중 금서본은 '屍'자가 없다. '冒死先登'의 '登'을 『화몽집』본에서는 '至'라 하였는데 정확하지 않다. 최본에는 '冒死' 두 글자가 없다. '無一人散走者' 중 금서본은 '一'자가 없어 어조가 좀 약하다. '彼我雜蹂' 중의 '蹂'(짓밟다)를 『화몽집』본에서는 '揉'라고 잘못 베꼈다. '應弦輒倒'를 『화몽집』본은 '應'자 뒤에 잘못된 글자 '河'를 더 증가했다. '自日中戰至日昃' 구절 중 최본은 '戰'자가 없다. '應河三百餘失皆盡' 구절 중 『화몽집』본은 '三'자가 빠졌으며, 최본은 '皆'자를 '已'자로 썼고, 금서본은 '失'자를 '箭'자로 썼다. '烈士殞絕, 猶左手持戟' 구절 중 『화몽집』본에는 '殞絕, 猶左手' 다섯 글자가 빠졌다. '殞'자를 최본에서는 '隕'이라 하였다. '瞋目如生' 구절 중

18) 『明史』「職官志五」 참조.

최본에는 '如生' 두 글자가 없다. '一時賊不敢近' 중의 '一'자를 세 이본은 모두 '移'자로 잘못 썼다. '盈哥罷戰收兵' 구절 중『화몽집』본은 '戰收兵' 세 글자가 빠졌고, 금서본은 '罷戰' 두 글자가 바뀌었다. '喘息方定' 중『화몽집』본은 '喘'자가 빠졌다. '勇悍至此也' 중 '至'를『화몽집』본은 '如'라 하였고'此也' 두 글자가 빠졌다. '如使山頂之軍' 중의 '軍'을 최본은 '兵'이라 하였고,『화몽집』본에는 '如'자가 빠졌다. '天誘其衆'의 '衆'자는『화몽집』본은 글 윗부분의 삼분의 일만 희미하게 보였고, 최본은 '위는 '重', 아래는 '衣''라 하였고, 금서본도 역시 알아보기 어려운데 앞뒤 문장의 뜻으로 보아 '衆'자로 추측할 수 있다. '先送降書' 중『화몽집』본은 '先'자가 없다. '送一胡騎呼通事' 구절 중 금서본은 '一'자가 없으며, '通事'를 최본은 '通使'라 잘못 썼다.[19] 이 단락에서 금서본은 25개 글자가 빠졌다. 즉 '弘立喜曰 : '果然河瑞國能通消息也' 卽令出應曰 : '兩國初無嫌怨'이다. '約以和好' 중의 '好'를 금서본에서는 '會'라 하였는데 말이 잘 통하지 않는 것 같다. '還謂弘立曰' 중의 '謂'를 금서본에서는 '謁'라 하였는데 역시 뜻이 잘 통하지 않는다. '吾觀虜陣' 중의 '虜'를 최본과 금서본에서는 모두 '胡'라 하였다. '人宿革囊'의 '囊'을 최본에서는 베껴 쓸 때 극히 간단하게 썼는데『화몽집』본과 금서본에 근거하여 '囊'자로 추측할 수 있다. '制梃可撻'중의 '撻'을 금서본에서는 '達'로 잘못 썼다. '聲勢益振 중 최본은 '勢'를 빠뜨렸고 '振'자를 '張'자로 썼다. '齟齬小計'를 최본에서는 '齟齬之詐'라 하였다. '負薪而救火'를 최본에서는 '負薪而投火'라 하였고 금서본에서는 '負薪攻也'라 하여 뜻과 어조가 모두『화몽집』본보다 못하다. 규창본 역시 '負薪而赴救火'라 하였다.

제8단락에서는 주로 주장인 강홍립은 투항을 주장하고, 중국 명나라

19)『明史紀事本末』,『山中聞見錄』,『明實錄』및『柵中日錄』,『光海君日記』등 역사 자료에 기록이 있다.

장군 교유격은 나라를 위해 희생하는 것을 썼다. '弘立將行曰' 중 금서본은 '行'자가 없어 말이 잘 통하지 않는다. '必傷和事'의 '事'자를 금서본에서는 '議'자로 썼는데 뜻의 변화가 없어 괜찮다. '縛送虜營'의 '縛'자를 금서본에서는 '移'자로 하여 어조나 의미가 『화몽집』본의 '縛'자에 비하여 조금 못하다. '至於縛送王人'의 '於'자를 최본에서는 '如'자라 하였는데 말이 잘 통하지 않는다. 그리고 이 구절의 '王'자는 '於'의 약자(略字)를 잘못 쓴 것 같다. 『화몽집』본에서 '一軍傷嗟' 중의 '傷嗟' 두 글자는 식별하기 어려운데 최본과 금서본에 근거하면 '嗟傷'으로 추측할 수 있다. '膝行蒲伏' 중의 '蒲伏'을 금서본에서는 '匍匐'이라 하였다. '所領軍兵卽可下山' 중 최본은 '軍兵' 두 글자를 빠뜨렸다. '摩拳'을 최본과 금서본에서는 모두 '磨拳'이라 하였다. '非可屈於人者' 중 금서본에서는 '屈'자 뒤에 '伏'자를 더 적었다. '吾先見兩將'의 '吾'를 최본에서는 '欲'이라 하였고, 『화몽집』본에서는 '吾先見' 세 글자가 빠졌다. '未至十裏'의 '至'를 금서본에서는 '知'로 잘못 썼다. '男女夾路而觀者'의 '夾'을 최본과 금서본에서는 '挾'으로 잘못 썼다. '沿途胡雛相聚作拏' 중의 '拏'자는 '이끌다, 어수선하다'는 뜻인데 최본에서는 '絮'자로 잘못 썼다. 이 구절의 '雛'자를 최본에서는 '兒'라 하였는데 큰 차이는 없다. '以辱之曰' 구절 중 최본에는 '之'자가 없고, 금서본에는 '以'자를 '而'자로 썼다. '犬彘之不若也' 중의 '犬'을 금서본에서는 '大'라 하였다. '憤懣' 중 '懣'을 『화몽집』본과 최본에서는 모두 '滿'이라 하였는데 같은 글자로 볼 수 있다. '取侮胡虜' 중 『화몽집』본은 '取侮胡' 세 글자가 빠졌다. '男兒身事' 중의 '身事'를 최본에서는 '身世'라 하였는데 뜻이 맞지 않는다.

제9단락에서는 주로 강홍립이 여진의 병영에 가서 무릎을 꿇고 절하면서 투항하는 것을 썼다. '冠帶'를 『화몽집』본과 금서본에서는 '慣帶'라 하였는데 잘못된 것이다. 전자는 고정된 단어인데 여기서는 관리를 가리킨다.[20] '劍氣幹星' 중 『화몽집』본에서는 '劍'자가 빠졌고, 금서본에서는 '幹'자 아래에 '城'자를 쓰고 '城'자 오른쪽에 또 '星'자를 썼다. 최본에서는 '千里'라 썼는데 '幹星'의 착오인 것 같다. 당나라 시인 이교(李嶠)의 시 「劍」에는 '白虹時切玉, 紫氣夜幹星'이라는 말이 있다.[21] '令於階下行禮' 구절 중 『화몽집』본은 '於'자가 빠졌다. '階'자의 본자(本字)는 세 이본이 좀 다른데 금서본에서는 '土'획을 썼고, 『화몽집』본과 최본에서는 '阝'획을 썼다. '汝以使臣來此' 구절 중 『화몽집』본에서는 '使'자를 '史'자로 썼는데 같은 글자이다. 금서본은 '臣'자가 없고, 최본도 역시 '臣'자와 '此' 두 글자가 없다. '則揖亦可也' 구절 중 최본과 금서본은 모두 '則'자가 없다. 금서본의 '惶懼'는 두 글자가 서로 바뀌었다. '威儀'의 '威'를 최본에서는 '盛'이라 했다. '願得近立俯伏'을 최본과 금서본에서는 모두 '願得近前'이라 하였는데 어조나 의미가 조금 못하다. '滿住方許'의 '方'을 최본에서는 '乃'라 하였다. '升廳坐以紅氈' 중 『화몽집』본은 '紅'자가 빠졌다. '乃迫于南朝' 중 최본은 '乃'자가 없다. '滿住曰' 중 『화몽집』본에서는 '曰'자를 빠뜨렸다. '觀汝先報之意' 중의 '觀'자를 최본에서는 '顧'자라 하였고, 금서본에서는 '視'자라 하였다. '今汝兩人已爲齏粉' 중의 '今汝'를 최본과 금서본에서는 모두 '則'이라 하였고, 금서본에는 구절 끝에 또 '矣'자 하나가 많아졌다. 『화몽집』본과 금서본의 '齏粉'의 '齏'는 본자(本字) '虀'의 초서체인 것 같다. '數萬人' 중 최본은 '數'자가 없다. '一番出兵' 중 금서본에는 '出'자가 빠졌다. '爾亦馳書于國君' 중의 '爾'를 최본과 금서본에서는 모두 '汝'라 하였는데 전자가 화자의 오만한 태도를 더욱 분명하게 나타낼 수 있다. '和議旣定'의 '議'를 최본은 '事'라 하여 뜻이 조금 다르다. '歸國'의 '歸'를 『화몽집』본에서는 '皈'이라 썼는데 같

20) 冠帶, 관리와 사대부의 별칭임. 「文選」 장형(張衡)의 「西京賦」에서 李善은 '冠帶交錯'에 '冠帶, 猶縉紳, 謂吏人也'라고 주해를 달았다. 『辭海』(상, 하)(어휘분책), 상해사서출판사, 1979, 362면.

21) 『全唐詩』(총 25권), 중화서국출판, 1960.4, 700면.

은 글자이다. 제11단락의 '皈報' 역시 마찬가지다. '又蒙生還之樂'의 '樂'을 『화몽집』본과 금서본에서는 '示'라 하였다. 겉으로 볼 때 앞 구절의 '旣荷不殺之恩' 중의 명사 '恩'(은혜)이 동사 '示'(지시하다)와 잘 어울리지 않기에 최본에서는 '樂'이라 하여 그 어의를 잘 드러내고 있다. '樂'은 강홍립의 마음속 감정을 너무 지나치게 드러내지만 '示'는 강홍립의 겸손함을 더욱 잘 표현할 수 있다. 또 규창본의 '又聞還送之命'의 '命'에서도 '示'자가 더욱 정확하다는 것을 알 수 있다. '可謂生死骨肉者也' 중 최본은 '也'자가 없다. '盛陳虜勢……'의 '陳'을 『화몽집』본은 '陣'이라 잘못 썼다. '不遺餘力'의 '遺'를 금서본에서는 '有'라 하여 조금 어색하다. '備局啓辭台論, 皆以投降乞命' 구절 중 앞의 구절이 의심된다. 규창본에서는 '備局三司皆言投降賊臣'이라 하였다. '罪當收三族'의 '收'를 최본에서는 '受'라 하였는데 잘못된 것이다. 규창본에는 '夷滅'이라 하였는데 어조가 강하다. '請系治之, 以正王法'은 생략된 구절인데 주어 '群臣'이 생략되었다. '職也' 구절 끝에 최본은 '耳'자를 더 넣었고, 금서본은 '也'를 '耳'로 썼다. '差胡' 두 글자가 최본에서는 순서가 서로 바뀌었다.

제10단락에서는 주로 여진의 수령이 여색으로 강홍립을 유혹하고, 강홍립이 시를 써서 뜻을 표명하는 것을 썼다. '欲妻以養女' 중 『화몽집』본은 '以'자가 없다. '設一大宴會' 구절 중 최본은 '一'자가 없다. '集八蠻酋長' 중 최본은 '蠻'자를 '萬'자로 잘못 썼고, 또 '長'자를 '將'자로 써서 의미가 조금 다르다. '錦衣繡潟'을 최본은 '錦衣繡'이라 했는데 묘사가 전면적이지 못하다. 앞의 구절은 옷의 화려함을 써냈을 뿐만 아니라 특히 '潟'까지 묘사하여 신발의 아름다움도 써냈다. '八蠻'은 연회의 규모가 크다는 것을 설명하기 위해서라면, 옷차림에 대한 묘사는 연회의 등급이 높다는 것을 표현하기 위해서이다. '排列西行坐'의 '西'를 최본에서는 '四'라 잘못 썼는데 만족(즉 소설에서 말하는 건주 여진족)은 서쪽을 귀한 것으로 생각한다.[22] '以寵姬九人'의 '以'자는 잘못된 글자가 아니면 '及'자의 오기인 것이다. '皃皆豔絶'의 '皃'를 최본은 '貌'라 하였는데 전자는 후자의 옛 글자이며 똑같은 뜻이다. 최본과 금서본에서는 '豔絶' 두 글자가 서로 바뀌었다. 최본은 '三、五十人' 중의 '三'자 뒤에 '百'자를 잘못 증가했고, 규창본은 '四十餘人'이라 하였다. '左手持杯, 右握弘立手' 구절 중 『화몽집』본은 '握弘立手' 네 글자가 빠졌고, 금서본에서는 '右持白王杯, 左握弘立手'라 하였다. '右握弘立手'이라는 말은 홍립이 상좌에 앉았다는 것이고, '左握'은 홍립이 여진 장수 옆에 바싹 붙어 앉았다는 것이다. 전자는 존귀함을 나타내고 후자는 친근함을 나타낸다. 앞의 '西行坐'와 홍립을 끌어들이려는 마음을 보아 『화몽집』본, 규창본과 최본의 '右握'이 맞는 것 같다. '輕重淺深'의 '淺深'을 금서본에서는 잘못 바꿔 놓았다. '非丈夫也, 君我二人' 중 『화몽집』본은 '丈夫也, 君' 네 글자가 빠졌다. '吾不喜破南兵'의 '兵'을 최본은 '朝'라 했다. '吾故倒廩傾囷, 案無表裏' 구절 중 최본은 '倒'를 '致'라 했고 '案'자가 없으며 '無'자 뒤에 '有'자가 있다. 금서본에서는 앞 구절 '吾是此(의심된다) 傾囷倒廩'중의 '傾'과 '倒'두 글자의 자리가 바뀌었다. '無相見隨'를 최본은 '亦無相阻'라 하였고, 금서본은 '隨'를 '阻'라 하였고, 규창본 역시 '乃所以無阻疑也'라 하였는데 문장의 뜻을 보아 '阻'자가 정확한 것 같다. '(君在東國)雖雲貴榮'을 최본은 '秩極貴重'이라 하였고, 금서본은 최본과 한 글자 '秩'의 차이가 있는데 '德'자인 것 같다. 세 이본의 서술은 틀리지만 의미는 같다. '女爲悅己者容, 士爲知己者死'[23]라는 말이 있는데 「戰國策 · 趙策一」의 예양(豫讓)의 말에서 나오는 글이다. 다만 앞뒤 두 구절의 순서가 다를 뿐이다. '豈得逾於今日'의 '逾'를 최본에서는 '愈'라 하였는데 별로 큰 차이는

---

22) 호박안(胡朴安), 『中華全國風俗志』 하편 권1, 상해서점, 1986.4(광익서국의 1923년본을 영인출판). "有跳神禮 …… 口訟滿語 …… 必向西 …… 似乎祖先依其上也"(119면). "屋西爲上屋, 鄉居者率稱西面爲'德爾吉', 譯言'上'也. 蓋尙又之意"(136면).

23) 「戰國策 · 趙策一」의 '司馬子長用此語, '死'作'用''이라고 포표(鮑彪)가 주해를 달았다.

없다. '俺之事東國, 不過豫讓之于范中行氏也' 구절 중 금서본은 '氏' 자가 없다. 여기서 강홍립이 예양의 이야기를 인용한 것은 자기가 조선(소설에서 나오는 동국)에서 받는 대우는 '衆人', 즉 보통 사람이나 다름이 없다는 것을 표현하려는 것이다. '不特王猛之于秦天王也'의 '天'을 최본은 '大'자로 잘못 썼는데 '秦天王'은 천진장군 부견(千秦將軍苻堅)이 자처한 칭호를 말하는 것이다.[24] '竭力效忠'의 '效'를 최본과 금서본에서는 모두 '致'라 하였는데 큰 차이가 없다. '曷敢多少'의 '少'를 금서본에서는 '小'라 잘못 썼다. 강홍립이 쓴 칠언 율시는 세 이본이 좀 다르다.

去國萍踪莫怨嗟, 魚龍到處卽江河.
捐身竭節無南北, 知幾酬恩敢少多.
孤鳳已能辭枳棘, 大鵬元自化溟波.
蘇卿千載眞堪笑, 瀚海看羊獨奈何? (『화몽집』본)

去國萍踪莫怨嗟, 魚龍到處卽江河.
捐身竭力無南北, 知幾酬恩敢少多.
孤鳳已能辭枳棘, 大鵬元自化溟波.
蘇卿十載眞堪笑, 渤海看年獨奈何? (최본)

去國萍踪莫怨嗟, 魚龍到處卽江河.
持身竭節無南北, 知幾酬恩敢少多.
孤鳳已能辭枳棘, 大鵬元自化溟波.
蘇卿千載眞堪笑, 瀚海看羊獨奈何? (금서본)

24)『晋書』「載記第十四」.

세 번째 구절 '捐身竭節無南北' 중 최본은 '節'자를 '力'자라 하였는데 여기에서는 『화몽집』본의 표기가 정확하다. '捐'자를 금서본에서는 '持'자라 하였는데 뒤의 '竭'자를 고려해보면 '捐'자가 더욱 타당한 것 같다. 일곱 번째 구절 '蘇卿千載眞堪笑' 중 최본은 '千'을 '十'이라 하였는데 글자의 모양이 비슷해서 잘못 기록한 것 같다. 시의 마지막 구절 '瀚海看羊獨奈何'에서 '瀚'과 '羊'을 최본은 각각 '渤'과 '年'으로 잘못 썼다. '起抱弘立之腰' 중 최본과 금서본은 모두 '之'자가 없다. '孰謂東國是禮儀邦乎' 중 최본은 '是'자가 없으며 '邦'자 앞에 '之'자 하나가 더 있다. 그리고 금서본에서는 '乎'를 '耶'로 썼다.

제11단락에서는 홍립이 밀고하여 삼백여 명의 왜인이 비참하게 죽는 것을 썼다. '自此' 두 글자가 최본에는 없다. '傾心信之, 每事咨焉. 別構大廈, 使弘立居之. 金帛牛羊, 帳槊飮食, 皆如滿住. 弘立' 등 31개 글자가 『화몽집』본에는 없다. 그 외에 금서본의 '居之' 두 글자는 애매하게 씌여져 식별하기 어렵다. '卽傳令曰' 구절 중 최본과 금서본은 모두 '曰'자가 없다. '所一朝爲犬羊所驅使' 구절 중 최본은 앞의 '所'자가 없고, 금서본은 뒤의 '所'자가 없다. 앞의 '所'자 뒤에 '謂'자가 빠졌다고 의심된다. '先施滿住之頭'의 '施'를 최본과 금서본은 모두 '試'로 썼고, 규창본과 『화몽집』본은 모두 '施'로 썼다. '不亦烈丈夫之事乎' 중 금서본은 '乎'자를 빠뜨렸다. '須提防'을 최본은 '須堤(隄)防備'라 했고 금서본은 '其須堤(隄)防'이라 했는데 큰 차이는 없다. '滿住大驚曰 : '急殺'' 중 최본과 금서본은 모두'曰 : '急殺'' 세 글자가 없고 '驚'자 뒤에 '急敎' 두 글자가 있다. '八高山各自提備'의 '提'를 최본에서는 '堤(隄)'라 하였고, 금서본에서는 '高'를 '亭'으로 잘못 썼다.[25] '皆持鐵棒在

25) 팔고산에는 두 가지 뜻이 있다. 하나는 固山이고, 다른 하나는 갈기의 통솔자이다. 전자는 「明淸史料」의 575면에 있고, 후자는 「滿文老檔」의 太祖三十, 천명 6년 12월 1일에 있다.

手'의 '棒'자를 최본은 '鋒'자로 썼는데 이것은 잘못된 것이다. 뒤의 '皆被鐵鋒撾殺' 역시 마찬가지다. 규창본은 '鐵杖'이라 했고, 최본은 '在手' 두 글자가 없다. '分作百隊'의 '作'을 금서본은 '爲'라 하였고, 최본은 이 네 글자가 없다. '每一隊' 중 금서본은 '一'자가 없으며, 최본 역시 그렇다. '逐隊替入'의 '隊'를 금서본에서는 '次'라 하였고, 최본은 '隊'자가 없이 '遂替入'라 하였다. 여기서 '遂'는 '逐'의 잘못된 표기로 의심된다. '倭人齊呼曰'의 '呼'를 금서본은 '叫'라 하였고, 규창본은 '聲'이라 하였으며, 최본은 '왼쪽은 위 '土'에 아래 '夕', 오른쪽은 '羊'' 인 복합자로 썼으며 소설 뒤부분의 '□樂玩好'의 '樂'자 앞에 최본과 금서본 역시 이런 식으로 썼는데 『화몽집』본을 참조해보면 '聲'자라는 것임을 알 수 있다. '願三百一爲一隊' 구절 중 최본은 앞의 '一'자가 없다. '遂引三倭入內庭試之' 중의 '三倭入'을 금서본은 '引'자와 '內'자의 오른쪽 옆에다 썼다. '天地低昻'의 '昻'자를 최본에서는 '仰'자로 잘못 썼다. '三倭者直視滿住' 중 최본과 금서본은 모두 '者'자가 없다. '被衆高山齊槊亂刺' 중 『화몽집』본은 '亂'자가 빠졌고, 금서본은 '衆'자를 '八'자로 썼고 '山'자 뒤에 '之'자 하나를 더 썼다. '之'가 없으면 '槊'는 명사가 동사로 쓰이며 '之'자가 있으면 '槊'는 한정어의 중심어가 된다. '少不敵衆'의 '少'자를 금서본에서는 '小'자로 잘못 썼다. '格殺三人而死' 중 『화몽집』본은 '而'자와 '死'자가 없다. '其餘三百倭在外庭者' 중 최본은 '倭'자가 없고, 금서본은 구절의 앞에 '而'자를 증가했다. '皆被鐵棒撾殺' 중 『화몽집』본은 '鐵棒撾殺' 네 글자가 빠졌다. '胡人斫死者'의 '斫'을 『화몽집』본은 '砍'(글자체가 비슷하다. 필자 역주.)이라 썼고, 금서본은 '傷'이라 썼는데 '者'자가 없다. '五百余'에 최본은 '亦'자를 증가했고, 금서본은 '亦'자를 증가했을 뿐만 아니라 또 '五'자 뒤에 '六'자를 더 썼다. 금서본에 '積屍盈庭'라는 구절은 없다. '安得不亦腹心待之乎' 중 『화몽집』본은 '得'과 '乎' 두 글자가 없으며 '待'자를 '對'자로 썼고, 금서본은 '乎'자가 없다. '相與引坐, 吐露肝膽' 중 『화몽집』본은 '坐'자가 없고, 최본은 '吐'자를 '披'자로 썼고 '披'자 앞에 '滿住' 두 글자를 증가했다. 여기서 '引'은 잡아끄는 모습을 말하는데 친근하고 우호적임을 표시한다. 문장 앞쪽의 '起抱弘立之腰'에 의하면 이곳에 '坐'자가 있어야 한다는 것을 알 수 있다. '吐露'의 앞에 최본은 '滿住' 두 글자가 있으며, 『화몽집』본은 '滿' 한 글자밖에 없는데 '住'자가 빠진 것으로 의심된다. '朝鮮習俗不比日本' 구절 중 금서본은 '習俗' 두 글자가 없다. '亦無可慮'의 '慮'를 최본은 '憂'라 했다. '軍卒'의 '軍'을 최본에서는 '將'이라 했다. '將官之稱爲兩班者' 중 『화몽집』본은 '之'자가 없고 '班'을 '斑'으로 잘못 썼으며 뒤의 '此則所謂兩斑者也'도 역시 마찬가지다. '取出其手掌' 중 최본은 '出'자가 없다. '四百餘口' 중 금서본은 '口'자가 없으며, 『화몽집』본은 '四, 五餘'라 하였다. '此則'의 '則'을 최본과 금서본은 모두 '卽'이라 하였다. '李一元等十餘人'의 '十餘'를 금서본은 '一許'라 하였다. 전자는 한정된 대략적인 수자지만 후자는 명확치 않은 대략적인 수자다.

제12단락에서는 홍립이 계책을 내는 것을 썼다. '但守建州一僻地乎'의 '但守' 두 글자가 『화몽집』본에서는 서로 순서가 바뀌었다. '正欠堅凝' 중 『화몽집』본의 '堅'자는 식별하기는 어렵지만 '堅'자라는 것으로 추측할 수는 있다.[26] 그러나 금서본에서는 '凝堅'이라고 잘못 썼다. '決意西犯'의 '犯'을 최본에서는 '征'이라 하였는데 어조나 뜻이 좀 적합하지 않다.

제13단락에서는 강홍립의 고발로 하여 김경서가 모반하려다 실패하고 희생되었으며, 후금이 요성(遼城)을 공격하여 함락시키고 홍립이 옥면(玉面)공주를 처로 삼고 돌아가려 하지 않는 것을 썼다. '時天啓辛酉

26) '凝堅'라는 말은 『荀子』「議兵」의 '兼併易能也, 唯堅凝之難焉'에서 나온다.

春也' 중 최본과 금서본은 모두 '時'자가 없다. 그 후의 '汝以必死之人, 被好生之德, 以至今日, 豈不思報乎?' 등 20개 글자는 『화몽집』본에는 없지만 최본과 금서본에는 있다. 금서본의 이 구절의 '德'자는 식별하기 어려운데 최본과 비교하면 곧 '德'자라고 판단할 수 있다. 『화몽집』본에는 '景瑞每恨弘立辱身負國'의 주어 '景瑞'가 없다. '將以有爲'를 금서본에는 '將欲爲有'라 했다. 금서본에는 '及聞滿住之言'의 '及'자가 없다. '卽應曰'의 '應'을 최본에서는 '答'이라 하였다. '能爲我做先鋒攻遼乎'의 '攻'을 『화몽집』본에서는 '複'이라 하였는데 오기이다. 금서본에는 그 아래의 '對曰' 두 글자가 없다. '潛結使內應'의 '潛'을 『화몽집』본에서는 '深'으로 잘못 썼다. '汝當爲元功' 구절 중 최본은 '爲'자가 없고, 금서본은 '汝'자가 없다. '先鋒'을 최본과 금서본은 모두 '前鋒'이라 했다. '與遼相通書佯爲使之內應者' 구절 중 최본은 '與遼相' 과 '者' 네 글자가 없고, 금서본은 '相'을 '將'이라 하였고, 『화몽집』본은 '爲'를 '若'으로 '使'를 '史'로 잘못 썼다. '將計就計'를 최본은 '將欲設計'라 하였다. 『화몽집』본과 금서본에 '格殺'의 '格'자가 모두 없다. 『화몽집』본은 '驚曰'의 '驚'이 없어 생동감이 없다. '捉下景瑞' 중의 '下'를 최본에서는 '入'자로 잘못 썼다. 최본은 '此案始弘立主張'의 '此案'을 빠뜨렸다. '而終反覆也'를 최본에서는 '面從反復也'로 잘못 썼다. '又捉入弘立'의 '入'자가 『화몽집』본에는 없다. '有踰骨肉者' 중 최본과 『화몽집』본은 모두 '者'자가 없다. '而汝國人心本禀狡詐' 구절 중 『화몽집』본은 '而'자가 없고, 최본은 '本禀' 두 글자가 없다. '弘立泣淚而叫曰' 중 『화몽집』본은 '而叫' 두 글자가 없다. 사실 이 두 글자는 주인공 강홍립의 억울하고 절망된 상태를 극히 생동하게 그려냈다. '況敢叛乎'의 '叛'을 최본에서는 '反'이라 하여 조금 부자연스러워 보인다. '枉陷無辜'의 '無'를 『화몽집』본에서는 '不'라 잘못 썼다. '貴盈哥急入諫曰'의 '諫'을 금서본에서는 '陳'이라 하여 신분이나 어조가 모두 맞지 않다. '盈'을 『화몽집』본은 '景'이라고 잘못 썼다.[27] 『화몽집』본에서는 '諫曰 : 此人實誠篤信, 必無二心. 往者先發倭人之奸, 今者' 등 22개 글자가 빠졌다. '此人實誠篤信' 중 금서본은 '人'자가 빠졌고, 최본은 '實誠' 두 글자의 앞뒤 자리가 바뀌었다. '又告' 중의 '又'는 『화몽집』본과 금서본에 모두 없다. '終始效忠'의 '效忠'을 『화몽집』본에서는 '一心'이라 했다. 최본은 '而徒信移禍之說' 중의 '禍'와 '之'자가 없다. '墮其計'의 '墮'를 『화몽집』본에서는 '墜'라 하였다. '徒信移禍之說, 正'墜其計中耳' 중 『화몽집』본은 '禍之說, 正' 네 글자가 빠졌다. 금서본은 '滿住悟曰'의 '悟曰' 두 글자를 빠뜨렸다. '視釋其縛' 구절 중 『화몽집』본은 '縛'자가 빠졌다. '擧杯慰謝' 중의 '慰'를 최본은 '以'라 하였는데 오자이다. 『화몽집』본에서는 '杯慰' 두 글자가 탈락되었다. '餘所否者' 중 금서본의 '所'자는 글자가 찢어져 식별하기 어렵다. 『화몽집』본의 '天厭之哉'의 '哉'자는 잘못된 글자이다. '卷歸瀋陽'의 '歸'를 『화몽집』본과 최본에서는 모두 '皈'라 하였는데 같은 글자이며 같은 뜻을 나타낸다. '佈置'의 '佈'자가 금서본에서는 빠졌다. '耶律楚材'의 '律'을 『화몽집』본에서는 '栗'이라 하였다. '當爲開國第一元勳也' 중 『화몽집』본은 '元'자가 없고, 최본은 '也'자가 없으며, 금서본은 '第'자가 빠졌다. '所掠'의 '掠'을 『화몽집』본에서는 '搶'이라 하였는데 뜻은 비슷하다. '擇其妙麗者' 중 『화몽집』본은 '者'자가 없다. '卽所謂'의 '卽'은 『화몽집』본과 최본에 모두 없다. '虜中呼爲玉面公主'의 '呼爲'를 『화몽집』본에서는 '所謂'라 하였고, 규창본에서는 '稱'이라 하였다. '辭昏(婚)'을 최본과 금서본에서는 모두 '辭婿'라 하였다. '又奇蘇女之絶艶'의 '奇'를 최본과 금서본에서는 모두 '見'이라 하여 어조가 너무 무미건조하며 『화몽집』본의 '奇'가 생동감이 있다. '居常昵處'의 '昵'을 최본에서는 '泥'라 하여 우연히 들어맞았는데 생동감있고 재미

27) '貴盈哥'를 규창본은 '貴永介'라고 하였는데 황태극의 장남 대선(代善)을 이르는 말이다. 『李朝實錄』에는 '洪太時(黃太極)長子貴永介(代善)'라고 기록되어 있다. 오함(吳晗), 「朝鮮李朝實錄中的中國史料」 8, 3085면.

있게 되었다. '自敍'의 '敍'를 『화몽집』본은 '抒'라 하여 매우 정취가 있다. '吾自在本國' 구절 중 『화몽집』본은 '在'자를 빠뜨렸다. 아래의 네 글자는 네 가지 이본이 모두 다르다.

『화몽집』본: 妻無子夭
최　　본: 妻子且夭
금 서 본: 妻亡女夭
규 창 본: 妻死子幼

위의 말에 따라, 강홍립의 아내가 이미 세상을 떴다는 것은 확정할 수 있다. 『화몽집』본, 최본과 금서본은 서술이 다르지만 뜻은 같은데 모두 아내와 아이가 죽었다는 뜻이다. 다만 조금 다른 것은 금서본은 아이를 딸이라고 한 것이다. 규창본은 이 세 이본과 달리 '子幼'라 하였는데 아이가 작다는 뜻이다. 그런데 이렇게 하면 뒤의 '唯(一)老母'와 스스로 모순되어 규창본은 기재가 틀린 것이다. '唯一老母' 중 최본은 '一'자가 없고 '母'자 뒤에 '在'자가 많아졌다. '想以入地'의 '想'을 금서본은 '相'이라고 잘못 썼다. '死生契闊'의 '闊'을 최본은 '活'이라고 잘못 썼는데 이것은 「詩經 · 邶風 · 擊鼓」에서 나오는 말이다. '含淚而言'의 '言'을 금서본은 '答'이라 하였다. '伶俜弱質'의 '弱質'을 『화몽집』본에서는 '一身'이라 하였다. '不是門前之路'의 '門'을 『화몽집』본에서는 '前'자의 오른쪽 옆에다 썼다. '忍渡遼河之水'를 『화몽집』본은 '忍淚渡河'라 하였고, 금서본은 '忍'자가 없으며, 최본은 '遼'자를 '潦'자로 잘못 썼다. '無意生全'의 '無意'를 최본과 금서본에서는 모두 '毫無'라 하였는데 하나는 주관적이고 하나는 객관적이다. 앞뒤 문장의 뜻을 비교해보면 '無意'가 맞는 것 같다. '天與其便'의 '與'를 최본에서는 '者'자로 잘못 고쳤다. '廣廈金積'의 '積'을 『화몽집』본은 '槓'이라 하였는데 잘못된 표기인 것 같다. '願老爺無忘今日之言' 구절 중 『화몽집』본은 '願'자를 빠뜨렸고 최본은 '願'자를 '聽'

자로 잘못 썼다. '終身之義'의 '義'를 금서본은 '議'로 잘못 썼다. '賢配'를 최본에서는 '賢匹'이라 하였다. '暢飮'의 '飮'을 최본에서는 '吟'이라 잘못 썼다. '人生行樂耳' 구절 중 최본은 '耳'자가 없다. '東歸'의 '歸'를 최본에서는 '皈'라 하였는데 같은 글자 같은 뜻이다. '相從萬死之中'의 '中'을 최본은 '餘'라 하였다. '今若棄婦東行'의 '若'을 최본은 '有'라 하였는데 '又'의 같은 글자로 볼 수 있다. '妾欲隨往'의 '往'을 최본은 원래 '行'이라 하였는데 후에 '往'으로 고쳤고, 금서본은 '吾'라 하였다. '則婦人在軍'의 '則'이 금서본에는 없다. '證在神明. 今若棄妾東行, 豺虎叢中, 得安所倚? 吾欲隨往, 則婦人在軍' 중 『화몽집』본은 '明. 今若棄妾東行, 豺虎叢中, 得安所倚? 吾欲隨往, 則婦' 등 21개 글자가 빠졌다. '兵法忌之'를 최본은 '兵忌之'라 하였는데 '法'자를 빠뜨렸다. '似此兩難'의 '似'를 『화몽집』본은 '以'라 하였다. '死別'을 금서본은 '惜別'이라 하였다. '其言難信' 구절 중 『화몽집』본은 '其言' 두 글자가 빠졌다. 『화몽집』본에서는 '就抱其腰'의 '其'자가 빠졌다. '勿用煩惱'의 '勿'을 최본은 '不'라 하였고 금서본은 '毋'로 잘못 썼다.[28] '思之'를 최본에서는 '察之'라 하였다. '腦中戰嬲'의 '嬲'를 최본은 중간의 '女' 자획을 점과 삐침획으로 썼다. '捱過數月'을 최본은 '經過數月'이라 하였고, 금서본은 '捱過數日'이라 하였으며, 규창본은 '猶豫數月'이라 하였다. '捱過' 두 글자가 제일 적당하고 '猶豫'가 그 다음이며 '經過'는 보통이다. 금서본의 '日'은 '捱'의 고통을 더욱 잘 체현할 수 있는 것 같고 '月'은 시일이 오래 걸리는 것 같다. '縱貪目前之樂'의 '貪'을 최본과 금서본에서는 모두 '耽'이라 하였다. '何顔'을 최본은 '何面目'이라 하였다. '用人觀勢利'의 '利'가 최본에는 없다. 세 이본의 '人皆解體'의 '解'는 '懈'와 통한다. '則環東土數千里'의 '則'이 『화몽집』본에는 없다. '長驅東向'의 '東'을 『화몽집』본과 금서본에서 모두 '西'라 하였다. '某自蒙收錄'의 '錄'을 최본은 '鑠'으로 잘못 썼다.

28) '毋'와 '勿'은 모두 금지하다는 뜻의 부사이다. '毋'는 목적어를 가질 수 있으나 '勿'은 목적어를 가질 수 없다. 왕력(王力), 『同源字典』, 상무인서관, 1982.10, 26면.

'可立辦'을 최본은 '可以立辨('辨'은 '辦'의 잘못된 표기)'이라 하였고, 금서본은 '可立而辦'이라 하였다. '卽天賜我一統之資也'의 '卽'이 최본에는 없다. '舅甥'을 최본은 '男甥'이라 잘못 썼다. '今吾衆雖强' 중 최본은 '今'자가 없고 『화몽집』본은 '今衆强'이라 하였는데 '吾'와 '雖' 두 글자를 빠뜨렸다. '東征之後'의 '後'를 금서본은 '役'이라 하였다. '不能越遼'의 '遼'를 최본은 '潦'라 잘못 썼다. 최본은 '廣一步'의 '廣'자 앞에 '而'자가 많아졌다. '東和朝鮮'을 최본은 '朝鮮東和'라 하였는데 어순이 맞지 않는다. '昔人有沒齒而不敢謀其君之徒隸雲者' 구절 중 최본은 '雲'자가 없고 금서본은 '者'자가 없다. '武備單虛'의 '武'자가 금서본에서는 빠졌다. '人心憤散'의 '憒'를 최본과 금서본에서는 모두 '潰'라 잘못 썼는데 전자는 흐리멍텅하다 혹은 혼미하다는 뜻이고, 후자는 (군대가) 패배하여 도망쳐 뿔뿔이 흩어지는 것을 말한다. '玉帛之充盈'의 '盈'을 『화몽집』본과 금서본에서는 모두 '溢'으로 잘못 썼다. '出兵'을 『화몽집』본은 '兵出'이라 했다. '至今虜中有曰姜弘立疏者' 구절 중 최본은 '曰'자가 없으며, 금서본은 '曰'을 '白'으로 썼는데 어조가 비교적 타당하다. 이 단락의 가장 마지막 부분에 『화몽집』본은 '欲自王其國, 心怒之, 遂不用其言. 弘立歎恨遇其時而不得行其志' 등 26개 글자가 탈락되었다.

제14단락에서는 강홍립이 막 왕위에 오른 태시(즉 황태극)에게 동쪽으로 조선을 칠 계책을 내는 것을 썼다. '敗歸'를 최본은 '敗皈'라 하였는데 '歸'와 '皈'는 같은 글자이다. '少子太時'를 금서본은 '小子紅太時'라 하였고, 『화몽집』본은 여기에 '衛, 敗皈身死. 少子太時襲位' 등 11개 글자가 빠졌다. '講成'을 최본은 '講和'라 하였는데 큰 문제는 없다. '數萬鐵騎' 중 금서본은 '萬'자를 빠뜨렸다. '且先汗泥守' 다섯 글자가 최본에는 없다. '東征之利'의 '征'을 최본은 '戰'이라 하여 의미가 맞지 않고, 『화몽집』본은 '之'자가 없다. '眇予小子'의 '予'를 금서본은 '餘'라 하였다. '纘承大業'의 '纘'을 최본에서는 '續'으로 잘못 썼다. '本朝'

를 금서본에서는 '本國'이라 하였다. '孤已銘於肺腑矣' 구절 중 금서본에서는 '銘於' 두 글자를 빠뜨렸다. '卽先君之遺意' 중 최본은 '遺'자가 없다. '和朝鮮輔車相依' 중 금서본은 '和'자가 없다. '追先君之志也'의 '志'를 최본에서는 '意'라 하였다. '勒朝鮮而作爲編戶'의 '勒'을 금서본에서는 '剿'라고 잘못 썼다. '編戶'의 '編'을 『화몽집』본은 '偏'이라 잘못 썼고, 금서본은 '遍'으로 잘못 썼다. '而孤之經營中土亦有力矣' 중 『화몽집』본은 '而'자가 없으며, 최본과 금서본은 '亦'을 각기 '與'와 '今'으로 잘못 썼다. '或者與該國君臣指天作誓' 구절 중 최본은 '臣'자가 없다. '見可而行勉之哉'의 '而'를 최본과 금서본은 모두 '以'라 하였다. '二王子'의 '王'을 『화몽집』본은 '三'으로 잘못 썼는데 글자 형체가 비슷하여 잘못 표기한 것이다. '受弘立節制將之而東' 구절 중 최본은 '將之' 두 글자가 없고 '受'를 '授'로 잘못 썼다. 『화몽집』본은 '將行' 두 글자가 없다. '召弘立入臥內' 구절 중 『화몽집』본과 금서본은 '召'자 앞에 모두 글자 하나가 있는데 『화몽집』본은 명확치 않아 식별하기 어려워 '厶'(私)로 의심되는데 금서본은 '伺'로 의심된다. '(弘立雙手)接過'를 최본은 '跪受'라 하였고 규창본은 '跪捧'이라 하였다. '接過'의 어조는 너무 평범하다. '印文'의 '文'을 『화몽집』본은 '又'라 하였는데 잘못된 표기이다. '事卽大成' 구절 중 『화몽집』본은 '事'자가 없고, 금서본은 '事卽(大成)'이라고 잘못 썼다. '或不如意' 중 최본은 '或'자가 없다. '講成足矣' 중 최본은 '成足矣' 세 글자를 빠뜨렸다. '翬翟迎之'의 '翬翟'[29]를 금서본은 '翟翬'라 하였는데 큰 문제는 없다. 강홍립은 장방창(張邦昌)처럼 타인이 부추기는 위황제가 되고 싶어 소녀한테 그렇게 말한 것이다. 이 점에 대하여 규창본에서는 '當以中宮之禮迎歸'라고 더욱 명확하게 말했다. '一時離別' 중 최본은 '離別' 두 글자를 빠뜨렸다. '今行盡之' 중 최본은 어조사 '矣'자가 많아졌다. '日夜'의 '日'이

29) '翬翟' : ① 꿩과 조류를 총괄하여 가리킨다. ② 后妃의 예복을 가리킨다. 「隋書 志」 '제7부 예의7'에 "皇后褘衣, 深青織成爲之, 爲翬翟之形"라고 씌어져 있다.

『화몽집』본에서는 분명치 않다. '必先施之以威'를 최본은 '莫如先示之以威'라 하였고, 금서본은 '施'를 '示'라 하였으며, 규창본은 '先立其威'라 하였는데 큰 구별은 없다. 최본은 '王京'의 '王'자를 빠뜨렸다.

제15단락에서는 강홍립이 군사를 거느리고 조선 백성들을 소멸하는 이야기를 썼다. '八面圍之' 중 최본은 '之'자 뒤에 '定'자 하나가 많아졌고, 금서본은 '之'자를 '定'자로 썼다. '如驅風葉'을 최본은 '如風掃葉'라 하였고, 금서본은 '如掃風葉'라 하였다. '驅'자는 '掃'자보다 적절하지 못하다. '釜在堆滿'의 '在'는 잘못된 글자로 의심된다. 금서본은 '釜'자 뒤에 '在'자가 두개 있다. '皆用眞木釘椎其背' 중 최본은 '皆'자가 없고, 금서본은 '椎'자를 '推'자로 잘못 썼다. 여기서 『화몽집』본은 '揷空甕, 汩汩之聲, 逾時而絶. 甕盡處, 沉積水, 釜在堆滿. 其僵僕道路者, 用眞木釘椎其背貫至地. 殘傷酷烈, 有不' 등 43개 글자가 빠졌다. '孑遺'의 '孑'을 『화몽집』본에서는 '了'라고 잘못 썼다. '搶掠無餘' 중 『화몽집』본은 '無餘' 두 글자가 빠졌다. '屠滅'을 최본은 '屠殺'이라고 하였다. '未足以喩其慘黷也' 구절 중 최본은 '喩'자를 '逾'자로 썼는데 정확하다. 『화몽집』본은 '未'를 '不'이라 하였고 '其'를 '雲'이라 하였으며 '黷'자가 빠졌다. '東事進退' 중 금서본은 '東'자 뒤에 '城'자를 보탰는데 잘못된 글자로 의심된다. '漢城'을 최본에서는 '漢山城'이라 하였다. '滿城人命'의 '城'자 뒤에 최본은 '之'자를 보탰는데 생략해도 괜찮다. '淸川' 을 『화몽집』본과 최본은 '淸州'라 잘못 썼다. '兩處屠殺'의 '屠殺'를 최본과 금서본은 모두 '所殺'이라 하였다. '同降武人'의 '降'을 『화몽집』본은 '粼'이라고 잘못 썼다. '言講和之議' 중 최본은 '之'자가 없다. '無議和將軍'의 '議和'를 최본과 금서본은 각기 '講和'와 '和好'라 하였는데 모두 괜찮다. '朴蘭英歸報虜營' 중 『화몽집』본과 금서본은 모두 '朴'자가 없고 최본은 '歸'를 '皈'라 하여 같은 글자인데 '報'자가 없다. '更加屠殺'의 '加'를 최본과 금서본에서는 모두 '可'라 하였다. '如刈草菅'의 '菅'을 『화몽집』본은 '管'이라고 잘못 썼다. '吾與若'의 '若'을 최본은 '汝'라 하였고, 금서본은 '爾'라 하였는데 모두 틀리지 않는다. '與'를 금서본에서는 '於'라 잘못 썼다. '馬韃'을 금서본은 '馬鞍'이라 했다. '蜚語'의 '蜚'를 세 이본에서는 모두 '飛'라 하였는데 같은 글자이다. '方宦于朝' 중 최본은 '于'가 탈락되었다. '惕然'의 '惕'을 『화몽집』본은 '暢'이라고 잘못 썼다. '潰散'을 금서본은 '奔散'이라 했다. 금서본에서는 '無人. 喜曰 : 以此' 여섯 글자가 빠졌다. '雖橫行八路, 可也'의 '可也'를 최본은 '無所憂'라 하였다. 소설의 서문을 네 이본은 각각 아래와 같이 서술했다.

兼八道都元帥、金國大將軍姜, 曉諭父老軍民及文武置散之人, 大兵吊伐, 本爲懷 綏. 毋毋恐, 各安耕桑. 山林之中閭巷之間, 必有懷才莫展有功名者, 逢此一時, 正宜自 奮. 糾合驍果, 來赴軍. (『화몽집』본)

兼八道督元帥, 金國大將姜, 曉諭父老軍民及文武置散之人, 大兵吊伐, 本爲懷綏. 毋貳毋恐, 各安耕桑. 山林之中間閭巷, 必有懷才莫展者, 有志功名者, 逢此一時, 政宜自 奮. 糾合驍勇, 來赴軍前. 共圖不世之勳, 永樹無窮之聞. 叫合轉報, 同聲齊應. (최본)

兼八道督元帥、金國大將軍姜, 曉諭父老軍民及文武置散之人, 大兵吊伐, 本爲綏 懷. 毋貳毋恐. 各耕桑, 山林之中閭巷之間, 必有懷才莫展者, 有志功名者, 逢此時, 政宜自轉報遠邇, 同聲齊應. (금서본)

八道督元帥金國大將軍姜, 通諭父老軍民及文武 '置' 散之人, 令領大軍, 來吊窮 民, 惟以不殺爲務, 爾宜無恕, 亦勿懷異志, 各勉稼穡. 山林草野抱才不?欲求功名者, 乘時憤發, 聚率勇士, 爭投軍前. 當共立希世之功, 垂名永久. 唯爾遠近傳佈此意, 宜速 聚會. (규창본)

'大將軍'을 최본은 '大將'이라 했다. 『화몽집』본, 최본과 금서본의 '置散'의 '置'자는 응당 '疲'와 통하는 '罷'자여야 한다. '懷綏'를 금서본은 '綏懷'라 하였다. 『화몽집』본에서는 '毋貳毋恐'의 '貳'자가 빠졌다. '懷才莫展者' 중 『화몽집』본은 '者'자가 없는데 의사 표달에는 영향이 없다. '有志功名者' 중 『화몽집』본은 '志'자가 빠졌다. '各安耕桑' 중 금서본은 '安'자를 빠뜨렸다. '驍勇'의 '勇'을 『화몽집』본에서는 '果'자로 잘못 썼다. 이 단락에 『화몽집』본과 최본의 문장 앞부분이 대체적으로 비슷한 것으로 보아 『화몽집』본의 마지막 부분에 '前. 共圖 不世之勳, 永樹無窮之聞. 叫合轉報, 同聲齊應' 등 21개 글자가 빠진 것으로 추측할 수 있다. 위의 문장을 보면 규창본이 비교적 유창하다. '榜文所播' 중 금서본은 '所'자를 빠뜨렸다. 『화몽집』본은 '爭相應赴. 及至數日, 寂然無應. 乃歎曰 : '朝鮮之'' 등 18개 글자가 빠졌다. 『화몽집』본은 '毫傑未有志者, 深可恨也' 구절 중의 뒷부분을 빠뜨렸다. '在傍'의 '傍'은 '旁'과 통한다. 『화몽집』본에서는 '拍手曰 : '愚' 등 네 글자가 빠졌고, '影從'의 '從'자를 빠뜨렸다. '怒曰' 두 글자가 『화몽집』본에서는 순서가 서로 바뀌었다. '大事可定也' 구절 중 『화몽집』본은 '事'자가 빠졌다.

제16단락에서는 강홍립이 삼촌 강인(姜絪)[30] 등의 권유로 조선 조정에 귀순하면서 마음속으로 소녀를 사모하는 이야기를 썼다. '(平壤)城守將'을 금서본은 '守城將'이라고 잘못 썼다. '獨專胡權'중 『화몽집』본은 '權'자가 빠졌고 '專'을 '令'이라 했다. '叔父'를 『화몽집』본과 금서본은 모두 '姑父'라 하였다. '到虜營見弘立' 중 최본은 '見弘立' 세 글자가 없다. '報以闔門無恙'의 '闔門'을 최본은 '閨閣'이라 잘못 썼다. '泣下'를 『화몽집』본은 '飮泣'이라 했다. '後帝之鑒其亦嚴矣' 구절 중 '帝'를

30) 姜絪(1555~1634). 자는 仁卿이고 호는 是庵이다. 책에서 나오는 '晉昌君'이며 강홍립의 삼촌이다.

『화몽집』본은 '第'라 하였고 또 '矣'자가 없으며, '後'를 최본에서는 '垕(厚)'라 하였는데 오자이다. '莫如歸身朝廷'을 최본은 '莫若皈來朝廷'이라 했고, 금서본은 '若歸身朝廷'이라 했는데 『화몽집』본의 것이 정확하다. '夜使人投金印於江水' 구절 중 최본은 '金', '水' 두 글자가 없고, 『화몽집』본은 '使'를 '史'로 썼는데 같은 글자이다. 홍립의 한탄을 네 이본은 아래와 같이 썼다.

大計歸一夢, 徒積一身殃.	(『화몽집』본)
大事皈一夢, 徒積一身殃.	(최본)
大計歸一夢, 徒積一身殃.	(금서본)
平生大計, □成一夢, 徒爲一身之殃也.	(규창본)

'計'자가 더욱 정확한 것 같다. 그렇다면 강홍립은 어떤 계획이 있었던 것 같다. '約定和好'의 '定'을 최본은 '以'라 하였다. '能歌能舞' 중 『화몽집』본은 뒤의 '能'자가 없다. '自娛'의 '娛'를 최본은 '誤'라고 잘못 썼다. '東歸'의 '歸'를 최본과 금서본은 모두 '渡'라 하였는데 전자는 주관적인 염원이고 후자는 객관적인 서술이다. '約與均分'의 '與'를 최본과 금서본은 모두 '以'라 하였는데 틀리지 않는다. '爾可分半與之'의 '半'을 최본은 '手'라고 잘못 썼다. '得意西歸' 중 최본은 '意'자가 없다. '終吾生而徜徉'의 '而'을 최본에서는 '以'라 하였는데 괜찮다. '執迷不悟'의 '執'을 최본에서는 '報'라 잘못 썼다. '心無複語'를 최본과 금서본은 모두 '心欲複路'라 하였다. '晉昌之牽挽, 胡將之許留' 구절 중 최본에서는 두 '之'자가 다 없다.

제17단락에서는 강홍립이 자신은 노(虜)에서 홀로 살았다고 거짓말하고, 생원 윤형지가 홍립을 극형에 처할 것을 상소하는 것을 썼다. '未能追究'의 '未'를 최본에서는 '末'이라 하였는데 잘못된 표기이다.

제18단락에서는 강홍립이 노에 투항한지 10년 만에 고향에 돌아와서 냉대를 한껏 받고 삼촌 강인의 호된 질책을 받으며 부끄러움과 후회를 느끼는 것을 썼다. 이 단락의 첫머리에 『화몽집』본은 '弘立十年歸國, 重尋故井, 觸目悲懷, 塡胸感慨 : 滿朝之人無問者, 親戚朋知皆相戒飭, 絶不經過. 心甚愧恨. 欲掃拜' 등 43개 글자가 빠졌다. '悲懷'를 최본은 '悲喜'라 하였다. '滿朝之人無問者'의 '者'자가 금서본에는 없다. '戒飭'와 '戒敕(勅)'은 모두 경고한다는 뜻이 있어 통용할 수 있다. 또 '戒敕(勅)'은 한나라 황제가 내린 네 가지 명령 중의 하나인 책을 금한다는 말도 있다.[31] '叔父'를 『화몽집』본에서는 '姑夫'라고 잘못 표기했다. '背反彝倫'의 '背反'을 최본은 '反背'라 하고, 금서본은 '反'이라 했다. '臨別時' 중 『화몽집』본은 '時'자 앞에 '之'자 하나를 더 썼고 '臨'자가 빠졌다. '知義理' 중 최본은 '知'자 앞에 '旣'자를 첨가했다. '慚悔欲死'의 '欲'을 『화몽집』본은 '意'라 하였는데 문제가 없다.

제19단락에서는 강홍립이 「忠烈錄」을 보고 머리를 긁으며 자책하는 것을 썼다. '讀 …… 至延年戰死'를 『화몽집』본은 '延至年'이라고 잘못 썼는데 이것은 한연년(韓延年)이 전사하는 것과 이릉(李陵)이 투항하는 이야기를 인용해서 쓴 것이다.[32] '而弘立與景瑞屈膝拜伏' 구절 중 최본은 '弘立' 두 글자가 빠졌다. '兵甲'을 최본은 '甲兵'이라고 했는데 괜찮다. '書七言近體二首'의 '書'를 금서본에서는 '詩'로 썼고 최본에는 없다. 최본과 금서본에서는 「嘲將虜元帥詩」 중의 '詩'자가 없다. '受鉞青冥辦百勝' 중의 '辦'을 최본에서는 '辨'이라 하였는데 틀린 것이다. 고대 대장들이 출정할 때 황제가 수여하는 부절(符節)과 부월(斧鉞)을 받는 것을 '受鉞'이라 한다.[33] '青冥'은 하나는 푸른 하늘이라는 뜻이

---

31) "一曰策書, 二曰制書, 三曰詔書, 四曰戒敕."(「文心雕龍 詔策第十九」)

32) 한연년과 이릉의 사적은 『史記』 '李裝軍列傳第四十九', 『漢書』 권54에 기재가 있다.

33) 한휴(韓休), 『全唐詩』 권111 「奉和聖制送張說巡邊」에 '受鉞辭金殿, 憑軒去鼎城'

고, 다른 하나는 보검의 이름을 말한다. '讀聖賢書是阿誰'의 '是阿誰'를 최본은 '果阿誰'라 하였다. '笑看策馬傷三戟'의 '戟'을 최본은 '戰'이라 했다. '忍見牽羊逆九逵'를 최본은 '忍恥牽羊逆九夷'라 하였고, 금서본은 '忍學牽羊逆九逵'라 하였다. '牽羊'이 하나는 투항이란 뜻이고, 다른 하나는 하늘의 인과보응에 순종한다는 뜻이다. '見', '恥', '學' 세 글자는 각각 착안점이 다르다. 최본의 '九夷'는 오기이다. '卽今被發等蛟螭'의 '等'을 최본은 '化'라 했고, 금서본은 '雜'이라 했는데 틀린 것 같다. '獨受東韓萬代嗤'의 '嗤'을 『화몽집』본에서는 '恥'라 하였다.

제20단락에서는 강홍립이 소녀의 편지를 받고 곧 식음을 전폐하고 앓아누워 얼마 안 되어 병에 걸려 죽는 것을 썼다. '遂屛居鄕墅'의 '墅'를 최본에서는 '閭'라 하였는데 틀리지 않다. '咄咄書空'[34]의 '空'을 최본은 '鎰'이라고 잘못 썼다. 금서본의 '兼金萬鎰'[35]의 '鎰'자는 모호하여 식별하기 어려운데 『화몽집』본과 최본에 근거하여 '鎰'자로 판단할 수 있다. '顔如玉'의 '玉'을 금서본에서는 '花'라 하였고, 최본에서는 '花'자 뒤에 '兮'자를 증가했다. '割恩忍愛'부터 '胡爲乎至此'까지의 문장에 세 이본은 각각 아래와 같은 부분을 빠뜨렸다.

『화몽집』본: 路阻涯角. 微姑

최　　본: 皈. 叔父之說

금 서 본: 歸卽仁. 微叔父之故

'路阻涯角' 네 글자가 최본과 금서본에는 모두 없다. 『화몽집』본의

이 있다.

34) '書空咄咄'라고도 한다. 『晉書』「殷浩傳」에서 나오는데 금나라 원호문(元好問)의 「鎭平縣齋感懷詩」에 '書空咄咄知誰解, 擊缶嗚嗚咄自驚'이 있다.

35) 일(鎰). 고대 무게 단위, 20량 혹은 24량이다. 「國語」에 '黃金四十鎰'라는 기재가 있다.

'姑'는 '叔'의 잘못된 표기이고 뒤에 '父之故' 등 세 글자를 빠뜨렸다. '歸卽仁('仁'인 것 같다)' 세 글자가 『화몽집』본과 금서본에는 없다. '微叔父之故' 중 최본은 '微'자가 빠져 앞뒤가 잘 맞지 않는데 '故'자를 '說'자로 쓴 것은 틀림이 없다. 최본과 금서본은 '果然韓潤之言不欺我也'의 '之'자를 빠뜨렸다. '欺我'를 금서본은 '我欺'라 했는데 대명사를 목적어로 하여 앞에 옮겨 놓은 것이다. 『화몽집』본은 '朝廷命置京口'의 '朝'자를 빠뜨렸고, '置'를 최본과 금서본은 모두 '押至'라 했는데 타당하지 않다. 왜냐 하면, 소녀는 필경 한인(漢人), 즉 명나라의 백성인데 후에 후금(여진)에 강탈되어 온 것이기 때문이다. 이에 대하여 규창본에 '朝庭置於崇禮門外, 以待唐將之處分'이라는 기재가 있다. '待天朝處置'의 '朝'를 최본과 금서본은 모두 '將'이라 하였는데 괜찮다. '粉香淚痕'의 '淚痕'이 『화몽집』본에는 없다. '薄命險釁, 遭亂蒼黃' 중 금서본은 '釁, 遭亂黃' 네 글자가 빠졌다. '不料老爺萬死相逢' 구절 중 최본은 '相逢' 두 글자가 빠졌다. '呑舟巨魚'[36]를 금서본은 '呑舟巨孼'이라 하여 괜찮은데 다만 어조가 좀 강하다. '敗我深歡' 중 금서본은 '深'자가 빠졌다. '奈何弱水渺渺' 중 금서본은 '渺渺' 두 글자가 희미하여 식별하기 어렵다. 이곳에 『화몽집』본은 '懷抱, 誓海盟山, 一約金石. 呑舟巨魚, 敗我深歡, 事不從心. 一別無還, 丁寧好音, 寤寐在耳. 問君之誠, 如水必東. 城西暮雨, 夢結襄王. 奈何弱水渺渺, 更隔' 등 58개 글자가 빠졌다. '深情縷縷'의 '深'자가 금서본에서는 '去'자로 의심되는데 역시 통한다. '丈夫心節'의 '節'을 최본은 '期'로 잘못 썼다. '一寸鋼鐵'의 '鋼鐵'을 금서본은 '鐵剛'이라 했는데 앞의 구절 끝의 '節'과 운이 맞지 않는다. 이곳에 『화몽집』본은 '深情縷縷, 難訴幾萬. 丈夫心節, 一寸鋼鐵' 16개 글자가 빠졌다. '兒女衷情'의 '情'을 금서본은 '腸'이라 하였는데 문제가 없다. '鳳媒難合'의 '媒'를 『화몽집』본과 금서본은 모두

36) 呑舟, 즉 배를 삼킬 수 있는 큰 물고기라는 말인데 매우 간악한 사람을 비유해서 이르는 말이다. 『莊子』「庚桑楚」에 '呑舟之魚, 碭而失水'라는 말이 있다.

'髓'라고 잘못 썼다. '鳳媒'는 사마상여(司馬相如)가 「鳳求凰」을 연주하여 탁문군(卓文君)을 얻는 이야기에서 온 것이다.[37] 후에 사람들은 '鳳媒'로 자기 스스로 결혼 대상을 구한다는 뜻을 표시한다.[38] '鳳髓'는 일종의 향료이다. '地老天荒'의 '地'자가 『화몽집』본에서는 빠졌다. '血斑湘竹' 중 『화몽집』본은 '竹'자가 빠졌고 최본은 '斑'을 '班'으로 썼는데 같은 글자이다. '不及黃泉'의 '不'자가 『화몽집』본에서는 빠졌다. 『화몽집』본은 '弘立讀罷'의 '罷'자가 빠졌고, '吾於上前'의 '於'자가 빠졌으며, '必將重貽欺君之罪也'의 '將'자가 빠졌다. '誓將下從於泉壤' 구절 중 『화몽집』본은 '壤'자가 빠졌다. '臨死'를 최본과 금서본은 모두 '臨終'이라 했다. '吾早登科第' 중 『화몽집』본은 '早'자를 빠뜨렸다. '難可追記'의 '記'를 『화몽집』본은 '認'이라 하였는데 뜻은 변하지 않는다. '非一'을 최본은 '非一二'라 했는데 의미는 같다. '溘然而死'의 '死'를 최본과 금서본은 모두 '沒'이라 했는데 같은 글자이다.

제21단락에서는 강홍립의 삼촌 진창군 강인이 곡하며 그의 시체를 강씨 선조의 무덤 옆에 매장할 것을 허락하는 것을 썼다. '晉昌君'의 '君'자가 『화몽집』본과 금서본에는 모두 없다. '指爲'를 금서본은 '指名'이라 했는데 괜찮다. '墓'를 최본과 금서본은 모두 '墳'이라 했다.

소설의 마지막 단락에서는 강홍립을 몹시 증오하는 세 가지 이유를 썼으며 이 소설이 완성된 유래를 보충 설명했다. '余嘗痛姜弘立以先朝舊臣' 구절 중 『화몽집』본은 '朝'와 '臣'자 사이에 두 글자가 있는데 희미하여 변별하기 어렵다. 하지만 최본과 금서본에 의하여 '舊'자 혹은 다른 잘못된 글자로 추측할 수 있다. 『화몽집』본은 '畜無將之心'[39]의

37) 『史記』 권117 「司馬相如列傳第五十七」「索隱」.

38) 낙빈왕(駱賓王), 『全唐詩』 권79 「棹歌行」에 "鳳媒羞自托, 怨翼恨難窮"이라는 말이 있다.

‘心’자를 빠뜨렸고, 금서본에서는 ‘心’을 ‘作’이라 하였다. ‘妙香山’[40]을 최본은 ‘香山’이라고 잘못 썼다. ‘僧顰蹙不答’ 중 최본은 ‘不答’ 두 글자가 없다. ‘强而後答曰’의 ‘而’를 『화몽집』본은 ‘以’라 하였는데 의사전달에는 문제가 없다. 그 뒤에 『화몽집』본은 ‘窮探奇勝, 遇’ 다섯 글자가 빠졌다. ‘因爲書記’의 ‘因’을 『화몽집』본은 ‘仍’라 하였는데 잘못된 표기이고, 금서본은 ‘引’이라 하였는데 역시 말이 잘 통하지 않는다. 『화몽집』본은 ‘爲書記’ 세 글자가 빠졌다. ‘未嘗暫舍’ 구절 중 『화몽집』본은 ‘未嘗’ 두 글자가 빠졌다. 최본과 금서본의 ‘備嘗艱險’의 ‘備’는 ‘倍’의 같은 글자로 볼 수 있다. ‘至弘立死後’ 중 최본은 ‘死後’ 두 글자를 빠뜨렸다. ‘削髮爲僧’의 ‘削’을 최본은 ‘祝’이라 하였는데 뜻은 같다. ‘因歓泣不能語’의 ‘語’를 최본은 ‘言’이라 하였다. ‘仍述自戊午汔丁卯’ 중 최본은 ‘自’자가 없는데 의사전달에는 문제가 없다. ‘僧又曰’ 중 금서본은 ‘又’자가 없다. ‘貧道與姜弘立情同手足’ 구절 중 금서본은 ‘弘立’ 두 글자가 없는데 앞뒤의 서술 풍격을 비교해보면 이 두 글자를 생략하는 것이 더욱 간략하다. 이 단락에서 『화몽집』본은 ‘至弘立死後, 削髮爲僧以至於此. 手指面痕, 弘立引賊東犯, 甯有毁父母遺體? 因歓泣不能語. 蓋安州城下箭傷者也. 仍述戊午迄丁卯, 逐一條列, 詳其始終. 如又. 僧又曰 : ‘貧道與 姜弘立情同骨肉, 是事顚末某嘗秘之. 今蒙曆問不覺吐實. 出我之口, 入君之耳, 毋輕播 也.’ 雲. 噫, 緇流尙未負其主, 吠堯之賊, 反出於衣冠世族. 何哉? 通天之罪, 曠古之 凶. 所可道也, 言之長也. 崇禎庚午秋無言子記’ 등 150개 글자가 빠졌고 ‘曰若非’ 세 글자만 남았다.

39) ‘無將’은 『詩經』「小雅」‘無將大車’에서 나온다. 관련된 해석은 두 가지가 있다. 하나는 전통적인 관점 ‘大夫悔將小人也’(「毛序」 등)이고, 다른 하나는 새로 해석된 ‘스스로 벗어나다’, 혹은 ‘선택해서 일을 잘하다’는 말이다(예로 黃寶華).

40) 妙香山, 또는 비류산, 태백산이라고도 한다. 11세기 이후 묘향산이라고 했다. 북한 서북부의 평안남도, 평안북도와 자강도 경계에 있다.

2.

필자의 통계에 의하면 『화몽집』본은 599개 글자가 탈락되었고, 12개 글자를 빠뜨렸다. 금서본은 39개 글자가 탈락되었고, 10개 글자를 빠뜨렸다. 최본은 4개 글자가 탈락되었고, 14개 글자를 빠뜨렸다. 『화몽집』본에는 14곳의 착오가 있다. 즉 '彼我雜蹂' 중의 '蹂'(짓밟다)를 '揉'로, '盛陳虜勢……'의 '陳'을 '陣'으로, '潛結使內應'의 '潛'을 '深'으로, '與遼相通書佯爲使之內應者'의 '爲'를 '若'으로, '枉陷無辜'의 '無'를 '不'로, '貴盈哥急入諫曰'의 '盈'을 '景'으로, '編戶'의 '編'을 '偏'으로, '二王子'의 '王'을 '三'으로, '孑遺'의 '孑'을 '了'로, '同降武人'의 '降'을 '鄰'으로, '如刈草菅'의 '菅'을 '管'으로, '惕然'의 '惕'를 '暢'으로, '驍勇'의 '勇'을 '果'로, '讀…… 至延年戰死'를 '延至年'으로 잘못 썼다. 최본에는 35곳의 착오가 있다. 즉 '宣祖'를 '宣廟'로, '侍中'을 '侍從'으로, '並令及期齊會'의 '並'을 '升'으로, '等待軍餉'의 '等'을 '登'으로, '曾在丹朝'의 '曾'을 '魯'로, '分散搶掠'의 '掠'을 '椋'으로, '威動昆陽 霆擊日, 功奇孫子火攻時'의 '霆擊日'을 '遽擊之'로, '功奇'를 '奇功'으로, '火'를 '對'로, '聲勢益振'의 '勢'를 빠뜨렸고 '振'을 '張'으로, '男女夾路而觀者'의 '夾'을 '挾'로, '沿途胡雛相聚作拏'의 '拏'를 '絮'로, '排列西行坐'의 '西'를 '四'로, '不特王猛之于秦天王也'의 '天'을 '大'로, '捐身竭節無南北'의 '節'을 '力'으로, '蘇卿千載眞堪笑'의 '千載'를 '十載'로, '八高山'을 '八亭山'으로, '天地低昂'의 '昂'을 '仰'으로, '捉下 景瑞'의 '下'를 '入'으로, '而終反覆也'를 '面從反復也'로, '死生契闊'의 '闊'을 '活'으로, '暢飮'의 '飮'을 '吟'으로, '某自蒙收錄'의 '錄'을 '鑠'으로, '舅甥'을 '男甥'으로, '不能越遼'의 '遼'를 '潦'로, '纘承 大業'의 '纘'을 '續'으로, '報以闔門無恙'의 '闔門'을 '閨閣'으로,

'自 娛'의 '娛'를 '誤'로, '爾可分半與之'의 '半'을 '手'로, '執迷不悟'의 '執'을 '報'로, '讀聖賢書是阿誰'의 '是阿誰'를 '果阿誰'로, '咄咄書空'의 '空'을 '窓'으로, '丈夫心節'의 '節'을 '期'로, '妙香山'을 '香山'으로 잘못 썼다. 금서본에는 19곳의 착오가 있다. 즉 '宣祖'를 '宣廟'로, '侍中' 을 '侍從'으로, '簡迪在廷'의 '簡迪'을 '迪簡'으로, '喬遊擊率敗殘十餘人'의 '率'을 '卒'로 썼으며 '敗'자가 하나 더 많아졌다. 또 '制梃可撻'의 '撻'을 '達'로, '未至十裏'의 '至'를 '知'로, '犬彘之不若也'의 '犬'을 '大'로, '男女夾路而觀者'의 '夾'을 '挾'으로, '蘇卿千載眞堪笑'의 '千載'를 '十載' 로, '曷敢多少'의 '少'를 '小'로, '少不敵衆'의 '少'를 '小'로, '正欠堅 凝'의 '堅凝'을 '凝堅'으로, '想以入地'의 '想'을 '相'으로, '終身之 義'의 '義'를 '議'로, '勿用煩惱'의 '勿'을 '毋'로, '勒朝鮮而作爲編戶'의 '勒'을 '剿'로, '編戶'의 '編'을 '遍'으로, '事卽大成'을 '卽事(大成)'으로, '吾與若'의 '與'를 '於'로, '(平壤)城守將'을 '守城將'으로 잘못 썼다. 위에서 보다 싶이 『화몽집』본이 착오가 가장 적고, 금서본이 그다음이며, 최본이 착오가 가장 많은데 기타 두 이본과 비교해볼 때도 비교적 심각한 편이다.

이 외에 『화몽집』에 수록된 8편의 한문소설의 글자체에 대하여 식별해봤는데 베껴 쓴 사람이 적어도 네 명이라는 것을 알 수 있다. 그러나 「姜虜傳」은 필체가 한 가지여서 한 사람이 베껴 쓴 것이다. 금서본의 「姜虜傳」은 두 가지 필체가 있어 두 사람이 베껴 쓴 것이라는 것을 알 수 있다. 『화몽집』본과 금서본의 내용은 거의 비슷한데 『화몽집』본은 비록 많은 글자가 빠졌지만 소설 줄거리의 완정성에는 큰 영향이 없다. 또 『화몽집』에 '犭', 즉 '獨'자 등 조선시대 사람들이 늘 쓰는 한자가 많이 나왔다. 그리고 그 중에 나온 시가를 베끼는 독특한 방식, 즉 위에서부터 아래로, 왼쪽에서부터 오른쪽으로 베끼는 배열 순서는 제일구절, 제삼구절, 제이구절, 제사구절이다. 이것 역시 최본과 금서본에서는 찾아볼 수 없는 이색적인 것이다.

위의 여러 가지 요소를 종합해보면, 『화몽집』본은 선본(善本)이고 최본은 공정본(工整本)이며 금서본은 족본(足本)이고 규창본은 단축본(短縮本)이라는 것을 알 수 있다.

그럼 이 소설은 언제 쓴 것인가? 『화몽집』의 표지에 '略擧其槪天啓……' 등 몇 글자가 있는데 명나라 천계(天啓) 연호가 기원 1621년부터 1628년까지이다. 최본과 금서본은 소설의 결말 부분에 모두 '崇禎庚午秋'라고 기록되었는데 숭정(崇禎) 연호는 기원 1628년부터 1644년까지이다. 또 「규창유고」의 작자 이건(李健)은 1614년에 태어나 1662년에 세상을 떴다. 이에 근거하여, 우리는 이 한문소설이 17세기의 20년대부터 60년대 사이에 씌어졌다는 것을 추정할 수 있는데 1640년대를 가장 신빙성 있는 시기라고 추정할 수 있다.

중세소설작품집 『화몽집』에 대하여*

김춘택

우리 나라 고전소설작품의 원본은 그 보존상태에서 다양한 양상을 띠고 있다.

작가의 이름이 명백히 밝혀진 소설들의 경우에도 어떤 작품의 원문은 그 작가의 문집에 들어가 있기도 하고(임제의 『임백호집』에 수록된 『시름에 싸인 성』), 또 어떤 것은 개인 문집에 들어가지 않고 독립적으로 전해지기도 한다(『홍길동전』, 『재판 받는 쥐』).

작가 이름이 밝혀지지 않은 소설들 특히 국문소설들 가운데는 『춘향전』, 『심청전』, 『토끼전』 등에서 보는 것처럼 원본 또는 원본적 가치를 가지는 원문들의 이본이 보존되어 있는 작품들이 적지 않다.

우리 나라 옛날 소설 원본의 보존상태에서 주목되는 것은 또한 한두 편이 아니라 여러 편의 소설 원문들을 한데 묶어놓은 소설집이 전해오는 것이다. 김시습의 『금오신화』, 김려의 『단량패사(丹良稗史)』 등 단편소설집이 그러하다.

이러한 소설집 가운데는 특히 한 작가의 작품이 아니라 여러 작가들

---

* 『조선어문』 제2호(누계63호), 과학백과사전출판사, 1986.7.

의 작품들을 종합적으로 한데 묶어놓은 것도 있는데 『화몽집(花夢集)』이 바로 그러한 책이다.

『화몽집』은 지금까지 전해오는 희귀한 수사본이다.

우리 나라 중세문학에 대한 역사기록들과 도서 해제들에 이 책의 기록이 보이지 않는 것으로 보아 이 문집은 우리 나라에 보존되어 있는 유일한 수사본이라고 할 수 있다.

이 수사본은 한문(초서)으로 씌어졌는데 여기에는 이미 세상에 알려진 소설들인 『원생몽유록』, 『운영전』, 『주생전』과 함께 그 내용이 밝혀지지 않은 소설들인 『영영전(英英傳)』, 『동선의 노래[洞仙傳]』, 『몽유달천록(夢遊達川錄)』, 『피생명몽록(皮生冥夢錄)』, 『금화령회(金華靈會)』, 『강로전(姜虜傳)』 등 모두 9편의 한문소설들이 실려있다.

『화몽집』의 편집자는 누구인지 알 수 없으나 그 앞머리에 "략거기개시 천계6 [略擧其槩 時 天啓六] ……"(천계 6년 즉 1626년에 작품들을 추려서 적어 둔다는 뜻)이라는 기록이 있는 것으로 보아 이 책은 늦어도 1626년부터 편집되어 기록되기 시작하였다는 것을 알 수 있다(천계 연호는 7년까지 있었으므로 '6'자 이후 글자들이 탈락되었으나 천계 6년이라는 것은 명백하다).

또한 이 수사본에 1568년에 창작된 임제의 소설 『원생몽유록』과 17세기 초에 창작된 윤계선의 『몽유달천록』, 1618~1627년 사이에 있은 후금 침략자와의 싸움을 소재로 한 『강로전』 등이 실려있는 것으로 보아 이 소설집은 1626년 이후의 17세기 전반기에 편집되었다고 볼 수 있다.

『화몽집』의 편집과정은 또한 이 소설집의 편집자가 16세기 말 특히 17세기 전반기에 창작된 소설작품들에 대하여 깊은 관심을 돌리면서 제때에 그러한 작품드을 하나의 큰 책에 묶어놓았다는 것과 따라서 여기에 실린 소설들은 아무러한 가필이나 수정도 거의 가하지 않은 원문 그대로의 작품이라는 것을 보여준다.

소설에 대한 양반사대부들의 시비중상과 천대가 심하였으며 소설문학에 대한 문예학적 이해가 아직도 소박한 단계에 있었던 당시에 가치

있는 많은 소설들을 하나의 책으로 묶어 편집하였다는 그 사실 자체가 17세기 우리 나라 소설문학 발전에서 주목할 만한 일이다.

이렇게 놓고 볼 때 『화몽집』은 그 주제와 형태, 창작방법에서 본격적인 발전단계에 들어선 17세기 우리 나라 소설문학 연구에 적지 않은 자료들을 넘겨주고 있다고 볼 수 있다.

첫째로, 『화몽집』에 실려있는 작품들은 17세기 우리 나라 중편소설의 발전과정을 잘 보여준다.

『화몽집』에 실려있는 9편의 소설들 가운데서 『원생몽유록』을 제외한 기타 작품들은 거의 다 17세기에 창작된 중편소설들이다. 그러므로 이 책은 우리 나라의 첫 고전 중편소설집이라고 할 수 있다.

우리 나라 중편소설은 단편소설 다음 나온 두 번째 소설양식으로서 17세기에 이르러서는 『화몽집』과 같은 종합적인 성격을 띤 중편소설집을 내놓을 수 있을 만큼 현저한 발전을 이룩하였다.

『화몽집』에 들어있는 소설들은 무엇보다도 중편소설의 형상적 요구에 맞게 주인공의 성격과 운명을 다양하고 복잡한 인간관계 속에서 밝히려는 탐구과정을 잘 보여준다.

소설 『영영전』만 놓고 보아도 이 작품은 궁녀인 영영이와 김진사 사이의 사랑에 대한 이야기를 그들이 살고 있던 당대의 현실생활과 보다 밀접히 결부시켜 엮어나가기 위하여 부차적 인물선들을 적절하게 설정하고 있다.

주인공 영영이와 김진사가 처음 만나본 이후 막동이라는 종을 등장시킨 것과 그들이 세번째 만나는 대목에서 회산군을 비롯한 여러 왕자들을 등장시켜 복선을 쳐나간 것이 그 실례이다.

이 소설에서 종인 막동이의 선은 주인공의 성격과 운명을 밝혀나가는 데서 없어서는 안 될 중요한 복선으로 되는 동시에 바로 이러한 인물선을 통하여 주인공을 둘러싼 애정관계에 대한 이야기의 사회적 배경의 폭을 넓히고 있다. 다시 말해 불행한 궁녀인 영영이의 사랑과 그

둘째로, 『화몽집』에 실려있는 작품들은 17세기 우리 나라 소설이 주제를 탐구하는 데서 점차 다양성을 띠고 있었다는 것을 보여준다.

이조 시기에 이르러 보수적인 봉건문인들은 왕조와 당대 현실을 미화하면서 창작에서 모방과 도식에 사로잡혀 있었다. 그들은 옛글을 모방하고 남의 글을 본따야 '정통문학'의 격에 맞는 문장이라고 표방했을 뿐 아니라 현실생활이 제기한 새로운 문제들을 밝힌 문학작품들은 '속된 글'이라고 천시하였다.

창작에서의 이러한 모방과 도식은 임진왜란을 겪은 후인 17세기에도 계속 심하게 나타났다.

17세기의 작가 허균이 "남의 말을 그대로 따오기도 하고 남의 글의 뜻을 본따서 글을 지으려고 날치는 자들의 우스꽝스러운 모습이 마치 도 남의 집 처마 밑에 제집을 지어놓고 뽐내는 것과 같다"고 비판한 것도 이 시기에 나타난 그릇된 경향을 염두에 두고 있는 것이다.

17세기 소설작가들은 이와 같은 모방과 도식을 반대하고 소설창작에서 우리 나라의 현실에 눈을 돌려 거기에서 새롭고 가치있는 주제를 탐구하려고 하였다.

『화몽집』의 여러 소설들이 그 좋은 실례이다.

『화몽집』에서는 『운영전』, 『영영전』 등 남녀 청년들의 사랑을 주제로 한 17세기 작품들이 들어있다. 이 소설들에서 보는 바와 같이 이 시기 사랑을 주제로 한 작품들은 순수 애정이 아니라 불우한 처지에 있는 궁녀들과 그 상전들인 왕족과의 갈등 속에서 청년 남녀들의 순결한 사랑을 비교적 인상깊게 보여주고 있다.

이러한 점에서 이 소설들은 15세기 김시습의 애정 윤리적 주제의 단편소설들의 형상적 경지를 벗어나 한 걸음 더 발전하였다는 것을 시사해 준다.

그런데 여기에서 주목되는 것은 소설 『운영전』과 『영영전』이 다같이 궁녀들의 불행한 생활을 소재로 하여 사랑에 대한 문제를 주제로 하면서도 두 작품이 주인공들의 운명을 밝혀나가는 데서나 작품의 양상을 살려나가는 데서는 각각 뚜렷한 특색을 보여주고 있는 것이다.

『운영전』이 운영이와 김진사의 비극적 운명을 밝혀나가는 것으로 끝난다면 『영영전』은 궁녀인 영영이가 끝끝내 회산군의 사궁에서 벗어나 행복을 누리는 것으로 끝난다. 그리고 『운영전』에는 풍자희극적인 장면이 별로 나오지 않으나 『영영전』은 회산군의 사궁 내막을 통쾌한 풍자의 웃음으로 들추어내는 장면들을 자주 보여준다. 이것은 두 소설이 다 같이 사랑에 대한 이야기를 소재로 하면서도 그 주제를 탐구하고 밝혀나가는 데서는 각각 특색을 보여준다는 것을 말해준다.

『화몽집』에 실려있는 작품들 가운데는 17세기 소설 창작에서 애국적 주제의 탐구과정을 잘 보여주는 중편소설들도 있다.

지금까지 임진왜란을 소재로 한 17세기 소설로서는 『임진록』 한 편만을 들어왔다. 그런데 『화몽집』에 실려있는 『몽유달천록』이 연구됨으로써 이 시기 우리 나라 문학의 역사는 임진왜란의 현실을 반영한 또 하나의 큰 소설작품을 세상에 내놓을 수 있게 되었다.

원래 『몽유달천록』은 작가불명의 작품으로서 특별히 연구되지 않은 채 전해 왔다. 그런데 이 소설은 동시대의 작가인 이수광(1563~1628)의 문집에 의하여 윤계선(1577~1604)이 썼다는 것이 밝혀지게 되었다.

이수광의 『지봉유설(芝峯類說)』에는 "윤계선이 쓴 『몽유달천록』은 비록 우의적인 수법으로 지은 것이지만 그 말들이 신비로워서 산 사람들의 말 같지 않다"라는 기록이 있다. 『지봉유설』과 허균의 『성소부부고』에는 또한 윤계선이 이수광, 허균 등과 매우 가까이 지내면서 문학창작을 같이 했다는 기록들도 있다.

이러한 사료들을 놓고 볼 때 『화몽집』에 나오는 소설 『몽유달천록』의 작가가 윤계선이라는 것은 명백하다고 할 수 있다.

소설 『몽유달천록』은 임진왜란이 승리로 끝난 직후인 경자년(1600년)의 어느 봄날 밤에 작가 자신인 파담자(坡潭子, 윤계선의 호)가 꿈에 임진왜란 때 목숨을 바쳐 나라를 지켜 싸운 수많은 애국적 인물들을 한 자리에서 만나보는 감명 깊은 화폭들을 펼쳐 보인다.

주인공 파담자가 꿈에 호랑나비의 안내로 임진왜란 때의 옛 싸움터의 하나였던 충주의 달천강가에 이르자 거기에는 전쟁 초기에 이 강가에서 용감히 싸우다가 목숨을 잃은 병사들과 함께 전쟁 전 과정에 나라의 방방곡곡에서 의로운 싸움을 벌인 명장, 의병장, 애국적 인물들이 수많은 모여든다.

그들 가운데는 전쟁 승리 직전까지 남해바다를 지켜 싸우다가 희생된 이순신 장군, 금산 싸움터에 마지막 한 사람까지 용감히 싸운 의병장 조헌 등이 보이는가 하면 진주성 방어전투 때에 용맹을 떨친 의병장 김천일, 최경희, 고종후 등과 함께 임진강 방어 때에 최후를 마친 신길, 유극량 등의 모습도 보인다. 그리고 그들 속에는 애국적인 승병들을 지휘하여 용감히 싸우다가 쓰러진 영규와 같은 중들도 들어있다.

뭇별이 반짝이고 둥근달이 더욱 유난히 밝게 내리비치자 즐겁고도 장렬한 '달밤의 모임'이 시작된다.

소설은 이 인상적인 모임에 직접 참가한 주인공 파담자의 시점에서 수많은 애국적 인물들이 한자리에 모여 지난날의 싸움을 뜻깊게 회상하기도 하고 나라의 행복할 앞날에 대한 생각을 서로 나누기도 하며 즐기는 감명깊은 장면들을 보여준다.

소설은 이러한 장면들을 흥미있으면서도 뜻 깊은 이야기와 적절하게 배합하여 특색있게 보여주는 과정을 통하여 정의와 의리를 귀중히 여기는 인민들과 애국적 인물들의 슬기로운 애국투쟁에 의하여 나라는 영원히 수호된다는 주제사상을 밝히고 있다.

소설이 밝힌 이러한 심원한 주제사상은 인상깊은 '달밤의 모임'에 직접 참가했던 주인공(작가 자신)의 심정을 토로한 다음과 같은 독백에서 더욱 뚜렷이 나타난다.

파담자는 뜻있는 인간이어서 그 어떤 사람이 나라를 위해 목숨바쳐 싸웠다는 소식을 들을 때마다 그 의로움에 감탄하며 비통함을 금치 못해한다.

그 외로움을 따르며 그 절개를 찬양한다. 그리고 그 비통한 운명을 깊이 애도하며 그 혁혁한 공적을 떳떳이 자랑한다.

보는 바와 같이 소설 『몽유달천록』은 이 시기 소설작가들이 애국적 주제의 탐구에서 나라를 위한 싸움에 나선 용사들의 정신세계에서 찾아볼 수 있는 인간의 의리와 도리, 민족의 슬기에 대하여 깊은 관심을 돌렸다는 것을 잘 보여준다.

소설 『남염부주 이야기』, 『용궁의 상량잔치』 등에서 보는 바와 같이 우리 나라 소설문학은 이미 그 발생 초기부터 작품의 주제탐구에서 인간의 의리와 도리에 관심을 돌려왔다. 작품의 주제탐구에서 찾아보는 이러한 경향은 애정 윤리적 주제의 경우나 반봉건적 주제의 경우에도 다 찾아볼 수 있는 것이기는 하나 특히 이 시기 애국적 주제의 소설 창작에서 더욱 뚜렷이 나타났다.

셋째로, 『화몽집』에 실려있는 작품들은 17세기 중편소설이 이야기 줄거리를 엮어나가는 데서 꿈의 형식(몽유의 형식)을 중편 양식의 특성에 맞게 잘 받아들였다는 것을 보여준다.

소설문학이 점차 다양하게 발전하는 데 따라서 작품의 이야기 줄거리 형식으로서의 꿈의 형식도 자체의 발전 모습을 보여주었다.

『화몽집』에 나오는 『원생몽유록』, 『몽유달천록』 등이 그 실례이다.

이야기 줄거리 형식으로서의 꿈의 형식의 점차적 변화 과정은 이미 16세기 임제의 『원생몽유록』에서도 엿볼 수 있다.

이 소설에서 주인공 원생이 꿈에 사륙신들을 한자리에서 만나본다는 이야기 형식 자체가 벌써 그 이전 시기의 소설들인 『용궁의 상량잔치』, 『남염부주 이야기』와는 뚜렷이 구별된다.

소설 『원생몽유록』은 같은 꿈의 형식으로 이야기를 엮어나가기는 하나 그 꿈에 본 장면들은 전혀 비실재적인 것이 아니다.

이 소설의 주인공 원생이 꿈에 만나보는 사람들이란 비실재적인 가상적인 인간들이 아니라 얼마 전까지만 해도 우리 나라 당대 현실에서 살고 있었던 단종과 성삼문, 박팽년, 하위지, 이개, 유응부, 유성원 등 사육신과 남효온 등이다.

소설은 주인공 원생이 꿈에 이들과 자리를 같이하여 '통분'한 심정을 서로 토로하는 형식으로 이야기를 전개시킨다. 즉 주인공 원생의 현실 행활 특히 당대 사회현실에 대한 비판적 기분의 환상적인 연장이라고 볼 수 있다.

『화몽집』에 나오는 17세기 소설 『몽유달천록』은 바로 꿈의 형식의 이야기 줄거리의 이상과 같은 경험을 이어받았다. 이 소설에서 보는바와 같이 주인공 파담자가 꿈에 달천강가에서 만나보게 되는 그 수많은 사람들은 비실재적인 허황한 인간들인 것이 아니라 바로 얼마 전에 있었던 임진왜란 시기에 목숨 바쳐 싸운 애국적 백성들과 명장, 의병장들이다.

소설은 비록 꿈의 형식이기는 하나 당대 우리 나라의 현실에서 실제 살고있던 애국적 인물들에 대한 생동한 화폭을 펼쳐나감으로써 임진왜란 시기의 역사적 현실을 실감있게 형상할 수 있었다.

소설 『몽유달천록』의 이야기 줄거리에서 특히 중요한 것은 수많은 등장인물의 생활을 예술적으로 재현하는 데서 시공간적 제약을 받지 않고 이야기를 비교적 자유롭게 폭을 넓혀 엮어나간 것이다.

이 소설의 이야기 줄거리에서 기본을 이루는 인상적인 '달밤의 모임' 장면들은 꿈의 형식이 아니고서는 도저히 보여줄 수 없는 대목들이다.

이 소설의 작가 윤계선은 바로 꿈의 형식을 잘 살려 황홀할 만큼 감명깊은 '달밤의 모임' 장명들을 구상한 것으로 하여 이 모임에 참가한 수많은 용사들을 한자리에 등장시키는 데서 시공간적 제약을 받지 않고 있다. 즉 임진왜란의 각이한 시기, 각이한 싸움터들에서 왜적을 무찔

러 싸운 용사들이 시공간적 한계를 넘어 한 날 한 시에 자리를 같이할 수 있게 되어있는 것이다.

소설 『몽유달천록』은 바로 이러한 특색있는 이야기 줄거리를 통하여 작품에 등장하는 인간들의 애국적 성격과 그들의 운명을 낭만주의적으로 감명깊이 밝혀나갔으며 그 과정에 비교적 큰 형식의 구성에 의한 중편소설 창작의 경험을 남겨놓았다.

『화몽집』은 이상에서 본 몇 가지 문제들과 함께 17세기 사실주의 및 낭만주의 소설문학의 발전에서와 인간 성격 묘사와 작품의 양상을 살려나가는 데서 의의를 가지는 창작적 성과를 이룩하였다.

그러나 『화몽집』에 들어있는 작품들은 이 시기 우리 나라 소설 발전의 미숙성도 엿볼 수 있게 한다.

이 소설들에서 찾아볼 수 있는 본질적 제한성은 인물들의 형상을 깊이있게 일반화하여 창조하지 못한 것이다.

소설 『영영전』의 작가는 불행한 궁녀인 영영이와 김진사 사이의 사랑에 대한 이야기에서 진사의 창두인 막동이의 역할에 응당한 관심을 돌리면서도 그의 성격을 당대 사회현실과 결부시켜 일관하게 깊이 밝히지 못하였다. 또한 소설 『몽유달천록』에 나오는 '달밤의 모임' 장면들에서 보는 것처럼 작가는 전쟁 승리를 위해 목숨 바쳐 싸운 수많은 애국적 병사들을 작품의 중심에 등장시키면서도 그들의 고결한 정신세계를 좀더 깊이있게 일반화하여 보여주지 못하였다.

이러한 제한성에도 불구하고 『화몽집』은 작가들의 창작적 탐구에서 새로운 발전단계에 들어섰던 17세기 우리 나라 소설문학의 발전에 일정한 긍정적 영향을 미쳤다.

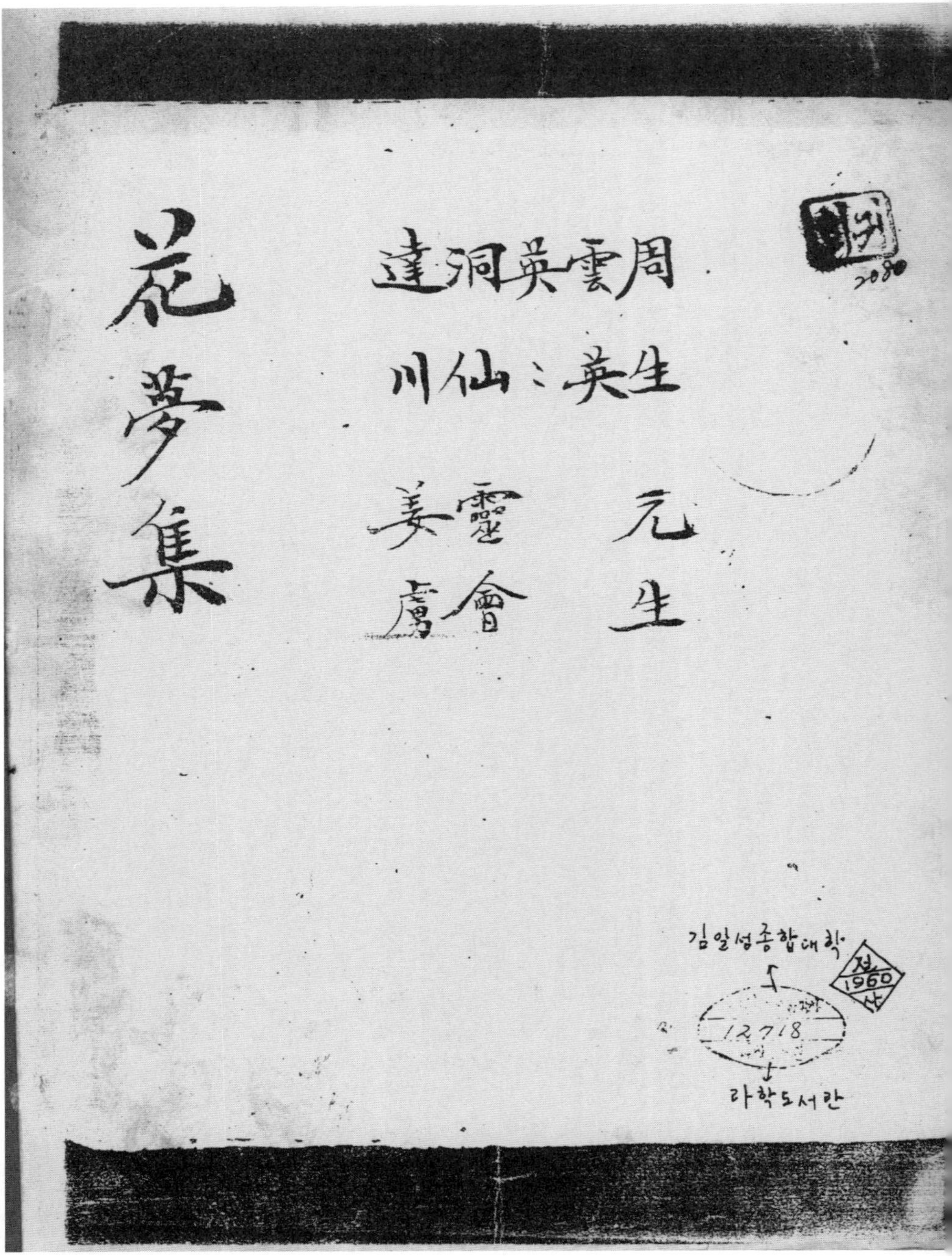
花夢集

周生 雲英 英〻 洞仙 達川

元生 靈會 姜虜

[illegible]天

周生傳

生名檜字直卿號梅川世居錢塘父爲蜀州別駕仍家
于蜀生少時聰銳能詩年十八入太學爲儕輩所推仰
生亦自負不淺在太學數歲連擧不第乃喟然歎曰人
生在世間如微塵棲弱草耳胡乃爲名韁所縶汨汨塵
土中以終吾生乎自是遂絶意科擧之業倒篋中有錢
百千以其半買舟往來江湖間以其半市雜貨時取贏
以自給朝吳暮楚唯意所適一日繫舟于岳陽樓外步
入城中訪所善羅生羅生亦俊逸之士也見生甚喜置酒相
[illegible]沉醉及還舟則[illegible]月上[illegible]舟[illegible]
[illegible]　及覺則鍾[illegible]

烟寺月在西矣但見兩崖得稍[illegible]崖花樹陰
中時有紗籠銀燭隱映於朱欄翠箔之間問之乃錢塘
也口占一絶以岳陽樓外倚蘭橈半夜風吹入醉鄕杜
字數聲春月曉忽驚身已在錢塘及朝登崖訪舊
里親故半已凋零生吟嘯徘徊不忍去也有妓緋桃者生
少時所與同戲者也以才色稱步於錢塘人呼之爲緋娘引
生歸其家相對甚歎生贈詩以天涯芳草我沿衣萬里
歸來事事非依舊杜秋聲價在中樓珠箔捲[illegible]嬋緋
桃大驚以郎君有財必此非久屈於人者一何泛梗飄蓬若
此哉因問娶未以未也桃笑回顧郎君不必遠尋可寓在
妾家妾當爲君求得一佳耦也盖桃意屬生久生亦
見花姿妍麗艶出[illegible]中且工辭[illegible]對[illegible]不[illegible]望也團[illegible]之中

日已曉矣梔令丫鬟引生就別室生見壁間有絶句
一首詞意甚新問於丫鬟〻〻答曰主娘所作也詞曰琵琶
莫奏相思曲〻到高時更斷魂花影滿簾人寂〻春來
鎖却武黃昏生既悅其色又見其詩情迷意惑萬念俱
灰心欲次韻以試梔意而凝思苦吟竟莫能成而夜已深矣
月色滿地花影扶疎徘徊間忽聞門外人語馬嘶之聲
良久乃止生心頗疑之未覺其由見梔還在室不甚遠紗窓
影裡紅綃熒煌生潛從窺見桃娣坐舒綵雲牋草牒
怨花詞只就前帖未就後帖生忽落窓以主人之詞客可是
亭桃佯怒曰狂客胡乃至此生曰客本非狂耳主人使客狂
耳桃方微笑令生足成其詞曰小院沉〻春意鬧月在
花梢宿鳥春烟長窓裡故人愁欲老[illegible]

草誤入蓬瀛十二島誰識楚川新得尋芳客睡起鶯啼
枝上鳥翠簾無影朱欄曉詞罷桃自起以藥玉船酌綠
霞酒勸生生意不在酒固辭不飲桃知生意乃悽然自
敘曰妾之先世乃豪族也祖某擢第泉州市舶司曰
有罪免為庶人自此子孫貧困不能振起妾早失父
母見養於人以至于今雖欲守靜自潔名已在於妓籍
不得已強與人為宴樂每居閑處獨未嘗不看花掩
泣對月消魂今見郎君風儀秀朗才思俊逸妾雖
陋質願薦枕席永奉巾櫛望郎君他日立身早登
要路拔妾於妓籍之中使不忝先人之名則賤妾之願
畢矣後雖棄妾終身不見感恩不暇豈敢怨乎言訖
哭下[illegible]雨生大感其言花箋[illegible]由式[illegible]曰七[illegible]

兒分內事也汝雖不言我豈無情者哉桃也深感汝言詩
不云乎女也不爽士貳其行郎君不見李益郭小玉之事
乎郎君若不我遐棄願立盟辭仍出魯縞一尺授生
生即揮筆書之曰青山不老綠水長存子不我信明月
在天書畢桃深心封血緘藏之裙帶中是夜賦高唐
二人相得之娛雖金生之於翠翠魏郎之於娉娉未足愈
也明日生方詰夜來人語馬嘶之故桃云此去里許有
朱門面水家乃故承相盧某宅也承相已沒夫人獨居
閨
只有一男一女皆未婚嫁日以歌舞爲事昨夜遣騎邀
妾妾以郎君之故辭以疾也自此生爲桃所惑謝絶人事
日與桃調琴瀝酒相與戲謔而已一日近午忽聞有人
叩門云緋娘在否桃令兒出應乃彩雲相家蒼頭也致

夫人之辭曰老婦今欲設小酌排悵莫可無檯故設筵餞
馬勿以爲勞也桃顏謂生曰一丹厚貴人之命其敢不承
即梳梳改服而出生付囑曰幸莫經夜速還也出門言勿
經夜者三四栖上馬而去人輕如鶯馬免如龍迷花蹊
柳冉冉而去生不能定情隨後趕去出馮金門左轉而
至竜紅樓果見甲第連雲真所謂面水朱門也雕欄
曲檻半隱於綠楊紅杏之間鳳笙龍管之聲纖緲於
如在半空時時不止則笑語琅然出諸外生彷徨樓上
乃作古風一篇題于樓曰柳外平湖湖上樓翠簾碧
尾照青春香風吹送笑語聲香花不見樓中人卻
羨花間雙鶯子任情飛入珠簾裡徘徊不忍踏歸路
答詩一截文[illegible]方皇朝新見又揚[illegible]其[illegible]疑答

俄有女子數隊自朱门騎馬而出金鞍玉勒羌衫照人
生以為桃也郎投身於路傍空唐中而窺之閣畫數十輩而
極不出生心中大疑還至樓頭則已不辨牛馬矣乃直入
朱门了不見一人又至樓下亦不見一人徘徊間月色微明
見樓北亦有蓮池池上雜花叢籠花間細路屈曲生緣
路潛行花盡處有堂由階而西折數十步遂見葡萄架
下有屋小而極麗紗窓半啓高燭高燒炜影下紅裙
翠衫隱隱然往來如在畫圖中生匿身而往屏息而窺
金屏彩褥奪人眼睛夫人衣紫羅衫斜倚紅玉案而坐
年近五十而從容頤貼之際綽有餘妍有少女年可十
四五坐于夫人之側雲鬟綠鬢醉臉微紅明眸斜盼若
流波之態秋月巧笑生渦若春花之含曉露極生於其间

不啻若鴟梟之於鳳凰沙礫之於珠璣也生視之雲
外心在半空欲狂叫突入者數次酒一行桃欲辭
歸夫人挽留甚固而桃倩益急夫人曰娘子平日不曾
如此行遽遽若是豈有情人之約乎桃欲起避席
而對曰夫人下問妾敢不以實對遂將其生結緣事
細說一遍夫人未及一言小女微笑流目視桃曰行不
早言哉語了一宵佳會也夫人亦笑而許歸生逸出
先至桃家擁衾佯睡良久桃追至見生酣睡
以手扶起曰郎君方做何夢耶生應口誦吟曰夢
入瑤臺彩雲裡九華帳裏見仙娥桃不悅詰之曰
所謂仙娥者是何人也生無言可答即継吟曰覺來
[illegible]

我亦慚乎桃笑曰子見良君豈用妾言以自此
以仙郎亦慚乎之生問其晩來之故桃曰宴罷後夫
人令他妓皆散獨留妾於其少女亦花之室更設小
酌以此差遲耳生細細問則曰亦花字芳卿年纔
三五姿皃雅麗殆非塵世間人又工詞曲巧於刺繡
非賤妾所敢望也昨日新製風入松詞欲被管絃
以妾知音律故留與度曲耳生曰其詞可得聞乎
閨 桃朗吟一篇曰玉窓花爛腰日遲遲院靜簾垂沙頭
彩鴨倚斜暉裊一雙對浴春池柳外輕烟漠漠烟中
細柳絲絲裊裊美人睡起倚欄時翠臉愁眉鶯雛細語
鶯聲老恨韶華夢裡都衰卻把瑤琴輕奏曲中
幽怨誰知每誦至一句生暗暗稱奇乃詔桃曰此詞

曲盡閨衷春恨非蘇若蘭織錦手未嘗到也雖紅李
及吾岱峨雌花刻玉之才也生自見岱桃之後向桃之
情淺薄雖應酬之際勉爲笑歡一心則惟岱花是
念百夫人呼少年國英命之曰汝年十二尚未就學
他日成人何以自立聞緋桃之婿周生乃能文之士也汝
往請學可乎夫人家法甚明國英不敢違命即日挾
冊就生生之心中暗喜曰吾事偕矣再三謙讓後教之
一日後桃不在家從容謂國英曰爾往來受業甚是
苦勞爾家若有別舍吾移寓于爾家則爾無往來之
勞吾之教尊矣國英拜謝以不敢請固所願也歸白于
夫人即日延生桃自外歸大驚曰仙郎殆有私乎奈何棄

周

勤業妾之福也生移寓于丞相家晝則與國英同往夜
則門闌甚嚴無計可施輾轉浹旬忽自念曰始吾來
此本爲仙花今芳春已老奇遇未成俟河之淸人壽幾
何不如昏夜唐突事成則爲慶不成則見辱可也是夜無
月生踰墻數重方至仙花之室回廊曲檻簾幕重重良
久諦視寂無人跡但見仙花明燭理曲生伏於檻間聽其
所爲仙花理曲細吟蘇若蘭賀新娘詞曰簾外誰來
推繡戶枉教人斷夢瑤臺又却是風敲竹生即於
簾下微吟曰莫言風敲竹眞箇玉人來仙花佯若不聞
滅燭就寢生入與同枕仙花稚年弱質未堪情事微
雲濕雨柳態花嬌芳啼軟語淺笑輕嚬生雖貪蝶戀

意迷情融不覺近曉忽聞流鶯睍睆啼在檻外花梢生驚起出户則池舘悄然瞑氣朦朧矣仙花送生出門却閉而入曰此後勿得再來樂事一世死生可念生堙塞胸中哽咽趦進而答曰纔成好事一何相待之薄耶仙花笑曰前言戲之耳好子無怨旨以爲朝生諾諾連辭而去仙花還室作早夏聞曉鶯詞一絶題於窓上曰瀟瀟輕烟雨後天綠楊如畫草如筵春愁不共春歸去又逐曉鶯來枕邊後夜生又至忽聞墻底樹陰中戛然有曳履聲恐爲人所覺便欲反走曳履者却以青梅子擲之正中生背生狼狽無所逃避投伏蒹葭之中曳履者低聲語曰張郎無恐鶯鶯在此生方知仙花之所誤乃起抱腰曰一

周生傳

態而生言爲是耶仙花情甚曰女子一身無態俱生未相見
願相見既相見恐相離女子之身安往無態哉況郎君
犯折檀之譏妾受行露之辱一朝不幸情跡敗露則不容
於親戚見賤於鄉黨雖欲與郎君執手偕老那可得乎
今日之事比如雲間月葉中花假得一時之好其奈未久何
言訖淚下珠恨玉怨殆不自堪生收淚慰之曰丈夫豈不能以
一女子乎我當終修媒妁之信以禮迎子子休煩惱仙花收
淚謝曰必如郎君言拖天均之縱乏宜家之德庶願祈之庶
殫奉箒之誠自出香奩中小粧鏡分爲二端一以自藏
一以授生曰留待洞房華燭之夜再合可也又以紈扇贈
生曰二物雖微足表[illegible]合[illegible]爲之[illegible]莫貽秋風之[illegible]

縱光恒撫々影須將前月之將自此長衆曉散落乃
喪 不念一日生自念不見桃桃然桃見在小乃生桃家不隔仙
花夜至生館階發生花叢得桃寄生於數中風不勝
惠撫取案上筆墨塗抹鴉自製俚兒唱一闋於手
翠情投之叢中云詞曰窗外踈叢蔭殘後流斜月
在高樓一徑開韻詩籠楊新之夜靜人於此何爲
子無情且何處得見憑世夜不夜雜情聯金數
更無明日生還佃花了無撫之色人不言發菁蓉
事盡今生自娛兩生臨於無他念一日去人後亭
召是桃桃稱周飲之學行且你數子之勸令桃傳妓
喜於生之喜夜若盡句酒園隱不猶子桃獨生無

周生傳

其書曰初舊唯已待胡生酒醒桃從問曰郎君久
於此乎不歸何也曰國矣何來卒業後桃曰如此妾
之事不聞不盡力也生默默然回頭謂客曰是何言歟
桃良久不言生惺惺然於是以面摩挲桃乃出而詞授之
生前曰踰墻相從鑽穴相窺豈君子所爲哉我
將向平生人便引身起生恍惘於腰以策告之且叩
頭爲乞曰仙娥與我永結誓盟何忍置人於死地桃
意乃四回郎君便可以委見歸一不然則郎既背約妾
豈守盟生不得已於此他後沒歸概家自覺仙花之
事不得稍然若仙郎者蓋心不平也生篤念仙花日漸
憔悴抱病不起者有旬餘之國無病死生因其除物往

奠于極前仙花在因生致病起居頓人忽御生至力疾
強起淡粧素服獨立於嶺內生莫羅遥見仙花流目
送情之出低回顧眄之間已杳然無所覩矣後數
月桃浔疾不起將死枕生膝含淚而言曰妾對
菲之下体依松栢之餘陰豈料芳盟未歇鵑聲先
鳴今與郎君便永訣矣羅襦管絃從此畢矣昔之
宿緣已缺然矣但願妾死之後郎君與妾仙花為配
埋我骨於郎君從東之路側則雖死之日猶生之年
也言訖氣塞良久復甦開眼視生曰閑郎閑郎拭淚
連聲數次之逝生大慟乃葬于嶺上大路傍從其所願
癸亥之冬文曰惟年月日梅川居士以蕉黃芳茹丹之奠

周

舞學章臺之枝[illegible]
回文則蘇蕙蘭詎能狶步、艷色則賈雲華雖可爭
名、名雖編於樂籍、志則存於斷貞、豈也、爲傷情風中之絮、
孤蹤水上之萍、言采沬鄉之唐、贈之以相好、不負東門之
柳、副之以不忘、月出皎兮雲窓夜靜、結兮盟兮花院春
晴、一椀瓊漿、幾曲鸞笙、豈意時移事往、樂極哀生、翡
翠之衾未暖、鴛鴦之夢先驚、雲消歡意、雨散恩情、
屬目而羅裙變色、接耳而玉佩無聲、一尺魚鴻、尚有
餘香、朱絃綠綺、塵在銀床、藍橋舊宅、付之紅娘、嗚呼
佳人雖逝、德音不忘、玉貌花容、宛在目傍、天長地久、此
恨茫茫、他鄉失侶、誰賴誰憑、復理舊楫、再就來程、湖海
濶遠、乾坤崢嶸、孤帆萬里、去去何依、他年一見、皆傷雖

朝山有歸雲江有回潮娘之去矣一何寂寞致祭老酒陳
情者文吟風一奠虔格芳魂、尚饗祭罷其父鬟別曰汝
等好守家舍我他日得志必來收汝父鬟泣曰兒輩仰
主娘如母主娘視兒輩如女兒輩倚爲主娘早沒而恃以
○山慰心者惟有郎君今郎君又去兒輩何依呼哭不已生
再三慰撫揮淚登舟不忍發棹久、是宕子垂紅檣望
見仙花之院銀燈絳帷明滅村裡生念遠期之已邁嗟
後會之無緣口占長相思一闋曰花滿烟柳滿烟賭信
初憑春色傳綠窓深處眠、好因緣是惡因緣曉院
銀缸已惘然歸帆雲樹邊、生違曉沉吟欲去則悲仙
花永隔欲留則徘桃園已兀無以卿賴而甫不思未

周

富世素以睦族稱生試往依焉張先待之甚厚
生身雖安逸念仙花之情久而彌篤轉展之間
已及春月宗萬曆二十年壬辰也張先見生容
皃憔悴怪而問之生不敢隱請告之以實張先曰
汝有心思何不早言先妻与盧丞相累世通家
先當爲汝圖之明日張先令妻修書送蒼頭
專往錢塘議王謝之親仙花自別生後支離在
床綠憔紅悴夫人亦知爲周郎所祟欲成其志
生已去矣無可奈何忽得盧氏書問寡嫠慈
仙花亦強起梳洗有若平昔乃以是年九月牢定
結褵之期生日往補以悵望蒼頭之還未及一旬

荖頭已還傳其官燈之意又以仙花私授生之
嫂去視之粉香淚痕宛然可想興之曰落命妾仙
花沐浴清渝上書于閬郎足下妾本弱質春去
漢闕每念部篇之易遇梅鏡自惜縱懷行雲之
芳心對人生羞見陌頭之楊柳春情駘蕩中枝
上之鸚別曉思騰騫一朝剝荼和傳情仙禽引路
東方之月狼子在園子既踰垣我敎愛檀玄霜
搗盡不上崎山嶇之玉京朋月中分共成契闊之深
盟郞悉將事雖常佳期易阻以爭愛忘身自
悼矣人去春來魚沉雁影雨打梨花門掩黃
昏香甸篝轉進悸因郞錦帳空守無寂之銀缸

周

夢耶云云前一□□□□□□□□□□
生今則月光有信星期可待而單居猶々疾病
沉綿花顔減剝雲鬢異前光郎雖見之不收矣
日之恩情矣但不忘者微情未吐遺恨兼露九
重泉誰知私恨之處朝見郎君一訴衷情則
夕聞死亦無所怨矣雲山千里信使難憑引領
急望骨折魂消瀰漫地編癈氣侵人努力自
愛千萬珍重千萬情緒不敢言盡而付歸鴻
半將死去月日仙花白生讀罷如夢初回似醉
方醒且悲且喜而屈指九月猶以爲遠欲改定
其期乃請於張先再遣蒼頭而又以和答仙花
云云曰芳卿足下三生緣重千里書來感物懷人

能不依依若者投與玉院托跡瓊林春以一發而意
難禁花間結約月下成緣穩篆顧念信誓痕痕
自念此生雖報深恩人間有事造物多猜鄉如一
夜之別竟作經年之悲相拒夐絶山川脩阻匹
馬天涯哉番惆悵鴈呼為雲横嶺斷舘稍
眠聊歸情之人非木石能不悲哉嗟乎寄之別離傷
懷子不知也古人云一日不見如三秋兮以此推之則一
月便是九十年矣若待萬秋以定佳期則我於
蕉山惡草之間情不可極言不可盡雖杜鵑咽知
復何言書既俱來傳會朝鮮為倭賊所迫請兵
於天朝甚急帝以朝鮮以至誠事大不可不救且

周

而行人同行人薛藩回自朝鮮奏曰北方之人無禦
屬南方之人善禦倭今日之後非南兵則不可於是
浙湖諸郡發兵甚急遊擊將軍姓其素知生
名引以爲書記之任生辭不獲已至朝鮮登之安州
百祥樓作七言古風失其全篇惟記結尾四句詩
曰愁來獨登江上樓樓外青山多幾許也能遮我
望鄉眼不肯遮斷愁來路明年癸巳春天兵大
破倭賊追至慶尚道生乃甚念仙花遂成沉痼不
能從軍南下留在松都余適以事往遇生於館
驛之中而語言不同以書通情生以余解文結之
頻厚余詢其設病之由愀然不答是日爲雨所

劇坐漫

梅因與生張燈夜話生作錨沙行一闋示余其
曰隻影無憑離懷誰訴歸魂暗遶遠江樹殘寒
燈已殘驚心可堪更聽黃昏雨閬苑雲渺瀛海州
阻玉樓珠箔今何許孤蹤頓作水上萍一夜流向
前江去余異其詞意慕尚不已生乃自敘其尾如此
又自囊中出示一卷書名曰花間集生與仙花緋
桃唱和詩百餘首備寫詠其詞者又十餘篇生
為余隨淚求余詩甚切余效元稹真娘詩三十
律韻題其卷端秋獨之又從而慰之曰丈夫所憂
者功名未就耳天下豈無美婦人乎況今三韓已
定六師將還東國已與閣部便無異直為氏之鎖

仲夏無言子權汝章記

雲英傳

壽聖宮安平大君舊宅也在長安城西仁王山之下山川秀麗龍蟠虎踞社稷在其南慶福在其東仁王一脈逶迤而下臨宮峙起雖不高峻而登臨俯覽則通衢市廛滿城第宅碁布星羅歷歷可指宛若列絲分派東望則宮闕縹緲複道橫空雲烟積翠朝暮獻態眞所謂絶勝之地也一時酒徒射伴歌兒笛童騷人墨客三春花柳之時九秋楓菊之節則無日不遊於其上吟風詠月嘯玩忘歸靑坡士人柳泳飽聞此園之勝槩思一遊焉而衣裳襤褸容貌

埋沒自知遊人之取笑足於進而趨超者久矣萬曆辛
丑春三月既望沽得濁醪一壼而既無僮僕又無朋
知身自佩壼獨入宮門則觀者相顧莫不指笑生慚
而無聊仍入後園登高四望則新經兵火之餘長安宮
闕內城華屋蕩然無遺壞垣破瓦廢井頹砌草樹
茂密惟東廊數間巋然獨存生步入西園泉石幽
邃處則百卉叢芊影蘸澄潭滿地落花人跡不到微
風一起香氣馥郁生獨坐巖上仍詠東坡我上朝元
春半老滿地落花無人掃之句輒解所佩酒盡飲醉臥
巖邊以石支頭俄而酒醒擡眼視之則遊人盡散山月
已吐烟籠柳眉風動花腮一條軟語隨風而至生異之

雲

晝只下其庭少年微哂曰古人云傾蓋如舊何正謂此也
相與酬唱而坐女低聲呼兒則有二丫鬟自林中出來
女謂其兒曰今夕邂逅故人之變大逢不期之佳賓今
日之庭不可寂寞而度此可備酒饌以來二丫鬟承
命而往少選而返寒玉若兒之陸東琉璃杯盛崇
露酒琥珀瀉饌列於銀盤以白玉盞酌而飲之酒味
香饌皆非人間所有酒行三盃女以歸新詞曰重朦
変別故人天涯未絶見宅因居雲居而夢非真哉
舊遊去無繁華盡生事成空空令人涙滿中襟
竟歎歔飮泣珠涙滿面生起而拜之曰僕雖非錦
腸畢事佼業稍知星仲此花詞

思悲涼甚可憐也今夜之
足可喜而相對無語何哉一盃相屬情義已孚而姓名
不言懷抱未展亦可疑也生先言己名而强之少年歎、
息而答曰不言姓名其意有在君欲强知則告之何難
而其所道也言之長也悽然不樂久之乃曰僕姓金年
十歲能詩文有名學堂而十四歲登進士第二科一時
皆以金進士稱之僕以年少俠氣志慮浩蕩不能自
抑又以此女之故拒父母之遺体竟作不孝之子天地間一
大罪人之名何用强知乎此女之名雲英彼兩女
一則綠珠一則宋玉皆故安平大君宮人也生曰言出
而不盡則初不如不言之爲愈也安平盛時之事進士何傷

何日忘之妾誠言之郎君在傍補其闕漏而把筆以從之
大命了然曰此房奉硯可乎乃言曰莊憲大王八大君中
安平最爲英睿上甚愛之賞賜無數故田民財貨獨
優諸宮年十三出居私宮宮即壽聖宮也大君以儒業
自任夜則讀書晝則或隷未嘗一刻之放過時文人才
士咸萃其門較其長短或至雞鳴不倦講論不怠
大君尤工於筆法鳴於一國文廟在邸時每與集賢
殿諸學士論安平筆法曰吾弟若生於中國雖不及於
王逸少豈下於趙松雪乎稱賞不已一日大君語宮人
天下百家之才必就安靜處然後可成北門外山
川寥闊村落稍遠於此修業必得專精即搆精舍數

十間于其上扁其堂曰匪懈又作一壇于其側名曰盟詩
皆顧名思義之意也一時文章巨筆咸萃其壇文章則
成三問爲首筆法則崔興孝爲首而皆不及於大君之才
也一日大君乘醉呼諸侍女曰天之降才豈獨豐於男而嗇
於女乎今世文章自許者不爲不多而皆莫能相尚無
出類拔萃者汝等亦勉之哉於是宮女中擇其美姿容
年少者十人教之先授諺解小學讀誦而後庸學論孟
詩傳通史盡教之又抄李杜唐音數百首教之五
年之內果皆成才大君入則使妾等不離眼前作詩作
正第其高下用賞罰以爲勸奬之地其卓犖之氣像
縱未及於大君而音律之清雅句法之婉熟亦可窺

雲英傳

大君皆接伯季院宮中女子等十人對德曰
今夫士農百戲藝之事豈以妾之一端相道哉並憂他人
之或知也常下令曰侍女一出宮門則其罪當死外人知
宮人之名則其罪亦死一日大君自外而入呼妾等謂
曰今日與文章士飲酒有一抹青烟起自宮樹或籠
城堞或飛山麓我先占五言絶句一首使座客次之皆
不稱意汝等以年次各製以進小玉先呈詩綠烟細如
織隨風半入門依微深復淺不覺近黃昏九人相
繼製進飛空遥帶雨落地復爲雲近夕山光暗幽
思向楚君此芙蓉詩也小杏難成眼孤篁獨保
靑輕陰暫見重日暮又昏冥此飛瓊詩也蔽日輕紈

失勢籠竹鳥迷巢黃昏成小雨窓外聽蕭蕭此翡翠詩也薇日輕紈細横山翠帶長微風吹漸散猶濕小池塘此玉女詩也山下寒烟積横飛宮樹邊風吹自不定斜日滿蒼天此金蓮詩也山谷繁陰起池臺綠影流飛歸無處見荷葉露珠留此銀蟾詩也早向洞門暗横連高樹低須臾忽飛去西岳與前溪此紫鸞詩也碧落春陰裡長安水氣中能令人世上忽作翠珠宮此寶蓮詩也望遠青烟細佳人罷織紈臨風獨惆悵飛去落巫山此妟詩也大君驚曰汝等曉學詩之一可從伸於晚唐而謹甫以下不可執鞭每三吟咏莫知其高下良久曰芙蓉詩思悤楚君余甚嘉之非翡翠詩比前騷雅小玉詩意思飄逸

歎而歸舞也餘詩亦皆清好而獨雲英之詩顯有怊悵思人
之意未知所思者何人似當問訊而其才可惜故姑置之妾即
下庭伏泣而對曰遣辭之際偶然而發豈有他意乎今見疑
於主君妾萬死無惜大君命之坐曰詩出於性情不可掩匿
汝勿復言即出綵帛十端分賜十人大君未嘗有私意於妾
而宮中之人皆知大君之意在於妾也十人皆退在洞房畫
燭高燒七寶書案置唐律一卷論古人宮怨詩高下
妾獨倚屏風悄然不語如泥塑人小玉顧見曰日間賦烟之
詩見疑於主君以此隱憂而不語乎抑主君有意當有錦
衾當夕之歡故暗喜而不語乎中心所懷盍未可知也其然歟
衽而答曰汝非我安知我之心哉我方賦一詩搜奇未得故沈吟耳

思不語耳銀璫曰意々而尚心不在焉彼隣人々語如風過上
耳故々不語不難知也我於試之以窓外蒲萄爲題使作七
言四韻俄々妾即吟曰蜿蜒藤草似龍行翠葉成
陰揔有情暑日嚴威能微涼晴天寒影反生明抽
絲攀檻如無意結果垂珠欲效誠若待他時应變化
會乘雲雨上三清 小玉朗吟久々起而拜曰真天下奇才
也今格之高雖似旧調而含蓄無窮作如此々詩人所難爲也
我々心悅誠服如七十子之服孔子也 紫鸞曰言不可不慎
何其許与之太過耶但文字婉曲且有飛騰之態亦有
之矣 一生皆曰確論 妾雖以此詩解之而尋疑猶未定
釋 翌日門外有車馬駢闐之聲閽者奔入告曰公賓

唐音調於我朝之所可比肩也如此至宜進場從何得之大
君微笑曰何為其然也童僕偶得於街上而來未知何人
所作而想必出於閨閫中女子之手也寧疑其宜儀成三
尚至曰本不借於異代自前朝迄于今六百餘年之間
以詩鳴於中國者不知其幾人之或沉濁而不雅或輕清
之浮淫淺皆不合音律失其性情吾不欲觀諸此詩
風格清真意思超然非小兒女世之態也此必深宮之人不宜
俗客相接者讀古人詩而晝夜吟誦自得於心者也
詳味其意其曰臨風獨卧悵若有思人之意孤凰獨
保青春有守貞節之意風吹目不宜者有雅保節
之態遙思向楚君若有向君之誠荷葉露珠為西岳

5 吾淳者批之神仙則不詩如此風姿格調雖有高下
之薰陶氣像則大約皆同進竭宮中必備壽十仙人願
毋隱一見大君面目以膝之外不領可曰孰謂漢由有詩
鑑矣我宮中豈有崇人哉可謂感之甚矣于時十人從
容隙牆中莫不欽服蒼夜崇譽以至誠問於妾曰女子
生之願爲之有嫁父母之心人皆有之此之所思者知何許
情人詩以之恥容日漸減回以情悃回之幸須毋隱妾起而
而曰宮人甚多然有屢垣不敢開口今日悃愊何敢隱乎
上年秋黃菊初開紅葉新凋之時大君在坐書堂使侍
女磨墨張廣縑寫四韻十首小童自外進曰有年
少書生自稱金進士請見矣大君喜曰進士來矣使之

[illegible]
帝之拜而曰猥蒙盛眷屢屈厚恩今承顧問無
任悚慄大君慰之曰久仰芳華生屈冠蓋光動一室
賜我百朋進士初入之時已令宮女相避而大君以進士
年少儒生中心易之而令妾出避之大君謂進士曰秋
景甚好願賜一詩使此堂生彩如何進士避席而辭
曰虛名蔑實詩之格律小子何敢知之大君以金蓮唱
歌芙蓉彈琴寶蓮吹笛飛瓊行盃使妾奉硯其
時妾以年少女子一見郎君魂迷意闌郎君亦顧
妾而含笑頻頻送目大君謂進士曰我之待君誠款
至矣君何吝一吐咳唾使此堂生顏色乎進士即握
管書五言四韻一首曰旅雁向南飛宮中秋色深

水寒荷坼玉霜重菊衰金綺帶紅襖女織紈白雪夢
流霞一斗酒先醉意羅禁太君吟詠再三而驚曰真
可謂天下奇才也何相見之晚耶侍女十人一時回顧莫不
動色曰此必王子晉駕鶴而來崔寔之世豈有如此人
武夫君抱石而問曰古之詩人孰為宗匠進士曰以小子所見
言之則李白天上神仙長侍玉皇香案前而來遊玄圃
驂鸞玉液不勝醉興折得萬樹琪花隨風而散落
人間之氣象也至於蓬萊玉海上仙人日月出沒雲霧變
化滄波動搖鯨魚吐舊島嶼莫花草樹回囂討浪
花葉葉水鳥之歌詠之謠之送悉藏於楹襟雲夢
其中此詩中造化盡歸於音聲之家而寫此學師廣習者

以草堂爲首者多矣 然言何也 進士曰 雖以俗儒所尚
言之 猶勝餘之悅人以爲美之 詩莫勝之矣 大君曰
百代俱仿此 興極精 當草堂爲輕哉 進士曰 小子
何敢輕之 論其長 文則如漢武帝 御事憤四夷之
猖夏 命將遣伐 百萬羆熊之師 連亘於千里 言之
大文則如文 相如賦長楊 馬遷草封禪求神仙也 如
又東方朔 侍左右 西王母獻金桃 是以杜甫之文章
雲
可謂百代之仿矣 可至比於李白也 不啻天壤之 不
侔江海之不同也 至比於王右丞 子美驅車先道 導而
王右執鞭爭道矣 大君曰 中君之語 眼中敲露悅矣
御長風上太清 茅杜詩天下之高文 誰不足於東村堂

與主盡爭道亂雖於姑舍筵頑者又贊一吟又長
臺增倍一般光彩進士亦賦七言四韻曰桃花紙上
烟散金壺霧氣凉碧天如水夜何長徹今看意
吹笙留白月多情入雲臺庭邊半羣松遮影空中
波起菊多香院公雖少頗能飲莫依盃間醉後狂
大君益奇之茵席接手曰進士可今世之才也余之所得
以論爲下且記載能文筆畫又極神妙矣之出於東
方必於偶於之又使草聖揮筆之際墨點隕落於妾之指如蠅
翼爲妾以此爲榮不爲拭除左右宮人咸顧微笑比
之登龍門寸夜將半宮漏相催大君欠伸思睡曰我
醉矣君亦退休勿忘明朝有意於琴東之句明日大

之緩步來到錢之手案前曰我已死矣及叩以言說
君酒醒其後大君頻接進士未嘗以棄相近於妾每
從門隱隱窺之一日以薛濤箋出一律布紙華第士玉
皃如神仙每向簾間望何人因不像悅神淚作水
彈琴恨鳴絲其恨於中忽擡頭獨訴天以詩及金鈿
一隻同囊重封十襲後寄進士之便其夜因之
雲 大君開酒大會賓客盛稱進士之才以二詩出示之俱
爲傳觀稱讚不已皆願一見大君即送人馬請之進士
至之就坐形容瘦瘦風采消沮殊非昔日之氣像也
大君慰之曰進士未有憂楚之事何先有澤畔之憔悴乎
兩座大笑進士起之而曰僕以寒賤儒生猥蒙進賜之

羅春福過突生疾病纏身食飲專廢起居須人今承
辱招扶曳來謁矣生客皆欽勝而致敬進士以年少書生
坐於末席與內外只隔一壁夜將已闌衆賓皆醉妾
穴壁作孔而窺之進士亦知其意向隅而坐妾以封書從
穴投之進士拾得歸家拆而視之悲不自勝不忍釋手
念思之情倍於曩時如不能自存欲答書以寄而青鳥
無憑獨自悲歎而已中有一巫女之居在東門外以靈異
得名出入其宮中甚見寵信進士詣之其家則其巫年
未三旬姿色秀美早寡以淫女自處見生至盛備
酒饌而待之進士把盃不飲曰今有忙迫之事明日再來
矣翌日又往則亦如之進士不敢出言明日又來矣巫見進

翊日沐浴梳洗盡態凝粧多般盛餙鋪萬花氊毯搖
帶叉小姊出門外俟之進士又至見其容餙之華鋪陳
之美中心惟之女曰今夕何夕見此玉人進士意不在焉不
答其語愀然不樂女曰寡女之家年少之人何從來之
不悅焕乎進士曰巫爲神奚豈不知我來之意乎巫女
即就靈座揲手神搖鈴捫膝遍身寒戰頭之動方而
雲 言曰郎君誠可憐也以齟齬之策欲遂難成之和但
其形不成未及三年其爲泉下人哉進士泣而問曰巫能不
鮮 言我不知之於中心怨結百年無效吾因神巫手傳尺
一素以死亦榮矣巫曰卑賤巫女性因神祀出入而
非有指命以不敢入性於爲郎君試一生爲進士自恨中

出一封書以卷曰慎母枉情以作禍機並持入宮門則宮中之人皆在其東並相雜以笑仍得間目引妾於後庭無人處以封書換之妾還房拆視之其書云一自目成之後以免魂越不能定情每向城西戲寸腸曾因壁間之書傳於承不忘之玉音開未重吟後論風字高不能寢食不下烟病入膏肓百藥無效九死一生唯願遣花今從蒼天俯怜鬼神默佑儻丈生一洩此恨以當粉骨靡身以報于天地百神之靈矣臨情哽咽夫復何言復有一詩云樓閣重重擁名花樹不雲影搖低瞰落花流水隨渠出乳鸞合泥趁櫻簾款枕未成眠窮思坐聽魚笛王兒在眼何言語莫綠芳啼淚

雲

於肆色主君之說詞客之言信不虛矣紫鸞亦
怨女及巾出言含淚而言曰詩出於性情不可欺也一
日大君呼紫鸞曰汝等十人同在一室業不專一當分
五人置之西宮妾與紫鸞銀蟾翡翠玉女即日移焉
玉女曰幽花細草流水芳林正似山家野庄真所謂讀
書堂也妾答曰既非舍人又非僧尼而鎖此深宮真所
謂長信宮也左右莫不嗟惋其後妾欲作一書以致
意於進士懇請於其巫而使之傳致則其巫終不肯來
蓋不無挾憾於進士之無意於巫也一夕紫鸞密語于
妾曰宮中之人每歲仲秋浣紗於蕩春臺之下水仍設
盃酌而罷今年則移設於昭格署洞而往來尋見其巫

則蒙一良策也妾然之昔待仲秋度一日如三秋翡翠乎
微聞其言洋若不知而語妾曰汝初來時顏色如梨花
不施鉛粉而有天然鮮約之態故宮中諸人以虢国夫人
稱之比來容色減旧漸不如初是何故也妾答曰稟質
虛弱每當炎節則例有暑渴之病梧桐葉落而
凉生則自至稍蘇矣翡翠賦一詩戲贈無邪翫矣
之態而思意絶妙妾奇其才而為其美荏苒數月節
届清秋凉風夕起細菊吐黃草虫吟暮皓月流光妾
中心自喜而不形於言語之間銀蟾已足書佳期近在
今夕人間之樂豈異於天上乎妾知西宮之人已不可隱以
案告之曰頃勿使南宮人知之于時遠鴈南飛玉露成團

雲

曰昭格署洞泉石不下於門外何必舍通而求諸遠學
南宮人固執不許未決而罷其夜紫鸞曰南宮五人中小
玉主論我以許可回其意以玉燈先導至南宮金蓮喜
迎曰一分西南北陽秦楚之今夕玉鸞左陪深謝厚意小
玉曰何謝之有此乃説客也紫鸞欲袪正色而言曰他
人有心予忖度之其予之謂數小玉曰西宮之人欲往昭
格署洞而我獨堅執故汝中夜來訪其謂説客不亦
宜乎紫鸞曰西宮五人中我獨欲往城內也小玉曰獨
思城內其意何在紫鸞曰吾聞昭格署洞乃祭天星
之處而洞名三清云吾儕必是三清仙女誤讀黃庭
謫下人間既在宮闈則山家野村農墅漁店何處不

可憐空鎖深宮有若籠中之鳥聞黃鸝而歎息
見綠楊而歎欲至於乳燕雙飛棲鳥兩戲草之合歡
木有連理至微禽賤蟲知草木亦禀陰陽莫不交
歡吾等十人獨有何罪之寂寞深宮長鎖一身春
花秋月伴燈消魂虛抛青春之年空送黃壤之恨
賦命之薄何其至此之甚耶人生一老不可復少子更
思之寧不悲哉今可沐浴於清川以潔其身入太乙祠
叩頭百拜合手祈祝冀資冥佑欲免來世如此
苦也豈有他意哉凡我一宮之人情為同氣而同此一
事疑人於不知於地緣家危狀言不見信之殺也小
玉起之而曰香姊理未瑩不及於君遠矣初不許城內

白日升天吾亦可從雖憑河入海吾亦從之所謂因人成
事者也及其成功也看也芙蓉曰凡事必定上言定未要
爭之終日不決事不順矣下家之事主君不知而僕妾
密議心不忠矣日間所爭之事實未事之下屬之人不信矣
清秋玉川無變無之而出城祠似不直矣雖然臺亦
水清石白無歲浣紗於此今欲改轍亦不宜矣一舉而有
此五失妾不敢從命寶蓮曰言者文身之具從者不從慶珙
德星是故君子慎之守口如瓶將付而去張相如終日不語
而事無不成嗇夫喋喋利口而張釋之奏紙以妾觀之崇慶之
言優而不及小玉之言綴而勉從芙蓉之言翰林文飾皆不
合意也今將行妾不得已全蓮曰今夜之論終未得一

我且稗卜卽展義經而占之曰明日雲英必遇丈夫矣雲英容貌舉止似非人世間者必主君傾心已久而雲英以死拒之無他不忍負夫人之恩也主君之威令雖嚴兮悠傷雲英之身不敢近之今金氏寂寞之處而欲往彼繁華之地遊俠少年見其姿色則必有喪魂欲狂者雖不能相近指點送目斯亦辱矣前日主君下令曰宮女出門外人知名則其罪皆死今此之行妾不與焉紫鸞知事不諧愀然不樂方欲辭去飛瓊泣而操羅帶強留之以鸚鵡盃酌雲氣酒勸之左右皆飲金蓮曰今夕之會務在從容而羅飛瓊之泣何哉飛瓊答曰初在宮時與雲娘交者道甚密死生榮辱約與同之今能畢展寧忍

雲

慰之雲娘答曰不幸有疾朝將死妾之微命死無足
惜而九人文章才華日就月將他日佳篇麗什當動一世
而妾欲未及見矣是以悲不能禁其言頗極悽切妾為之
下淚到今思之其疾祟在於所思也嗟乎紫鸞雲娘之
友也欲以無恙之人置之於天壤之上今日之事若不得成則
泉壤之下死不瞑目矣怨歛南宮其能免乎書曰作善降
之百祥作不善降之百殃今此之論善乎不善乎小娘既
許三人之志順矣豈可半途而廢乎設或事洩雲娘獨
被其罪也人何無罵小玉曰妾不為再言當為雲娘死
之紫鸞曰從者半不從者半事不偕矣欲起去而還坐
更探其意或欲從之而以兩言為約紫鸞曰天下之事

有正有權權而得中是亦正矣豈無變通之術而瞻完美
言字左右一寸從之紫鸞曰祝余將不爲人謀忠不得不已
死後曰古者蘇秦說使六國合從今紫鸞能使五人承
順可謂天下之士也紫鸞曰蘇秦能佩六國相印今五人以
何物誘之乎金蓮曰合從六國之利也今夜承順有何利
於五人乎相笑大笑紫鸞曰南宮之人皆作善爲說客云
英復續甦死之命豈不拜而仍起而再拜小玉亦起而
拜紫鸞於是欲堅五人之志乃作言曰今夜之事五人從
之上有天下有地燈燭照之鬼神臨之明日豈有他意仍
起揖而出五人亦送于宮門之外紫鸞俯語妻妻扶堅
再拜
起而謂曰生我者父母活我者袁娘子也入地之前誓報恩

步至矣辭妾退西宮以白羅衫書胸臆怨之懷之句
崇奏嫩為藥後謂執鞭僮僕曰東門外巫女最為靈
驗云秀於往其家問病之行僮僕如其言至其家善
辭意色曰今日之來本欲為一見金進士耳可急走伻
通之則終身報恩巫女如其言送人以進士顛倒而至兩人
相見不得出一言相視而泣已妾以封書授之曰秉夕勿還
雲
郎君可於此爲待琅之即上馬而去進士折封視之書曰曩者巫
山仙女傳設一札玉書內紙丁寧摯奉三復悲歎定極意
不自定已欲答書而既無信便且恐事洩引領遙望欲死
忘翼飛揭消魂只待死日之來死之前憑此尺書吐盡平生
之懷伏願郎君留神焉妾以南方人父母愛妾偏於諸

子中出遊戲嬉任其所欲故園林溪水之涯梅竹橘柚之陰日以遊玩爲事皆磯釣魚之漁樵牧美笛之兒朝暮入眼其於山野之態田家之樂雖以毛舉父母初教以三綱行實七言唐音年十三主君招之故別父母遠兄弟來入宮中不禁思悶之情蓬頭垢面濫汚衣裳欲爲觀者之陋而夫人猶加見愛主君亦不以尋常侍兒待之宮中之人莫不親愛如骨肉一自從事學文之後頗知義理能審音律故年長宮人莫不敬服及從而宮之後學書專一以造盖深於賓客所製之詩爲一掛眼才雖不其此乎不得爲男子之身揚名於當世而空爲紅顔薄命之軀處送深宮日月而已是以恨結心曲怨塡腔海得刺繡而付之燈火罷織錦而投杼下機裂破羅帷折棄玉簪暫得

雲

下人間妾之容色氣出於凡人之下而有何宿世之緣
郎知筆下之一點竟作腔中怨結之祟以簾間之迷擬
作奉帚之緣以夢中之見此續不忘日之恩醒來一番念
裡之歡玉兒來容恍在眼中梨花杜鵑之啼梧桐夜雨
之聲悽不忍聽中紗窓螢影之流孤燈伴形影悽不忍見
或倚屏屏之坐或爲欄欄之提骨髓是相許蒼天不淺郎
君知念妾不忍見以此爲見君子爲先自濃於地先天意
此恨不泯今日浣紗之行兩宮侍女相隨畢集坐不得久
留於此淚和墨汁魂繞羅緒以頌郎君倂硯一匹
又以描句萬答蕭惠若此爲美以寓氣好之意其文一
則仿春秋之賦一以相思之詩以是名來寸寸哀腸之言矣

出之向東小小玉淑笑語一語以諧氣哉[illegible]之意
中心蓄報念忽忽之其詩曰太乙祠前一水西天壇雲盡
九峰(?)齊纖腰不勝狂心惹輕(?)過林中日暮來飛絮在柳
其韻全篇寶篇相續(?)七七(?)識妾之意如妾騎馬
先來至玉家以玉頭有念(?)之色向望之生不借款(?)
進玉以攝衣夜而終日飲酒表現先生爲爾如妾之來妾
乃解左手所着雲藍玉色金環納于懷中曰郎君不以
妾爲菲薄之物每見金環來待酒(?)金之妾雖不敏名花木
石敢不以死許之妾若食言有此金環所色落遂起之將
別佛(?)零如雨之進玉付耳語曰妾去西宮郎君當昏夜
由西垣之入也三生未盡之緣庶可續也之賤妾言訖掩(?)泣

以不避夜深矣荊來此耶紫鸞曰五人之詩亦出於南
宮一自分宮之後頗有形跡有似唐時牛李之怨何爲
甚焉也雖然女子之情也而久閉離宮長弔影以爲
友燈燭以爲友絃歌而已百花含葩而笑隻鸞矣翼
而感應命妾亦因鎖深宮覽物懷春情事亦何能雲
岱神頻入楚王之夢王母仙女幾參穆迎之宴女子之心
宜無異同而南宮之人何獨與恒娥甚守貞烈不悔
雲
君榮之倫子充殘亦小玉亦不勝垂淚曰一人之心乃千萬人
之心也今聽感歌悲戚之心油然而生矣起拜而言妾請從
鸞曰今夕妾亦進去有金蓮約今焉不來也明日必論
畫之來矣來則何以待之紫鸞曰繡幕重重綺席燦爛

有酒如河有肉如坡有不來〻〻待〻何難其夜果不來乎
進士窃窺其変則墻垣高峻自非具羽翼莫能踰
矣還家脉〻憂形於色進士〻奴名特也素稱能〻多
術見主顏色進〻跪曰進士主必不久於世矣伏達〻泣
進士愁係其情特曰何不早言吾易為〻即造梯橋甚
為輕捷能卷〻舒〻卷〻如貼屏風舒〻五尺夫〻可運
去壹手上也特奴曰持此梯上宮墻〻還卷〻舒於內〻下之
來時之如〻進士又特奴識於庭果如其言進士甚喜之
翌夕將往特又自懷中出給毛狗皮襪曰非此難往進士
着而行〻輕如飛鳥地上無足聲進士同特踰內外墻伏
於竹林甚夜月色如晝宮中寂寞少焉有人自內而出散步

然頑娘子忙乎憫乎慮乎恤乎紫鸞曰吾待進士來
若大旱之望雲霓今幸得見妾亦其蘇矣郎君勿疑
焉郎引而入進士由層階循曲欄竦肩而入妾卷紗幽明玉
燈而坐獸形金爐燒鬱金香琉璃玉案展太平廣記一
卷見生遽起揖迎入郎亦答揖以賓主之禮分東西而
坐使紫鸞設珍羞饌以酌紫霞酒飲之酒三行進
士佯醉曰夜如何其紫鸞會其意即垂帳閉戶而出妾
雲
滅燈同寢喜可知矣夜已將晨群鷄報曉進士起而出
自是以後昏入曉出無夕不然情深意密自不能知止墻
內雪上痕跡有覺娘宮人皆知其出入莫不危之一日進士
忽慮好事終致禍機中心大懼終日不平特有自外

而進曰吾以甚大喜不論賞何也進士曰銀懷不忘早晚勿
重賞〻特曰今見顔色亦似有憂未知何故耶進士曰某
見則病在心恩目既久少眠在不測何無喜憂特曰然則何
不密告而逃進士詑之其夜以特〻言謂妾曰特奴素多智
謀以此指揮其意如何妾曰妾〻父母家財界饒於衣服
寶貨多載而來且主君〻不賜甚多此物不可棄也然甚重
今欲運〻之則雖十匹馬不能盡輸矣進士以語特〻大喜曰
吾友有力士爲十八日以強劫爲事國人莫敢的當我
深結惟命是從又此華運〻之則一夜〻間泰山亦可移也進
士入語妾〻從之收拾寶貨一日〻間盡輸于外特曰如此重
寶置于本宅則大監必疑之置于奴家則人必疑之無

此之多矣天下無難事況特持長劒乎夜不難則吾目可
決此寶不可棄吾足可刖此寶不可取願勿疑焉蓋特
意得此重寶之後妾與進士引入山谷殲進士而妾之
財寶自占之計也而進士以迂儒不知處于特大君以前構匪
懈堂欲得佳製累夜之請客之詩皆不滿意強邀進士
設宴妾亦進士一揮而就文不加點之山水之景多堂構之形
容無不盡焉可以驚風雨泣鬼神大君句句稱賞曰不意今
日復見王子安吟詠不已但一句有隨墻暗竊風流曲之語
大君停口疑之進士起而拜曰醉不省人事願爲辭退大
君命僮僕扶而送之翌日之夜進士入語妾曰可以去矣昨
日之詩見疑於大君今夜不去恐有禍機妾對曰昨日之

見一人状皃獰悪自私冒頓單于陵有宿約故久待長城之下覺而驚起甚惟夢也之不祥郎君其亦思之晋士曰夢裡虛從之事何可信也妾曰甚占長城者疑是宮墻也冒頓者疑是犄也郎君熟知此奴之心乎晋士曰此奴素頑甚凶狂前日尽忠於我其狼戌此奴偽皆此奴之詐也豈獻忠於我而居窃於此乎妾曰郎君之言抑是思春妾何敢辭留侶紫癡情若是乎不可不告郎晋士紫癡三人罪是而坐妾以晋士之計言之紫癡大發驚拍手罵之曰交歡日久己乃自速禍敗郎兩月相交亦可足矣踰墻逃走出人之所忍為也主君是傾心已久其不可去一也夫人之無恤甚至其不可去二也禍及兩親其不可去三也罪貽西宮悉去輩之人其不可去四也

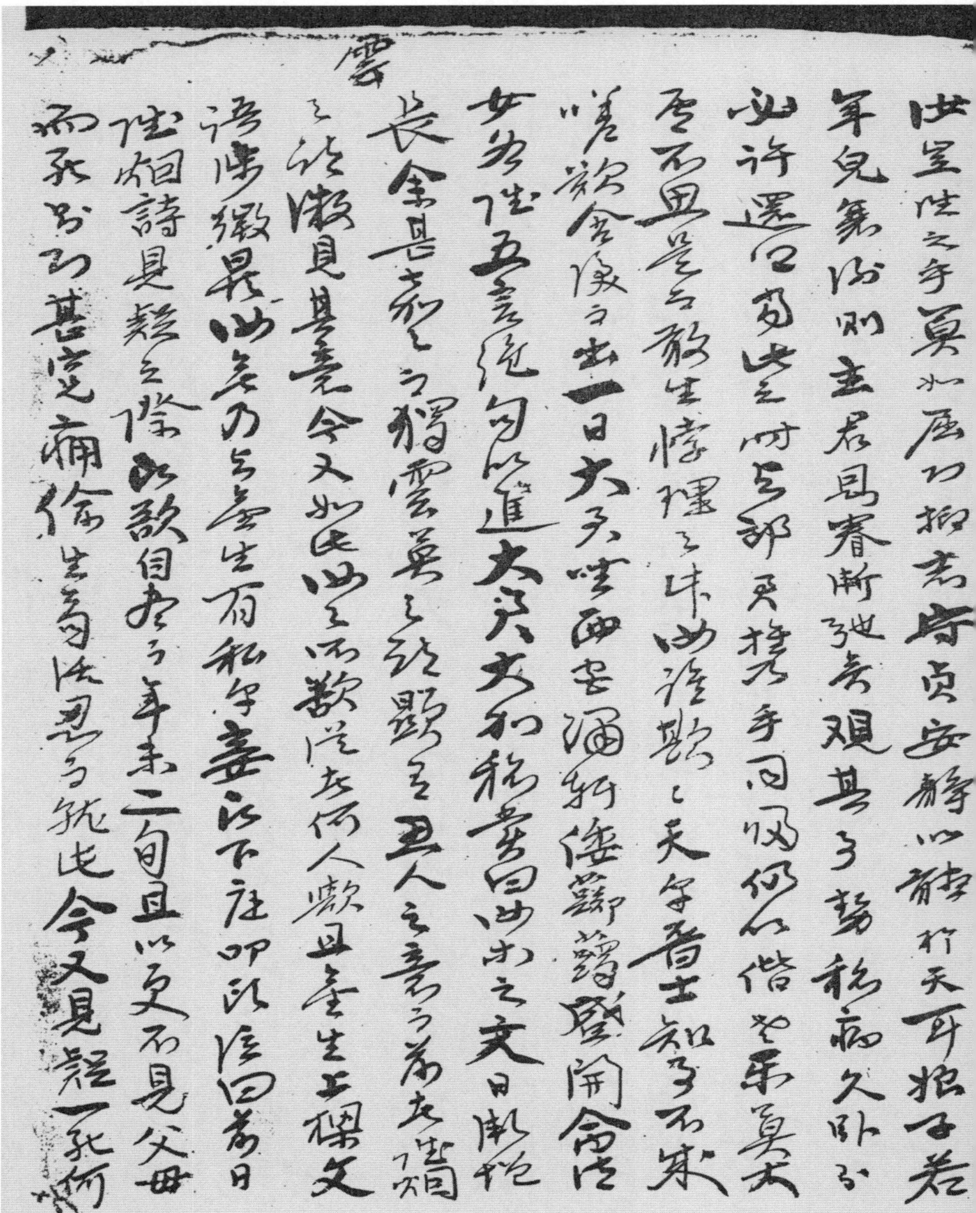

惜天地鬼神昭布森列侍女五人頃刻不離隱微之名猶
所未妾之今得死而矣所以羅巾自縊于樹下望雲表
烏雀是莫露之失氣罷之侍女自縊死他日吾以後隱妾
亦整之把筆作句然大君能聲然之中心不忘察不欲其死
故更使意抑之隱不死大君出書述五紙所爲五人自製
作景情之書以自比之後晉士不收出入枉之病臥後賤
妾挑命如一絲特收來是日大長大死之死矣何自相且
然後房之知見此一絕而自擲千金旅午令盡以許死之
不敢家事夜人寂之時踰墻而入以得璧其四之起出
則孰敢追之晉士其計亦危矣不然以誅叩之其夜亦年
妾病不死起更察雲追入陣三行妾以封書寄之昆

佛而出索書悵不忍見倚柱隱身揮淚而立進士還家拆封
視之其書云薄命妾雲英再拜白金郎足下妾以菲薄之質
不幸為郎君之留意相思幾日相見幾何成一夜之交歡
未盡如海之深情人間好事造物多猜宮人知之主君疑之禍
迫朝夕有死而已矣伏願郎君此別之後無以賤妾置於懷抱
以傷思慮勉加學業擢高第登雲路揚名於後世以顯父
母妾之衣服寶貨盡賣供佛百般祈祝至誠發願結三
雲
生之緣矣緣於後生則幸矣進士不能盡看氣塞仆地家人急
救乃甦特自外入曰宮中答以何語而進士無他語欲死抑進
士無他語曰其財寶汝慎守我將盡賣薦誠於佛以踐宿
約特歸家自思曰宮人不出來其財寶天與我也何無窮

笑笑人莫知也一日於自縛其衣自打其鼻以血遍身模糊
披髮跣足奔入伏庭泣曰吾為盜賊所掠仍不復言蓋氣絶
在此吾士亟救之而終不知埋宝之處就擁葉物多殺救
活借鑑以肉十餘日乃起曰我與一身將守山中衆賊突入
劫掠剝殺捨宝而走僅保殘命若非此位我安有如是之
免乎惟命之保如此何不速死即以足蹬地以手扣胸而哭聲
士惧其父母之知以温言慰籍而送之久之吾士知其之所為去
就去數人率人十餘名圍其家只得金釵一隻宝鏡一面
以此為贓欲呈官於法之然子伸不為而若先此討只是不借
佛不欲救特力不能制量默不信特自知其死乃於家墻外
旨人曰我何若晨過此墻之外有人自家中踰西垣而出我知

雲

只以釵鏡二物云[illegible]置弼入搜之果得二物其怒甚厭方欲
殺之故吾欲逃之宮之守旨曰吉矣侍人在側表象仰其情
謂特曰此主何許人處奴曰是[illegible]指曰吾之年少能文早聰
及夜弟在兮入禁婢也此他日主[illegible]閑[illegible]知此言遂攜手宮中
宮人豈乎大君大怒拏宮人搜西宮之[illegible]
盡是何言大君大怒招致西宮侍女五人立庭中嚴具刑杖列於眼前
下令曰殺此五人以戒他人又敎執杖者曰勿計杖數以死爲限五
人曰願以一言而死大君曰所言銀蟾招曰男女情慾稟於陰陽
無貴無賤人皆有之一閉深宮影子形隻看花掩淚對月
消魂以梅子擲黃鳥不使雙飛以簾幃隔燕子不使兩巢屋樑
此無他自不勝[illegible]之情耳一踰宮墻可知人間之樂

所以不背之者[illegible]力不能然而不忍背恨畏主君之威令固其也所以屢經死而已今乃以死一死而買貴主之死也妾亦英雄之下乎不瞑目矣翡翠指曰主君之旌恤之恩山不高海不深妾亦惟其文墨絃歌而已今不洗之惡名偏及於西宮生不如死惟願速死到此指曰西宮之榮妾既與西宮之恩妾獨免哉必炎崑崗玉石俱焚今日之死得其所矣（今日之事罪在不測中心所懷何忍諱之）紫玉指曰嗟妾等皆閭巷賤女父非大舜母非二妃則男女情慾何獨無乎穆王天子而每思瑶池之樂項羽英雄也不禁帳中之泣主君何使雲英獨無雲雨之情乎金生人中之豪引入內堂主君之事也命雲英奉硯主君之命也雲英以深宮怨女一見美男喪心失性病入骨髓雖長生之藥越人之手難以見效一夕如朝露之

日雲英之毁節罪在妾身不在雲英々々之罪妾之一言
上不欺主君下不負同儕今日之死々亦紫鸞雲英之罪也而
贖其人命甚多伏願主君以妾之身贖雲英之命妾之招畢
又主恩如山如海而不能固守貞節其罪一也前日所製之詩
見疑於主君而終不直告其罪二也西宮無罪之人以妾之故
同被其罪其罪三也負此三大罪生亦何顔若或緩死妾
雲當自決大君覽畢以紫鸞之招更展留眼怒色稍霽小
玉跪而泣曰前日浣紗之行勿爲城內者妾之議也紫鸞
夜到南宮請之甚懇妾憐其意排群議從之雲英之毁節
罪在妾身不在雲英伏願主君以妾之身續雲英之命大君
之怒稍解因囚妾于別堂其餘皆放之是夜雲英以羅巾自縊

而死進士把筆書之雲英引古而叙甚詳悉兩人相對悲
不自禁雲英謂進士曰此下郎君言之進士曰雲英自
決之日一宮之人莫不號慟如喪同氣哭聲出於宮門
之外我亦聞之氣絶久矣家人招魂發喪一邊救活日
暮時乃甦方定精神自念事已決矣無以供佛之約
且慰九泉之魂金釵寶鏡及文房諸具盡賣之以米
四十石欲上淸寧寺設佛事而無可信使喚之人呼特而
言曰我盡宥汝前日之罪汝今爲我盡忠乎特伏泣而對
曰奴雖冥頑亦非木石一身所負之罪擢髮難數今已
宥除是枯木生葉白骨生肉敢不爲進士主效死乎
進士曰我爲雲英設醮供佛以冀發願而無信任之人汝來

俗客之饋之宜矣有一村女過之特強勸之留宿於從堂
已過十餘日無意設齋寺僧有憤之及其違離之日
請僧曰借佛之事施主爲重而施主之不潔如此事極未
安可澡浴於清川潔身而行禮可乎特不得已出斬髮以
水沃灌而跪於佛前祝曰進士今今速死雲英明日復生
爲特之配三晝夜發願之説惟此而已特取語進士曰雲
英肉氏必得生道矣設齋之夜現於奴夢曰至誠供佛
雲
不勝感激拜且從寺僧之夢知此說矣進士信之失聲
慟哭其時適當槐黃之節進士雖無赴舉之意託以徵
工上清寧寺留若日細中特之事不勝其憤而無如之何
沐浴潔身就佛前再拜三叩頭薦香合掌而祝曰雲

英死時之言慘不忍見使奴特虔誠設齋非冀資冥
佑今中所祝之言極其悖惡雲英之遺願盡所虛也故
此手殺復祝願矣伏願世尊更雲英得以還生更金生
得以作配至於後生免此冤痛殺特奴着鐵枷囚于地獄
世尊若如此發願則雲英爲尼燒十指作十二之層金塔小
子爲僧合五戒創三巨刹以報其恩祝訖起而百拜叩頭
而出後七日特墜於陷穽而死自是進士無意於世事沐
浴潔身着新衣卧于安靜之房不食四日長吁一聲因
遂不起焉寫畢擲筆兩人相對悲泣不能自止柳泳慰之
曰兩人重逢志願畢矣讎奴已除憤惋洩矣何其悲痛之
不止耶以不得再出人間爲恨乎金生收淚而謝曰吾兩人皆

彷大君一敗故宮荒涼鳥雀哀鳴人跡不到已極悲矣况
新經兵火之後華屋成灰粉墻堆毀而惟有階花芳菲
邃宇數叢春光不改昔時之景而人事之變易爲此重
來憶舊宇不悲哉泣曰花則子皆天上之人乎金生曰吾兩
人素是天上仙人長侍玉皇香案前一日上帝御太淸宮
命吾摘玉園之果我乙[illegible]偸桃殘案金莖道子私與雲英
雲
而見遣謫下塵寰久之彷徨人間之苦今則玉皇已宥
吾罪俾陞三淸更侍案前而時乘隨輪復尋塵世之
舊遊處耳仍揮淚而執柳泳之手曰海枯石爛此情不泯也
老天荒此恨難消今夕與子相遇攄此悃愊於有宿世之
緣何可得乎汝須尊君附拾七葉傳之不朽而幸勿忘

傳於浮屠以爲戲玩進士醉倚雲英乃吟一絶曰花落宮中鶯雀飛春光依舊主人非中宵月色凉如許細露輕沾翠羽衣雲英繼吟曰故宮花柳帶新春千載豪華入夢頻今夕來遊尋舊迹不禁珠淚自沾巾柳泳亦醉睡少焉山鳥一聲覺而視之雲煙滿地曉色蒼茫四顧無人只有金生所記冊子而已泳悵然無聊袖冊而歸藏之篋笥時或開覽茫然自失寢食俱廢後遍遊名山不知所終

雲英傳

英英傳

弘治中有成均進士金姓者忘其名容貌粹美風度絶倫善屬文好笑語眞世間奇男子也鄕里以風流郞

相思洞記

見青帘隱映於綠楊紅杏之間生不勝春情之惱思
欲一醉遂典白衫爭沽真珠紅酒酌以花磁盞
之飲之醉臥酒爐之側花香襲衣竹露洒面俄而夕
陽橫嶺僕夫催歸生起而上馬揮鞭登道則白沙平鋪
乎遠近細柳飛鳥於川原遊人盡散行路斷稀生
感興微吟冒東陌而花柳之紫騮驕不行何處玉人在
桃夭無限情吟竟半醉眼之有一美人年緣二八蓮
步輕移陌座不起腰肢嫋嫋娉婷或行或止或
東或西或拾尾礫打起鶯兒或攀柳條倚立斜行或
抽玉簪輕搔雲鬢與翠袖飄拂於春風紅裳[illegible]
無情川生坐之神魂飛蕩不能自抑徘徊[illegible]

視之稚齒而貌其國色之生也
神注目終莫能捨去女知生有意含羞低眉不辭行
視女行漸遠生亦隨之趁其終到則相思回路偷窺室外
間乃其不止之生嬰桓佇立不堪惆悵於日之夕矣知其不
可久留悵悵然歸茫茫然自失如醉如癡中夜於枕寢
安席帶悄愴而忘飯食不下咽形容之憔悴似枯木顏色之
悽慘如死灰黯然懷憂戚然不語生家人父母莫曉其
所以然也終過十餘日有蓬頭垢面同春家間進謁於
沫之而問曰郎君平日言笑豪縱卓犖不羈今乃戚戚
然如有憂色無乃有所思乎生悽然感悟乃以實言莫
因深思良久曰僕為郎君請獻摩勒之計郎君克用

送呼奴請〻客奴承命〻生倉卒還曰客且至矣郎君
又命〻再請〻奴亦承命〻生日合〻還曰今日則錢盡矣
故辭甚不得來明日定行云爾郎君於是呼主人出命
〻生以其酒肴飲之不見氣色〻退明日亦如之又明日
亦然則一以懷惠再以感恩三則必疑懷惠以思報感
恩則思犯疑則必請其所欲於是開襟吐款以應可否
矣生深於之術於笑曰吾輩從矣從其味即具酒肴
直詣其家將錢後送還奴亦遂客一如莫同〻言奴亦
返命每三次如所約生佯罵曰咄〻其人誤使期如卷字
於推其來春釀不可虛送於此為主人一盡亦我惡事也
因字主人出則牽龍來硯矣生厭〻曰龍且安出

邇以錢客來舍于此々妓善遇納多尚厚誼即呼莫同
命進酒肴々妓酬酢歡如平生々相不出一言々遂上駐馬
江頭自料若不見少婦不知宗是妓家々女否悒々懷
胸如不能自存冀其必感妓々待其自疑於後發吾私
明日再往不憐如是者三妓果自疑欲祇避席曰老身
窮有不請路傍人家戢々如魚鱗櫛比閙擾送客何
憂不可獨尋退々隱舍者爲是乎且部君京華巨族
士林宗匠老身窮阨發妾歸草屋與生爲有貴賤々
殊後無平生々曰々猥蒙厚意以至此極老身何以得此
宗不識其故也生笑曰吾因錢客別無他意不々妓憂
於君以有主々禮初於是酒闌生輒解崇緋合歡掌衫

君之殞至此者乃之感深甚意者或有所以報之於郎
今則一身寡居多年尼在隣里人无願聽況於郎
君乎就令郎君有所須於妾力雖死不辭也生笑曰不
答娘強請於後生覺爾之笑曰此詞名云何曰相思詞也

相思

曰為詞名之所以惱乎娘戚咽曰郎君云乃以辭之任望
古老身乎但此詞乃雲華之窮所飛其於魏郎之風流
何生知其所思憐憫必不在此慨於先生曰僕疏為娘
所學安得不以實告果於某月某日從某處來路上
適見少娘子年甫十五六衣翠羅衫紅綃裳著白
綾襪紫的鞋以真珠鈿盤素頭雪色搖環繡指由
紅代門前逶迤之去僕以年少俠氣志慮駘蕩

不勝春情〻〻惕麗〻隨〻趣其終至矣
自此以後心醉如泥萬事茫然惟少娘子是念如明眸
皓齒寤寐不忘彷彿如一朝一夕悲見其顏色
枯槁爲如何哉是以煩悶家餘寢不勝不已如悲中〻深
怜其意於不知其〻所念爲何人也深思半餉釋於顏
悟曰果有之此已先之小女名英〻字蘭香如吾於則識
雖矣〻〻〻生曰何也曰是乃檜山君之侍婢也生於宮中
長於宮中不踏門外之跡人矣姿色〻美決爲郎君
觀不必強爲郎君道雖心柔態之美於世族家之女
加之以審音律〻能解文辭進賜怜〻將欲綠衣之夫
人不能免妬忌〻俗甚於河東之吼是以不果乃置志

其〃不然則郎君何由得接面目乎噫悲爲郎君更一
一會識難矣〃〃生亦天大息曰吁嗟已矣吾死必矣
炬深悶〃掩淚若問曰君已如有一焉端午爲一月
其時我亦爲屬已先復設一篇以告子夫人前請
阿英〃來日〃以此相在識於萬一之郎君且以待期

相思

來會生著曰果如炬言人間〃五月五日乃天上〃七月七
日也生〃炬各道萬福而退嗚〃抵視日〃斜沒〃忙
望夜〃至慶一日如三秋待佳期如不及遂寫縮墨
以宣其鬱〃〃乃作憶秦娥一闋其詞曰春寂〃〃庭梨
花風雨夕相思不相見音耗西南嶠却悔當時逢似國
我心安得傾如石空相憶寫花〃〃蕩臨風〃淚

西階則姬出之迎之生問善惡外不必出一言只曰素勞勞矣

何姬曰非爲郎君進夫人爲請、甚見夫人謂曰進而生

日禁莫見出入甚嚴我不敢從汝所願若明日爲公可[illegible]

須出之作令節會也吾何惜莫見暫時之間也夫人之

諾則丁寧矣但不知進而之生遂留之生於信將疑且

喜且憂心莫能定之惜於侍几閑之人待之日已款年

了無歡顏魂飛魄散凝望盛疑正若霧後躍之歡

花起立揮扇擊楫呼姬之告之曰愁殺已而望眼於

枯多少行人近之都能吾望絶矣姬慰之曰至誠感

天郎且少安有頃窓外有鬼孤聲自遠之近忽起視

之乃美少姬也生拍手笑曰此豈能[illegible]近[illegible]之如赤子

以不識此郎君乎此乃吾之丈夫之親族也適來臨舍將欲識
容耳且汝來何暮耶然汝終不來於己祭汝母矣汝入
于內急排盃盤〻來將以奉郎君一觴英如其言奉
盡室姬與生舉酒相屬酒半酣生謂英曰姬亦就坐
吾遊及矣英羞愧不敢為姬曰汝生長深宮不識世情
之乃爾汝能識字不知酬酢之有禮乎英乃受〻之猶不
能快飲也浩把香卮下接丹脣之際少焉姬佯醉倦坐
欠伸思睡顧謂英曰吾為酒力所困氣甚不穩且欲小
安汝暫為侍郎君即起而倒榻就睡鼻息如雷於
是生謂英曰頃者自夫子廟來相見於弘化門前路三月
初吉寧雖其時汝能記得否耶英曰記焉不記人也旦人

不如馬兮曰見馬不見人兮曰安在彼花馬兮哉吾顏色之
憔悴形容々枯槁不亡暑寒時相思者豈無所以指示拒郎
汝我齊安知齊々以兮英答曰子我妾々安知妾々不如子
之心兮生即移席押坐以寫告々曰玲尔蘭香以豈無
情人哉自從相逢不相話以來相思不相見今幾日月洛
尔蘭香汝張不悲兮哉傒齊娘々來其蘇々兮英微哂
不答生欲留英于此因以繼夜要以同枕英不可曰吾
進爲朝之出遊暮之爲還歸妾身將來于此身還則
必呼妾縟衣不可以寢々弱質臨之於萬死之妙量以去
卜其至未卜其夜生知其不可久留仍以寂意挑之曰
留如此豈爲奈此心何日既云暮吾兮手々期在迫後會

相思

進賜不以妾花落不可又難於常信任任又不出中門之
外今君來既已犯禁今君又無行不去醜聲彰布
死有餘罪雖欲從命其可得乎生搦臂而嚙曰余山豈
生乎其爲魚乎今哉遂執玉手捫素乳撫玉脚唯恐不
欲爲心不至之於攜歡呼曰不可也生鼓情謁誠百端
誘之曰鳥飛急兮走歲月如流紅之歌當易衰珊
瑚莫惜其在今日何以之美乎頭淚朱於轉頭與生白
於彈指朝雲暮雨陽臺神女本無定情碧落長
天日中恒掃夜暗倫莫鳥性淑之比翼木生相連理
紉情欲之心鍾豈人物之異彼春風蝴蝶之夢猶惱
雲之啓夜月杜宇之啼偏驚死枕豈可又杜牧之尋春

芳晩魏寓言見姮娥遲君多春之年空虛夢
壞之恨子每恨雲復綠樹寂寞千載之音之五長信門鎖
舊條錢夜之秋雨搖落多生之可惜恨殺子之無情生
而何從死而已矣莫後不肯隨曰郞君固是乎無於賤
妾可移他日相尋矣生不可曰一別之後容忘之幾重欲
發音信無由可達更望其跟之其書子莫曰郞之此言
豈如秀者哉是月十五之夜進門之王子詠君約爲
晩日之会其必入夜而返且宮之墻垣適爲風雨所壞
而進門後於昔家欲時未理之郞君若懷此日黃昏
來到從壞墻深入此中有短墻之門妾勿啓而待之由門
而入循墻而下以東行十步許有別室之房房間郞君潛

目成意思尤係乃作四韻一首以目悼宮門不交鎖將[illegible]
一別音容兩杳然 此夕難忘情然度前生應結好因緣
以美無花愁如雨 尋着佳期日似年 正欲尋芳三五夜
登樓看月幾時圓 及期之生果有壞墻 呀缺成門
由之以入 度密穿 係乃得小墻門推之 試視之 果不鎖也 入
而東下 果得別[illegible]房 以目私賀曰 蘭香不欺我矣 因投
身其中 以待英出 于時 日月初高 凄風乍起 階上尋芳
暗香浮動 庭前綠竹 疎韻蕭蕭 忽中開之 一美自內
出 生將信將疑 屏息隱[illegible]聽[illegible]音 此元香先[illegible]
眼視之 乃英之也 生出之[illegible]曰 情人全其已在斯矣 英
曰 郎君大是信士 携乎手押坐 問生安否 生答曰 [illegible]

死僅保殘喘莫曰何如其接如曰地盡人盡盡如如相之
打話不覺夜深生何見明月月聲曰我永來時此月
在東今已中天夜將過半不以此時同寢將何俟焉
而把莫莫衣襟襟緋之莫止止曰郎君待妾另如索
中途妾字妾已別寢一條可於其中穩度良宵生頫
頭頭而曰吾既冒法肆犯崎嶇到此一一甚矣其可再字
凡爲文章貴得其全若又唐突第恐事泄莫曰事
事泄不泄唯吾在郎君毋用慮焉乃携生攜入生不
得已隨隨蹁躚惶懼入門如將渾闕踏履如夜蹂冰
無後一步動輒九蹶汗出至踵猶不能目覩曲砌
循回廊入門者再三指後達于內宮人聽熟遂云人寧

生或臥私帳猶甚有人走入中門而報曰進賜且入矣
滿庭炬燭光耀輝煌侍妾奔走左右擁衛扶起
進賜尚未覺悟劇醉徹熟莫承夫人之命數數來報
曰久臥冷地恐爲風所傷王子起而扶入人辭徹息火光
相思
之藏英左手持玉灯右手携銀瓶出而置之側生塗壁
畏避之立目以爲將死而已英笑謂生曰郎君無乃有
驚懼之心乎妾欲慰之温酒而來取送以金荷葉杯
酌以勸生生飮之又勸一酌生辭曰在情不在酒仍命
撥去生見房中無他物只有朱紅案上置杜草堂詩
一卷以白玉瑱鎭之琅玕卓上横一短琴生乃口吟之
唱酬之瀟灑淨無塵正稱之房中玉一人英繼吟曰

今夕不知何夕也錦衾孤枕席對佳賓又吟一句唱
和對瑤瑟慵彈靜梅西桂影分今宵生死猶未許
鬼神中臥々共携手眠嘉緣繾綣々情夜々將闌畢
鷄喔喔々恨促曉遠鐘隆々乎羅漏偏生起而攝衣斂欸
再拜曰良宵苦短兩情無窮其如催別何一出宮門
後會難期其如此何英中々吞聲飮泣玉手彈淚
曰紅顔薄命古來皆然獨如今賤妾生如此而別死
如此而然乎生其死如花殘葉落將不待歲月之寒
矣郞君以當男兒鐵石々心何可屑々於爲兒女々念以傷
性情乎伏願郞君此別々後無忘妾面目於懷抱間
以生思重意善保千金々軀勉不々廢學擢高第登雲

此日逢綺西羅帀接手容灯前未盡論心事枕上先
驚動曉鍾天漢不禁烏鵲散巫山那復雲雨濃遙
知別後無消息留宮門鎖幾重生覺之悲不自勝
不覺淚下遂濡筆正和灯主紗西落月斜將若半
相女隔天河良宵一刻千金直別淚双行萬恨和自是
思佳期容易阻由来好事許多魔他年縱又重相見
無限情懷奈若何莫居亦欲覽淚滴濕字不能盡
看收之藏之懷中脈脈無語握手相見罷已于時曉灯
掩翳東窓欲明莫乃推勢生出送于宮墻之外西人相
與嗚咽不能成泣悔於別死也生既已還家喪神失視
不見物聽不中聲從歸莫救無一事掛念欲為一出以投

恩々之意而會相思恨老猶既已指廿年使寄我徒
費悵惆悵獨夢想之已歲月荏苒光陰倏忽百憂
叢裡三春已過情隨事變念懷猶弛復事畢業沉
潛于經史潛懷于文章以待槐黃々節各國士開舉試
場再進再捷擢為壯元光輝一時人莫敢肩三日遊街
頭戴桂花手執牙笏前導雙蓋後擁天童衣錦倡
夫左右呈技執樂工人衆樂齊奏觀光而街塗若天
上郎也生未醉未醒意氣浩蕩鞍跨馬一日千家
忽見綠條高墉繞墻逶迤乎百步碧瓦朱欄照
耀乎四面千花百卉芬芳乎階庭戲蝶遊蜂喧咽乎
園林是乃檜山君之宅也生忽念舊事心中私喜佯醉

貴悵悵然悵夢想而已歲月荏苒光陰倏忽百[illegible]
叢裡三春已過情隨事變念懷稍弛復事舉業沉
潛于經史發憤于文章以待槐黃、鄉生國士鬪興角試
塲再進再捷擢為壯元光輝一時人莫敢肩三日遊街
頭戴桂花手執牙笏前導雙蓋後擁天童衣錦倡
夫左右呈技執樂工人衆樂并奏觀光兩街望若天
上郎也生半醉半醒意氣浩蕩善鞭驕馬一日千家
忽見綠簷高墉繞墻逶迤乎百步碧瓦朱欄照
耀乎四面千花百卉芬芳乎階庭戲蝶遊蜂喧咽乎
園林是乃檜山君宅也生忽念舊事心中私甚佯醉
墜馬臥而不起宮人出門聚觀觀者如市時檜山君稍

成而已生飮茶旣竟英將入内華牋一封藏自懷中
生蒼黃收拾納諸袖裡而出上馬還家拆而視之其
書云薄命妾英々謹再拜白金郎足下妾生不相從又
不能死殘骸猶喘至今尚存豈妾敢識念君不至天
何花々地何漠々桃李春今闌妾深院梧桐夜雨鎖
妾空閨久廢絲桐蛛網生匣空藏寶鏡塵土內
奩斜陽暮天殘照之妾恨曉星殘月不知妾心登樓
望遠雲散蔽妾眼倚枕思睡愁夢魂妾呼嗟郎君妾
寧不悲妾又不幸先阻指家欲寄音信無由可達
虛想面目每思心揚係今也方更獲相接芳容已改
雖舊君猶不淺郎君亦念々妾不昊天茫々地尤妾恨無窮

相思詞記

使屋情猶未歇他年尋夢向蓬島詞一日筭年
二時無時無日不相思々々何日期相見結恨人間有
別離三詞袖惟花悴君為情鏡裡猶怜白髮生自
是儂人無盡事墻頭畏鵲為誰鳴四詞別來君杼屬々
間無愛有郎君生臥床寂寞深宮消息斷落花
春雨掩重門五詞欲寄幽懷替我顏箋四呵筆綠曲
間空將別後相思淚滴在華牋一半斑生嗁々沉
吟春玩不忍釋手風猶含莫見信春暮凋青鳥不來
消息難傳白髮欠而音書莫寄彩絃不可復續破
鏡難得重圓中心悄々展轉何益形枯體瘦卧歲
痕幾過歲月矣適有同年李正字者來問生病

生携手陳情告其病祟正字曰君之病命也奈矣樓
山君夫人於家爲壯意切情親可易逢而欲言且來
人自失而天以來信幽明報應之說不愛家產珍寶
好爲捨施可以念念矣生喜曰不意今日復見靈山道
士乃申申托牢定約束再拜而送之正字即日生于夫人
前而告之曰某月某日及第壯元若醉過門外墮馬
不省狀民命扶入西軒有諸曰有之曰命矣奉茶慰
渴有諸曰有之是乃煙煙壯元金某者也未畢過人
調度脫俗將天有爲之人也不幸有病閉門而臥煙朝
生夕返而問之則肌膚憔悴氣息奄奄命在朝夕煙
甚悲之問病而由則莫爲不祟也不議可以活諸夫人

日乃起自此永絶功名竟不娶妻々矣同終於爲平生々矣唱和詩文甚多積成卷々軸而生無子孫不傳於世嗚呼可惜哉

洞仙傳

洞仙之遺響古也皇唐之際徐杭人長於詞後来傳得而未極其趣杭有一妓能以理會得之悉解星河月帳之真響後數十年携入梅竹山々在海南累千里莫知其所終

靖康中有西門生者名勳故杭州刺史西門敵之後也幼被慈母之教夙負名譽倜儻不拘世居汴京之萬歲山下嘗娶山東劉氏之簪纓族既有室家不事産活酷好吟遂飄然有遠去遺世之意母崔夫人愛之曰大丈夫之降生也上爲佑侍下而妻妾立揚以顯之鞠育以安之取高等行部德孝于父忠於君即其職分

也今汝放廣是任落落自如將欲何爲若龍從高之地
厚人所雖忽杜季良之豪俠吾甚不願舍龍推[illegible]
有其時玉堂金馬當在人爲廣陵看花花福利是
主天天才魏家禪槐槐業案有崑崑望汝曹不若
蔑乃家風高閣大門將不許容膝郭山市居將不得
風雖其可不深思竟將安之生自度雖未能副教
然且以承順爲意筆文墨十餘載連擧不第乃慨
然切歎曰富貴功名來不來中得無欲算矣吾於何
執以稽中分年字劉氏之端將人世尋常勸勉期
揚奚歸生一向意趣終莫能展因志簡張萬夫
崔念者相許極深生一日置酒邀之酒三行生爲

洞仙傳

氣方今北馬南牧秦唱未已野狐昇楊漢須不絶
大丈夫得志之秋也正欲腰青萍手日羽駕八荒
掖六尖鳴玉帳之雄風掃金門之腥穢力居頗牧之
右功出晟璥之肩一則祖先之榮二則子孫之福也崔乃
尾之曰名蓋世功施股後人各有心亦不可必何況
立名而毀譽起焉功成而誅戮隨之祗爲後來柏掌
之資耳已夫何爲乎若夫鄒魯傳穎之統瀛洛興
起之文蘊三代詩書之教嘘萬古道德之波瀾之
大哉不可幾也至於江上一絲之風烹扶九鼎之重西外
一張之琴能友六經之趣跡渾漁樵契合和老臣江
山之有助風月爲資騰聖之人餘詩酒爲牟殊不

之與巨國嘉々暫又安知光之將至乎古人所以貴
無累一於斯得吾欲與手談爲生中之太見不復生
言張崔曰願中主人之言生曰珠美乎人以撰如何猝
風遂引而不飲發冠之道之曰大丈夫言志豈可無先
辯之引之乎乃弄玉笛之朗吟曰萬歲山高我乎文羽
出男兒壯氣魄不作身後名適取眼前樂卻傍金
臺中絶寰提挽美人共笑謔共携手去人間竟
何許遂曰兩君之志要在身後之名乎如吾不倭須
取眼前樂何者兩儀肇判人在其間五福以疇壽
居其先上壽百歲中壽七十歲下壽不過四十得其下
者頗有之故中壽不可期況其最上者乎信所謂

家之日月也釋南陽之耒耜連赤壁之舸艦籌畫驚
人功利蓋世者固一世之雄也然而惠陵之松楸蕭瑟蜀
山之風雨晦冥恨結妖星淚灑冬青辭鈞臺而授笄登
將壇而秉鉞擁百萬之衆創四百之基者豈非真男子
耶猶且爲人之敵屈於雲夢之遊千金之寶委諸兒女之手
大有功矣甚乏名矣鷹顧萬里之侯冠玉六出之才莊相
於乾木之前而囚滯於雲夢之後賈傅一歲之遷董生三
年之奉章疏而已竹帛而已兩漢人才於斯爲盛三國豪傑
比些屋多智謀技藝則人所罕及功施德望則民不見稱
間有辟穀而遠引攀赤松而容與翼儲皇而辭縱者歟
採芝而長往雖可謂庸鉄是亦詩然耶唐之房杜姚

宋〻之趙魏韓冨鳴於天下者不一而足卒同歸於破碎
而止其亦扁鵲自病者歟非今日樽前所可道也於乎世
云萬年天子官有五日京兆尹適眼前而仍其固有者
蘇乎未聞窮於古人惜之到今鐵騎嘶秋刀斗驚夜
陰地人生將為虫鶴不如適意遨遊自任天放隨其所
欲以寬心地言之及此意已豁矣寓形宇內不覓天地
之大遊神物表不貪山川之〻居方寸之間原東之志駕
言而鴻之可乎竊聞城頭極浦西達于楊子江轉出三百
餘里自楊至徐一潮交匯乃抵徐杭木州則耳可飽所
未聞之聲目可賞所未見之色諸君從且未乎張崔
仰之心已動矣遂有某所生以收致辭夫人請暇歡翔

覓於柳根顧謂張崔曰此地當有楊子書堂未知的在乃詢于土姓皆莫之識也即見白旗青帘隱見於江樓水樹之間女隊數十輩無期而至吳綾蜀錦相稱亦有章於是引之開宴園乘竟夕翌朝一女娥來問曰諸君子是許人云皆爲遊楊子書堂爲第一說堂之在未何以知之生曰詩不云乎楊子談經處淮王載酒來是楊子江則當有是堂矣娥曰果有至此去水上一里許石壁也今去楊子累千餘載堂猶巋然只爲遊客之所入不知其楊子堂也諸君子既攀詩事又探古迹自非博道未易到也生服其鮮事又悅其色買酒一酌而留之曰生居哉甲字是爲誰對曰年纔十八名則雪英姓張

知識，每因樂府古章糟粕爲事而已。至多生，知其書存
令人釋去舊夢，陀酣睡，夢催詳轉款之，今日已高矣。
主乃引英及張崔，徑度楊子書堂，別開一宴，堂在懸
崖百丈之上，俯瞰回波，擊析常作碎玉聲，仰見蒼松
老栢互襯，盡桃形真，是錬光磨景変也。英拈琴憑
軒，影在水面，響音徹雲空，生長嘯吹笛，夜以繼日，已經
旬餘。一日生謂張崔曰：向者之事本爲遍遊名山勝
地，自此又作，以償夙願。乃謂雪英曰：狼且將頻令適
餘杭，歷覩之，還當無偕老矣。英含淚而回顧旋
棄而不殺，怨加以重，君之意贈以偕老之言以不勝銘
感，當守孤燈。三人遂下江，裝棹諸妝，致錢，遍遊湖州諸花，皆

令閒

管歌舞隨處可觀生與其二子到則宣言曰昨城暮
士遊戲至此備許初筵之末當執奠斝之禮衆皆喜
迎安之左右三行粉面一時回着酒行樂作興已酣矣
生遊目諸班遍覽其字中有履、者獨艷出群音
律絶倫作止形影無非可愛乃沉思注意絶眞
跡指儀已領首者雖席而言曰此有古風言之未安
奈何生曰賓主一筵何以合歡何未安之有第言之領
首曰賓即初筵當自別設則隨其目寓便令
鶯桃生曰諾諾是三人合具移設於領首之第亮多
窮歡生意夜欲分睡於集所謂古風其意安在領首
惧然曰醉不省斡妄之失也第請諸君子着衣稠中

生返指瓊瓊曰麗瓊娘無以度良宵瓊起而曰妾之無狀猥蒙至言誠不當敢請辭遂引身而出領首曰一徃之風由此興發世何採辛竟往居時乎左右交手移動瓊不得去不移時張崔各携伴歸寢頷首繼往生乃從容語瓊曰美秀豪華吾得其末嬌妍艷彩娘得其全今之做會天與其便何可固守君道良辰瓊曰豪士佳賓如君者罕矣其在賤妾豈無趣向而勿想尊君意豁心似無之美風希韻而但便是羅帷錦席而是無非粉黛紅顏賬者之歡尚不能保今宵宵之歡又安能保明日乎令生之行當過楊將楊有雪英獨步今雖言無私得乎妾雖不得

仙洞

則不敢從命生曰之杭者只存歷覌非有仙者當爲歎久
於彼遊覽日久不久間其什必杭則意可知也到楊之日云
使來徐則當莫若若我今徐而又杭則若我爲當莫也
雖有猿不致危難至生於若杭未必賢於徐則捨此適
彼豈是爲教之得以遊遂丞牢說以示危意於彼覽以
之狀錢雲雨期日後日已忘仍矣一夕張崔會飲相
謂曰賞心樂事同知何極其奈君親無何屢指向
許月三圓矣甚一聲矣今可回程若有餘意畏付一每
試者行生悽然感悟遂定爲行覽倚錢具從且送之
曰再柱當在何何萬萬珍重遊好旋而毋令團扇竟賂秋
風云然生拜辭而別既出淮泗則水道有三分交問諸

漁人〻〻答曰發源括揚以東則荊以南則杭生忽記
瓊〻之言謂其必不欲之杭者得無意耶豈非有
勝區者歟乃謂張崔曰此行倘爲四境即此所遇殊失
風味丈夫章程固不可半中也今取南路生復於一
旬必荷二人不可生強起〻遂與入杭則城郭周遍江
淮必常棟宇連緒閭閻如櫛彩纜錦帆飄拂于洲
渚玉蹄金軸絡繹于橋上荷花十里取續採蓮之
豐芳草四面鋪成樽酒之場紅粉成行亂街巷之
花叢綠管畢張溪石磵之泉鮮于時織雲四起
殘月欲低乃授彩檣僑一店呼張崔語曰今來物
色此所經相萬也顧惟行李所佇無幾得此佳妙

洞仙

人曰今見諸君不是尋常客何意差資凡也撲地去
萬年々矣自吾爲始每日逍遙則可遣半百年抗
之風如此矣生中心幸之欣此逍遙今忘之於一周常燕
矣家旬年屢千々矣嬌姿嫣態隨變益艷花暈晨
時所覩之況也心融意惑罔知所適朝東暮西未有
遍看如蜂蝶之採香似鳥雀之擇巢畢至一叢翠
竹成林芙蓉滿塘々隅有一小閣以翠篁籠之篁而
有琴曲聲琅々於中于外其音瀏亮其詞婉好乃
側耳悄靜以中則如從竹裏出就竹候究出荷叢
間又從而細聽則其韻傷怨々凜在半空雲烟之中矣
生抽袖中玉笛以和之請於主母曰僕雖無海觀亦

非幷見今中此曲於世亦有願得一見阿娘請心洗耳毋曰吾女不忘接賓請客煩風來仍至小閣論以客意女曰男女有分自非有素不能相對毋出布之生直到簾外怡拜曰四海兄弟一家胡越豈必須舊素之儀乎適以音律絶美不勝服設欲接儀形既蔽幛後之歌則何惜鏡中之影乎女在户內應之曰妾是娼類君爲貴族尊卑定位内外有別不惟不覺在禮不可請妄枉爲生中其語音清和婉轉崇花下如聽流鶯王所豈爲此等語驚以馳氣逸將欲驟入自旋思見許乃言曰蘇學士王真不豈不學接碁之禮琴操春鶯豈不知法辭之態雖於一送相拜

洞仙

犯將令遠客於怨恨俱其於古人寬惠和柔之德遠矣女仲含不言有頃問之曰君亦善吹笛其欲見妾於有他意以其為聲韻也則凡所謂音律其於絲竹乎生答曰事之餘者耳女曰日者理曲俱中其音耶曰仲之矣女曰然則能識其曲名詞意未生於曲名雖不能詳猶獵矣辭試以臆意答之曰殆聞其聲穆然在中傳若從八方來集焉則上戛日雲絲韻凌之從空而續唱如呼仙之響音和若送賓之詞為於水仙來舞洞賓游歌則未必如是其意雖不可詳其名則當是洞仙詞也女忽冁然之起辭曰高明所思人所莫逮嗚呼詞曲之廢久矣洞仙一詞不

花世慣耳妾自八歲得隷於京華習繹其志旣通其妙仍繹歌名樂樂者以加者也世者師瞭孰於議之今今遇知音白雲陽春從可和矣尊君當明聽之哉吾且爲之援琴而鼓之生中之其音尤絶眞所謂仙譜也生旣見其色意不在拜一向流目詳其態度則猶月初生纖雲爲跡紅芍初開陽霞方濃遠峀靑烟蔥籠香香鬢鬢之際銀河秋波瀅澈於眉宇之間風和日暖柳嫩梅嬌百媚婷婷千態綽綽眞所謂國色天香也生意謂大丈夫不得此不如無生乃問曰旣得一面尙昧名甲可字女鏗爾含琵而對曰二十春風楚臺其名以妾長於洞仙詞人字之謂洞仙云至夕

洞仙忽爲乞家之兒密切願善爲我辭焉母夜至女不
語之曰汝自十五歲與人爲歡未嘗交眠比〻以來天
不命偶浪遣青陽余切悲之今彼郎君風裁高秀
才思遠邁不謂男子中眞男子汝則美人中眞美人
非恨相見之晩天風吹帆河泊回棹人力不敵汝其思
之洞仙曰嗚呼一箇情事人各有之吾豈木石哉密切

洞仙

嘗思之向者不經已多人矣天不與便事亦多魔隨
會隨分不得偕老既有許身之愚終致噬臍之悔已
性之愆今以爲恨〻之不足繼以悲嘆何可終迷不復再
蹈前轍爭身爲賤俘命也崎嶇尚不悔悟更與人歡
則既賤之身由是益賤既卑之身由是益卑矣噫長

信宮中春草空積落燕子樓頭曉月虛照紅顏薄命
自古有之寒梅枉眠地得我矣豈梅吐紅只是薄書借案
孤舟覺其薄林虛盡閑閑黯黯生枕則膝上絲桐徑遠
遺趣獨燈何燭情々之宵捲簾案上緒箏撫堪吟詠起
否世情永得入事翻覆風流未可保也天亦不從從有
影言忽豪何曼不過如是言說乃擁衾而臥生時投
宮櫳下且悉其語殘生先仍薄流至夜於半曲肱之
頃見有黃帽者亦若呼生而言曰何窮々 此逢仙
所謂三生好緣既覺而異之生而往胡直抵何仙曰有
夢如是三生好緣雖云此矣呼我謂何如君其合来耶
詳述根未於是何仙即歎曰意未可見夢果有黃

仙洞

玉洞之仙授床吹笛譜了別曲謫來海中今幾百紀乎玆但降生於妓籍者特令從苦之以贖罪愆爾後十年勿入福地其勿舍西門氏云誠若此言豈非好緣耶以今思之人不以字爲意殆天授也生中之美其萬歲山留出之說急投行李小箱得前所賦之詩以示之洞仙益奇曰得萬歲山高幾千丈至提抱美人昔笑語甚協時事落句云曲終攜手去人間竟何許此不謂勿入福地之占也但降生妓籍酸苦十年云其間勿有悲離分散之歎多雖於神祇默佑休祥旣發自今以後與子爲一身醜乎論難移日不覺欣慰及宵同枕其喜可掬天明開桃李之日屈糠整

芙蓉之曉帳啓香奩而表的依四屏之端拱有鏡
面陰皮花彩織之羅空彩雲月色團之芳姿增艷
嫩態添新和鶯一曲落梅懷春會真三章彩鵲
來翔生如醉如癡任心目適意之曰我聞實安得洞
仙乎對曰我洞仙也安得洞賓乎命將小真花供具即
見荷葉盤金橘玉筍桂花樽瓊液香醪無俱盡
其婦與生倚醉甚歡以玉笛鼓琴綺之謂之曰雲雨
高唐之會我得其夢之歌帳玉簫之緣恨得繡之
尋月老之芳盟錢塘湘之宿約恨不如矛無感六夢
之休徵詩三生之好合我不報恨兮兩人交感一番已已
合百歲中間往欲相離不可得也洞仙曰敢承君子之

遐想興何忽其去悲何忽其來結仙歡袵改容
曰手攜佳人耳得稀聲竊心不能隨遇而安男子
之分事也身有不許意多不專志之馳思搖搖起懷
女子之常情也情在年而獨守寡欌心事不踐情
性混於市橋斜日旣無逢迎之慈江城淑雨寧有
別離之愁不意今者卓女傳意莊孫成媒田蓬
鬻之佳期踐渭橋之夢遇於今方之而百重矣
攻几席之下千秋之荐伏歡樂未無常聚散而有時
甚矣雞無情而鳴東流之水焉得失信傷心北去
之雲誰知行乎之境反成夢形之域靜言思之嘉
忽生悲生爲之動容曰大丈夫出世而又一紅顔生面

憂哉由是沉湎了三與壽荏苒之間歲月
張崔知生不能去先告與生曰諸花好與春風齊
亦在蓬早之間二人既與仙謂生曰中大夫人在高堂
小君守孤燈今君子遠遊尚闕復絕上貽倚閭之
愁下有引雛之恨爲人之子定省之礼寧忍久廢
人哉夫糟糠之義何永阻倚棹天風急送與馳
奉萬里之晨昏着一盞之花月妾節守死以俟
定日矣但願佳期無久遠矣生躕躇未果又經一
旬仙更加格言使之歸寧生既到其家渾舍驚
喜居月餘乃以心事悉陳于夫人及小君期以再訪
遂見張萬夫自宣德門出曰女真使載皮籍到

仙洞

千夜衝鬪竹聲加迅雷震起觀之乘欒逸出疾向
西湖既明千兵萬馬踐踏長安聲振天地烟焰塞
都民顚仆而死者萬計生挈家奔竄轉入東濱
之島賊既據汴京天子南巡自行中所蕟重圭書留徐
杭州國之大鎭不可失也別置宣撫使管攝人物使
不得奔竄於是宣撫駐札於杭州時女眞以天子遠
遊不可追乃詐欲修和朝廷遂以幣帛辭命來事
一托宣撫使爲之宣撫乃欲得文武辯給備具者
與震震如渴洞公時在本府篤守初心不意遭亂道路
未通後此存亡兩不相知悲思且號泣惱惱度日意謂
郎君自是汴人汴京人死亡已盡安知其獨全耶

或存或亡柔不可詳銘念之際得令宣撫求公忽
乃變眼如童子様進和轅門曰欲見將軍敢一來問
人入告宣撫使之召入問公揖於堂下曰將軍許得辞
命之人與俱於女真令既得之乎曰未也仙曰僕之在汴也
一聽知西門勳故杭州刺使嗣之後也本以將種久處囊
中今則想正竄於北岳非此岳乃東濱願物色求之
宣撫悅之遂發詢使百餘人求得於東濱仍問曰
汝是何許人能解事機乎對曰明於鷹人精於自知
從幕下有部將安琦者熟視之曰見汝辞態舉止得
非女人乎不宜入軍門對曰古之良將編以妻妾古
之賢妃奏以格言今僕雖無行伍之勇尚有筆畫

仙洞、

崗遠送望眼則塵埃頓洞山海茫茫欲吾書辭
以詳存沒則賊勢恣行道里隔絶徒費鷩鴻之
夢謾洒悽悵之淚鬱鬱柳楨骨久廢眠食時有簡
使至門探之棲以東牒急令赴杭生本欲趨彼特
緣允睢中行李之苦力承此宣檢之命秉元龍
之馬擁猛虎之卒踰絶險馳長道意氣凌厲
雖遇賊人不爲所害得至杭府將軍與語大悅留
眞有乃家之風也期以明日適彼生心謂已與將軍
素無相識茂牒求訪寔可怪也及就別館安琦
爲津琦告以童子靍名當時之知爲洞仙既喜
其生又感其意乃語心曰萬里相滯生死莫知者已

及三年矣其為此計特以審存亡寔要一見其情可知
其意可哀雖然百幕府令嚴不得相干其於此情將
奈何儕輩有知識想人心志類然疑之夜半府中寂
惟未勝所思計欲潛行起而視之內外衛卒作陣
儼森錦幕帷重重石墻峥嶸乃叙施竿數枚從幕後
出乃又有圍帳凡十餘匝其端皆懸大鈴觸急聲
又以大劍長槍縱橫角立隨犯見害遂拔衣綿每填
鈴口又攤皮衾以備鋒觸得至墻底以竿橫立繞
之上越乃其外又有巡軍周匝相遇乃伺隙而行
又未詳衛卒直抵牢大門從的而面始至洞宏家
則燈影幌簾緋細乃低扣門聲聲未竟自內應

洞仙

聞軍法夜出入者輒斬之恐因去既知其存又見其面萬
死無惜即取案上酒侑以大鍾曰恐因去生亦言
未能欲去未果而強起之推出門外還入寢所
則席上已有生痕户外似聽屐聲悵缺之懷
不可禁得乃作一書持往朝生至府中安得留
已罷長問曰何故對曰送矣英特心知之暗生情起
明日宣檄啓行諸營從之生亦在營後從左有童
子請曰有父家在青城喪亂業將不能欲寄
音信恨無其便窮相公華丈當到其境倘傳一札
俾寄存殁乃生當死生當結草乃進封書生
袖之夕抵鄴亭以燭照其書曰薄命妾楚臺

敬告西門使君。昔在昇平，天與其便，春風浦暮夢酣，瑚碟暮雨芳池，浴并鴛鴦，奈何遠客，不能無首丘之私情，不能勝絶孝之公義，一掛淮沖之帆，兩阻參商之影，萬念再逢之期，欲償殞眠之恩，神不助順，世值変亂，海水三千，起鯨鯢之波浪，長安百萬，騎吳馬之風塵，一點蜀山之青，六龍播越，千里關河之險，萬姓奔遑，離三州之父子，分一家之妻妾，西湖巫峽之猿啼，汝歸淚南見衡陽之雁歸，汝歸來，問息知其存沒，痛無緣字物色越，就府西營名，假佛威之連明月，既見君子，只冬悠忙恐，蹄危機，乍逢還別，此時相對之頃，喜忽生悲，經年阻積之懷，挖息非晨，雷逢電散，不如無見，一兩散

洞仙

天限青城之域道阻且脩地近黃龍之府俗尙可疑風
塵三人不可輕犯楚鋒旣重千金倮頫生入玉關恨不
得與子同行悲來奈何與共倚畫屏而徘徊疑有憑肩
之影臨玉鏡而悵恨如見對面之形鷲鳥一夜梅花之歎三
春楊柳之色中心如歲何日能忘只待還旆之早毋爲
沸溪之人從言兵家事急幕府令嚴前功可棄後會
何期皇穹虐我陰騭異時一乘便無用煩勞萬分
珍衛都尉安寢性有貪淫想必謀人更加周慎語
多荒失紛若風儀心有塡塞緒如洞雲滿腔悲懷千
不宣一生遺且流涕紙濕路破至青城見道君皇帝
青衣行落南人萬惜玉於情恨者多有之生一辭宣

撫跋幣傳命悉奉義理曲盡無失既還宣撫以生爲上
客置安轎右由是轎甚不相狀各處別館生命名夜
行轎童子還甚書曰汝父家屬遭亂無去處書空來客
童子受而還其室乃披之書曰三生緣結百年盟成巫
山好事間度佳期永擬團圓不計浮沉天日不常遭世
罔極華表摧風夢驚巢鶴城門失火殃及池魚
燕天夜月誰悲斷腸之人楚岫秋霜盡是沾衣之客望
日下之長安烟火四極指嶺外之歸路山海千里孝承府
使之逢迎競出騷人之思慮稱市橋之童子詎非偶然托
青城之爲擾情無可云驛亭中晨鵲驚書一封之書奬
籠鎖白鵝漫灑千行之淚向君欲做黃昏之約勿恤負吾

仙洞

曰迎送之太息答風雨之寂寥悲傷不遑遑笑曰賤人舍弃
未足然此家歸思遑急之歎耶奉親養之地一不但律
令從上又有豺狼在道中若路危殆恐有不及男待
宜安後患無窮日月有明女照夜無鬼神尚吉
以令破鏡心焦之渴犬嘶腔子齋深氣極血迸双瞳
絕色慘凉書啓草創有以無奈不知何云洞女閱一
行輒加悲惻傷痛之情倍切於前不多時女直使使來到
安陽乃詐爲不和謀敵之書使者出於西門之外以與
彼使譖於歸報女君大怒急令傳送西門上官及上
以宣撫淮陽之令瘧如雷霆上官無逃無賤黃
頭陽之際忽有甲兵四圍驅逐之去究急極發寬枉

猶未信之同時棄去者百并前后屬三千餘人皆詣燕
京滯獄仙仲之失群曰蒼天蒼天寧有是理哉舊命餘生
復何望乎天地茫茫宜安歸哉遂絶食幾至莫救既
又自解曰十餘年後當入福地云云之意尚可記也今
忽即決更無萬一吾何不自重耶時安琦獨留守
城僕從號令一出於其手乃搜城中得詞仙使監供
意仍通本意仙切不忘許琦不勝其情期於必得
為書說之曰身為衬妓命懸於公祀在從人鄙移
於時今若從我則深宮廣廈之芒安統繡膏粱之
是奉名何累於妓籍後何煩於鄉事榮莫大焉
樂莫加焉如不順之則昏朝任事之可笞杖撻死

雖困苦之中愁嘆爭攻瘴霧蛮烟之間疾疫易
乘安知幾至於盡於耶夫以有限之生謾守無益
之蟲果竟有知然悔曷追青春荏苒白日斯須
木無再歸之漸花無十日之紅繁華何支行雨誰還
獨留青塚空將日夜之魂不共楚王以添着花之
淚苦節不可貞矣以諒不可行矣其幸思之復思毋

洞仙

自埋沒洞仙爲答書以陳其情曰鷰以雙飛鵲不
孤棲物亦有耦人亦有情今承之教敢不從命竊
有寸丹聊以慕白妾在青春身事孤棲門常閉容
枕上新今一番迎送幾度悲歡須緣上客自訴而至
不窮惟憐特許心情有借生借死之恩無莫徃莫

来之歎妾於是去其旧染之陋習革其前習之行
紀周德流行雖愧漢廣之遊女衛俗淫亂頓絶來唐
之餘風衆只君子實維我儀如此良人所仰望者
嗟昊天之不弔痛時事之多艱値一生之崎運過萬
里之難別怨不在於天人歎常切於干戈蘊此心裏惟
是篤念懷人不見俾我可忘今將軍胡不除於人自取
無良之治嚴部伍整干戈務急當日踰垣墻論臣
妾職在送書去以兵奕尊榮之盛近此染惡鄙賤之甚
於理不合於事不當何可自貽盛治坐失瞻望乎何況
烈女忠臣異名同道今將軍乃宋朝忠臣妾乃西門
烈女也將軍食宋之食衣宋之衣受宋之爵宋之於將

洞仙記

俗生於大牢之天兮豈忍歧初心曾不思許身之仁義兮北
從心不忍義不可之甚也若夫兒女瑣屑之辭畢落之節
須不可同日而語之能有是四端男女兩身休髮膚則受
於父母性情元氣則稟於天地既有知覺之良獨無為
恩之心兮既倒縱[illegible]之無獨循夫婦之義兮君子之道造端乎
此夫婦之貞利見於斯矣夫以是放桀[illegible]顧南[illegible]劃身非
思李將武兮艷褒宮中盧名出目不為房玄齡兮出力斷
髮去爵侍郎之表拔劍劃鼻不忍見之人札立即太高
於身樹德日斜桑林有金來將不笑秋胡子水濺浙江
無節不信寂哉楚夫人兮以住室家之道先作二族交
歡貞烈之風斯著振高情而獨秀魯丹於是死庵

挺峻節而孤親周節於呂騰茂適以花執節也安用汚辱
爲哉今妾天資朴愚不佩今而學者素性倫常不足新
而來舊洛陽郎天飛杳茫之際奇朝而露於風字之間悲思
憂歎交攻于內邪說暴行又侵其外一樓孤竭氣於則多恨不
得隨鴻逐鵠裂霧穿雲殉於海長天去去無邊無邊回看舞
叙前事一見而絶氣死仍惜紛心烱烱如丹霜約寒然金死
烱而可指寧其張破假令甘言悦耳華利誘目尙不可移而
禍之自招可爲雷電在上作而擬而集之患居之爲於相抗
斷者又知女之節相於斷畢矣去於軍之忠其許身殉
旺之識可以通金石蹈水火無難所而死大節也奇可見
女膺起私情棄循公之初心指服人之於節而其思慮也

衛卒稱與門孤人之妻寡人之妻妾寵房於軍不敢也於
於韓而救之懸呂氏觧捏措而代之悲慘一妻是則妾之萬一
懲也妾既不能冒險來危以脫佛口之餘肉又不能除凶討賊
以復於天之深讐一渊慨歎之不可哀悼之不足乃敢思人作
欲引物牽意有若庸人良而懷二心者也臣子而不忠婦妾
而無貞罪不容於天地殃豈大於鬼神雖然生死守余所心
者欲於死之外無他願於軍卒怨之勢安得知其所
搖纏鬱之情憤懣之意交戰于中寄於杖捨而遑於朱
果崔女人与劉氏在東溟自此赴呂捏遼寢日晝其嗚呼云
辭數歲竟無音信乃令家童俓此杭州訪洞庭詢聞
之信知其滯于遼獄一金鵝鄰痛哭度日自是抗与東溟

兩地一書互相陳事逾悲悽之情上客自悱撫樹心事
夜莫已分雙死痛擗摧裂之餘常與同色切歎曰高堂
鶴髮春秋已晚溫凊甘旨既無可言主祀其不至奄忽殞
襄事之處唐癸未具之精慶孰能為其側身小君當室有
子一介佳儒三載豈我成別想其哀傷怨慕之深將
無疾病死之憐孤琴臺一別雲遠之柳態花容無
能一樣孤梧桐夜雨之罷桃李春風之恨度日度夜得
可堪屋屏可真能目可憐而再覩膝上綠桐耶可憐
而再聞孤世之後代禍不足鵲巢之鳩人之事去已完矣
洞々鴻宮續葛生之詩窮戚緇霰之辱奈花陽恨之
淚掛鏡半影之愁歲月積之人生幾何哀哉一自微

命洞

者矣此何人哉銘骨記忘死且不瞑每擧一辭嗚噫不
暇竹者爲之涕淚安得尚忘釋於懷他乃從以曰既以不聽
吾言以西門尚存於彼故假令聞其兆死老殁有望則庶
幾復其舊也遂爰一鄕卒賂誘之仍作南人以帶燕
京者之書因插於上客西門勸吾夏憤說崇禎疾
殁死於某年某月某日云今其持去使若關外行子回傳指
東渡時欠先許城矣中原父老日望官軍相謂曰道
吾皇帝已崩於五國城今天子又避於西湖號是陸勝
但事宴樂宗社之恥不思所以雪先帝之辱不思所以報
中原文物將爲胡羯腥膻百萬蒼生將爲被髮左
衽矣相與痛哭之聲不絶於道路雖逆虜知之安於枕

息不肯處岳岳武穆奮臂請纓乃與五百將武穆於
卑鍛鍊以待時刻氏一家以燕京來晝夜無痛希望
將書息至行子到門曰自燕京來路尚遠也仍歿一
也曰云云乃知其死呼天痛哭悔不忍作崔夫人以劉
氏秘不發喪收不敢詳知歲月乃覺廢食飢痛劉氏盡
誠救之意不起乃絕也歿洞仙仙之披其書曰尚不作知
乎有此昊天罔極之喜遙想一体之情作送痛哭之候
我從老子三山藏食無一自成別十年于茲篤念遠遊之
子久積空閨之恩王孫諸恨年年草碧時郎子何無
哀哀也如之節秀然舊也落梅之曲別怨長也楊柳
之詞天降喪乱悼顛沛之人生地無荊棘嘆落杏花之

洄命

風露已晞於待日凄乾沙之骸骨痛塞荊之魂魄不能
於於原隰但相泣於中庭何況禍不單行災忽并至乎是
既已生此纏殯盡哭子哀痛之深乃委命況痛之攻擊擗
擗踊捶心而瞻仰叩地呼天奉母扁而莫逞口揆根圈
蒼存作澤手持刀之出向誰前朝尚楚雲之室入日常
燕天之月烏鳶萃於關塞想像乃之無作風雨晦於海
山欲招魂等以行出負骨而歸經訴哭子而行家設
几筵非無宗主況有豺狼遍塞道路一向延行五內分崩
欲決未死偷生苟延適以戕同慈閨非閑更以家慟
姜已命覽且將讀不覺失聲竹心轉錯無措無
其母痛甚呼之十分扶護俄而聲息熟其母之手足

何以得生乎生不得相從死可得從今當共遊於地下矣然
作哭辭既又解之曰向者黃帽之言當有其終況彼燕京
訃音未易到也此等乃或出於中人之訐耶然未可詳也
顧有劉氏甚義同不可不往見加以夫人之表固當赴
哭矣乃請暇於安將將有意者物行之資以車馬洞公
附之以終天痛哭奔遑趨哭之不暇寧然後駕而行旁乃
謝而徒步及至劉家徑哭於柩前而四拜致辭曰杭之畢
妾楚臺雪有恩義者敢此來哭竊惟燕京一晝已易盡
於何地適以慈闈思慮之深未無輕信之失哉今子孫羅
此終天之痛嗟何及矣伏願尊靈禪然乎安無復隱
痛於冥冥之中劉氏在傍哭仍發私懇物及燕京之事

乃先敘曰此許心腸前書略陳之今幸相逢悲喜增新嗟
我洞仙夫子宿愛曾不識面已各知心彼此君書與我一般意
之字也幾箇男女惟我二人逢此百日之言之何盡所之口舌
須惟方寸之中積已久矣不言之方腸已腐矣待後其衷孰
從而洞之欲過其詳孰從而聽之今見娘子如得蒼天萬里
之面山谿外相思之恐天涯永訣之情思而復思說之復說只
增悲懷無以為懷也即惟洞娘退感於天之恩遠避棠堂室
之義承升奉英[illegible]經險阻千里跋涉以到於此豈九敦素
之義絕綢之鄙有以[illegible]金石踪水火哉可與共赴決場好
收骸骨[illegible]將寬事之既[illegible]辛[illegible]哀息平[illegible]而
痛之言妾之罪多矣言[illegible]悚窮以肺肝之壞[illegible]

之咎矣奈以小人之質引結君子之歷今見繼日沉湎踰月不可然也及遭亂離恨其何敢欲詳存沒連璧致有使淵趨庭之禮萬廢在御之琴今馳冒矢石出沒烟塵二膺消也節未勤於利貞身負其瘦小有目強暴自忘謙讓之係廢於斯作矣全人之棄國鈇鑕冤來玉節辭壇佩劍委任豺狼之弱肉羈絕域之遊魂至莫返伊誰之咎蓋思禍亂之根同何敢怨尤於天人是則三是絞也罪忘三從敢來一拜雖有一悃穿心無顏厚乎而今以後所可盡心而致力者不過收骸於白草之間成桃於青松之下哭以盡其哀祭以謁其誠使九原不瞑之魂得以翱翔於萬歲山樹之哉然後下從於黃泉之中以贖其罪足矣然奈無高[illegible]

命洞

萬歸凡人莫不為之流涕時龔夫人有日矣仙佑室盖
之比至卒年極其識致左右覲者皆謂之知来處自杭
州及文悅其還仙既久矣安琦乃廖送其母使之劫効
曾知世真如世吾世乃留吾之祁之猿門之右可哭猿世玉
并之形可哭流世至於吾世無不可亂世雖有荊門之全
吳蜀之昂積而無嚴處此劉氏之本宅有繼母在
堂繼母之亡族有鰥夫軋劉氏甚良乃邀遊劉來歡
秦其志劉氏既撩如玉極以服夫来閱其意雖寢尚有
轉環之說其孰不之歡還而門則誘以好言宰不許還
劉乃謂不祥在途事出窺見則遠有死而已死亦不祥
將欲潛納西門則必有樓還層之槃寄邁抗一為詞

仙以同死生可也並未詳問仙尚不改初心意否乃書批之曰
吾父母憐我青娥將命再適事在不免將於某日適於
某人未知阿娘獨何為也仙未信之猶且答之曰書有云
事極可賀妾亦自作業之後死不欲終守初心惟卑
賤之故為人不奪今已許矣村中安將軍是也曰劉氏
釋指曰既識其意彼亦安心釋我愧恥否則豈不謂阿
仙子觀於此也益知其可愛者也遂亦幸於秋銀潛脫
仍行安琦每招阿仙轉環益急仙不堪其苦謂其母
曰吾寧死不矣今加此弊不可獲專吾即決矣毋其千
歲乃作一書之周生絹裹于粉箱瘞于墻底祝曰生
亦死為死亡吞聲皇天有知鬼神默祐其令君子滴

洞公

矣毋笑曰人爲〻耶從天台〻耶從地細〻聽可悉吾
女何不適吻安穩中而虐之乃大怒責其以上之等曰
懿〻乃棺是日加於架上而彈琴自鳴成曲和氣藹越爾
咸異〻之翌日晡時有二女到門乃劉氏及秋銀也仲仙
既死經入樹棺長情曰吾以不便於家將欲急報於
此露宿風餐艱関覔至專恃娘子義同一家前後
酸寒〻之味處可甚吐早晩原濕〻求曾有其約豈意
今日〻花美物却令千里孤蹤栖恨而來長情悲慟〻
亦何依其死而已乃以手撞棺哭〻至夜兩掌盡破
淚下如雨淚與掌血混洒成流是夜隙於棺忽目開
珮玉錚拉驚顧視之則不懿〻其背畫無有即見〻

顔鮮明綵眼煇煌急祿於劉氏弟曰汝不知小君夫
人行當到於此適以路遠之故不能徑還致令侯之輩
勿見失劉氏及其母驚怪尚之乃曰昔中夫子之訃
思欲從相於泉下先至九天緣入十地無處不探訖無云
見乃謁萬歲山下神々曰吾乃杭府上客西門勳之祖也
豈不知所在也問其語入矣上客方在燕獄曾不死矣於
是日至燕京得見上客神凝愁色顔滿於華見妾甚
喜先覓舊韻妾乃按瑟而鼓衍々而樂夫子謂言故
之々小君當到爾家乃辭而還道路遙遠致令小君到
則聞條遇加悲傷妾之失也仍命撤筵別供饌味遇劉
氏甚厚由是得知上客之生存悲歡交極上客在燕京

人行當到於此遙山路遠之故不能徑還致令候之幸
勿見失劉氏及其母驚怪問之乃曰昔中夫子之言
思欲從相於泉下先至九天繡入十地無處不探終無
見乃謁萬歲山下神〻曰吾乃杭府上客西門勳之祖也
豈不知所在世間公語入矣上客方在燕獄曾不死矣於
是回至燕京得見上客神凝愁色淵(顏)於華見妾甚
喜光覓見舊韻妾乃援琴而鼓行〻而樂夫子謂妾曰啟
之〻小君當到爾家乃辭而還道路遙遠致令小君到
則聞條過加慰妾之失也仍命撤筵別備饌味以遺劉
氏甚厚由是得知上客之生存悲歡交極上客在燕京
十餘年乃不得南音而愁悶獨日至蕭索一夕忽逢洞

況且言等寞極月但恐一天尙有相思之夢雲迷極浦
定結此生之恨在彼背以是生此前夢行行露濕衣裳
難切於風夜漢水清佩辭有託於橘柚宮中桐葉不題
詩句之相思而永矣蘇蕙之庭鶴有辭終得歸來之白璧
鴻傳信難見卜告之書淚和瀛海之波哭斷燕天之月
蝴蝶驚萬里之魂一夢杜鵑訴三更之哀怨斜風細雨咽
山陽之隨辭落日寒雲鎖蒼梧之秋色十年是空怨入
三生百歲同歸許定一死況今石壽龍之再甲未解虜
宋玉之貪憐無窮雖齊兒於濁世巷而懷之黃泉青
陵臺上烏鵲徐兒綠珠樓邊花葉紛飄閑粧吞塵
玉之鏡梅纓金日夢中之雲生無爲死亦天地辭皇天有

此以其彰明之質較著之靈有以諒之者然有夢如是其
生其死寧亦難測心神戕感惜悟切洞公豈劉氏同
處每常自抑勉加食飲為劉氏也偶攀墻底而埋寃死
本章其書曰一別千里落落無期十生九死轉月經年
太息流涕痛哭無以時事之多艱征愁鬱悒悵歎
專為我悵悵之思阻塞烔鬱骨疾病乘時癘霧凝膚死
亡無日悍浮生之寧歎夙緣之奇投豈忘狼子尚托餘
情重尋舊譽約經越海山備嘗艱險賁世來斯亦既勞
止黃沙積骸裡回紫陌之春光青海城頭隱朱欄之花影收
秦鮮於隴樹萬恨俱灰撤楚吟於巴陵兩情何似待消
羅無聊一笑双聲抱衾來有意再致千金既合半鏡

洞公

無錫百朋雖死之日乃生之年也俄然一去會當再逢詳
其手迹詞意乃之客書也仙覽見之琴酒書札等事恍如
前所見得非兩處魂夢之所交感耶輒加悲傷時金國
聞岳武穆鍊習之機大怒先檄抗致其師安倚被縲
而往營一空矣仙乃與小君謀曰今時事有如奕棋
方來禍福未可占也既知夫子尚存於彼可以趁即蹤尋
一接見顏色平生之幸也不然異日所希望者沙場白骨而
已今當冒險然危天地默佑則得遂本意如其不幸是
葬鋒穴之內矣夫以有限之生長存剝難之中歲月幾何
無如窮張遁逃路乎何可待時延佇坐致後悔乎小君
深然之遂以資粧室諏日作行秋銀小奚皆從詞仙與

尒洞

之不已乃曰吾家妻妾相與來此獄律如許不得相見
是以想之又問何以知其的來耶曰吾小女人則溫潤
栗於良玉之質小姪子則細密燦於貝錦之文也此外
敎五常以通五行之之之以和五音之之之以爲五味炊飯
必看五音之味割肉必以方正取菜必用寸分尚
來不對一行此樣自執其手不可到也具言且泣人不
忍見仙謂小君曰吾果來此之意夫子想已知之矣
小君曰吾不意至於此也小眞求曰敢問何故也仙曰吾但
始饋之飯無退味是以看其性也再饋之飯食不及
半是心之動也至於三則開味而已斯豈非覺悟也
感之於耶遂相與握泣嗚咽於然其見疑常自抑

矣一夕相告曰從此以來甚莫傳一面律令如此前時
然而施奈何秋銀曰猶勝於萬里之外毋用煩惱
當有亂終小兵曰昔日岳武穆將兵入汴云金人
果敗此是天之福也互相酬答盡亦已將及半
夜遂遠有傳導之聲自遠而近人馬喧騰炬火內
城驚起視之已有甲兵從獄四面圍之如鐵又於
獄門外盛設高坐威儀甚嚴人莫知其由俄起
傳呼人爲使之生等皆詳爲至坐候之昧爽有奉
邀者先來仍問答曰軍在路將欲來到待天明將有
事矣翁曰聞言之甚爲危我無事於世者乃附耳
曰岳武穆將兵五百入汴大戰金兵一萬百小軍大敗於

時餞客滿堂酒樂畢張悲歎一辭玉旅交下出門三
顧四隣痛哭乃取間路而行第十四日至一客忽逢張弟
夫喜甚告以情事張曰吾亦被虜善為被竟乃從之校
之以一官留守是境則西河之館也今見小君夫人及娘
子出於虜未度支不覺驚喜若接吾寡兄矣然弟
里長程想已勞矣不可調攝數日耶乃要入其館別
定一室使之安歇極其供具仙等以為無矣張之同
僚有相好捷蓋者乃人傑也張自亂後相結為契相
與議極直問仙捷蓋什言顧接天下韻事是之色也
張曰有何新聞至夕送人於問仙曰適有薄具歡與[illegible]
沃其背未吾仙感而即到餞中閨者趍進曰[illegible]好矣

公洞

仕门張謂仙曰彼豈我契學何嫌之有遂令許入與進
張自擧盃以侑仙仙拜受之酌大不能辛欲退而小吉星
次及於盃盃欲且揖曰小娘子處豈特賜之仙拜而不
受曰適以張丈丈委召故惶感而來本非為飲乃去
捷盃囑張挽留張曰未可也豈如金石較如而相窒未
可與相續但見面足矣盃起立曰大丈夫不得此天下
之之業物也甞朝仙請行張曰前日所經適有閒遇被得
無假擾自此以北地得給不得到蓬地錯得不得是迺擇
吾箇生得以蓬之侍侍而何問仙一行相與屏盃曰此行若
不張丈只為尋行是夕行穩頓痺睡忽仰馳突聲
甚急火光如晝衆驚覺見一武夫驟入拿問仙之手

上曰是汝手中物也吾將安用哉乃出其袂挽者其掌
着顆傷入欲去不得疾痛甚劇急行知者問之有一
卒曰此處膿以結未易治之藥於是流川水後入之面
多不過百日可去挂者不得已從之以金仙石以割去
痛甚自分必死小真秋銀直抵此吏君曰吾家粮
丐一向以天識困倚極不有一縷之命遂作萬里之行日
洞出則隱伏於山谷昏夜乃徑出於屈曲磴磴斜斜間輾
命殘至此亦為勞矣天涯絕域行矣故知嶺外鄉應
以依賴何幸中道奄見令公曾是惻悵之心反有隱陷
之味且一盃之酒引強暴之寇使之目成許其詐
被但厚近於身又有痛傷手手奄殘喘殆莫能

救脹之不牽則必等先食命之公〻內於後脹主猿〻
袁乃大驚痛哭小君亦不勝痛切讓使君〻雖於
自己不顧為任懶愧悉進于夫人前極秘此泯乃求藥
治〻或指一年即治撻無者之年曰治〻不難乃燒
斧者裂水和以鼈莧丹塗之翌日乃痊遂遊籍張史
君以資得達于慈其俗四訓士年一墮馬者使令
古家饋獄一人五日多積南人被縲者為後相繼
已至五千餘人饋者生〻多未及其數常惠及人至
者頗甚悶仙一行經撫川西之館自稱乞人將欲
儒鉄仍問於諸鉄者得抗衬上客不勞人請代之其
人甚慕上客在慈年久南意漢氏想集〻情久之念

小大驚失措言不能出哭不能聲落莫蒼黃之際
東方已明矣已有大將在左命尼獄囚隨出隨斬之
而已南人覺其不免乃作竿推出去續首尾門樓盡頹
垣墻皆破持劍行討者與國兵合擊亂斬須臾盡之
尸積川中水盡無矣郭倖盡捲而南城一空矣仙以指
出現之而見酷矣臨川退坐但有長吁一聲若無思慮
之人有頃援入水中水無太深處小莫不力救之令不得
仙洞
死矣小兒令二娘尋尸伏叟乃携仙入閣曰某日晝
去矣日方來吾亦若棄夜入水以從夫子亦云可矣仙
曰夢吾許世言未已二娘在門既睡其穢頃刻不離斫
意而魂乃定於二娘因意之空矣仙無措然如若懸

汝安乎是不快亦好好惱去善壽生我者業天年命
何以厚我世小真曰昔者何故不追收骸令乃如此是兩
棄之也小爲曰爾言雖似但此流連既無異是以天寒
爲之寧無死子同葬乎魚腹中便知秋鶴曰此地多
有個人遺此二物可得其遺其外無外領得之物一言
論設之定相特而出沒川上下皆做哭聲水面多鳴血
見手掌從水上浮下便至積尸傍穿入其中著韓口
尸手一如生人矣仙起而覩之有春金指環一隻高著其
無名指仙大異之試以何能臂頭垂垂向之則其掌亦
之自合寬然如田矣不釋尸手相持不能割斷小爲無二
杯同力並其尸擁出乃無寬也手指相離以水洗血刹

萬千不可差化仙曰此是危急存亡之時不可久稽

此類意將行李工害曰諾乃集行乞者數百餘人結曰崇

稱將落錢蹈之座若意其生涯所吾指令曰諾此後謂

以府中翻其守吏盡是其飲乃得數十騎及可翻旗鼓

布帛之属鬻姻而衣之設行伍召第之以落佇石似

守城副將伴召赴敵者矣直路生風行人辟易不敢對

至綏州乃脫其伏者至杭城主無敵驚並轉作訌其日家

仙亦初散至于今十有一月自上帝入燕獄之時則已

十二年矣仙曰不幸驕卒不可生也請傾家產並

行貲至大夫人廟以略行乳轉入深處可世世命

桃源山隱在滄海中里許可避其卿上帝遂傲其

洞仙傳

言樓一家即爲僊人所從者百餘人至僊每頭則杳
闊善峰水天一色望是翠嵐搖曳高入雲中如之儀有
小舡千餘艘蘂流之下其形甚震容可乘一人間仙欲
所乘各乘一舡其條從者皆是旋服不可備其舟
隨風自行不日既備乃見所藥舍之樓行於外其
山山高插天其國方里上有千歲松紅紫推積鬱
之有餘下有翠雲所匯蜜成屋居之松柏海深居
良無骨雨寒風秋之日雲散月白之夜遙而琴韻
清亮無聲寬凱以而在海山微花之中至今不絶
云云豈非間仙之奇觀
夢遊達川錄

其中衆寇陣濱折出視之不模道乃湖西歷行列邑
引達于忠州寇裡光陰忽漫三月東風吹暖達水清
陽暴骨白草芳又青九載之間戰場之古野鼠山
裡見日〻僵伏飢烏啼鳶向人〻叫噪驕倭獲點
想爲將良家之遺大閱之兵或引全軍〻自遷或被
石壤之催點腰引矢羽旌搏全藏利兇之不戰
憤主將之死策東手而過敵延頸而受刃痛志飲恨
達浪死之魂為少虫為猿鶴者不知其幾千萬人憤氣
鏃川上結陣雲昏黑冤鋒下迴大川鳴咽傷心慘目有如是
夫因悲吟惻慨作詩作詩三篇其絕曰古場芳草幾
田數為恨重閨夢裡人風雨實食髓骨

碧落又殘春其律曰鳥啼花盡落禽棲處日少歸路欲
迷懷得分寸靈脈々忽看芳草又萋々鐵衣填水苔
灘咽朽骨撑鄉月岳低雁使於軍前亂早梅叢軍
馬浪征西其詩曰東從嶺南鳥嶺中原將校青丘勝
祖教雲集陣平郊中道於軍夜有令北背水爲陣
來萬手誰云謂人千載後不知鑾輿幸巴蜀爲傷溪
邊骨已朽々々不惜最恨吾君費衣食憑河來
隻匹夫易堪笑人稱萬人敵復命未發出宰衣出官
閑牒練校覽遍邊城月出盡閱鈴禁清夜未
央倚枕思睡怳忽々間有一大蝴蝶栩々從直到引而前
去越鳥嶺山川奄抵一處雲烟常帶石溪嗚咽花意定

而至萬夫喧譁衝遁而闖坡潭子凝精佇立毛髮
盡束隱避林藪之中覘其所為追逐叫呼董辨
其形或無頭者或斷右臂左臂者或刖左足右足
者或腰存而無脚者或脚存而無腰者或脹腹而
蹣跚者蓋溺水死者也被髮滿面腥血相射四支殘
酷慘不忍見叫天一聲擗踊痛哭山岳動搖流水亦
駐既而雲散月高萬籟寂然白露為霜蒹葭蒼蒼
達川
寒更寥闃廣野如練諸鬼拭淚而言曰天崩地拆此
怨無已月白風清如此良夜何可徵一場話以永今
夕諸鬼各聲歌曰生兮不用死且何為生我者父母死
我者惟保寄恩深公家事急丈夫有一死固不

乏惜歎將軍之易言兮胡爲此極歎竟見諸鬼接時
而坐相與語曰高堂白髮甘旨誰供小閣紅顏怨淚
空多將信將疑既見鞍馬之還靡家靡室之煩紙
殘之招言念及此能不鬱悒中有一鬼微哂曰何用屑之
也此間無乃有世容窮德者歟坡潭子料其知趣謂
翼然諸鬼起而長揖曰子豈非伊昔過此者耶有詩
留贈吾軍謹領之其詩無律深得諷刺而絕句悽切
使人不能自讀其所謂泣鬼神者也今久何久幸見君
子往事如雲陳不可憑其中有一二可言者寄與吾
子以傳世上不勝幸甚乃自叙曰將者三軍之司命
兵者一人之制用爲非賢覺者必也積事中原飛騰案、

刋木作寨列石爲車則壯軍容苻堅先渡以逸待勞
將士高枕爲主制賓勝敗如局諸亭中公計不出此
挾其嚴威愎於自用金谷之事之請豈無接亭李巡
遼之言良有理也不入耳自欲決於膺蓋其言雖
船之賊難步如鵝鴨陪通之敵無策若大冢平郊
出野可以摶滅於一麾高山峻嶺爲用把截於二路
遂退陣于彈琴臺上遣哨探于龍湫水上之合擊
鼓五衛合枚無故驚軍者斬孫子之制兵置之死
地爲後生韓信之出奇計膠柱鼓瑟必守株窺兔孝
元之誅安敏之吻宗爲世之健兒爲血壯士爲魚天
何快哉尤可笑者凝霜大劍耀日長鎗指揮內

爍鐐羅而呼怒乃破帳戟易序鳴鼓偃旗臺臺拜
之形雲擾空散趡趡洸洸之士狼顧暴拱迸叉超闕挾
輈之勇蹶張授角之力空把慷慨之之殘腥膻而附之
事尚且言哉有善哉之於是為戟之年矣但戰屬
可折以不世之才建不世之功者於此人何誅言未訖快
此時淚如雨既而累累然一丈夫蒿色遍野從首細
趑趄其足囁嚅其口作揖而告曰死人之子實爲人之
妻孥義乎爲全軀有罪今日之事烏可不雜僕卒
於種係出侯門氣從食牛性好馳馬精三歲之戒學于
爲人之敵一枝攀桂仍負拂橋之魁百步穿楊家孝
抗習之兵諸是知於朋主隱家見不过帥當以故春蛙

牧之名馬之駿者所以徵郭至住高者猶騁乎淵澠之
間金鼙在腰出入於兩明之間玉壺未和汝過老一起烽
火三月於是推轂之命以決畢草之志楊前之恩
識蕩天頗闊外之將將惡在金於膺在目中高遜亭
上而期祀習而撻甲不語開門而引賊自用則小兒古人
之訓輕易言必敗同馬服之子豈人謀之不臧抑天意之莫
祐急蠢未編蠆毒先吹勢渙援北山衣勝地形雖
便人饒蹈東海而死大事已去嗚呼昌及余獨何臨逢
將七尺之身忍投筆文之流驚濤駭浪泛濫澎湃而欲
洗先帝清廟之臘咽悲呼而事訴余臨時或靈悶
濱日月印潭而魂魄而塵託影庚庚而猖帝疣陰曦

忽攢柳未開避逃吾君得數心腹噲項羽以拔山盖力
蓋世之才百戰百勝而竟敗於垓城諸葛抱臥龍之才
兼人之勇五出五還竟敎於祈山是天棄者之人昌始
當誰怨誰尤彼蒼悠悠無窮淚沸不自弛抑鬱有
甚顧一人揚眉睜目顧謂申公曰甑已破矣事既
往矣成敗有數是非已定更何足縷縷今夜有約諸君且
至適值方外客來在這裡延之上座請觀吾軍之衆可
乎坐未既車馬駢闐之聲四面雲集或張旗擁旄劍戟
森森或佩符印衣冠楚楚呵前導後擁抵堂上白面書生
紅顏武夫逡巡揖讓升降主席忽焉檣櫓簇簇伊軋川
洛雲帆花風軸轤千里逶迤縈纜于蘆洲有大將軍擁黃幍

東萊也次金從事也次倡義也次趙提督次金淮陽也
右座之第二黃兵使也次崔兵使也次金晉州也次劉水
使也次尹判也次李水使也次李僉使也次鄭萬户也南
行之座沈監司也次鄭同知也次申兵使也次尹判事也
次朴㮨理也次李佐郎也次高臨陂也次高正字也下座僧
將也金從事告諸座上曰有俗客在此可邀而致之僉曰諾
然後坡子亦占末席座既定金盤綺饌羅列左右哀絲豪
竹雜踏上下樂未央將軍呼鄭萬户者曰爾椎牛殺馬投醪
飲河與衆同樂可乎乃援桴鼓之聲動天地諸鬼趍蹌踴躍
色嗥使氣左座第一首高僉知進曰今者樂則樂矣嘉賓
在坐盛會難再盡退諸卒各言其志將軍即命撞錚而

揮之麾下三星未傾玉兎當空群動收拜樹叢斜令衛
士酌金荷葉盃巡以數春生几席和氣藹然左則把筆右
則吟詩弾劍作歌不平之鳴自下上而高歪字乃進曰以羽林
之孤兒抱終天之極痛恐大子於虎口忌隼翼之鷃披泣
血枕戈刻骨圖報舍生取義之徒如霰斯集関與張芭
之捷指日而待竟投肉於虎口未遂願於瞋目遂吟曰風雨
年年過沙場骨已朽平生報仇志一寸未成灰高臨坡又
進曰不難膝下叨陪陣中奉甘旨於朝夕定省於晨昏悍
士不利翁兒同死丕府之奴斷一臂而難求卞壺之妻
哭二子而何慚骸骨相撐魂魄共遊遂吟曰地下三綱
重人間萬事虛尚堪隨杖屨行色問何如李佐郎又

可笑二枚之橘投兄寃魂足憐悲恢之情曷有極其遂
吟曰身佐淸油幕胡窺細柳營雲忽顚倒豺虎已縱
橫劍碧萇弘血花紅杜宇群無人收白骨芳草遍郊生
朴樸理進曰年才二九名冠三千金鞍玉堂一蹴翺翔
御爐香烟三接從容榮寵既溢殃禍且至誰知暫足辭於
龍墀奄致全投於虎口走馬之才府尚佼固拯人活之命皇天
何恃家鄉杳然形影悽悽遂吟曰白面人中少紅蓮幕裏
達川
開榮華誰籍甚天命已焉哉路遠魂何托年深骨已灰月
明靑鎖闈夜夜鮫來尹判事又進曰簪纓之族從列之臣
時不當而命窮天不順而事誤師援於多士終阨於亂兵當
萱椿老於庭闈而音耗隔絶山高水長於湖嶠而道路㒵遠

遂明月而還家託悲風而號樹遂吟曰某弧少不習陣馬怒
難騎殘命何多殉浮名早被欺天昏望雲處 日暮倚閭時
寂寞孤魂在空山哭子槻申兵使又進曰早中武選粗諳兵
書超籍西鈴典鎮北門值時運之蹇屯痛鑾轝之播越
率甲胄而逾彼鐵嶺會元帥而陣于臨津欲雪恥於国家
無報怨於兄讎催兵渡水暴虎馮河士馬皆血雖悔曷追
乃歌曰江之水兮悠々竟一去兮不復還風蕭々兮吹岸陰
雲蔽天兮白日寒誰無兄弟兮狒何孔慘於吾門江魚
之腹兮葬余之骨歲久年深不匹者存鄭同知又進曰
少習詩書不學軍旅韋摘科第久縻爵祿任價相於戎馬
位登各於貂蟬禍過災生恩深死輕魂墜於矢石之間

弓刀沈監司又進受命賊藪之裡莅任板蕩之餘宗
社既墟望辰安而痛心兵力未振據畿甸而鳩卒衣不暇
於解帶志空篤於報国朔寧之喪師敗雖無知鍾街之衰
首購輦有子死得其所餘復何言遂吟曰碧岩山深處掩官
扉候騎中宵去不敢覘散劍鋒鵝鸛盡曉天寥落月斜輝鄭
萬戶晉曰滿腔哀悰其何益乃起舞歌落帆之曲曰念国家者之
急嗟列群之無勇生与將軍同死事与將軍同所卿天無
達川
怍俯地何愧志氣額達格調悲壯其歌曰檣百尺兮大帆
如雲碧石海茫茫兮波不生紋左釜山兮右馬島瞋醉歸兮
微醺醺身先死兮志未售噓壯氣兮于雲端丈夫不可以
瓚瓚兮何用悲乎一彈九李僉使又進曰雖非百夫之特自

許一介之忠疏勤守城報耿恭之都尉志(赤壁)碎焚舟邊程普之
(擬)右督若戟之紫髯久臨何隈(何魁)如林之青雀抱驪手中要劍對
馬而填海豈意搏鵬之擢翮魂兒盡閣恨塞滄溟遂吟曰
大海深如許孤身死有餘壯心酬未了鯨浪碧磨虛李水
使乃起而晉曰一心為國事既已矣往不可追今何足說願為
諸大人戲謔可乎鞠長腰嚙老拳為掩櫓之狀醉唱其歌曰
斗柄將落兮潮水欲上長身楚魯兮舟可以放王事靡盬
兮將軍令叫扶桑咫尺兮且掛長帆申判尹晉曰賤子之懷既
陳梗槩耳遂吟曰國中名譽早身清是(歟)非多一敗還
閱數悽然梅劍歌劉水使又進曰英雄非惜死惜其浪也
良乎下吏速貴其忠也緬當日之有人豈老夫之多怯驗迫

江遂迎吟曰背水羸兵回搏怒浪一人無策萬人亡山河細草
年年綠唯有行人指戰場金晉州進曰才術恭天具粗全
城之績褒榮逾分感激指軀虜騎之窟暫頓於肝[胎]子許之
勢復合於汴陽羅雀掘鼠計窮殺馬折骸易子竟息
牽羊志益專於三板身忽顛於一九殊遲未答壯旅難紓
乃歌曰樓之石兮直矗矗下有長江兮瀉寒碧石壯士又圍
兮腥塵黑炮聲振天兮如裂使泰山兮鴻毛血染兮戰炮
達川
把溯兮天高長風驕起兮怒號李兵使又進曰嘗賊鋒大
越於雲峯伊大將狮守於常方揮我兵而列陣坐觀泂国
家之恥單騎直赴管下唯三十餘人城外則百萬其數九
攻雖却一陷何酷危悰莫洩積冤同府西遂吟曰蛟龍孤城

殘雲斷烏鵲橋過落寞照白骨叢中多歲月壯夫華
髮夢衝冠黃兵使又進曰微軀不足以用孤堪倚以爲
重風氣威於萬旗兩貽祆於一隅彈纔中額賊紛上城天
巨非戰罪死將奈何繩斷有其處人孰咎我飲輟登陴之血囊
訖出陣之瘡遂作築城之歌曰淫雨連旬未頭生耳古城崔
嵬兮崇極而圮萬杵馮馮兮勗哉與士賊紛攀登兮吾屠
且死金淮陽又進曰右座皆壯也豎依其績乎淮陽崎嶇山
素稱三畫老夫以蒼黃未團一旅雖知守土而不迯頻幸
據床而自威手持印綬血漬朝衣遂吟曰淮陽磔磔兮淮水
滑滑兮孤冤躑躅事与心乖萬古長夜知我者誰溫序有
覡我性從之趙提督又進曰粗朋識見潮象狂癡燭囪首款

鋒上臺之呼答動天乘勝取敗錦群之肝腦塗地 男兒不屈
義死如歸遂曰孔曰成仁孟曰取義讀聖賢書所學何事風
疾草勁主辱身死傳檄雲雷誓心天地歷募三千趙趙之
士每回言必大捷威振列鎮輕敵錦山竟值虜志日居月諸朽骨
叢裡魂尚恨恨為國之恥金倡義又進遇曰適遇丁蛇豕之毒毋踩躪金湯
不量蚊蝱之力糾取義旅草野閑居敢云柱石之不知江都形便奈
景仙之先據久覘漢陽之虛從未掃蕩往守普山之日宗有深慮天
違
川不助嘆半終難救空餘落落之恨渾遂愁愁之鬼遂吟
曰昏鴉啟散月怯城樓觀荒墟宿草平惟有竹林
摧不盡每年風雨尹齊生金從事又吾曰文
竊西海之聲力挽六鈞之弓卓犖平生不拘小

節龍灣之犯案獨解邦憲拷獄之囚坐韜齋策茶
承霈雷不憚赴難覘視醜類之跳梁剋期勦
滅莫救元戎之敗衂厥罪猶均遂吟曰彈琴臺邊
淺灘鳴時為孤臣作不平憶得誤徧陶幕府
幾回虛說左車兵於邊骨朽丹心在地下魂單
白日朋宜向圖扉題淚鏡沙場暴露之恩榮宋
東萊又晋曰身摩京海餘聲息迴過烽變出自昇平
之後人或蒼[illegible]間九十之間更誰与[illegible]連師已遒謂我豈何城
門可閉泰山島卵之勢已料其敗義重鬼輕之字
墨寄于家罷言彼羯奴寧饒昊鄉之舌春蠶茲島夷
鮮封王蠋之墓歆忠者國何愛乎身遂吟曰分

達川

碧海虛千里孫魂歸不得古城風雨獨躊躇任南原又進曰適遭當危時誤蒙寵擢所授南原形勝寔是東國喉舌共天兵而勠力擬江淮之堡障雲梯辭舞月暈漸重慨軍孫而力弱慘援絶而鼓沉封疆失守而自蹈兵刃士臣則當死楊完力戰而難保首領主法則有憾遂吟曰貔貅一隊下天閑橫截龍城意氣閑猛氣直衝將何去孫魂只遂片雲還金原州又進曰以百步之殘州當數萬之勁敵既不能臨機制變又不忍修齊誦經退保雉岳尚帶魚章謂山險而難攻奄土崩而易敗孫城血肉擧室刀鎗老夫恩感萬死妻子死何一時遂吟曰雉岳山中三里

城白頭朱綬保殘兵無端一化妖鋒血唯有雍溪日夜
鳴雀兵使又進曰身不滿晏嬰之七尺心則雄謫仙
之萬夫盟定動乾坤風掣旌旗迴天晴鼓角喧譟
輕犯敵看劍重酬恩寂寞千載怨潘安京二子魂古
塲春盈後苔碧生痕將軍乃愀然蹙眉顧謂左右
人命有死天不可恃既聽君等之言亦告余懷之悲
生太平未效小勞解竹符而登壇深辱聖明之知值
卉服之越海自分一死輕之聚師而攢截罝湖路於眞
截罝湖~~路於~~眞居火賊舡三百餘艘勢莫能當擁寒
島五六其年雷虜不敢窺將忽易於臨陣勇竟虧於
爲山殘兵單舸尋受於敗軍之際維櫓下帆七捸於急

藤 一枕安六年桑海動波瀾雲晴馬島彈丸小霜肅
門尺釼寒誓指山河心已許恩深天地報還難出師
未捷身先死留與英雄淚不乾吟竟有僧將俯伏而進言
本出緇髡之徒幸賦忠勇之性脫僧衣而著鐵衣頓忘
六戒提法鼓而作戰鼓思效七縱轉鬪兇鋒深入賊窟
返獲有死之榮終免無君之誚遂吟曰孑孑孤魂去不來
亂青丘氣薦崔嵬人間莫道輪回說一鎖泉臺恐未
達川 開將軍歎然曰此僧也人其人也亦足以張吾群虜歌之和
屬諸坡潭子郎一揮而就曰今夕何夕歲云徂古今霜
月連平地精忠報國大將軍夜會賓客全堂之陽義氣撑
空釼戟寒轅門此樂人間無日休全中好男兒霽脊峯

襟期氷[illegible]壺城雄岳老太守帶方任君依壯畫東萊
松栢後凋姿從事雄奇龍鳳雛堂堂大義孰先倡名[illegible]
湖南聲價殊提督元帥慷慨士淮陽自是書生活三舌
登壇李氏子陵有黃公眞丈夫金侯血渾堡障身劉師
霜鬢憂国鬚頒司空恩寵涵天地水伯威名動舳艫
英豪誰似李僉使萬戶膽略非常廣容儀端重沈方伯
氣岸軒昂鄭中樞南關鎖鑰小元帥判事風流君子儒仚
籍曾編玉署名星宮鳳佐金華模高家難弟玉伴鸞鳥翔
梵宮灵登如鶴躍千年此會知難再萬古芳名自不孤坡
潭之子何幸耳綠酒金樽同一醉把筆吟詩紀盛事詩成滿
紙揮明珠書呈左右擊節而嘆息曰文辭淸健意氣激

以衛宗侮吾等已矣子其勉之坡潭子起而謝曰願安承
教乃辞而下焉長川之畔有衆鬼拍手而笑問其由盖
譏元統制均也[illegible]其腹喝其口面色如土匍匐而來擯不
能叅倚岸蹲踞長嘯扼腕而已坡潭子乃大噫矣之久伸
而覺乃一夢撫枕思想歷歷可紀以其官爵考其姓名
將軍乃李舜臣也高僉知則敬命崔兵使則慶會金
達川
倡義則千鎰金原州則悌甲任南原則鉉宋東萊
則象兵金從事則汝岉趙提督則憲金淮陽則鍊光
黃兵使則進李兵使則福男金晉州則時敏劉水使則克
良申判尹即砬李水使即億祺李僉使即英男鄭萬戶
即霅沈監司即代山鄭同知即期遠申兵使即硈尹判

事即崔暹朴救理即虎李佐郎即慶會高臨坡即從之
高正字即因厚學
厚學僧將即灵奎也按潭子有志者也若有一人死於国事
則未嘗不為之嗚悒或慕其義或嘉其節或悼其命
歎其積矣夢裡之相逢皆吾平日欽仰者也有是
心故有是之夢也乃作祭文具薄奠登花山之上哭南望
雲俯臨西海招魂而祭之其辭曰維年月日坡潭子採
首陽之薇酌凝之池敢告于二十七人之灵灵其有知余本
書生半世垂帷讀古人書嘐嘐然古之人精忠義節
掩卷而於戲歎來萬古宇宙只得一二男兒以華夏
之盛若是之其小唯我三韓雖稱礼義之邦旧是東夷
臨危不丞急病難攘夷之士二十七其嚴噫嘻神承聖造

碁易將之擧元出於賊謀非誤師期復承敗後以九舡
殘卒大捷碧波亭可勒碑露梁之戰公臨死分付鼓旗
子用其命走生仲達籌策尤奇高霽峯文章
不足以鳴而慷慨起兵戮力扶危委身於賊藪舍
生取義堅確不移觀其募義之檄使人讀之不覺涕泗崔
兵使爲人落落靡所羈者也初聚義旅匪虎而能西關尺
書好爵爾縻終阻晉陽壯氣未施雉岳城崔崑峯
嵂栢天幽宲金使君相地宲占險戲妖鋒一犯勢孤
兵疲闔門疏刃腥血淋漓南原乃湖嶺門戶任侯簡
授而雄大藩雖揚完二千餘騎壯耀軍儀狂寇猖獗
合力而張毒如梟如鴟外絶蚍蜉蟻子之援公獨何為三里

之職一朝癈痍東萊斯文瀟洒出塵之標江海一麾
變出不虞憂勢若千鈞之重引於一孫鈇至鎖慹
神紙臨死十六字觀者哽咽慘切悽其壯哉金從事
也攀桂帶一枝力優四十斤鈇椎磊落平生自比太
過而縲絏非罪釼粒其頤国家有難佐幕於十乘時
運不利人無恨遺偈義之士先據西南要害以振綱維
復過雍丘力戰罷身死名垂提督識見始為之如
奄當玄蘇修好之日恐禍或貼挾筈而持刀吾自伏
青覘西貝策郇匡衆皆謂癡子真癡孫謂癡者
癡耶聞變即起叫義孜孜西原大捷羽檄交馳深入
錦山蹈詐存欺身殲事誤大績一墮金先生可人且朝

一顛數辭奄襄李公當田孤堞已擒殆乎數騎而赴難
不憚其危輕擲千金盖恥為鴆當々乎金使力存晉
山者為誰勳高重報王音曰咨長城忽堆恨不見巡遠之
業恭々丞々也劉公宿將心篤葦裡屍而臨津之戰矢盡
死先待于蕃中公背水之陣恩鴻報崇其懿也固宜而
公千健兒又何隨焉水泊真盲夫之特𠖥使八尺之頎
雲亦壯士也何志氣之不早折伯同樞具以清朝名
蓬川
官翱翔于丹墀受命危難之際捐軀不悔其揆也復兄
之讎言公何汲々而一刻為遅哀哉尹正堂有叩戀驕
省郎官王署論恩同一死於非命未滿一悲高門
挺秀二箇白眉無添爾所生宗秉天㚖僧靈

奎出于髪髡緇顛越王家力欲扶持嗚呼彼蒼者
天其意難窺胡然而生胡速虜之寃氣烈氣
塞于天地之間鬱不得披雷裹雲結風慘惔而吹
不足以怒不足悲也以公等之才處文恬武嬉之
時應變於倉卒以不閑之兵纔未折筆督之
徇國而忘身節義小不虧則其與馮鄧李郭
之同稟姿也倘或公等二三輩天假之數年則
吳薪越膽生聚教訓張吾六師而桑海馬島
鯨鯢蛟鰐慴伏而潛縮不敢掀鬣而振鬐嗚呼死
不復生往者難追在地爲高山大海在天爲北
斗南箕卯彌高步之參准花山哨碧西海之

世有元子虛者慷慨之士也氣宇磊落不容於世屢抱羅隱之寃難堪原憲之貧朝出而耕夕歸而讀長人晝穿壁囊螢無所不至嘗閱史至歷代危亡之運移勢去之際未嘗不掩卷流涕若身處其時欲扶之聖靈其欲己之力不能扶者仲秋之夕披覽夜闌神疲倚榻而睡身忽輕舉飄飄然揚揚若御風而登飄然若羽化之仙也至江岸則長流遠逝群山鄉紛時夜將半星斜俱寂月色如畫波光如練風吹蘆葦露濕楓林慘慘觸目如之何哉不平之氣乃劃然長嘯朗吟一絕曰恨入長江咽不流荻花楓葉冷颼颼分明認是長沙岸湘月雲何處遊仙細

顧眄徬徨忽聞聲音自遠而近至頃莫抵浮沒出
乃有好男兒幘巾野服神情俑秀瀟瀟乎背仙彷彿之態
風采揚揚而曰子吾子當來自何 遲 長吾主李斅邀子君擬
是山精水魅耶恍惚乎其狀見俊儀舉止閑
雅不覺嘻嘻稱善乃肩隨而行一百餘步許有亭宮
之凡乃江上有一人 服飾各有等秩爲所珍五人都是間世之人 洗襴而坐右冠世如王者又有五人 侍側皆服大夫 衣冠
世間之人立帝像貌奇偉神采飄逸拔髮披馬蹄海儀
腹隱擎天年日之義真所謂托六尺之孤寄百里之命
者也見子者望皆出迎子吾不信五人爲禮入謁王
前及坐言曰言以待生定曰跪於席末子當上下幘巾
者何其之五人相次吾居言曰則知不自安王曰鳳

之亂人也後世狐媚取寵者故籍之以爲惑名聖會哉
酒々其辰々敢唾々四天子賊實矣言未竟王正色曰
要爲何言也[illegible]四君之所言何分耳其四君
之君子也四君之時分不可。四(彼)天寧(者)之飛哉殿籍之名
之爲賊也相中女楷首帖口中不不平者佔不已王曰此每
凌處在世不須淘撫使之月的風流以爲笑
乃解錦花除留於江於隨行王乃於是喚明霞
語六人曰卿等各言其志以叙無窮六人曰王當此
瑯路出席々王乃惜然(花色)正襟推窗自擾乃路於江波明
兮長有窮哉恨無兮生之同生不兮意死此欲說新
遂從王帝乃喝曰故國人民盡歸楚籍六七邑同

媿康有托今夕何夕共上江樓談辭月色使我如懷一悲歌
一曲天地悠悠歌罷坐人各詠一絶第一坐(朴彭年)吟曰深恨未
非可托孤國移君辱又捐班今猶何愧天地悔不當年早
自圖第二坐(成三問)吟曰受命先朝荷寵殊臨危肯惜殞微軀
可憐身去名猶在殺身取義成仁父子同第三坐(河緯地)吟曰[illegible]
高爵厚祿優(搖)寵孝狀把採薇苦殊斑一死何須說痛哭
年帝在御第四坐(李塏)吟曰激居自抱猶騰圍湘[illegible]生
見長倫於死絶言忍及[illegible]衛(紛)得之神第五坐(柳誠源)
吟曰憂句白是何死身亭[illegible]杜鵑
寄飛集吳雲草黃泉下帽巾中(俞應孚)乃搔首而悲吟曰擧
目山河異心何新亭楚之囚無力擧撫[illegible]

律係從令乃[illegible]世必當法[illegible]下[illegible]山之一丘[illegible]

[illegible]精衛[illegible]認孰杜鵑能知其[illegible]何[illegible]送江樓也[illegible]

[illegible]闕[illegible]月[illegible]也哉吟於河庭皆悽然泣下[illegible]有不

[illegible]士突入[illegible]男也然人兵易絶倫面如重棗目若朗星文山

之[illegible]仲子之言威風凜然令人起敬乃謂王[illegible]顧謂六

合曰[illegible]不[illegible]成太子也乃拔劍起舞其歌慷慨

舞於[illegible]鍾氏歌曰風蕭[illegible]易水寒[illegible]劍光[illegible]

斗閣牛生全忠孝死此毅魄[illegible]一隅在月[illegible]

而不[illegible]處旅[illegible]未闕月黑雲起雨[illegible]風[illegible]

疾雷一聲皆倏然而散子虛亦驚悟則乃一夢也

子虛之友海月居士聞而嘆之曰大抵自古以來主賢

臣等幸至於顛覆矣今觀其王想必亡矣

主也其六人者亦皆忠義之臣也安言此亦主而亡 如此之臣

其慘酷者乎嗚呼哲叟忠卿可憐

之天哉 不可不憫之不 [illegible] 石可憫哉天哉 [illegible] 祖 [illegible] 社天

直也中 [illegible] 其處 [illegible] 理 [illegible] 荒郊 [illegible] 古廟傾 [illegible] 志士 [illegible] 順

復有四聲曰萬古悲涼意長空一鳥過寒烟鎖銅雀秋草沒章華吐

成臣沖越海日 [illegible] 生林子 [illegible]

唐虞遠矣湯武多月明湘水潮愁聽竹枝聲

皮生覺其夢狀

驪江有皮生者名士達字伯通其姿秀發賦性慷

慨嘗自言曰大丈夫安事一室當周遊歷覽以盡天

下之大觀以助吾之氣以治吾文可也於是友而適唐

路出剎城石室金剛山下白日已暮 [illegible]

金華灵會

野稻黍皆是黄雲之色訪於虛崖覺空入日薄西
山嶺月吐東岳進步路上退而反還徘徊於萬頃之
上彷徨於深谷之中霧懷於巫峽南見鳥於巖
陽夜深三更之後萬籟俱沉群動寂然千峯白雲萬壑烟
霞金波動於九天众星羅於三清生佳杖無處東望西顧莫知其
投止乃少憩岩上神清骨冷不能成寐沉吟良久更前數里則其
花瑤草掩映於前後翠竹蒼松森列於左右清溪綠流之上屡
崖峰之樓金碧巍巍昂見大字扁曰金華寺朱甍綵欄縹緲於
雲漢之際繡戶文窓照耀於牛斗之間山歸然若曾見
光美哉如漢景福真所謂水晶宮也生飢餒頗甚
困臥禪室假寐之時有清蹕之聲自遠而漸近也

頃門外千軍萬騎動地而呼金鼓之聲震天鳴旌旗劍戟羅列于前牙將豹纛紛紜于後甲有四黃金轎次第而行第一轎上隆準龍顔美鬚須髯是漢高帝第二轎上龍鳳之姿天日之表是唐太宗第三轎上虎儀龍表方面大耳是宋高祖第四轎上天威嚴肅神采動人是明太祖也頂朝天冠御絳紗袍金帶玉笏據白玉榻而坐帝唯明帝揖讓而辭曰此榻統一天下之主坐矣寡人則不然上有帝陽主下有列國爪分稱王稱帝者非一二何敢晏然據此乎漢皇微哂曰明帝之言差矣受天明命殲

西面坐漢代謀臣張良陳平蕭何酈食其隨何叔孫通武臣韓
黥布曹參彭越王陵周勃樊噲灌嬰紀信周[illegible]倉君張耳
唐家謀臣魏徵張孫無忌王珪房玄齡杜如晦裴寂劉文靜
褚遂良吳去南封德彝戴胄武臣李靖尉遲敬德李勣陳叔
寶殷開山屈突通薛仁貴宋家謀臣則趙普范質杜鎬王佑
張肩吳雷德讓李昉陶穀宋琪武臣則曹彬石守信苗訓李漢超
王全斌若錢水明國謀臣則劉基李善長徐輝祖秦玄龍宋
濂黃自徵武臣徐達常遇春胡大海花玄龍李仲忠俞通海
蕩花毛類韓成正敬青人勇健俑之英雄殿上傳呼張
良魏徵趙普劉基曰有旨即入來四臣趨奔鞠
躬侍立於側漢帝曰三代之下王風委地正擇
徵茫三季七雄之時胡閙暮息四海湯沸群

并起至於寡人創業之時豈知何日爲唐何日
爲宋何日爲明也今日風景正好君臣相會也
亦勝事不可虛度即命侍臣設宴於堂上燈燭
煒煌威儀嚴格衆樂迭奏觥籌交錯舞袖飄拂于
香風管音交徹于青天酒至數巡漢皇愀然長嘆
曰尺劍布衣崛起豐沛亡一民寸土幸賴君臣之
忠烈終成大業辛苦誰如寡人唐皇一戰定關中
宋皇一夜取天下皆明皇之功業㧾勝於吾三人
矣宋皇問於漢皇曰帝入關秋毫亡犯約法三章
是何意耶答曰嬴家以兒刑罰嚴酷殘害百姓天
下思得明主若大旱之望雲霓如久渴以思天日
是故吾誅[illegible]罪布德政拯民於水火之中以救倒

而定天下不其然乎漢皇曰寡人纖德累功敢望三代乎創開漢室四百年基業者賴群臣之力耳寡人之所以必張良運籌帷幄蕭何固樹根本陳平伏計策隨何知形勢陸賈道其治亂酈食其論其勝敗張倉定律令叔孫通制禮儀以開寡人之心韓信戰必勝攻必取曹參善征伐灌嬰善用兵黥布樊噲蔑去不肯之勇絶倫周勃手執不撓之忠彭越後助威勢張耳鑄造兵器以翼寡人之威頗帥諸君之能唐皇曰寡人之所賴群臣之功長孫无忌竭忠誠魏徵好直諫杜如晦臨事善斷褚遂良愛民憂國以輔寡人之不逮殷開山薛仁貴臨敵忘[illegible]陳叔甫尉遲敬德驍勇絶倫李靖曉於兵法

封德彝務於国事房玄齡屈突通足智多謀矣
文静李靖廣覽博知以助寡人之威嚴也宋皇曰
趙普智謀有餘曹彬勇略兼全石守信威風凜凜
苗訓英氣堂堂李昉范質內助文彩王全斌李漢超
外制群盜雖有人才寡人在外有尉皇叟之輩豈何
謂翻案也漢皇曰軒轅之時有蚩尤唐堯之世有
四凶奸臣叛賊自古及今無不有也譬如屯軍麒
麟尚存一枝狡兔猶藏三穴何足介意仍問明皇
之群臣答曰功業未成材智未試於比之於古之人物則
刘基徐達彷彿張良李靖之智謀花云龍韓成正
有似周介紀信之忠誠李善長常遇春比於曹彬尉
遲公之雄猛毛頴胡大海比於樊噲等二貴之勇烈

何請光武昭烈唐皇遣裵迪請肅宗宋皇遣李昉
請高宗俄頃門外有車馬駢闐之聲閽者奔入告曰
四君至矣其一光武左右侍衛之臣鄧禹吳漢賈
復卓茂馬援寇恂耿弇臧宮馬武馮異王霸邳彤
銚期來其二昭烈侍衛之臣諸葛亮關羽張飛
趙雲馬超黃忠龐統法正姜維蔣琬費禕許靖等
其三唐肅宗侍衛之臣李泌郭子儀李光弼雷萬
春南霽雲張巡許遠等其四宋高宗侍衛之臣岳
飛張浚趙鼎 秀韓世忠等人似猛狒馬如飛龍
直入法堂叙礼伸情畢去東樓坐定張良出班奏
曰群臣雜錯未有班行願使將相忠智謀略者分列
五行以雍容周旋庶有次第之緒穩矣座中皆曰

設言乎即令樊噲持五丈旗幟於南樓上三鼓三呼又曰抱將相才者皆去紅旗下佩將才者皆去黑旗下懷忠義之士皆趨黃旗下有勇力者趨白旗下謀人趨青旗下衆人相顧無言終不出來又鼓又呼曰君命不可遲緩奉與速行魏徵趨出奏曰古今將相雖有將相才使自選者非禮待臣也可擇公平正直之士以歷點衆人之優劣可也漢皇曰誰當此任對曰知臣莫如主況聖主之威會乎漢皇顧謂三帝曰此言有理然薦能任之人唐皇之臣蕭何宜當也宋皇曰寡人則李靖宜當也明皇曰一智一能之士何代無之必有巢父之隱伊尹之賢伯夷之節龍逢之忠經邦輔主如周（前有西蜀諸葛亮胸藏經天緯地之才腹隱安邦定國之謀倘非此人不可委任也）公出將入相如太公者乃可委任也座中皆曰帝言

張儀乎孔明道雖卧龍高卧南陽抱膝長嘯自將少微心如浮雲苟全性命不求聞達許由之儔水鑑之友也及出草廬之時兵不滿千將不有十博望燒屯白河用水使孟德肝膽墜裂曾無立錐之地以成鼎峙之勢六出祈山仲達褫魄七擒孟獲南人服心昊天不佑五丈星隕不可以勝敗論英雄也豈以一瑕弃白玉乎即今孔明出來其人風度絕倫擧止瀟洒目下瞰視古今英雄胸中暗抱天地造化飄然若神仙矣帝曰朕有諸臣群臣之班列卿宜褒貶高下分定次第孔明辭謝曰以臣之庸才何敢當如此重大之任乎不敢奉命帝曰卿須勿辭趁速行公孔明累次拜謝帝不聽孔明謝見畢欲定坐次

之際忽報秦始皇晉武帝隋文帝楚伯王之將
書至矣孔明進達于座上高帝嚬蹙曰此紀皓
之類欲之何如宋皇曰去者莫追來者不拒不
如因善遇之孔明曰亦有一計使始皇去東樓
令伯王去西樓則自然從容矣帝曰其計甚妙遂
召王羲之大書于旗立於門外其榜曰中興者去
東樓霸者去西樓非創業之主則不入法堂頃之
始皇乘纖離馬服太阿劍建翠鳳之旗擊靈鼉
之鼓號令如整威風凜烈左李斯茅焦王翦右蒙
恬章邯王賁晉武帝乘黃金輿秉白玉鉞紅
羅傘鳴畫鼙鼓衣冠玲瓏光耀燦爛左張華衛
瓘山濤王濬右鄧艾鍾會羊祜杜預隋文帝乘

彌始皇直向法堂孔明非衲言曰是創業之主不
入法堂矣始皇怒曰寡人先吞八荒威振四海何
不爲創業乎孔明曰丞聞陛下蒙古業引遺策
吞二周滅六国功業雖大以事理論之則謂中興
非創業也陛下功業何不歸於先王而自安中興耶始皇
隱忍去而東樓項王座下烏騅手中鉄鞭勇男畧撤天壯氣貫
日忽然而來左范增鍾離眛龍且右周殷桓楚項莊尙
曰主宴者誰孔明對曰漢皇共爲唐宋明三刱業之主後太卒
之宴也不意大王來臨是不幸也項王仰天欲曰天地覆翻日月
盈虧豈知劉季反爲主人項籍爲客乎即直向林堂孔明
當前言曰大王未有刱業之功不得參此席也項王大怒曰
吾覩劉季如嬰兒耳當時豪傑見吾之威風縮頸鼠竄

讓世英雄聞吾之名聲身戰膽寒誰敢拒乎能[illegible]
謂范增曰齊桓公會盟於葵丘一有驕色叛者九國然
於一人之下信於萬乘之上湯武是也以血氣之忿致叛
人之是非竊爲大王不取也項王暗思良久曰寧爲鷄口
無爲牛後吾爲西楚之主更設鴻門之宴乃去西楼坐
定孔明右手搖扇羽左手秉象笏去于中央曰於間或者
悖逆亂國者皆去王莽董卓曹操者十數人孔明仰天
誓曰孔明不才無識奉皇命分列英雄之位而或有一
分私濫則皇天后土於冏明鑑名有人報曰漢獻帝有
復讐之功唐憲宗有淮西之功晉元帝有江左之業
宋神宗有三代之風彩然於宴又有群雄在門無數大
呼曰汝賊賂地焉命天下者何不[illegible]帝乎望是東陵[illegible]

此三子可謂豪傑之士也密曰韓大呼曰鬼火伏林陳勝
亂臣賊子曹操莽檜匹夫孫策方爲英雄乎袁紹曰吾
累代公侯一時盟主何不爲英雄乎黥布大叱曰袁紹群
疑由腹衆難塞骨不采忠言不和矣士李密知識淺短
兵敗入關乃望之司見處可謂金多玉矣士坐危馬敵比
於彼三人哉密紹皆憤然而去開門請入者第一漢武帝
無奏
侍從之臣董仲舒霍光汲黯東方朔韓安國霍去病衛
青李廣等第二唐憲宗侍從之臣韓愈陸贄裴度等
第三晉元帝侍從之臣周顗王導陶侃劉琨等第四宋
神宗侍從之臣明道先生范仲淹歐陽脩王安石等皆
去西樓孔明曰帝高朝張良淑女之面丈夫之心納履當
石受學圯上逃身沙丘而破炎漢滅秦那項封萬戶侯

爲帝者師之緣能辟穀導引從遊赤松子是范蠡之友也
太宗朝魏徵恥君不及堯舜以諫爭爲己任是治平之佐也
宋太祖於曹彬下江南盡城下焚香約誓切勿暴掠一
不妄殺凱旋之日什李窩然是呂尚之佐也明太祖朝劉
基望見金陵之氣知千年之後君鑑百世之後事是伊
尹之儔也始皇於茅焦以廢太后犯油鼎之諫視死如歸
是諫諍之倡也武帝於東方朔讀書三年學得翻江倒
海之辯吟風咏月之手一代之文士也光武朝鄧禹杖策
收漢於岳專而爲開國元勳是萬古英雄也昭烈於龐統
百日之事居時而斷之奇才一言定是千秋智謀之人也
晉武帝於張華推枰之定形勢之計終成大功是百世豪
傑之士也元帝於周顗忠義內激大罵王敦是萬世標榜之

風雨荒田足以具饘粥讀書談道足以爲業長留棋琴足
以自樂是隱逸之士也唐肅宗朝李泌自幼英敏著於
世白衣事君終成中興因辭官職退去潁陽以保性命是知
幾之士也憲宗朝韓愈文如河海心似松柏勤勤懇懇於章奏
之間是君子之風也宋神宗朝程子承孔孟之道是聖矣
之士也班列已畢持紅旗揮筆向曰取地圖知形勢治關
中固根本追韓信定四方霍光以負成王朝諸侯之圖輔
幼主中伊尹廢太甲之事迎宣帝廢昌邑長孫無忌杖
三尺劍東鬪西突以盡犬馬之忠終成大業房玄齡孜孜奉
國知無不爲當爲第一曹參一遵舊制王珪激濁揚清疾
惡好善蔣琬臨煩稱閑當爲第二杜如晦剖決如流戴
胄忠清公直每抱彪執法言如湧泉范增不能甚主未

居其乏當事撰策則君不用其謀諫見摑識則去若措其
信壁云如鳳凰栖荊棘龍駒困鹽車當為第三持黙發揮
韓信白叛暗殺明滅三秦定關中背達大謀前平四海為
援為掃過虐死為馬革之敗徐達孫吳之謀略烏獲之勇
猛當為第一彭越畔楚敗漢之功樹勳位至王侯馮異
王莽移漢基而復漢祚去勇白首專征老當益壯當為第
二郭子儀才德兼任將相蹈危發險東討逆賊克復二京
以延至忠義精誠仰貫日月度量寬偉無所不包毛穎
清平雲南章邯九戰楚号當為第三持當發揮紀信白
忠心所激黃鉞左纛誰楚忘死張巡防敵左變出奇無
窮号令明而信賞必罰与士卒同甘苦寒暑不移勢困
城陷盡為厲鬼殺賊終不易心關公文讀春秋左氏傳武叉

許遠力盡孤城勢如累卵身死存忠岳飛首倡四字志存恢
復誓雪國恥方召竟　不顧七擒出爲第二黃自
傲不俊丹心身死報國周殷桓楚十面埋伏江東子弟雖救
其不知其數然無叛心死於亂兵之中當爲第三持青旄
揮陳平白身長八尺面如冠玉六出奇計統一天下李靖
大兼文武出入將相周瑜氣欲呑魏丈能伯吳始不垂翅
果
終能奮翼烏林破敵赤壁鏖兵勇蹟巍巍聲名烈烈當
爲第一陸遜用兵術備謙且智謀亞匹張吳郭嘉善於知
彼知己鄧艾定西蜀成大勇當爲第二杜預平定吳會
功蓋山河韓世忠起自卒伍爲中興名將致位王侯
既釋兵權杜門謝客騎驢携酒二三奚童從遊西
湖以自樂韓擒虎寧兵百萬東將滄海西排巴蜀

震五岳而奔視之萬里而鷹揚爲第三持白旗擁
趙雲曰護幼主於長板救黃忠於漢水絶倫之勇
蓋世之功敢奔身爲大將專佔四方屠城三百略
地數十張飛性如烈火勇若猛虎睥睨天地叱咤宇宙對軍之
將如取囊中物尉遲敬德驍勇冠軍百戰成功當爲第一樊噲擁
盾直入披帷而立怒髮衝冠目眦盡裂視羽如見視軍如蟻蕩蕩花大畧駕
群才餘勇冠三軍貫汝穎如天神勇如快鶻胡大海先登采石當爲第
二黥布勇撼天地功蓋宇宙與漢驍勇超群大畧冠世馬超步戰六
將許褚倒拔奔牛稱爲虎癡黃忠百發百中當爲第三姜維文武不可勝
記傍有一人揮湯大呼曰先生不知第子耶吾降鍾會非畏死貪生欲汝漢
室若無　則西蜀之地不入司馬之手後帝之兵不踏許都之塵皇天不佑
死爲寃魂今日先生不許忠誠則此心何處暴白乎孔明曰噫伯約豈不知

此西程之訓也請東西樓如何 三帝曰此言善矣卽遣使請東西樓諸
王赴宴會少頃皆至則東西北座定各近臣一人爲侍立於側陳勝曹操孫
策坐於末席依俙龍盤鳳雲海彷彿虎踞遠山威儀凹々劍佩蹡々功
舞於庭前七絃彈於堂上酒至半酣漢帝慷慨曰天地無窮人生有限與此成
敗輪回如日月之西傾江海之東流豈能長享富貴功名 業乎矣者長守
基業則三代豈外唐虞之後乎勇者長於持勢則蚩尤豈被涿鹿之擒
乎國之長短人之壽夭是皆天也豔發妻上流水光例千古與此一杯黃土
滿坐皆悽然彷彿有西邊一王圓睜環眼倒竪虎鬚怒氣
如浙江潮還高聲大呼曰鴻門不用舉玦之謀垓下還
遺養虎之患雖作九原之魂難忘烏江之恨也東皇一
皇曰吾有一言請王側聽寡人昨夢青衣童子與紅衣
童子爭日鬪鬨俄而青衣僵仆於地紅衣童子捧日而

去今見紅衣行佛高帝青衣依俙伯王又有安時書
謠天將朱勝人皆綠衣天數案非人力也張空勞於謀
臣之手寶劍空費於壯士之力漢帝曰吳已勝敗姑舍勿論
說快事確治道如何於皇曰秦有三快遣王翦赤擒六國
之諸君跪于阿房階下收天下兵鑄金人立于闕闕門外
此一快也遣徐市和々童男女八海求三神山不死藥也
安期生同遊胸界中路功會登嶺騁望鄉瑯金此
二快也遣蒙恬和率兵三十萬築長城而守藩籬胡
人不敢南下而牧馬士不敢彎弓而報怨此三快也高皇
曰十生九死百戰百敗垓下一戰僅得天下豈有快乎但
破黥布之後歸故鄉會父老同遊之時大風揚雲已知寡
人之氣像起舞作歌此一快也洛陽南宮獻壽於太上皇

態乎明皇揮涕曰寡人孤哀人生幸有始皇之快何憂焉得
獻壽之樂乎人非木石何忍悽然漢皇曰此乃壽誠之意也仍向
唐皇宋皇曰各陳快事唐皇曰萬國會同之時四夷皆來
矣突厥起舞吐蕃作歌越裳交趾獻鸚鵡大宛西域貢駿
巳馬此一快也與魏徵論仁政李勣作長城年豐民和三
疑晏然此二快也與群臣諸親置酒於凌烟閣上皇自彈琴
琶寡人起舞公卿獻壽此三快也宋皇曰寡人未通天下豈
有快乎營造新室墻垣蕭洒九門開々四通八户啓々五
達眼底乞々殘心事豁然此一快也諸王各々快事乎曹操
曰臣有一快冒犢敢觸破黃巾擒呂布眼張曾張繡
滅袁紹者術降劉琮南至長江艤艦千里旗幟萬里二嬌
入羿睨吳越覩聳上東望夏口西望武昌皆波如練明月別

鏡烏鵲南飛之時橫槊賦詩之情也漢皇曰姑舍是
未不復出戲顧謂明皇曰國非唐虞人非堯舜豈能盡
善盡美乎座中帝王數人得失哉〻情時諫臣雖補思
王〻不逮後世史官雖記百代之是非唐宋及漢皆在列
史筆〻中已矣問之何益漢皇曰明帝享國莅位必是長久
也好善懲惡史其是非炳然可知爲法於後世爲知何
哉帝推辭曰孔子有言吾之於人誰毁誰譽以陛
人之德猶尙如此況康〻之才而輕毁譽哉漢皇曰幸
勿固辭以助一笑座中之願也帝曰先察氣像後論
是非周覽〻畢乃言曰北風凜冽波濤洶湧漢皇
之氣像夏日照耀霹靂震動光武之氣像玉宇
寥廓秋霜凜烈武帝之氣像曉氣蒼〻晨星耿〻

王之氣像雄豪剗棘草隱媚霧魏公之氣像漢皇大笑
曰眞可謂明心宣鑑巡怖不言寡人之氣像何也明皇
曰龍得雲雨變化無窮帝之度量無窮之化世若
論是非則始皇以雄才大略奮六世之餘烈振長
策而馭宇內六合爲家崤函爲宮自以爲關中之固
金城千里子孫帝王萬世之業也未及二世而亡
何敢侈營宮室殫民財力窮奢極侈使人力
寡人以爲不能也詩書若聖賢之行然雖殘
之文士誦法孔孟之道德盡坑之太子吐本而諫
遂放扶蘇立胡亥此乃速滅之機也始皇歎曰明言
寡人之罪惡固不甘心於寡人若在宮中趙高何敢謀
逆帳下章邯豈能降楚之乎噬臍莫及歎之何益胡亥

高帝開寬洪之量以延天下之英俊從諫如流纘
軍除秦苛法約定三章畧々湯武同然惟不免於輕
善罵是故古禮不復古樂不作從茲於矣武帝席豪奢
黷武虐民事神於海內虛耗而非能守之君有輪臺之詔
則續亡秦之轍也光武總國家之長亂陷宗社之傾危延攬
英雄務於民心掃除莽賊再復漢室有志於治之轉初
而非其人可謂惜哉昭烈結義桃園屈駕草廬君臣相
得踰乎如鴻毛順風沛乎如巨魚縱大壑惜哉霸業未
半中途而逝豈非天耶太宗化家爲國偃武修文勵
精求治身致太平輔爲英主然以其直論之則閨門
人私侍以人倫言則比之紂桀刺王犯其謬之甚貽四海
之羞爲萬世之笑也且不當爲學悖而讀書輕佻不

之後洞開重門少有邪出入宦見之者謂萬々歲々之來之基
也吾武帝承父兄之業混一華夏傷心已萌沉於遊宴
怠於政事帶來半生恣其所之淫樂莫甚於此也
元帝承喪亂之餘內無計策之棟樑外無匡救之柱石
於明雖有撥亂故能頗弱制強謀勇謀洋克復大業
隋文帝天性嚴急令行禁止勤於政事務為儉素於
猜忌苛察信受讒言戕害忠良乃至子弟令如仇敵此
其不短世由宗倫之斁〃不思永久之患殫耳目之
玩窮羿技之沉巧愛其肥肉育強蛾寧使窺矣
播越出奔建康未有甚於此者神宗刻意為治上
御虜無策豈程子謂古之學者呂惠卿輩朝置新法
含之安危所係疎侍奸臣頭如燃

反治爲亂使天下咸貴矣 夷齊秉之 苟能[illegible]
也 以高宗信任忤選 [illegible]也 賢蔡權[illegible] 岳飛若[illegible]
乎 貫似道在乎讓[illegible] 生其誤三代之[illegible]宗以
群臣之力則平藩鎮[illegible] 依王繩極之學[illegible]
張是行伍之留 僥起阡陌之中 幸而散之本擇[illegible]
之衆 斬木爲竿 揭竿爲旗 天下雲會[illegible]飢狼[illegible]
影從 若陳涉之言國之言 則未知屬之誰乎 魏公治世之孔
亞 亂世之梓雄 專權擅命 號令天下 [illegible]
非其本心 而特誤視法禁之外 [illegible]
切竊 [illegible] 貴書天子 [illegible] 罪
無窮 決[illegible]流[illegible] 討[illegible]年[illegible]
事[illegible]

是非之中豈不顯乎明皇之以爲證何難之有七人云詩人者罪人者也史叢載數十大罪中之有提言之者蓋項王以違懷王之約乃以負關中之約其一也矯殺卿子冠軍其二也救趙不報而擅劫諸侯其三也燒咸陽宮掘驪山塚其四也殺秦降王子嬰其五也坑秦降卒廿萬其六也王諸將於善地徙逐故帝其七也自都彭城奪韓梁地其八也陰殺義帝於江中其九也爲政不平主約不信天下所不容大逆無道其十也漢書云忠言逆耳利於行毒藥苦口利於病韋刃以口直爲惟項王默然而滿面羞慚之色而已明皇避席而言曰以庸才愚說是非於心未安滿座諸賢以孔明之言尊於明皇之論帝王雖有掛度輕重短長猶未足論然明皇以寡人欲定都

未知何地爲中漢望巴山有崑崙水自黃河四海之中[illegible]
文武秦皇之都四海之分南蠻北狄東夷西戎之國雍豫徐
揚四州爲長安荊益青兗四州爲金陵龍蟠虎踞之地三
於眞不謂帝王之州也大槩三代以前帝王多出於河洛三代以後
帝王多居於江南稱有江南空虛之地帝意在於金陵爲明皇
謝也顧受穀矣漢皇命將相智勇才行之人起舞作歌第一
陳張良蕭何韓信陳平紀信第二鄧禹馬援賈復[illegible]當
亮關羽趙雲第三孫李靖長孫無忌張巡許遠徐達[illegible]
榮氣字爲名落○陳平歎曰吟其詩曰良禽相木而棲賢臣擇主
而佐棄暗投明吾立功成名向范增嘆於沐猴救聖主於白登今
夕淨多君臣同死紀信懶歎而吟其詩曰滎陽危急於軍
伍英黃謀臣識萬士拋吾身救君於虎兒之際雅楚之報

蓋亦累身之根千載湘沅潰淚一斷 吟其心歌
男兒處世兮許身報君忍之冊青兮名金石日
况吉日辰良時心主人會宴雖再期於續遊兮共
歌舞而極樂張良朗朗而吟其詞曰受學黃石來
攀赤帝滅秦倒項立世之讎報矣身爲帝師人臣
之位極矣功成身退辭榮避迺圍圍之月明明之
鶴從赤松兮鶯古雲山蕭何欣欣而吟其詞曰生
當亂世兮還敀明君剖符封功兮身居第一千
社稷基萬事春夢史侍宴席兮且此同樂韓信
慘然而吟其歌曰思敀漢於鴻門佩金印於楚
壇定閑中破三秦燕趙望風鴟鴞頸斬章邯
於一旅滅項王於垓下高鳥盡兮良弓藏

死兮獵狗烹殞身況如之乎無能雖忘之恨誤
葛亮慨然而吟其歌曰感屈駕而三顧兮許驅
馳於風塵奉命於危難之間受任於顛沛之際
而軍哀袁曆曆忠言六出祁山孜孜報君廢寢忘
純操除奸出鞠躬盡瘁無後漢室天意不吊恍德未
得秋風五丈原千載恨悠悠關公侯於而吟其歌
曰桃園結義討黃巾斬下岂數曹陣瞞身騎赤兎
手把青龍擧目山河睥睨天地氣吞吳魏志復定
社誤陷奸謀神歸諸跡九原千秋此恨綿綿趙雲
慨慷而吟其歌曰漢室將亂兮群雄蠭起身爲光
鋒之職吉存報吃之識孙料豁盡曹操横行而賊
未滅千古遺恨悵長歎而淚落出帝業之志績李

攀龍鱗附鳳翼輝振兩時奈君後世疏遠擇淬
而吟其詩曰一髮細塵奎圓月暈外無援兵助無
糧草孤城中之鳥網羅之魚專救國家守死節
而許遠含淚而吟其歌曰賊兵遶城危如累卵
即墨手書龍紋斗器陽播沉三板水身死守節忠
貫白日徐達吟其詩曰大風兮兮以終天年歌
罷漢皇命陽陽曰在外群陪武何斗卮酒一生藏
谷別陽之武帝曰寡人之亞東方朔誤讀黃庭經
謫下人間故有仙風道骨矣前日寡人論古今
聖賢相當之職令使職群臣如何漢皇即命之來
其人眉攢江山之秀骨抱濟時之才飄飄如人中
仙趙謂於擱芳帝曰卿善付職是耶翰臨

避以秉筆中之老當曹丙魏之徒趕音閣爲[illegible]律
彭衛霍之流布列足舍矣至於頑石何也張使丞
付職譬如責技負山螗蜋拒轍也武帝以何爲辭
乎翔對以宗非謙讓是乃本心蒂小臣之愚見以
孔明爲左丞相蕭何爲右丞相范仲淹爲左僕射
歐陽脩爲右僕射張良爲太傅霍光爲太尉徐達
爲大司馬曹彬爲大將軍韓信爲都元帥李靖爲
副元帥關雲長爲執金吾張飛爲京兆尹嚴續爲觀
察使趙鉞爲節度使董仲舒爲御史大夫陳平
爲尚書令魏徵爲諫議大夫　鄧禹爲中書令褚遂
良令爲廷尉李善長爲衛尉法正爲司徒[illegible]爲司
空[illegible]爲大司農山濤爲大鴻臚張[illegible]爲大

士陸賈為翰林學士為博士范質為舍人第五崔
為注書李斯為司隸馮異為主簿張倉為侍中
臧宮為校尉黃訓為常侍郭嘉為監軍荀彧為
參軍卓茂為參謀李靖為從事費禕為內史吳漢
為荊州刺史馬援為涼州刺史常遇春為揚州刺
史陳林甫為杭州刺史李勣為青州刺史王全斌
為益州刺史石守信為豫州刺史寇恂為徐州刺
史鄧禹為兗州刺史胡大海為雍州刺史長孫
無忌為并州刺史馬超為青龍將軍薛仁貴為白
虎將軍耿弇為武衛將軍敬德為忠烈將軍岳飛
為都衛將軍樊噲為龍驤將軍韋那為征西將軍
竇復為鎮北將軍衛青為破虜將軍李陵為討虜

將軍馬超為驃騎將軍 龍且為上護軍 張遼為
護軍王翦為揚威將軍黥布為振武將軍霍去病
為南平將軍蒙恬為定東將軍王賁為折衝將軍
周勃為忠武侯紀信為安平侯蒯徹為英陽侯陳
遠為文信侯蕭何為建成侯陸賈為 雅列
已畢除座大笑曰不今於職也漢皇曰願聞一詩
一記之流昭於世於知一條之也但恨朱人割襲宋
皇曰韓信在此何忘襲宋之人乎漢皇曰君之言甚是即
命近侍取金箋書於青松烟子清淮文士中山
毛穎置眼之前退之謝聽命一揮而就為歌曰
赴誥曰聖功過五帝道德兼三皇威靈震四海
聲伐過萬武龍興致祥雲鳳鳴起烈風 明明詩

凝來花祥烟繞四欄花旂蔽空微劒戟曜白日金風吹
赤葉玉露滴皓月含香吹玉簫湘靈彈瑤瑟香風引
舞袖清歌隨妙曲佳節度三秋良辰月五更今日四
美具此筵二難并物色尚依舊世事今已非忽憶前朝
興盡還生悲故國誰氏家大明揚光輝人情之飜覆興
亡之波瀾美酒宜酩酊所乘之稱盤桓微徑旅敵書之壁
主永歸歡披腹呈腸衎千秋傳之詞詩進座間大讀
不已忽有一談拈我書之至其文畧曰多有洪業之功不請
朦宴之席吾輩諸從者尚羅於錦山之甚悖慢宗室
我懷之好筆之大麗佳朝易阻正得此地之紋相爭不如
私觀好皇旨抵之議乖舉之鳥居祇四之慢哉而山
外兆望蔽天鳴鼓動地鉄騎如雲漫山遍野

先一人乘青驄馬橫行天下名成威震[illegible]人全[illegible]情人而
帥元太祖也左先鋒左丞王右先鋒左丞王中軍帥淳于
韓邪單于其餘將校突厥契丹冒頓頡利可汗靺鞨
學齋不可勝路漢皇以淮放推敵於皇大怒與武帝蒙
率百萬命將千人憤氣而出左於皇右武帝翼擊之
匈奴望風〻走吾不血刃而勝凱歌〻還淄生大悅而以
天色將曉山鷄啁哳諸皇大醉倚扶歸高皇太宗
太祖謂明皇曰帝混一四海來天下太平〻後思今
日懷舊遊以慰九原〻魂也各〻揖別而歸秋風蕭
葉〻辭窓驚覺夢中之事歷〻可知而記傳後世

姜虜傳

姜東國大姓虜我虜之謂也姜之門閥代出文士名人

宣祖朝中丁酉謁聖科出入侍中者十餘年至廣郎不失
君官職歷高華者又十年以其有弓馬才出試咸鏡南
道兵使弘毅我身都出相望屢千城建遼寧慶氏斗建州
奴酋結怨天朝稱兵搶掠遼陽瀋陽連陷隴後天子震怒
萬曆動天下兵討之徃時征倭經略楊鎬復以征虜經略受命出
關以皇勅責毅舜朝鮮語以羽檄徵師於本國使為犄角
之勢朝鮮議者以為我國至誠事大二百餘年禮義素
顯聞於天下上國有急義當奔赴寔憲其賊况壬辰中吾微聖
皇極救吾其爲魚矣於是起精銳二萬人將赴遼陽元戎
重任迪待在朝文武才望咸推弘立擢拜元帥平安兵
金景瑞副之是年戊午十年八月出師栗 弘立辭其母
時年[illegible]

泯泯沒世報補責專任此方今君臣莫重之任務
致致地亦有不私非但負國便類家聲此亦弘勳年
計其我死有餘以老之坡有他心信之宋秉義
以君臣義重父子恩輕去矣弘立從此永訣弘立泣拜
兒自有見底亦為慈氏在軍過但時庶小康西路繁
華弘立素豪縱酒至是軍旅從事官李民寏乘間言曰
然矣作夢四海震動 主上坐不安席掃境內屬吾軍
所當扶我征傷激厲興起副至皇之望致吾君於戰不與
賊生以其君顯可也奈何遙於時月縱浪不為酒將士見之
孰不解體弘立失於答曰若吾頃顯之勇吾亦死鄉子冠
軍寧有以其帳中老字凡有後急寥吾在吾請法君

者皆出髮衝冠曰吾知愛國厚恩忘身赴敵而主將
驕奢長楊密言安有興兵征敵而有密言不戰者乎相
與游泛民寃止之曰主將之意未能運料輕相搖動於
軍不利不如姑忍以觀其終宣川郡守金應河知弘立
無必戰之意請於弘立願得自當隊前行赴敵弘立
許之分給步卒五千人屬為左營為先鋒又以雲山郡
守李一元為右營將弘立與景瑞統大衆為中營進
遂住義州至己未正月經略檄文又到二月二十五日大軍
皆會于亮馬田朝鮮軍無許令及期會弘立坐
統軍中點軍擇人上馬下者人下馬上者分作兩軍
人上馬下者令運糧草在後人下馬上者自領之訖將
皆以人馬俱上者為征進之乃以人下馬上趁敵馬雖上其意人
而上河弘立曰密言在耳諸君勿憂強將而

城左營軍先到曙集田界矣兵已發々矣軍才

劉都督々尚曰緣何後至元帥何在答曰步軍不能趁

縣來兇々甚後元帥大軍以自隨至矣都督曰左營何營

對曰鄉營軍方整肅於東方有此人物諸夏々不如

也日暮弘立又到都督庭招弘立至帳中相議進兵

弘立曰軍餉在後士卒飢餒勢將徑而不待軍餉且

胡地險無細作極難孤軍深入易進難退奈何都督曰

大軍既到勢不能稽將帥期已定亟進無疑弘立無言而

退都督怒曰朝鮮用人如此不敗以待英雄其在眼前乃

用疲駑小兒付以司命於度說言遲留了謂也說

弱英雄將金何也翌日行軍兩國兵鮮連營行

三日發丑日到牛尾嶺頭弘立見都督言糧米未至飢遲

敵必發者督不獲已留一日喬遊擊揚言於都督曰

是何主見弘立曰露旨在吾胸襟可見諸將曰露旨專言
正縮予今臨急何不折示破衆人之疑予弘立曰然終非
日所欠正露君女皆通事何瑞周和三人詣曰虜中情形今
不復探一听天將如有後悔將不落生建州傳說如酋彼
此兩國本無嫌隙今者吾迫於本朝兩軍相値勿用刀兵
使所謂和並封書一通以送之瑞周則在地入建州先見
奴酋長子貴盈哥具道來意且傳封書盈哥入言於奴
酋〃〃折見封書以手加額曰皇非天本朝之兵雖合
路發不在三百稱在此一路若彼今日之勛虐折甚[illegible]之
吾之所畏稱畏朝鮮〃〃之叶同爾曾在丹朝以十萬精兵
深入興化更輪不返意外其卒悍兵利難之為敵今彼自
送降書豈天使吾復讐先今遣烈邢立[illegible]命貴盈哥今
鐵騎三萬先蹴南兵後受鮮人之降盈哥渴[illegible]

姜 虜 將

弘立爲天將所迎置營中行軍到馬家寨姑息焉
士卒皆驚擾擾弘立令曰天兵會合太甚我軍亦相雜
進戰則必有爭首級相害之弊不如觀便合軍爲上令
裨將傳令曰不如有妄殺一虜者償命諸將失色曰主將
之意已然可見然遇敵不戰將何爲乎稱左營軍不應
曰軍中君命有所不受臨敵鋒刃吾事也自己馬
家寨至此可四五十里而胡兵幾若千餘騎處
處屯聚天兵及左營軍爭先勸戰斬級頗多中右營
則隨行觀望而已士卒皆憤曰長槍大劍安用此爲弘
立又見都督言糧絕不可進都督曰營中埋穀甚多
不肯因敵爲糧弘立再三陳辯終留一日時三月初四日
平明都督放銃三次大軍催發令如雷霆勢如風雨
喬遊擊江副總祖參將先行劉都督次之張都司

到富平地面見路山部落樹也成村天兵大呼馳入分散
搶掠各收部伍老盈哥三箇鐵騎忽自山谷中突出
亂擊天兵一時崩潰應河見賊兵甚盛列陣以待且叫弘
立急來借援弘立曰軍不用命斬柔而孫守得救
之命中右營令兵登山頂結陣下瞰賊勝敗俄而賊遊擊
章敗殘十餘人到中營說天兵盡沒又見胡兵大隊直犯大營應
河激厲士卒血戰當之正是威動昆陽霆擊日切哥孫子火攻時
賊之前徒中丸遂斃僵尸如麻盈哥拔劍督戰賊之勇敢者
百餘騎冒死先登諸賊繼之我軍力乏陣脚已亂猝突刃觸鋒
無一人敢走者無一人空死者彼我雜糅劍戰相搏矢盡日
昃晦應河見勢已去倚立柳樹下抽矢射之應河弦輒倒盡矣
之前中箭倒斃死賊皆奔氣奪不敢衝犯自日中戰至日昃應河
百餘矢皆盡奮拳疾呼矢如雨集矢擢折裂肚腹傷深

於戰右手揮劒瞋目大叱一聲賊不敢近盈哥羅萬戶
息方定曰吾橫行漠北所向無敵不料朝鮮人勇悍如此
使山頂之軍急力合戰出吾腹背受敵兵遂歎息天誘其衷
送降書袖手傍觀使我專意鬪力幽堂得高無比我備住
之洪福也遂進陣山脚送一胡騎呼通事弘立出曰果也河
瑞國然通消息必即令出者曰兩國初無嫌怨不須浪戰出兵一
之初願先走報已然願悉吾答曰講和之意亦戰兩將欲見大一
將面結盟好弘立遂遣軍官朴東明往試之盈哥言姚太將不
可弘立又遣副元帥金景瑞馬上相揖約以和好景瑞還陣
弘立曰吾觀虜陣戰條年疲瘠老者過半且胡浴馬鏡缺
索人宿韓華囊夜半掩襲不制挺可擒況天兵之逃死者來聚近
山將兵係約與之犄角救援蓋報天賜吾奇功不可失也弘立
曰吾軍怯懦無用今以孤軍小卒鼓操弟口是買斬而敗於之也

知之必傷和事遂令傳送虜營趙轉手仰天長歎曰不料朝鮮
禮義之邦甘心李陵降虜之辱至於傳送壬人何甚辱耶烈
帛可寫書與小名帶中伏劍而死一軍驚傷弘立見孟哥大張
聲威高揭遮帳左右白刃爛如霜雪魂不附體膝行當伏
乞緩一命孟哥下床扶起曰毋恐毋恐此去遼州不過五十里陸
見開住寧定約束所領軍兵可即下山弘立不敢違麾兵令
下盡去兵器堆積一處高與山齊胡人以鐵騎擁逼我軍備
邊前往途中又有摩拳躍身落澗自絶者胡將歎曰
朝鮮人氣節如此誠可屬於人者滿住中路送人問
兩將不遠進來弘立與景瑞先行未至十里見城過廣野軍
馬旁擁男女夾路而觀者甚衆沿途胡雖相聚作拳威
擲瓦礫武接首愧以辱之曰偷生貪降之奴萬犬戴之
者爾也景瑞憤滿謂弘立曰吾等偷一朝之命誤百年

且身俛首受辱生不如死向見夢中先自慚愧
書房男兒負手豈不惜哉如見夢儒可試行揖禮而入揖
金紫慣常之人羅列十餘亞橫亘四五里甲光耀目
氣干星斗馳電過目眩心悸有紅衣人引入兩將令入
階下行禮兩人長揖滿住厲聲曰汝以文臣來此則揖宜跪
汝將投降之人敢爲簡慢耶弘立惶懼先屈膝四拜景瑞不
得已亦拜河瑞國進前曰昔備藩衛之人未嘗見大國威儀
有失恭措願得從容俯伏俟盡其辭滿住乃許聽坐少
頃問曰爾國以何無故辱吾弘立俯伏戰慄而對曰非本國
之意乃迫於南朝不得已如此俺未先遣通事報道情形
想已理會滿住覩汝先報之意知爲南朝所迫汝又不戰納
款可見其誠不然汝兩人已爲齏粉數萬人性命豈有
於貴之理但念一箇國更助南朝對曰本國以區區千里

董成和事可矣和議既定此爲敗國保全地也弘立謝曰忠荷
不殺之恩又蒙生還之示可謂生死骨肉者也遂馳奏本國盛
陳虜勢可以和不可以戰張皇眩惑不遺餘力備局啓辭臺
論皆以投降乞命誣上惑衆罪當收三族請拿治之以正王法
廢朝以爲力屈講和勢也馳啓虜情贖也赦而不治令廟堂
婉辭答書以遺滿住滿住猶以辭意有未滿者復送差胡
法再三和事未完滿住見弘立文章甚富深喜得人委以文
書欲妻養女弘立名以生還爲悲曲意順適無欲不從至
於嫁女亦托言老病不敢也滿住從聽弘立或恐二心欲觀其
志一日於建州城中設一大宴會集八王酋長皆錦衣繡帽
排列西行唯弘立於其上景瑞於其下又出閔氏以下姬妾九人
養女三五十人濃粧盛飾皆艶絶侍女亦百有餘遂後擁
引坐東行使弘立相見禮畢滿住左右皆莫不[illegible]

而言曰人生世間意氣相許不知輕重哉深者
我二人各相絶域戎馬相逢其非偶然吾不在曉蘭吾在以
君遊吾邦倒廬傾國窮矣表裏出妻亦也矣相間隨君在東
國雖爲貴榮豈得踰於今日之待君者乎弘立指天而言曰
女爲悅己者容士爲知己者死海之東國不過蠻貊之地
仲行氏之今蒙盛典不特王猶之於秦天王以竭力致忠豈
分南北酬恩報德爲敢多少吾於形諸文字以表不二之心
遂書葉題之曰 去國辭鄕莫怨嗟 指身竭節矣南北
魚龍到處即江河 知己酬恩敢少乎
孤鳳已能辭枳棘 蘇子千載真堪笑 滿住使文人句句講解
大鵬元自化溟波 翰海着羊獨奈何
而聽之起拖弘立之腰提其背謝曰君乃真丈夫也時有華
人之在堂下者望見叱罵曰孰謂東國是禮義邦乎此人
五經掃地盡矣自此滿住大喜過望初弘立以降倭三百
作爲親軍常置帳前至是嘗於滿住曰某之帳前三

曰吾欲使朝鮮撫恭萬曆年所一朝爲犬羊驅使豈不辱乎今此新磨之劍先施滿住之頭未爲不可吾三百人爲一心一可當百掃盡群醜以報朝鮮不亦烈丈夫之事乎齊應曰諾約束已定審禀弘立之之言良久曰大事安可止也遂入告滿住曰倭人心不穩來日試劍也須提防滿住大驚曰恐殺入高山各自提備又選心腹精壯三千人皆持鐵棒在手密圍外庭翌日黎明倭人入外庭[illegible]掌待之有頃紅衣人出傳滿住之令曰倭人各三百爲隊分作百隊每一隊入內庭試劍罷還又出一隊入試遂隊替入毋相雜亂倭人齊呼曰願三百爲一隊一時試勇以供壯觀紅衣者曰非令已出不可更也遂引三倭入內庭試之但見白虹閃爍飛電明滅踴躍揮霍天地低昂滿庭觀者無不色沮試未半三倭者直視滿住舞劍突入彼衆高山等[illegible]

美

剌少不敵衆格殺三人死其餘三百倭在鄭庭者皆被擒來者
人殺死者五百餘人積屍盈庭滿住盡謝弘立因以好語我〻安〻
不以腹心對之弘立曰你爲鄭重安得不以腹心報答以引滿
吐露肝膽滿住當問曰朝鮮軍心安保否必穩也弘立曰朝
鮮習俗不與比日本惜死恇怯豈可慮滿住曰軍卒雖怕
此將官一能爲兩班者皆有好心弘立垂頭不答再問三問
皆不答滿住遂令衆集降卒就出手掌柔軟者四五
條曰此則所謂兩班者也驅出東門外盡斬西征勇士此日皆
害唯李民寏朴蘭英李一元和十餘人以弘立腹心得免焉
弘立日見親罷中心銘佩將幹奇功以顯於世一日楊古曰
君今無強將猛守但遣將一隊地守滿住回還欠且疑無
客割據弘立因陳遼東即中国舊地還屬即禦候以遼東撥
還偈則中国是吾囊中之物也甚一遍畫劍置其猯

負國實得其便於以有為反也滿住之言即應曰如有用某之
處某死不辭滿住曰然為我作先鋒復遼平當曰遼城守於
之甚[illegible]交某當[illegible]信使為內應滿住曰即如此當為元功
遂之鐵騎三千為先鋒景瑞至遼城已遼將迎書佯若
使之內應者自於計襲其倒戈殺滿住計畫已定剋日舉
事弘立聞知之[illegible]景義也急告滿住之大怒捉下景瑞
命巡剿之景瑞大罵弘立曰誣曰此宗弘立始主張和議
反覆也滿住又捉弘立裸體綁縛揮刀欲[illegible]曰吾欲
心待汝有踰骨肉者汝國人心本稟狡詐反覆相賊何
為反耶弘立泣涕曰吾雖異域之人已為金國小臣
豈成大逆吳天國極已敢叛乎景瑞厲知武夫自速
其禍狂悖不[illegible]皇天屢虧宗社[illegible]貴學[illegible]

此人先景陽之謂後始一切斷無他騰後信稱
望其朴中耳徹往悟曰微此枉殺賢士親解其縛厚遇
謝曰老夫一時錯見有觸於君幸向余懷弘立叩頭曰余
所吾矣蔽之云云乃及遼城陷後婦女玉帛客啟偈
湯相宅遷居一妻弘立劍達城闕布直官府累徵奇
制毛羽致華滿住處謂弘立曰君才不減那栗楚材
嘗爲朝国第一勲以即以遼城陷校漢女之爲奔女者擇
容狀最備紀妻之即所謂蘇季子女而閨中所謂玉面
公主者也弘立亦悔昔日辭昏父寄蘇女之絶艶始入
數情愛甚篤居常昵處握手自誓曰吾自本國妻矣
子矣唯一老母想念不置顏容形影相弔故國之人
皆棄留余之人是親老夫情懷吁知賊至相從耐
我與称死生難闊從此定是子爲之情若我女皆屍

天子之中御得其郎哉[illegible]況見老爺廣廈金櫃萬倉
顧足委質偕老妾有榮耀老爺無忘今日之言賤妾
不敢[illegible]之義弘立[illegible]喜[illegible]矣[illegible]何翠
慶日慶宴[illegible]任以錦繡珠玉[illegible]樂[illegible]好[illegible]加[illegible]
是以中夜欲弘立与女日夕[illegible]
任之歡又[illegible]配[illegible]一[illegible]有之人生[illegible]耳
以[illegible]郎哉自是[illegible]趙在甲子逢[illegible]
潤[illegible]入胡中因弘立來見[illegible]任且[illegible]弘立四令[illegible]闕
在營日[illegible]善[illegible]衆言諱[illegible]以九族誅赦
妾[illegible]公[illegible]弘立[illegible]不[illegible]
離[illegible]人[illegible]吾入[illegible]歸[illegible]請[illegible]滿任
蘇女謂曰[illegible]爺[illegible]中[illegible]情[illegible]證[illegible]
[illegible]

人在軍無法恩之此兩難甘心死別況賊閑退之就擒
然後請其審之言說殊恨至怒後水漢自刎弘立就擒
腰引手拭淚曰毋用作惱子言出理無且思之仍自含淚而族
之怨而可恨哉閑之思亦不可想當中戰鬪捶過節月潤見
弘立出踪跡之亡命之讓之白其公者棄其親倫生靈酷圖了
骨肉流血狼藉而安於富貴服於他女維食自安之耶何顏見
天下我安宇今朝鮮出土崩之勢以銃侵之當水辟刃升
操縱樽鴨之功只往及掌耳曾出離遠大之外字弘立悟其
意道之出而陡住曰朝鮮無不精無勇必動而者戰神炮利刃
皆未韓也此用武之國而俗尚其狡黠用人觀其利人皆解
休齒事親遊之智數之士思辰之才當時為出聽聲雨用之
其標榜出殺手留張人物畢之拔小辰思於雲也智而不
非隋出忠而唐指揮孫子訓鍊強兵誠非天威者服膺

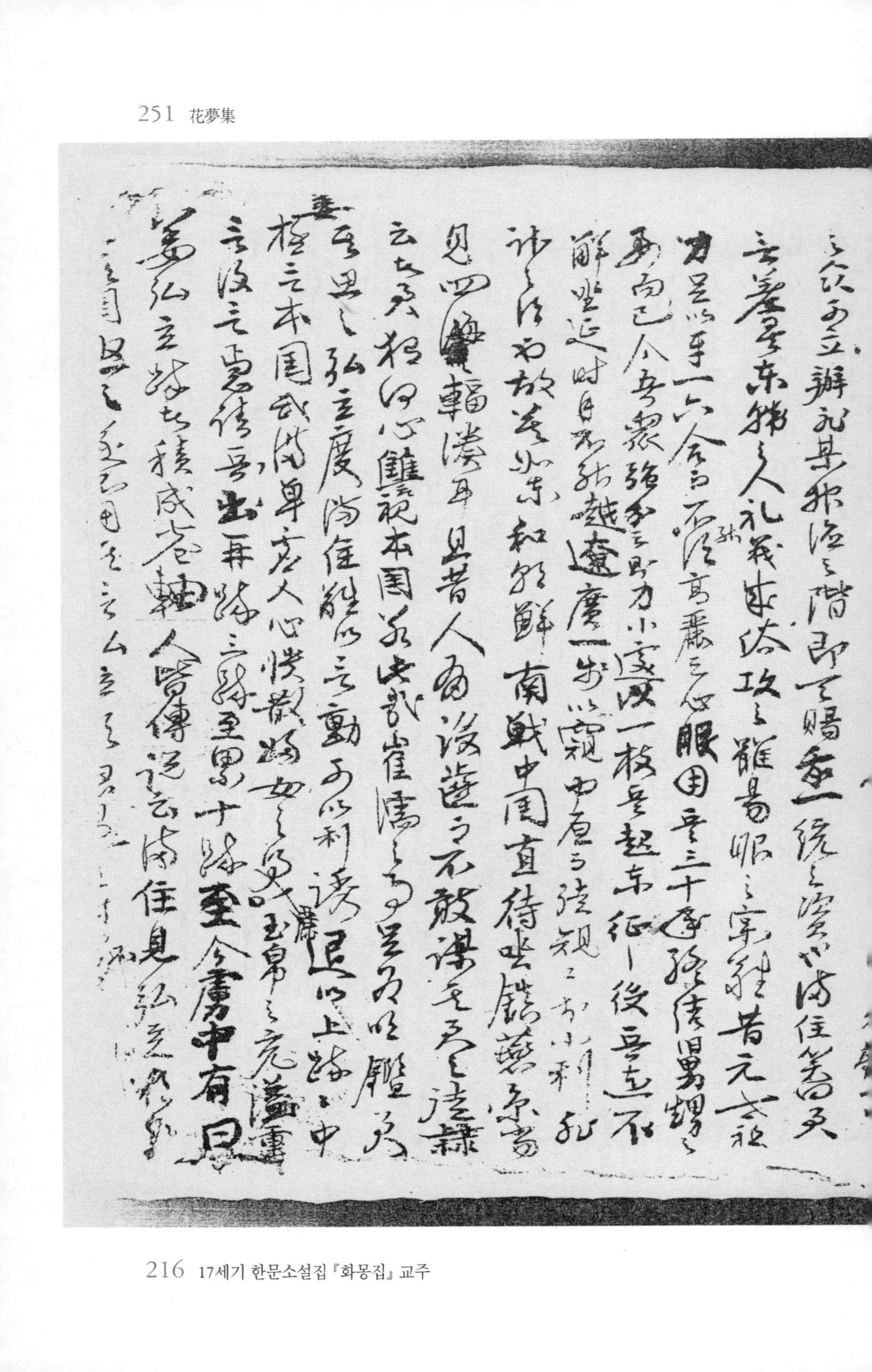

情惋欲死至丙寅秋滿住犯寧遠瀋{?}
形然無援猶豫好東國議而弘立之之國言曰東國君亟南蠻啓靈
難遣一介訪李劉以營將諸軍之如鄰邦助戰驍勇而勞
之且先汗泥守東和南戰之計及大豪不專諫而作也東征也
利以兵厚論請行試之身戰雲殿和未睨也太時奚頭回時乎
以子贊然大宗適追之志益住回人先君用先生計策滅後
後餘先生之忠於本朝孤之餘而歸晚於今日東和之計即先
君之送意而先生之交如此而終始眷眷之以爲已見和於鮮而
韃東相依而追之君之志也勸於鮮而作爲備禦者因先生之
如也今日當兩試之偏蒙天佑一鼓大定長有張我昌故事
頓先生之德從謙讓慈而要來慰先生有盡錦一業於之從
營中擡有才者或者之諸國君亟指天作誓永結盟好從
東郡之處事南伐之以即是先生以是送我由吾信壽世

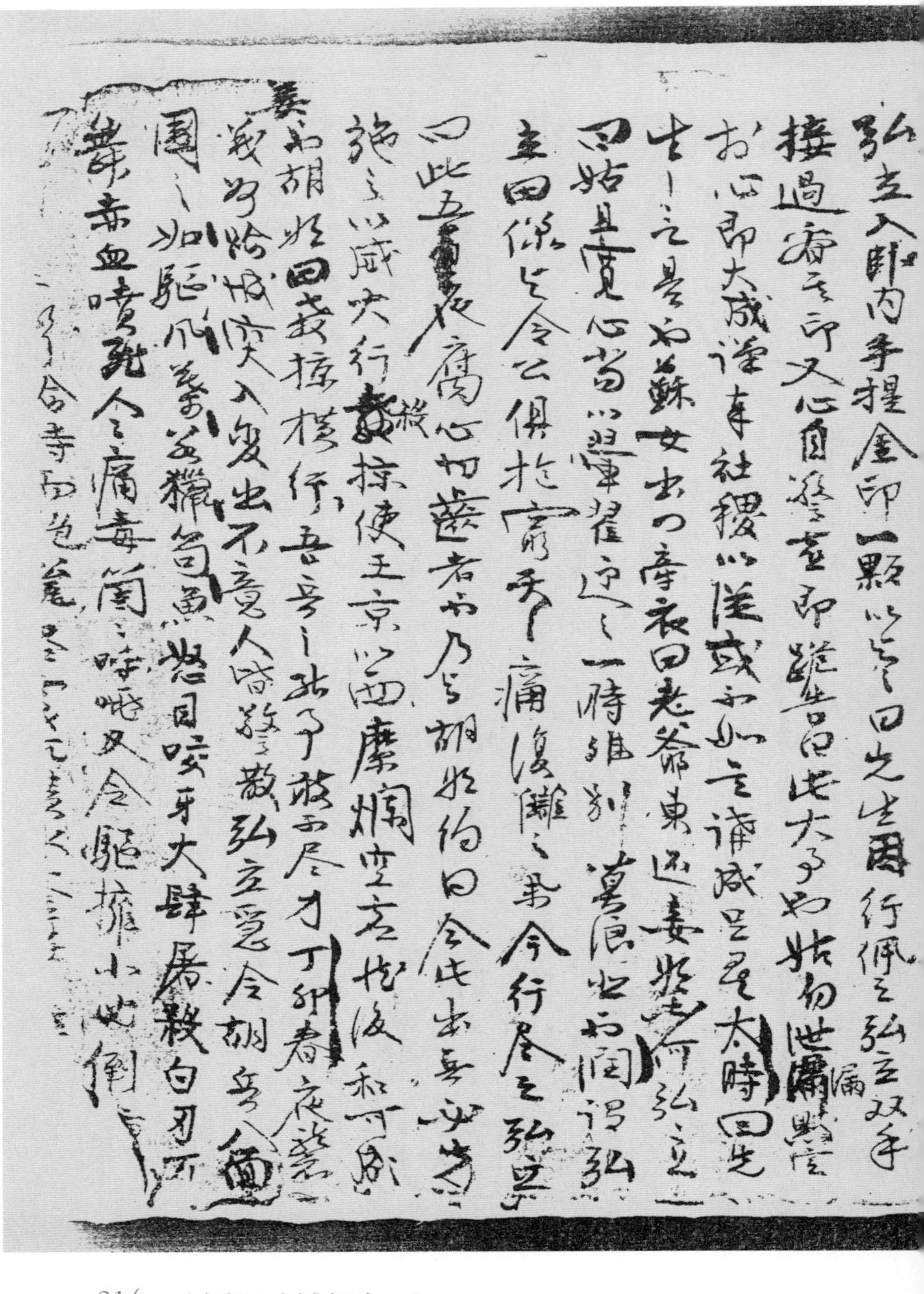

弘立入帳內手提金印一顆以授之曰此生回行佩之弘立双手
接過審之印又心自驚[illegible]即跪告曰此大子也姑[illegible]世[illegible]
於心即大戚謹奉社稷以從戚而如之誰戚曰是太時回生
士之是而蘇女出門奉衣曰老爺東迎妻[illegible]弘立
曰姑且寬心當以[illegible]之一時俱別莫恨也而閉謂弘
立曰僕之今公俱於窮矣痛復離之矣今行各之弘立
曰此[illegible]夜痛心切齒者而乃之胡於伺曰今彼出無必矣
終之以戚大行殺掠使王京以西靡爛空[illegible]後和可[illegible]
矣而胡於曰我掠[illegible]行之吾矣之於了殺而盡力丁卯春夜[illegible]
戰[illegible]給城突入後出不意人皆驚散弘立[illegible]令胡矣人[illegible]
國之如驅[illegible]怒曰咬牙大肆屠殺白刃下
無辜血噴流人之痛毒聞之呼號及令驅擁小女倒
[illegible]

忍言昌城中老少男女[illegible]道[illegible]

註拯跣之屠戚李徐紅巾[illegible]松系[illegible]

也胡將曰朝鮮已[illegible]弘立曰未也此去安州平壤

未受皆大錢也東事全退唯吾指揮庶兵捲柔諸[illegible]

澤坪之中又都[illegible]薮野返坪不戰洪翼弘立背但胡

兵四圍鐵之內坪人命危附萬而[illegible]不可道[illegible]西崖都

將西受居柔[illegible]立哉可遣人安州議和弘立曰然且試之

乃遣同隣武人朴崇[illegible]將[illegible]叶和[illegible]講和之[illegible]節[illegible]

李民興又盧侯朴命龍[illegible]坪[illegible]曰有[illegible]將[illegible]元議

和將軍等莫[illegible]弘立[illegible]朝鮮尚未[illegible]加

居柔諸兵直衝院自東小角李[illegible]救使金[illegible]生軍

揚目焚內坪之人吾老[illegible]弘立[illegible]分督

叫曰使道是金國大人何不禁柔弘立曰吾於〃名不無以里
以情執吾爲辭可以免死吾〃九族已赤敢來招怨言何以
禁爲其人督也是以言也大丈夫以死報者爲手餘階
無急休作死語弘立驚之曰吾於管其於守其人曰昔
吕令監方奮手將使卷純子尚保以今况其他乎弘立
暢於曰爲韓閣許羨之云此也遂遣使乎胡將立起免死旗
此數大[illegible]韓閣遂之〃殆甬後以手攘營嶺木切民戍
淺數千里無人處也以此行兵雖積於八城可也金到平壤
姜 張撐文於四門其文曰無八道者元帥金國大將軍
曉諭父老軍民及文武罷置〃人大兵前伐本爲[illegible]緩母
毋恐各安耕桑山林之中閭巷之間如有[illegible]寸莫展有
功者於逢迎之一時亦宜自脩仰合驍果來赴軍 [illegible]

交以措□□□□□□□撥之

之人不知吾心所在言除未有至於韓閫在傍撥之

多哉弘立也安有吾人如彌爲人皆許之韓老字吾不知甫意將以

以爲弘立無怨然若人非吾本心皆當從之但當飲馬澤大江

可定也乃使朴蘭英〻弟葵英爲平壤撫守將分兵留陣

遂進軍至平山雨久泥濘留屯不發朝廷聞弘立歸金胡構

逮其妻妾姻婭詰胡陣議和爲覊縻之計元帥張晚亦點

弘立知仁下又有爵位如此稀犬夫人不幸即反姻爲虜營

之弘立報以闔門無恙責其妻行吾戲仍爲俱在父母之

國不可省居府之鑑其亦罹墓如敗另逢無贖常罪弘立深

自感惕夜半人投金印于江以示以大計既一變後積一

身挾逆圖說胡□將使復行在納虜和爲撥退胡兵寘不

越太時背形之意也又當胡將別但吾所金不能使金重而在

歆羨請淘不爲東歸々日不得拘女約之[illegible]分吾輩暫留
從爲西笑郎僉稱女單居情々無分半是之一以爲無
狎々伴一以爲待吾々爲宿約下寶甬無爲我淘張自吐
之言以定爲約之絶吾日以責吾々淺約以牽情骨肉自棄樂
困日果乎甚矣吾得無所爲挑笙歌強紅裙終吾生面
倘佯土窮是矣今以親迷不悟他日思吾々言得無悔
寄孤羅雅然思忖心無汝將之吾是乎牽挽胡郞々許
不得自由悵々而已及還行在和成息無狎詩已爲上勉加
慰論且問之々在虜久矣容鬟吾孤立起歸之思
胡庭不自死藏豈敢淫縱重爲身累時生負尹衡之
訴極言大桀以爲投降々罪縱事之退究柔戲々罪勘不
[illegible]請置極刑以洩輿情論者微孤之老松快之

父母墳非父淵大夫之地以及府倫子婁[illegible]
於此夫亦何面目復上父母之墳乎 蔡氏一婦人也
別之時其言亦何以詳忠義理猶不念烈家云曰
不瞑於泉下而孤立激起之心悃恨無死又有於忠烈謗
未示之君孤立冒讀金將軍傳後數延至年戰死之
帳校衛之校生司牧陳之書示意之無意掩卷太息不已
甚矣又見奏中畫本全羅何帥立血戰力屈死節
而孤立無示瑞屈膝拜此於柳營庭下停積至寧[illegible]
山亭始瞭然必在目前而色如生五內如摧又見奏語之
七言之作二首題曰明降丈元帥語之曰受戮青冥
辨古緣時若胡乃指此語俯告是之至母之意之吟
蒼[illegible]若氣萬[illegible]而及言圖帝[illegible]

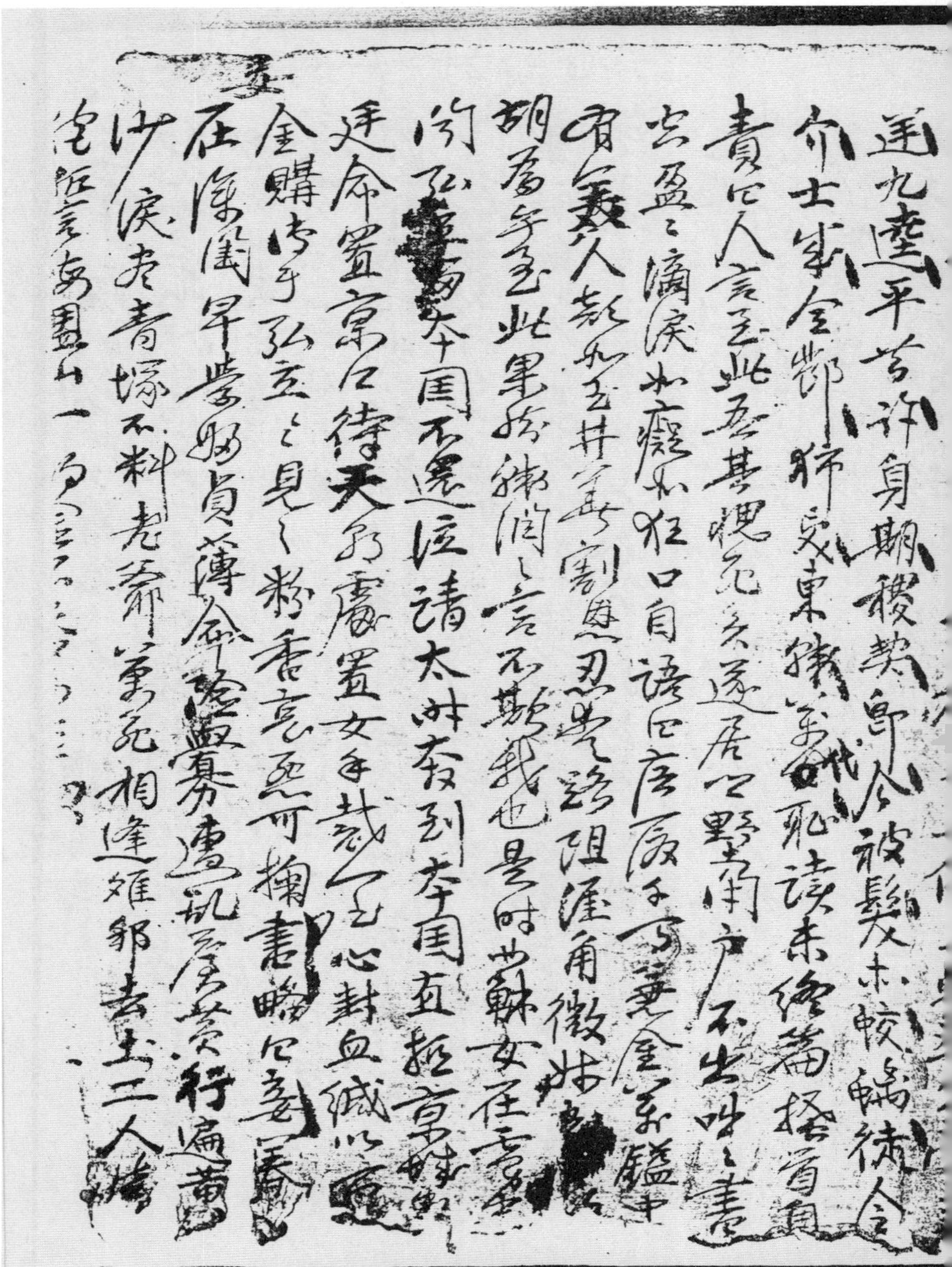

達九霄平生許身期稷契卽今被髮未較[illegible]徒今之
介士半生金節[illegible]將交東[illegible]恥讀赤絲篇搔首負
責之人言至此其悲兄久遂居山野閉戶不出時時書
出盈盈滴淚如癡如狂口自語之居處千下[illegible]金家鑑
有義人[illegible]井[illegible]割[illegible]忍[illegible]路阻涯角徵[illegible]
胡爲乎至此果然[illegible]尚言不欺我也是時蘇女在[illegible]
尚[illegible]大國不還泣請太[illegible]到本國直[illegible]京[illegible]
廷命置京之待天[illegible]置女手哉[illegible]心封血緘以[illegible]
金購[illegible]弘[illegible]見[illegible]粉香[illegible]可掬書[illegible]
在深閨早[illegible]貞薄命[illegible]行遍黃
沙淚[illegible]青塚不料老爺[illegible]相逢雖[illegible]主二人[illegible]
[illegible]一[illegible]

三十[illegible]錄[illegible]
兒女衷情逝不可轉 鳳離鸞[illegible] 蝶夢稀[illegible]
老天甚形筆[illegible]更[illegible]魂隨山骨血斑[illegible]
及黃泉無相見期 臨[illegible]鳴[illegible]
淚下如雨 哭欲狂 叫[illegible]起為[illegible]
工[illegible]十年[illegible]人[illegible]我如何[illegible]
重照[illegible]罪也 以彼[illegible]
更重[illegible]群[illegible]入[illegible]魂也 起[illegible]
[illegible]臥[illegible]讀[illegible]起[illegible]語[illegible]
[illegible]歷歲清[illegible]
之道也 平生作為[illegible]追魂[illegible]
入[illegible]以[illegible]人[illegible]一[illegible]其[illegible]此[illegible]

[illegible]

老拙乃善書屋去云 余嘗痛憂弘立必先[illegible]

以不顧思義一則全師降虜二則屠戮生民三則

害民非分之事殊粗似甚無葉詳也余乃[illegible]

遊於山寺忽遇一老僧頗能解文字而面有失志[illegible]

惟僧懷藏不答強之後言曰甚少好山水[illegible]

之美女[illegible]立於金剛佛寺下之後相[illegible]

由乾坤戊午以後身從征西備嘗艱險[illegible]

[illegible]